대방광불화엄경

대방광불화엄경 一

大方廣佛華嚴經

이운허 옮김

동국역경원

| 차 례 |

■ 해 제

제 1 권
■ 서 문
1. 세주묘엄품世主妙嚴品 ① ··· 7

제 2 권
1. 세주묘엄품 ② ·· 29

제 3 권
1. 세주묘엄품 ③ ·· 67

제 4 권
1. 세주묘엄품 ④ ·· 107

제 5 권
1. 세주묘엄품 ⑤ ·· 151

제 6 권
2. 여래현상품如來現相品 ·· 187

제 7 권
3. 보현삼매품普賢三昧品 ·· 235
4. 세계성취품世界成就品 ·· 243

제8권
5. 화장세계품華藏世界品 ① ·· 279

제9권
5. 화장세계품 ② ·· 311

제10권
5. 화장세계품 ③ ·· 341

제11권
6. 비로자나품毘盧遮那品 ·· 377

제12권
7. 여래명호품如來名號品 ·· 405
8. 사성제품四聖諦品 ·· 415

제13권
9. 광명각품光明覺品 ·· 429
10. 보살문명품菩薩問明品 ··· 455

제14권
11. 정행품淨行品 ·· 483
12. 현수품賢首品 ① ··· 514

*아래 내용은 제2책, 제3책, 제4책, 제5책의 차례입니다.

제2책　대방광불화엄경 大方廣佛華嚴經

제15권
12. 현수품 ② ■ 3

제16권
13. 승수미산정품 昇須彌山頂品 ■ 51
14. 수미정상게찬품 須彌頂上偈讚品 ■ 54
15. 십주품 十住品 ■ 76

제17권
16. 범행품 梵行品 ■ 109
17. 초발심공덕품 初發心功德品 ■ 112

제18권
18. 명법품 明法品 ■ 153

제19권
19. 승야마천궁품 昇夜摩天宮品 ■ 175
20. 야마궁중게찬품 夜摩宮中偈讚品 ■ 179
21. 십행품 十行品 ① ■ 201

제20권
21. 십행품 ② ■ 219

제21권
22. 십무진장품 十無盡藏品 ■ 257

제22권
23. 승도솔천궁품 昇兜率天宮品 ■ 277

제23권
24. 도솔궁중게찬품 兜率宮中偈讚品 ■ 305
25. 십회향품 十廻向品 ① ■ 328 …　|　1) 부처님의 가지加持 / 2) 제1회향

제24권
25. 십회향품 ② ■ 349 …………　|　3) 제2회향 / 4) 제3회향 / 5) 제4회향

제25권
  25. 십회향품 ③ ■ 381 ·········· | 6) 제5회향 / 7) 제6회향 ①
제26권
  25. 십회향품 ④ ■ 409 ·········· | 7) 제6회향 ②
제27권
  25. 십회향품 ⑤ ■ 435 ·········· | 7) 제6회향 ③
제28권
  25. 십회향품 ⑥ ■ 465 ·········· | 7) 제6회향 ④
제29권
  25. 십회향품 ⑦ ■ 503 ·········· | 8) 제7회향
제30권
  25. 십회향품 ⑧ ■ 525 ·········· | 9) 제8회향

제3책   대방광불화엄경 大方廣佛華嚴經

제31권
  25. 십회향품 ⑨ ■ 3 ·········· | 10) 제9회향
제32권
  25. 십회향품 ⑩ ■ 37 ·········· | 11) 제10회향 ①
제33권
  25. 십회향품 ⑪ ■ 55 ·········· | 11) 제10회향 ②
제34권
  26. 십지품 ① ■ 79 ·········· | 1) 환희지歡喜地
제35권
  26. 십지품 ② ■ 119 ·········· | 2) 이구지離垢地 / 3) 발광지發光地
제36권
  26. 십지품 ③ ■ 147 ·········· | 4) 염혜지燄慧地 / 5) 난승지難勝地

차례 9

제37권

26. 십지품 ④ ■ 173 .... | 6) 현전지現前地 / 7) 원행지遠行地

제38권

26. 십지품 ⑤ ■ 207 .... | 8) 부동지不動地 / 9) 선혜지善慧地

제39권

26. 십지품 ⑥ ■ 245 .... | 10) 법운지法雲地

제40권

27. 십정품十定品 ① ■ 281 .... | 1) 서론 / 2) 넓은 광명 큰 삼매 / 3) 묘한 광명 큰 삼매

제41권

27. 십정품 ② ■ 301 .... | 4) 여러 부처님 국토에 차례로 가는 신통한 큰 삼매 / 5) 청정하고 깊은 마음의 행인 큰 삼매 / 6) 과거의 장엄한 갈무리를 아는 큰 삼매 / 7) 지혜 광명의 갈무리인 큰 삼매 / 8) 모든 세계의 부처님 장엄을 아는 큰 삼매

제42권

27. 십정품 ③ ■ 321 .... | 9) 일체 중생의 차별한 몸 큰 삼매 / 10) 법계에 자유자재하는 큰 삼매

제43권

27. 십정품 ④ ■ 345 .... | 11) 걸림 없는 바퀴인 큰 삼매

제44권

28. 십통품十通品 ■ 375
29. 십인품十忍品 ■ 386

제45권

30. 아승기품阿僧祇品 ■ 419
31. 여래수량품如來壽量品 ■ 447
32. 제보살주처품諸菩薩住處品 ■ 448

제46권

33. 불부사의법품佛不思議法品 ① ■ 453

제 47 권
33. 불부사의법품 ② ■ 475

제 48 권
34. 여래십신상해품如來十身相海品 ■ 499
35. 여래수호광명공덕품如來隨好光明功德品 ■ 518

제4책   대방광불화엄경 大方廣佛華嚴經

제 49 권
36. 보현행품普賢行品 ■ 3

제 50 권
37. 여래출현품如來出現品 ① ■ 37 · | 1) 출현하시는 법 / 2) 몸의 업

제 51 권
37. 여래출현품 ② ■ 75 ………… | 3) 말의 업 / 4) 마음의 업

제 52 권
37. 여래출현품 ③ ■ 105 ………… | 5) 출현하는 경계와 행과 보리 / 6) 법륜·열반·이익

제 53 권
38. 이세간품離世間品 ■ 135 ……… | 1) 이백 가지 물음 / 2) 십신+信을 답함 / 3) 십주+住를 답함

제 54 권
38. 이세간품 ② ■ 159 ………… | 4) 십행+行을 답함 ①

제 55 권
38. 이세간품 ③ ■ 183 ………… | 4) 십행을 답함 ② / 5) 십회향+回向을 답함

제 56 권
38. 이세간품 ④ ■ 207 ………… | 5) 십회향을 답함 ② / 6) 십지+地를 답함 ①

제57권
　38. 이세간품 ⑤ ■ 235 ············ | 6) 십지를 답함 ② / 7) 인이 원만하고 과가 만족함을 답함

제58권
　38. 이세간품 ⑥ ■ 263 ············ | 7) 인이 원만하고 과가 만족함을 답함 ②

제59권
　38. 이세간품 ⑦ ■ 293 ············ | 7) 인이 원만하고 과가 만족함을 답함 ③ / 8) 결론

제60권
　39. 입법계품入法界品 ① ■ 353 ····· | 1) 근본 법회 ①

제61권
　39. 입법계품 ② ■ 399 ············ | 1) 근본 법회 ② / 2) 가지(枝末)법회 ①

제62권
　39. 입법계품 ③ ■ 425 ············ | 2) 가지 법회 ②

제63권
　39. 입법계품 ④ ■ 457 ············ | 2) 가지 법회 ③

제64권
　39. 입법계품 ⑤ ■ 483 ············ | 2) 가지 법회 ④

제65권
　39. 입법계품 ⑥ ■ 509 ············ | 2) 가지 법회 ⑤

제5책　대방광불화엄경大方廣佛華嚴經

제66권
　39. 입법계품 ⑦ ■ 3 ············· | 2) 가지 법회 ⑥

제67권
　39. 입법계품 ⑧ ■ 33 ············ | 2) 가지 법회 ⑦

제68권
　39. 입법계품 ⑨ ■ 57 ············ | 2) 가지 법회 ⑧

제69권
   39. 입법계품 ⑩ ■ 95 ················ | 2) 가지 법회 ⑨

제70권
   39. 입법계품 ⑪ ■ 135 ················ | 2) 가지 법회 ⑩

제71권
   39. 입법계품 ⑫ ■ 171 ················ | 2) 가지 법회 ⑪

제72권
   39. 입법계품 ⑬ ■ 209 ················ | 2) 가지 법회 ⑫

제73권
   39. 입법계품 ⑭ ■ 245 ················ | 2) 가지 법회 ⑬

제74권
   39. 입법계품 ⑮ ■ 277 ················ | 2) 가지 법회 ⑭

제75권
   39. 입법계품 ⑯ ■ 299 ················ | 2) 가지 법회 ⑮

제76권
   39. 입법계품 ⑰ ■ 351 ················ | 2) 가지 법회 ⑯

제77권
   39. 입법계품 ⑱ ■ 383 ················ | 2) 가지 법회 ⑰

제78권
   39. 입법계품 ⑲ ■ 441 ················ | 2) 가지 법회 ⑱

제79권
   39. 입법계품 ⑳ ■ 471 ················ | 2) 가지 법회 ⑲

제80권
   39. 입법계품 ㉑ ■ 493 ················ | 2) 가지 법회 ⑳

해 제

1. 화엄경의 번역

　대방광불화엄경은 석가세존께서 보리수 아래서 바른 깨달음을 이루신 지 2·7일이 되던 때에 말씀하셨다는 것과, 화엄경에는 여섯 가지 본本이 있다는 것과, 또 화엄경에 세 가지 번역이 있다는 것은 지난 삼월에 제십 회로 발행한 40권본 화엄경 해제에서 밀한 바와 같다.
　이 화엄경은 당나라 중종 임금의 사성嗣聖 12년부터 16년까지(서기 695년~699년) 5년 동안에 실차난타實叉難陀가 번역한 것이니, 7처에서 9회會에 말씀한 것으로 모두 39품 80권으로 되었다. 당唐나라 때 번역하였다고 해서 당본 화엄경이라 하고, 80권으로 되었다고 해서 80화엄이라고도 한다. 또 동진東晉 시대 안제安帝의 의희義熙 14년부터 공제恭帝의 원희元熙 원년까지에 불타발타라佛馱跋陀羅가 번역한 경(7처 8회 34품, 36권)을 구역이라 함에 대하여 이 경을 신역 화엄경이라 한다.

2. 글로 나누는 네 가지

이 화엄경의 내용을 말하는데, 당나라의 현수賢首대사부터 경의 대강령에 대하여, 글을 따라서는 네 가지로 나누고, 뜻을 따라서는 다섯 번의 원인과 결과로 나누는 것이 일반적 해석이다.

1) 글을 따라서 나누는 네 가지
① 과보를 말하여 신심을 내게 하는〔擧果勸樂生信分〕 것이니, 제1회에서 말씀한 여섯 품(제1권에서 11권까지)이 비로자나불의 원만한 과보를 말하여 중생으로 하여금 좋아하는 욕망을 일으키고 믿는 마음을 내게 하는 것이요,
② 인행因行을 닦아서 과보를 얻음을 말하여 지혜를 내게 하는〔修因契果生解分〕 것이니, 제2회에서 말씀한 여래명호품으로부터 제7회에서 말씀한 여래출현품까지 서른한 품(제12권에서 52권까지)은 십신과 십주와 십행과 십회향과 십지의 다섯 계단의 인행을 닦아서 부처의 과보를 이루는 일을 말하였는데, 원인과 결과가 서로 계속되며 차례차례 위의 계단으로 올라가는 것을 말한 것으로, 인을 닦아서 과보를 받는 이치에 의지하여 지혜를 내게 하는 것이요,
③ 수행하는 법에 의탁하여 닦아 나아가면 인행을 성취하는〔託法進修成行分〕 것이니, 제8회에서 말씀한 이세간품(53권에서 59권까지)은 여러 계단의 수행하는 법에 의탁하여 2천 가지의 인행을 닦아서 성취하는 사실을 분명하게 한 것이요,

④ 사람에 의하여 증득하면 과덕을 이룬다는〔依人證入成德分〕 것이니, 제9회의 입법계품(60권에서 80권까지)에서 선재동자善財童子가 53선지식의 가르침을 받으면서 52계단의 인행을 닦아서 법계를 증득하고 훌륭한 덕을 성취하는 것이다.

3. 뜻으로 나누는 다섯 번〔五會〕

2) 이 경 내용의 뜻을 따라 다섯 번의 원인과 결과〔五周因果〕로 나눔
① 제1회의 처음에 말한 세주묘엄품은 화엄경을 말하게 된 인연을 말한 서문이므로 그것은 제외하고, 제2 여래현상품에서 제5 화장세계품까지는 비로자나불의 과상果上의 덕을 말하였고, 제6 비로자나품에서는 옛적에 닦던 인행을 말하였으므로 이것을 믿을 인과〔所信因果〕라 하고,
② 제2회의 여래명호품에서 제7회의 보살주처품까지 스물여섯 품에서는 50위의 인행이 차별한 것을 말하였고, 다음의 불부사의법품과 여래십신상해품과 여래수호광명공덕품에서는 부처님 과상의 3덕이 차별한 모양을 말하였으므로 이것을 차별한 인과〔差別因果〕라 하고,
③ 제7회의 보현행품에는 보현의 원만한 인행을 말하고, 여래출현품에서는 비로자나불의 원만한 과상을 말하였는데, 앞에 있는 차별한 인과의 모양을 융통하여, 인은 반드시 과를 포섭하고 과는 반드시 인을 포섭하는 것이어서 인과 과가 서로 융통하여 둘이 아닌 것을 보이었으므로 평등한 인과〔平等因果〕라 하고,

④ 제8회의 이세간품에는 처음에 2천의 수행하는 법을 말하여 인행을 밝히고, 다음에는 여덟 가지 모양으로 성불하는 큰 작용을 말하여 과위果位의 모양을 말하였으므로, 수행을 성취하는 인과〔成行因果〕라 하고,

⑤ 제9회의 입법계품에는 처음 본회本會에서는 부처님의 자유자재한 작용을 말하여 증득하는 과상을 보이었고, 다음에는 선재동자가 선지식들을 방문하면서 인행을 닦아서 법계의 법문에 들어가는 일을 말하였으므로 증득하는 인과〔證入因果〕라 한다.

그러하여 이 경의 내용은 통틀어 다섯 번의 인과를 환히 보인 것이니, 이것을 앞에 말한 네 가지에 배대한다면, 네 가지는 신信과 해解와 행行과 증證의 4분인데, 믿을 인과는 신이요, 차별한 인과와 평등한 인과는 해요, 수행을 성취하는 인과는 행이요, 증득하는 인과는 증이 되는 것이다. 그러므로 글과 뜻이 이 네 가지에 일체하는 것이니 화엄경의 강령은 신·해·행·증의 넷으로 통일되는 것이다.

이 화엄경의 7처 9회 서른아홉 품과 설법한 이들과 다섯 번 인과와 네 가지 부분을 아래에 표시한다.

4. 각 품의 내용

1) 세주묘엄품

이 품은 9회의 경문을 통한 서문이니, 처음에 부처님께서 보리수 아래서 바른 깨달음을 이루시고 비로자나인 법신으로서 미묘한 덕을 나

타낸 것은 경의 근원을 보인 것이고, 다음에 불·보살들과 세계와 중생들의 광대하고도 그지없이 장엄한 것을 서술하는데, 열 세계의 티끌 수같이 많은 보살과 몸 많은 신으로부터 대자재천왕에 이르기까지 39중이 구름처럼 모여와서, 걸림없이 원만한 공덕으로 화엄경 법문을 들을 만한 자격을 갖추고 부처님의 덕을 제각기 찬탄하였으니, 이것으로써 대법을 연설할 도량과 법을 말씀할 교주와 법문을 들을 대중이 함께 원만하여서 화엄경의 무량한 법문을 일으킬 준비가 온전히 갖추어진 것이다.

2) 여래현상품

이제 근본 법륜인 큰 법을 연설하기 위하여 모인 대중이 설법을 청하는 것을 말하고, 여래가 여기에 대답하기 위하여서 먼저 상서를 보이는데, 입으로 광명을 놓아서 그지없는 세계와 한량없는 불·보살을 나타내고, 양 미간의 광명으로는 설법할 법주法主를 비추고, 국토를 진동케 하여서 대중을 긴장하게 하고, 다시 부처님 앞에 연꽃이 나타나서 화엄의 정토를 보이었으며, 백호白毫의 광명으로는 대교의 근본이 부처님으로부터 나오는 것임을 표시하였다.

3) 보현삼매품

여래의 장자이며 이 경을 말씀하는 법주들을 대표하는 보현보살은 부처님의 광명에 비치어서 여러 보살의 마음을 짐작하고 부사의한 미묘 법문을 연설하려고, 비로자나여래장신삼매에 들어가서 안으로는 실제實際를 관찰하고 밖으로는 대중의 근기를 살펴보아서, 설법할 용의를 완전하게 갖추고, 삼매에서 일어나는 일을 서술하였다. 그러므로 제2

품과 제3 품은 법을 연설할 의식儀式을 밝힌 것이다.

  4) 세계성취품
  여래의 둘레갖음〔依報〕을 말하여 모든 부처님의 근원이 됨을 밝히었으니, 보현보살이 부처님의 위신력을 받들어 모든 세계 바다·중생 바다 등 열 가지 바다를 관찰하고, 부처님의 부사의한 지혜를 찬탄하고, 세계가 생겨진 인연과, 의지하여 머무는 형상 체성 등을 말하였다.

  5) 화장세계품
  화장장엄세계해는 비로자나불이 과거에 인행을 닦을 적에 엄청난 큰 서원으로 청정하게 장엄한 것임을 말하였는데, 보현보살은 세계해가 생긴 모양을 말할 적에 맨 밑에는 수없는 바람둘레〔風輪〕가 있고, 세계해의 주위에는 큰 철위산이 있고, 그 안에 금강으로 된 땅이 있는데, 땅 위에는 수 없는 향수 바다가 있고, 그 사이에 향수 강이 흐르며, 그 수없는 향수 바다 가운데는 말할 수 없는 세계종이 있고, 한 세계종마다 말할 수 없는 세계가 있다고 말하였다.

  6) 비로자나품
  위에서 말한 훌륭한 세계는 반드시 그러한 원인이 있다고 말하면서 "지나간 세상 말할 수 없이 오랜 겁 전에 승음勝音세계가 있었고, 그 세계에 일체 공덕산 수미승운 부처님께서 계셨는데, 그 나라의 대위광大威光태자가 그 부처님을 섬기면서, 모든 삼매와 다라니와 반야바라밀과 대자·대비·대희·대사·대원과 큰 변재를 얻었고, 그 부처님께서 열반하신 뒤에 다시 세 부처님을 섬기다가 목숨을 마치고, 다시 수미산에 태어나서 부처님의 법문을 듣고 삼매의 힘으로 실상 바다에 들어가서 이익을 얻었다"는 일을 말하였으니, 그 대위광태자가 곧 비로자나불의 전신이란 뜻이다.

이리하여 제1회의 6품은 모두 믿을 대상으로서의 부처님과 세계의 묘한 공덕과 훌륭한 인행을 보인 것이니, 이것이 곧 믿을 인과며, 과보를 말하여 신심을 내게 하는 거과권락생신분擧果勸樂生信分이다.

7) 여래명호품

제1의 6품에는 믿을〔所信〕 대상으로 과위果位의 공덕을 보였으므로, 제2회의 6품에서는 믿는〔能信〕 행을 보이었으니 곧 십신十信이다.

이 품의 처음에는 제2회의 서론序論을 말하였고, 다음은 시방세계에 있는 부처님의 명호를 말하였으니, 부처님의 하시는 업은 모든 근기에 맞추어 가지가지 묘한 상호를 보이며 자유롭게 화현함을 나타낸 것이다. 명호는 덕을 표현하는 것이므로 명호로써 부처님의 몸으로 하시는 업을 보인 것이다.

8) 사성제품

중생의 욕망이 각각 다르므로 부처님의 가르치는 방법도 같지 아니함을 보이기 위하여, 시방 법계의 모든 세계에서 사성제를 일컫는 이름이 제각기 다른 것을 들어서 부처님의 입으로 하시는 업이 헤아릴 수 없음을 보이었다.

9) 광명각품

부처님은 발바닥으로 백억의 광명을 놓아서 삼천대천세계에 있는 가지가지 차별한 현상을 비추고, 문수보살은 지혜의 광명으로 평등한 이치를 비추매, 몸의 광명과 지혜의 광명이 합하여 하나가 되어 진리와 현상이 원융한 이치를 깨닫게 하였다. 대개 뜻으로 하는 업은 헤아릴 수 없이 자재한 것이므로 광명으로써 보인 것이다. 이상의 3품은 믿음의 의지가 될 과위의 덕을 밝히었고, 다음의 3품에서는 능히 믿는〔能信〕행을 보이었는데, 믿는 데는 지해知解와 수행과 공덕이 있는 것이다.

10) 보살문명품

문수보살이 재수·보수 등 아홉 보살에게 차례차례 연기와 교화와 업과와 설법과 복밭과 바른 가르침과 바른 행과 도를 돕는 일과 한결같은 도의 아홉 가지 깊은 이치를 물었는데, 아홉 보살은 각각 게송으로 대답하였고, 아홉 보살의 물음에 대하여 문수보살도 게송으로 "여래의 깊은 경계는 허공과 같아서 일체 중생이 거기 들어가면서도 실제로는 들어가는 데가 없다"고 대답하여 믿음의 근거가 되는 지해知解를 내게 하였다.

11) 정행품

바른 지해에 대한 바른 행을 보이기 위하여 일상생활의 기거동작과, 보고 듣는 대로 서원을 내어 행을 깨끗하게 하는 일을 밝히었는데, 그것을 141수의 게송으로 말하였다.

12) 현수품

다음의 현수품에서는 행을 닦는 데는 반드시 덕이 나타나는 것이므로, 지해와 수행이 원만하여서 보현의 수승한 공덕을 밝힌 것이다. 문수보살의 요청으로 현수보살이 357수의 게송으로 믿는 공덕을 찬탄하고, 다시 한량없는 큰 작용을 들어 열 가지 삼매를 말하며 교묘한 비유로 깊은 뜻을 말하였고, 끝으로 법이 깊고 얕은 것과 믿고 이해하기에 어렵고 쉬운 것을 비교하여 실제로 증득함을 보이어서 제2회의 설법을 마치었다.

13) 승수미산정품

여기서부터는 제3회인데 참으로 보살이 수행하는 계단에 들어가는 것으로서 십주十住의 법문을 말한 것이다. 이 품은 부처님께서 성도하신 보리수를 떠나지 않고 수미산 꼭대기 제석천궁에 올라가서 걸림 없이 화신을 나타내는 일을 보이셨는데, 제석천왕이 게송으로 부처님을 찬탄하였다.

14) 수미정상게찬품

시방의 부처님 세계에서 법혜보살 등 열 보살이 티끌 수 보살들과 함께 와서 부처님의 공덕을 찬탄하여 제3회의 서론이 되었다.

15) 십주품

본론으로서 십주품에서는 법혜보살이 부처님의 가피하심을 받들어 무량방편삼매無量方便三昧에 들었고, 부처님께서 여러 가지 지혜를 주심을 받고는 삼매에서 일어나서 십주의 법문을 말하였으니 이른바 초발심주初發心住·치지주治地住·수행주修行住·생귀주生貴住·구족방편주具足方便住·정심주正心住·불퇴주不退住·동진주童眞住·법왕자주法王子住·관정주灌頂住이다.

16) 범행품

앞에서는 십주의 지위를 위주하여 행을 말하였고, 여기서는 통틀어서 청정한 행을 말하고, 참된 지혜에 의지하여 여래의 열 가지 힘을 닦으므로, 관觀과 행行이 서로 어울리고 자비와 지혜가 원융하여 처음 발심하는 자리에서 곧 바른 깨달음을 이룬다는 뜻을 밝힌 것이다.

17) 초발심공덕품

위에서 수행하는 지위를 갖추었으므로 훌륭한 공덕이 저절로 나타나는 것이니, 십주의 공덕은 한 계단보다 다음 한 계단이 더 훌륭함을 말하였다. 그 중에서 특별히 초발심주의 공덕을 찬탄하였는데, 처음 발심한 공덕은 광대하고 끝이 없어 보현보살의 모든 덕을 포섭하였으며, 인행과 과덕을 구족한 것으로 그 공덕이 법계와 동등하다고 말하였다.

18) 명법품

전품에서 초발심 공덕을 말한 데 대하여, 이 품에서는 정진혜보살의 물음을 받고 법혜보살이 방일하지 않는 열 가지 행법과 행법으로부터 이루는 열 가지 청정한 법을 말하였으니, 이것은 이 계단의 행을 원만하게 닦아서 다음 계단으로 나아가는 것을 밝힌 것으로서 제3회를 마친 것이다.

19) 승야마천궁품

여기서부터는 제4회의 설법으로 4품이 있으니 십행十行의 법을 말한 것이다. 첫 품은 부처님께서 일체의 보리수 아래와 일체의 수미산 꼭대기를 떠나지 않고서, 야마천궁의 보장엄전寶莊嚴殿으로 향하시는데, 야마천왕은 궁전 안에 보련화장 사자좌를 변화하여 만들어 놓고 게송을 말하여 부처님을 영접하였다.

20) 야마궁중게찬품

이 품에서 부처님의 신통력으로써 시방세계에서 공덕림보살과 혜림보살 등의 열 보살이 한량없는 보살들과 함께 모여 와서 게송으로 부처님을 찬탄하였으니, 이 2품은 제40행회의 서론이다.

21) 십행품

이 품은 제4회의 본론으로서 보살의 열 가지 행을 말한 것이니, 공덕보살이 선사유善思惟삼매에 들어서 여러 부처님께서 가피하시는 지혜를 받들고, 삼매에서 일어나서 보살의 열 가지 행을 말하였다.

① 환희행은 모든 소유물을 보시하는데 아끼지도 않고 갚음을 바라지도 않고, 다만 일체 중생을 구호함으로써 그들을 환희케 함이요,
② 요익饒益행은 계행을 잘 지니면서 빛깔·소리·냄새·맛·닿임에 집착하지 않으며, 중생에게 이것을 말하여서 재물을 구하지도 말고 몸매를 구하지도 말고, 그리하여 마군의 장애를 받지도 않고 다른 이를 시끄럽게 하지도 않으며, 내지 중생으로 하여금 보리를 이루게 하는 것이요,
③ 무위역無違逆행은 항상 참고 공경하여 저와 남을 해롭게도 하지 않고, 저와 남을 집착하지도 않으며, 훼방하고 해롭게 함을 참고, 자기가 불법 가운데 있으면서 다른 이로 하여금 법을 얻게 함이

요.

④ 무굴요無屈撓행은 꾸준히 노력하여 모든 번뇌와 습기〔習〕를 없애고, 내지 이런 행으로 모든 중생을 남음이 없는 열반〔無餘涅槃〕에 이르게 함이요.

⑤ 무치란無癡亂행은 바른 생각을 성취하여 마음이 산란치 않고 견고하여 동요하지 않으며, 청정하고 미혹하지 않아서, 내지 바른 법으로 중생을 교화하여 필경에 남음이 없는 열반을 얻게 하려고 염원하는 것이요.

⑥ 선현善現행은 몸과 입과 뜻으로 짓는 업이 청정하여 얻는 바가 없는 데 머물며, 허망도 없고 속박도 없으며, 드러내어 보이는 것은 성품도 없고 의지도 없으며, 내지 진실한 법에 들어가고 출세간 법에 들어가며, 끝끝내 중생들을 성취하고 조복하는 것이요.

⑦ 무착無着행은 집착이 없는 마음으로 아승기 세계에 들어가서 부처님께 공양하고 지음이 없는 법을 끝까지 얻으려는 것이며, 보살의 수기를 얻고 중생의 자비와 선근을 증장케 하는 것이요.

⑧ 난득難得행은 얻기 어렵고 굴복하기 어려운 선근을 성취하고 광대한 변재를 얻으며, 큰 서원이 쉬지 않고 중생을 교화하여 부처님의 도에 이르게 하는 것이요.

⑨ 선법善法행은 모든 천상 사람 인간 사람과 사문과 범천들을 위하여 서늘한 법의 못을 만들고 바른 법을 유지하여 부처님의 종자가 끊어지지 않게 하며, 모든 중생을 이익케 하면서도 벗어나는 중생을 보지 아니하며, 또 열 가지 몸을 성취하여 여러 중생의 의지할 데가 되는 것이요.

⑩ 진실행은 가장 진실한 말을 성취하고 말한 대로 행하며, 행하는

것 같이 말하여, 삼세 부처님들의 진실한 말을 배우고 선근이 동등하여 여래를 따라 배우고 지혜를 성취함이다.

이러할 적에 시방의 세계가 여섯 가지로 진동하고 무수한 보살들이 와서 공덕림보살을 찬탄하였으며, 공덕림보살은 게송으로 십행의 뜻을 말하였다.

22) 십무진장품
끝으로 이 품에서 공덕림보살이 이 계단에서 더 훌륭하게 나아가는 덕을 보이는데 열 가지 무진한 행상을 말하고 제4회의 법문을 마치었다.

23) 승도솔천궁품
부처님께서 보리수 아래와 내지 야마천궁을 떠나지 않고 도솔타천으로 올라가시어서 보배로 장엄한 궁전으로 나아가시는데, 도솔타천왕은 궁전에 마니장 사자좌를 베풀고 세존을 영접하였다.

24) 도솔궁중게찬품
이 품에서는 시방에서 각각 큰 보살이 티끌 수 보살들과 함께 와서 부처님께 예배하고, 금강당을 우두머리로 하여 열 보살이 게송으로 부처님을 찬탄하여 제5회의 서론이 되었다.

25) 십회향품
금강당보살이 지광智光삼매에 들어서 부처님의 한량없는 지혜를 얻었고, 그 삼매에서 일어나 열 가지 회향을 말하였는데, 각각 세 곳으로 회향하였으니, 대비심을 중생에게 베풀어 교화하기 위하여서는 아래로 중생에게 회향하고, 위로 보리를 구하기 위하여서는 보리에 회향하고, 회향하는 사람이나 이치가 모두 고요함으로는 진여의 실제에 회향하여서 그지없는 수행의 바다로 보현 법계의 공덕을 성취하는 일을 말하였다.

이 회에 더 훌륭하게 나아가는 행을 말하지 않은 것은, 이 회향은 앞에 말한 십주와 십행을 포함하여 위로 십지에 올라가는 방편이므로 십회향의 전체가 위로 나아가는 덕인 연고다.

26) 십지품

제5회의 설법을 마친 부처님은 타화자재他化自在천궁의 마니보장전에서 다른 세계에서 온 여러 보살들과 함께 계시었는데, 그 보살들은 아뇩다라삼먁삼보리에서 물러나지 아니하며, 모든 보살의 지혜로 머물러 있는 경지에 머물렀으며 내지 모든 수행을 원만한 이들이었다.

그 중의 금강장보살이 부처님의 신력을 받들어 대지혜광명삼매에 들어가서 시방의 부처님들로부터 일체 여래의 가장 미묘한 몸과 입과 뜻으로 구족한 장엄을 받고, 삼매에서 일어나 십지의 행상을 말하였으니, 곧 환희지歡喜地・이구지離垢地・발광지發光地・염혜지焰慧地・난승지難勝地・현전지現前地・원행지遠行地・부동지不動地・선혜지善慧地・법운지法雲地이다. 이 십지의 수행하는 법은 보살 수행의 중심이 되는 것이다. 앞에 말한 3회의 수행은 3현賢이라 하니 그 관하는 행이 비등한 관찰이거니와, 이 십지에 들어가면 비로소 친히 증득하여 과果를 이루는 것이며, 열 가지 바라밀에 배대하여 십지의 수행하는 모양을 밝혔다. 본래

한 지위가 모든 지위를 포함하였고 한 가지 행에 온갖 행이 갖추어진 보현의 원만융통한 수행이므로, 열 가지 바라밀의 차례에 배대하여 앞으로 나아가는 모습을 보였지마는, 실제로는 지마다 열 가지 바라밀행이 구족하여 있어 서로서로 원융한 것임은 말할 것도 없다.

27) 십정품

제7회의 처음 설법으로서, 이 회에서 말한 11품에 대한 서론과, 지혜의 근본인 열 가지 선정을 말한 것이다.

부처님께서 마가다국의 아란야법보리도량에 있는 보광명전에서 찰나짬〔刹那際〕삼매에 들어 여래의 모습을 나타내고, 형상이 없는 데 머물렀다.

그 때 금강혜보살과 여러 보살들이 모여 왔는데, 보안보살이 보살들의 부사의하고 광대한 삼매를 부처님께 물었고, 부처님은 보현보살에게 설명하기를 청하고, 또 보살에게는 넓은 광명·묘한 광명 등의 열 가지 삼매가 있는데, 이 삼매를 닦아 이루면 여래가 된다고 하시었다.

보현보살은 부처님의 명을 받자와 열 가지 삼매를 말하였으니, 넓은 광명 삼매·묘한 광명 삼매·여러 부처님 국토에 차례로 가는 삼매·청정하고 깊은 마음의 행 삼매·과거에 장엄한 갈무리를 아는 삼매·지혜 광명의 갈무리 삼매·모든 세계 부처님의 장엄을 아는 삼매·일체 중생의 차별한 몸 삼매·법계에 자재한 삼매·걸림없는 바퀴 삼매들이다.

28) 십통품

선정을 의지하여 일어나는 보살의 신통을 말한 것이니, 다른 이의 마음을 아는 신통·걸림없는 하늘 눈 신통·전생 일을 아는 신통·내생 일을 아는 신통·걸림없이 청정한 하늘 귀 신통·성품도 없고 동작도 없이 모든 세계에 가는 신통·모든 말을 잘 분별하는 신통·수없이 형상 몸을 나누는 신통·모든 법을 아는 신통·모든 법이 다 없어지는 삼매에 들어가는 신통이다.

29) 십인품

열 가지 신통의 의지가 되는 지혜인 인忍을 말한 것이니, 음성인·순인·무생인·눈어리 같은 인·아지랑이 같은 인·꿈 같은 인·메아리 같은 인·그림자 같은 인·변화와 같은 인·허공과 같은 인 들이다.

30) 아승기품

심왕보살의 물음에 대하여 부처님께서 친히 말씀하신 것이니, 1백 낙차가 한 구지요, 구지씩 구지가 한 아유다요, 이렇게 하여서 105째가 한 아승기요, 124째가 한 말할 수 없이 말할 수 없음 곱이라고 말씀하셨다.

31) 여래수량품

모든 부처님 세계의 수명을 심왕보살이 말한 것이니, 이 사바세계인 석가모니부처님 세계의 한 겁은 극락세계 아미타불 세계의 하루 낮 하룻밤이 되고, 극락세계의 한 겁은 가사당 세계 금강견부처님 세계의 하루 낮 하룻밤이 되며, 이렇게 차례차례로 아승기 세계를 지나가서 마지막 세계의 한 겁은 승련화 세계의 하루 낮 하룻밤이 되는데, 보현보살과 함께 수행하는 큰 보살들이 모두 그 가운데 가득하였다고 말하였다.

32) 보살주처품

보살들의 머무는 것은 끝닿은 데가 없다고 심왕보살이 말한 것이니, 동방의 선인산에는 옛적부터 여러 보살이 있었는데, 지금은 금강승보살이 있으면서 그 권속들에게 법을 말하며, 남방·서방·북방으로, 내지 건타라국에도 옛적부터 보살들이 있는 데라고 말하였다.

33) 불부사의품

닦아서 생기는 과덕의 부사의함을 말한 것이니, 그 때 보살들 생각에 '부처님의 국토·서원·종성·부처님 몸·음성·지혜 들에는 어떠한 부사의가 있는가' 함을 부처님께서 아시고, 청련화장보살에게 가지加持하여, 다함이 없는 지혜의 문을 알게 하고, 여러 보살에게 말하게 하였다.

청련화장보살은 "세존은 한량없이 머무시는 곳이 있고, 또 그지없는 청정한 몸과 걸림이 없는 눈들의 열 가지 법이 있어 한량없고 그지없는 법계에 두루하였고, 또 열 가지 지혜·열 가지 때를 놓치지 않음·견줄 대 없는 부사의한 경계·끝끼지 청정함·그지없는 지혜 바다·부사의한 부처님 삼매·걸림없는 해탈 등 32문이 있다"고 말하였다.

34) 여래십신상해품

여래에게 있는 여러 가지 복덕의 모습을 말하였으니 "여래의 정수리에는 보배로 장엄한 서른두 가지 거룩한 모습이 있으며, 그 가운데서는 한량없는 광명 그물이 있어 여러 가지 광명을 놓고, 여래의 눈·코·혀·입·이·어깨·가슴·손·발·발가락에까지 아흔일곱의 거룩한 모습을 비롯하여, 세계의 티끌 수 거룩한 모습이 있다"고 보현보살이 말하였다.

35) 여래수호광명공덕품

여래에게 갖추어져 있는 잘생긴 모습의 공덕을 말한 것이니, 세존께서 보수보살에게 말씀하시기를 "여래에게는 원만왕이라는 잘생긴 모습이 있고, 그 가운데 치성이라는 큰 광명이 있는데, 7백만 아승기 광명으로 권속을 삼았느니라. 내가 보살로 있을 적에 도솔천궁에서 큰 광명을 놓았으니 이름이 빛난 당기왕이며, 티끌 수 세계의 지옥 중생들이 고통이 쉬어져 환희하면서 목숨을 마치고는 도솔천에 났고, 그리고 여래의 발바닥에서 두루 비추는 왕이라는 광명을 놓으니, 아비지옥 중생들이 이 광명에 비치어서 천상에 났느니라. 그 때 하늘 북에서 소리를 내어 이 천자들에게 미묘한 법을 말하니, 천자들이 그 법문을 듣고는 기뻐하면서 비로자나여래께 공양하였느니라"고 하였다.

이 경이 39품인데 거의가 보살이 말하였고, 부처님께서 친히 말씀하신 것은 「아승기품」과 이 「수호광명공덕품」뿐이다.

36) 보현행품

제2회의 「여래명호품」으로부터 앞의 「여래수호광명공덕품」까지는 차별한 인과를 말하였고, 이 품과 아래의 「여래출현품」은 평등한 인과를 말하였는데, 이 품은 보현보살의 평등한 인행을 말하였다.

"여래는 교화를 받을 중생을 위하여 세상에 나시거니와, 만일 보살이 다른 보살에 대하여 성내는 마음을 일으키면, 보살을 보지 못하는 장난·바른 법을 듣지 못하는 장난·부정한 세계에 태어나는 장난·나쁜 길에 태어나는 장난 따위의 백만 장난을 이루게 되느니라.

그러므로 보살이 보살의 행을 빨리 만족하려면, 모든 중생을 버리지 않고, 여러 보살을 여래와 같이 생각하고, 부처님 법을 비방하지 말고, 보살의 행을 매우 좋아하는 열 가지 법을 닦아야 하고, 열 가지 청정함을 구족하고, 열 가지 광대한 법을 갖추고, 열 가지 두루 들어가는 데 들어가고, 열 가지씩 묘한 마음에 머물러서, 열 가지 부처님 법의 교묘한 지혜를 얻으면, 위가 없는 바른 깨달음을 얻어서 삼세 부처님들과 평등하게 된다"고 보현보살이 말하였다.

37) 여래출현품

앞의 품이 평등한 인을 말한 데 대하여, 여기서는 평등한 과를 말하였다. 보현보살은 묘덕보살 등에게 이렇게 말하였다.

"여래는 한 가지 인연이나 한 가지 사실로써 나시는 것이 아니고, 열 가지의 한량없는 아승기 인연으로 나시나니, 모든 중생들을 구호할 수 있는 대자대비를 이루기 위하여, 서로 계속하는 행과 원을 이루기 위하여, 내지 법과 이치를 통달하기 위하는 등이니, 마치 삼천대천세계가 한량없는 인연과 한량없는 사실로써 이루어지는 것과 같으니라."

38) 이세간품

제8회의 서론과 본론이니, 위의 여러 회에서 보살의 수행할 계단을 말한데 대하여, 여기서는 모든 지위를 포섭하여 실제로 수행함을 말하였다.

세존께서 마가다국의 고요한 법 보리도량에 있는 보광명전에 계시었는데, 보현보살이 불화장엄삼매에 들었다가 일어나니, 보혜보살이 물었다.

"어떤 것이 보살의 의지며 기특한 생각이며 행이며 선지식이며 부지런한 정진이며 마음이 편안함을 얻음이며 중생을 성취함이며 계율이며 스스로 수기 받을 줄을 알음이며 보살에 들어감이며 여래에 들어감이며 중생의 마음에 들어감이며, 내지 여래의 반열반을 보이심이냐"고 2백 가지를 물었고, 보현보살은 한 가지 물음에 열 가지씩 대답하여 모두 2천 대답을 하였다.

처음 2백 대답은 십신의 행을 말한 것이요, 둘째 2백 대답은 십주의 행을 말한 것이요, 셋째 3백 대답은 십행의 행을 말한 것이요, 넷째 290대답은 십회향의 행을 말한 것이요, 다섯째 5백 대답은 십지의 행을 말한 것이요, 여섯째 5백 열 대답은 인이 원만하고 과가 만족함을 말한 것이니, 곧 등각의 지위이다.

39) 입법계품

제9회의 서론과 본론이니, 위의 「이세간품」까지의 8회에서 말한 것을 선재동자라는 한 사람의 수행자가 실천하는 것을 말하였다. 『40화엄경』은 이 「입법계품」을 독립된 한 경으로 만든 것이다.

세존께서 사위국에 있는 기수급고독장자의 동산에서 보현·문수를 우두머리로 한 5백 보살과 5백 성문과 함께 계실 적에 사자의 기운 뻗는 삼매에 드시었다. 그 때 시방에서 각각 티끌 수 보살들이 모여 와서 부처님을 찬탄하였고, 보현보살은 열 가지 법으로 사자의 기운 뻗는 삼매의 뜻을 말하였다. 세존은 모든 보살들을 이 삼매에 머물게 하기 위하여 미간의 흰 털로 큰 광명을 놓아 시방세계에 두루 비추니, 모든 보살은 온갖 세계의 장엄을 보고, 여래의 공덕 바다에 깊이 들어갔으니, 이것을 기타숲의 근본 법회라 한다.

문수사리보살이 기타숲에서 떠나 사리불·목건련 등 여러 사람을 데리고 남쪽으로 가다가, 복성의 동쪽에 이르러 장엄한 당기의 사라숲 속에 있는 탑에 머무르니, 우바새·우바이·동자·동녀 들이 무수히 모여 왔다.

문수보살은 그 중에서 바른 법을 받아 지닐 만한 선재동자를 발견하고 "그대는 이미 보리심을 내었으니, 온갖 지혜를 성취하려거든 선지식을 찾아서 그들의 가르침을 순종해야 하느니라. 여기서부터 남방으로 가면서 여러 선지식을 방문하고 행을 닦으라" 하였다.

선재동자는 문수보살이 가르친 대로 남방으로 110성을 지나가면서 53선지식을 찾아서 각각 묘한 법문을 얻었으니, 이것을 가지 법회라 한다. 처음 문수보살을 만난 것은 십신을 얻은 것이고, 남방으로 매우 즐거운 나라에서 덕운 비구를 찾아서는 모든 부처님의 경계를 생각하는 지혜의 광명으로 두루 보는 법문을 얻고, 덕운 비구의 지시로 해문국에 가서 해운 비구를 찾았다. 이렇게 선주 비구·미가 장자·해탈 장자·해당 비구·휴사 우바이·비목선인·승열 바라문·자행 동녀를 찾아시, 각각 한 법문을 얻었으니, 이것은 십주의 법이라 한다.

또 남으로 가면서 자재주 동자·구족 우바이·명지 거사·법보게 장자·보안 장자·싫은 줄 모르는 왕·부동 우바이·변행 외도에게서 얻은 것은 십행의 법이라 한다.

또 향팔이 장자·바시라 뱃사공·무상승 장자·사자빈신 비구니·바수밀다 여인·비슬지라 거사·관자재보살·정취보살·대천신·잘 머무는 땅 맡은 신에게서 얻은 것은 십회향의 법이라 한다.

바산바연지 밤 맡은 신·보덕정광신·기쁜 눈으로 중생 보는 신·중생을 널리 구호하는 신·고요한 음성 바다 신·모든 성 수호하는 신·

나무 꽃 피우는 신·정진하는 행으로 중생을 구호하는 신·룸비니숲 신·석가녀 구피求彼에게서 얻은 것은 십지의 법이라 한다.

　마야 부인·하늘님 광명 아씨·모든 이의 벗 꼬마 선생·모든 예술 잘 아는 동자·현승 우바이·견고한 해탈 장자·묘한 달 장자·이길 이 없는 군대 장자·고요한 바라문·덕 나는 동자·미륵보살을 찾고, 문수보살을 다시 만나서 각각 법문을 얻은 것은 등각의 행이라 한다.

　마지막으로 보현보살에게서 열 가지 깨뜨릴 수 없는 지혜 법문을 얻고, 보현보살의 털구멍에 들어가 수없는 세계를 지나가면서 모든 경계가 부처님과 평등하게 된 것은 묘각의 법이라 한다.

　그 때 시방의 세계들이 여섯 가지로 진동하고, 부처님은 보현보살을 찬탄하고 보현보살은 게송을 말하여 화엄법회를 마쳤다.

대방광불화엄경 제1권

대주신역대방광불화엄경 서문[1]
大周新譯大方廣佛華嚴經

천책天冊 금륜성신金輪聖神 황제[2] 지음

들으니 천지 자연의 조화〔創造化育〕로 만물이 태동할 무렵에는, 하늘의 도가 아직 열리지 않았으나, 거북・용의 글과 그림〔龜龍:河圖洛書〕이 사물의 뜻을 드러내자〔繫象〕 인간의 문화가 비로소 밝아졌다. 비록 1만 8천 년 동안 똑같이 천하가 안정된 구역〔中國〕에 임할지라도, 옛날 72 군왕君王인들 어찌 한없이 깊은 뜻을 알았겠는가. 이 때문에 사람마다 네 가지 진리〔四忍〕를 알지 못한 채, 여섯 갈래의 험악한 세계에서 헤매더니, 집집마다 다섯 가지 번뇌에 결박되어, 세 갈래의 괴로운 세상 속으로 빠져들었다. 그러다가 영축산 언덕의 서쪽 고개에서 코끼리 수레를 타고, 동쪽으로 달려오자, 지혜로운 법왕法王께서 4대大의 세상을 벗어나서 높다랗게 살피셨고, 중천측의 조어사調御師는 십지十地의 이치를

---

1 서문은 대방광불화엄경 전체에 대한 서문으로서 제1권에 앞서 있는 것을 편의상 제1권 안에다가 넣었음을 밝힌다.
2 주(周)나라의 여황제인 측천무후(則天武后)를 말한다.

뛰어넘어 위엄 있게 앉으셨다.

　철위산鐵圍山을 온통 끌어안아 진사겁塵沙劫을 늘이고 줄이니, 그 바탕〔體〕은 생겨남도 없고 사라짐도 없으며, 그 모양〔相〕은 가는 일도 없고 오는 일도 없다. 4념처念處・4정근正勤 등은 37도품道品으로서, 그 수행의 덕목이요, 자애(慈愛：慈)・연민(憐憫：悲)・수희(隨喜：喜)・평등(平等：捨)은 네 가지의 한량없는 법〔四無量心〕으로서, 그 마음이 향할 길이다. 방편교화의 능력도 생각하기 어렵지만, 두루 상대할 근기는 사연이 더 많다. 끝없는 허공으로도 헤아리지 못하리니, 어찌 숫자로 셈하여 다할 수 있으랴. 티끌처럼 미약한 경계에 들어갈지라도 이름이나 언설로는 설명할 길 없으니, 무엇으로도 기릴 수 없는 이는 오직 크게 깨친 부처님이 아니고 그 누구이랴.

　짐은 아주 먼 옛날에 바른 인연을 심어서 분에 넘치게 부처님의 수기授記를 받들었다. 금처럼 귀한 부처님께서 명령을 내리시니, 큰 구름이 일어나듯 게송이 먼저 빛났으며, 옥처럼 중한 법좌法座에서 상서를 놓으시니, 보배 비가 쏟아지듯 문장이 뒤를 따라왔다. 게다가 쌓은 선행으로 끼친 경사〔積善餘慶〕와 적게 모음으로 몸 낮춤〔俯集微躬〕을 더하니, 드디어 천하가 태평하여 강물은 맑고, 바다는 잔잔해졌다. 뛰어난 길조의 상서〔吉兆祥瑞〕는 이미 그 날을 맞아 달이 다 찼고, 거룩한 패엽의 영문〔貝葉靈文〕은 그 때를 만나 해를 채웠다. 바다를 건너 사막을 넘어와서, 보배 받치는 예의를 갖췄으며, 험한 경계 건너질러 깊은 바다 항해하고, 거듭 번역한 글을 다 정리하였다.

　『대방광불화엄경大方廣佛華嚴經』은 이에 모든 부처님이 간직한 비밀의 법장〔密藏〕이며, 온갖 여래께서 소유한 성품의 바다이다. 이를 살피는 이 마음 돌릴 곳을 모르고, 이를 따르는 이 그 끝이 어딘 줄 헤아리지 못한다. 유학有學・무학無學이 엿보아 알 마음을 끊었으니, 2승乘・3

승乘이 어찌 받아 듣기를 바라리요. 가장 훌륭한 종지種智의 장엄한 자취가 이미 융성하고, 보현普賢·문수文殊의 원행願行한 근거가 여기 가득하니, 한 글귀 속에 한없는 모든 법계法界를 거두어 안았으며, 한 백호白毫 안에 온갖 세계를 두었으나 좁지 않았다. 마갈타국摩竭陀國에서 처음 법회〔妙會〕의 인연을 일으켰고, 보광법당普光法堂에서 이에 적멸寂滅의 이치를 드날렸다.

옛 일을 돌이켜 보니, 이 심오한 뜻이 진晉나라 때에 번역되어 6대代를 넘기고, 4백 년이 흘렀다. 그러나 일부의 경전에서 겨우 삼만여 마디〔言〕만을 얻어서 오직 반 구슬을 열었을 뿐, 아직 전체의 보배를 볼 수가 없었다. 짐은 그 범본梵本이 앞서 우전국于闐國에 있다는 말을 듣고 사신을 보내 받들어 모셔오게 하였더니, 가까운 나라여서 바로 가지고 왔다. 이미 백천의 미묘한 게송을 직접 보았고, 이에 십만의 갖춰진 문장이 열렸다. 마침 증성證聖 원년元年, 을미년(乙未年, 695) 3월 초하루의 일진은 戊申 14일 신유辛酉에 대편공사大遍空寺에서, 직접 받아 쓸 것은 쓰고 제거할 것은 제하여 조심스럽게 이 경을 번역하니, 드디어 감로甘露가 흐르는 나루를 얻었다. 꿈속에서 부처님의 수기를 받은 경신일庚申日 저녁부터 기다리던 단비가 내리기 시작하여, 다음 임술일壬戌日의 새벽까지 이어졌다. 법식에 따라 실상實相의 문이 열리니, 되돌아와서 일미一味의 못〔澤〕과 부합한 것이다. 성력聖曆 2년 기해(己亥, 699) 10월 초하루의 일진은 壬午 초 8일 기축己丑에, 번역하는 일을 깨끗이 정리하여 끝내니, 성품 바다의 물결이 불어나고 온갖 법계法界의 경계가 넓어졌다. 대승大乘의 돈교頓敎는 널리 한없는 세상을 덮었고, 방광方廣의 진전眞詮은 멀리 끝없는 유정有情을 안았다. 어찌 뒤의 5백 세歲에 홀연히 부처님의 말씀을 받들었다고 말하랴. 사바세계 가운데에는 벌써 귀중한 구슬상자의 비밀이 열려 있었다.

원하오니, 모래처럼 많은 세계에 환히 드러나서 번뇌가 가득한 속세에 두루 알려지고, 일월日月과 함께 오래 비춰서 시방十方을 채워 길이 퍼지며, 한번 보배의 게송을 엿보더라도 경사로움이 마음의 영성靈性에 넘치고, 세 번 오묘한 종지宗旨를 되풀이하면서 기쁨이 몸과 마음에 가득 차기를 바라노라.

비록 설명이나 보여줌이 없더라도, 이치는 둘이 아닌 법문 그대로다. 그러나 말을 근거로 말을 나타내야 비로소 대천大千의 뜻이 밝혀지리라. 그래서 가벼이 볼품없는 글을 지어, 이에 머리글을 삼았노라.

제1권

1. 세주묘엄품世主妙嚴品 ①

이와 같이 나는 들었다.

어느때 부처님께서 마갈제국摩竭提國 아란야법보리도량〔阿蘭若法菩提場〕에서 처음 바른 깨달음〔正覺〕을 이루시었다.

그 땅은 견고하여 금강으로 되었는데, 가장 묘한 보배 바퀴와 여러 가지 훌륭한 꽃과 깨끗한 마니摩尼로 장엄하게 꾸몄으므로 온갖 빛깔들이 그지없이 나타났다.

마니보배로 당기〔幢〕가 되어 항상 광명을 놓고 아름다운 소리를 내며, 보배로 된 그물과 향과 꽃과 영락들이 두루 드리웠고, 마니보배가 자재하게 변화하여 한량없는 보물을 내리었다. 여러 가지 훌륭한 꽃이 땅 위에 흩어지고, 줄을 지어 있는 보배 나무에는 가지와 잎이 찬란하게 무성하여, 부처님의 신통한 힘으로 이 도량에는 모든 장엄이 그림자처럼 그 속에 나타났다.

그 보리수는 우뚝하게 높이 솟아 금강으로 밑동이 되고, 유리로 줄기가 되고, 여러 가지 보배로 가지[枝]와 회초리[條]가 되었으며, 보배로운 잎이 무성하여 구름같이 그늘지고 가지각색 아름다운 꽃들이 가지마다 만발하여 그림자가 드리워졌다. 또 마니로 열매가 되어 속으로 비치고 겉으로 아름다운 것이 꽃과 꽃 사이에 주렁주렁 달렸다. 그 나무들이 둥글게 퍼져 모두 광명을 놓으며, 광명 속에서 마니보배가 쏟아지고, 마니 속에는 많은 보살들이 구름처럼 한꺼번에 나타났다. 또 여래의 위신으로 보리수에서 미묘한 음성을 내어 가지가지 법문을 말하는 것이 끝이 없었다.

여래의 거처하시는 궁전과 누각은 넓고 아름답고 엄숙하고 화려한 것이 시방에 가득하여 가지각색 마니보배로 이루어졌으며, 여러 가지 훌륭한 꽃으로 장식하였고, 모든 장엄에서는 찬란한 광명이 구름같이 흘러나왔다. 궁전 사이에서는 그림자가 모여 당기가 되었고 한량없는 보살과 도량에 모인 대중들이 다 거기 모였으며, 광명과 부사의한 소리를 내는 마니보배로 그물이 되어 있어, 여래의 자재한 신통의 힘과 모든 경계가 모두 그 속에서 나오고, 온갖 중생과 거처하는 집들이 모두 그 가운데 영상처럼 나타났으며, 부처님의 신통한 힘으로 잠깐 동안에 법계法界를 둘러쌌다.

그 사자좌獅子座는 높고 넓고 기묘하고 훌륭하여 마니로 좌대坐臺가 되고 연꽃으로 그물이 되고 청정한 보배로 바퀴가 되고 여러 빛깔의 꽃으로 영락이 되고, 전당과 누각과 섬돌과 창호[戶牖]와 모든 물상物象들이 알맞게 장엄되었다. 보배 나무의 가지와 열매가 주위에 줄지어 있으며, 마니의 광명이 서로서로 비치는데, 시방 부처님이 변화하여 나타내는 구슬과 여러 보살들의 상투에 있는 보배에서 광명을 놓아 보내어 찬란하게 비치었다. 다시 부처님들의 위신으로 가피加被하여 여래의 크고 넓은 경지를 연설하니, 미묘한 음성이 멀리 퍼져 들리지 않는 데가 없었다.

그 때 세존께서 이 사자좌에 앉아 온갖 법에서 가장 바른 깨달음을 이루시니, 지혜는 삼세에 들어가 모두 평등하여지고, 몸은 모든 세간에 가득하고, 음성은 시방세계의 말을 따르시니, 마치 허공이 여러 가지 물상을 포함하고 있으면서도 모든 경계에 차별이 없는 것 같았으며, 또 허공이 온갖 것에 두루하여 여러 세계에 평등하게 따라 들어가는 듯하였다.

몸은 모든 도량에 항상 앉아 보살 대중 가운데 위엄과 빛나심이 혁혁하여 마치 찬란한 햇빛이 세계에 비친 듯하며 삼세三世에서 지으신 복덕 바다가 모두 청정하였고, 여러 부처님 나라에 항상 일부러 태어나시며, 그지없는 몸매와 원만한 광명이 온 법계에 두루하되 평등하여 차별이 없으시고, 모든 법을 연설하심은 큰 구름이 일어나는 듯하였다. 털 끝마다 온갖 세계를 받아들이되 서로 장애되지 아니하며, 제각기 한량없는 신통한 힘을 나타내어 모든 중생들을 교화하여 조복調伏하시고, 몸이 시방세계에 두루하면서도 오고 가는 일이 없었으며, 지혜는 모든 겉모양에 들어가 법이 비고 고요함을 알았으며, 삼세 부처님들이 갖고 있는 신통 변화를 광명 속에서 모두 보게 되고, 온갖 부처님 세계와 부사의한 겁에 있는 장엄을 모두 나타나게 하였다.

열 부처님 세계〔十佛世界〕의 티끌 수 같은 보살마하살들에게 둘러싸였는데, 그 이름은 보현普賢보살마하살 · 보덕최승등광조普德最勝燈光照보살마하살 · 보광사자당普光師子幢보살마하살 · 보보염묘광普寶焰妙光보살마하살 · 보음공덕해당普音功德海幢보살마하살 · 보지광조여래경普智光照如來境보살마하살 · 보보계화당普寶髻華幢보살마하살 · 보각열의성普覺悅意聲보살마하살 · 보청정무진복광普淸淨無盡福光보살마하살 · 보광명상普光明相보살마하살・해월광대명海月光大明보살마하살・운음해광무구장雲音海光無垢藏보살마하살・공덕보계지생功德寶髻智生보살마하살・공덕자재왕대광功德自在王大光보살마하살・선용맹연화계善勇猛蓮華髻보살마하살・보지운일당普智雲日幢보살마하살・대정진금강제大精進金剛臍보살마하살・향염광당香焰光幢보살마하살・대명덕심미음大明德深美音보살마하살・대복광지생大福光智生보살마하살 들이었다.

이런 이들을 우두머리로 하여 열 부처 세계의 티끌 수가 있는데, 이 보살들은 모두 지나간 옛적에 비로자나여래와 함께 선근善根을 모으고 보살의 행을 닦았으므로, 다 여래의 선근 바다[善海]에서 난 이들이다. 모든 바라밀을 이미 성취하였고, 지혜의 눈이 밝고 사무쳐서 삼세를 평등하게 관찰하며, 모든 삼매를 구족하게 청정하였고, 변재가 바다와 같아서 넓고 크기가 끝이 없으며, 부처님의 공덕을 갖추었으므로 존엄하여 공경할 만하며, 중생들의 근성을 알고 적당한 대로 교화하여 조복하며, 법계장法界藏에 들어가서 지혜가 차별이 없으며, 부처님의 깊고 넓고 큰 해탈을 증득證得하였으므로 좋은 방편으로 어느 한 지위에 들어가서라도 바다 같은 서원의 힘으로 온갖 지위를 거두어 가지고 항상 지혜와 함께하여 오는 세상이 다할 때까지 이르는 이들이었다.

또 모든 부처님의 희유하고 넓고 크고 비밀한 경지를 통달하였고, 모든 부처님들의 평등한 법을 잘 알며, 여래의 넓고 밝은 지위에 나아가 한량없는 삼매 바다의 문에 들어갔으므로, 어느 곳에서나 마음대로 몸을 나타내어 세상에서 행하는 일을 모두 함께하고, 모두 기억하는 일이 넓고 커서 여러 가지 법을 모아 지녔으며, 변재가 훌륭하여 물러가지 않는 법수레를 운전하였다. 모든 부처님의 공덕 바다에 그 몸이 다 들어갔고, 모든 부처님 계시는 곳에 소원대로 들어가서 온갖 부처님께 공양하였고, 그지없는 겁 동안에 환희하여 게으르지 아니하며, 모든 부처님이 보리를 얻으신 곳에는 항상 그 가운데 있어 친근하게 모시고 떠나지 아니하였고, 항상 그들이 얻은 보현보살의 소원으로써 모든 중생들로 하여금 지혜의 몸이 구족하게 하는 이들이니, 이와 같이 한량없는 공덕을 성취하였다.

또 부처 세계의 티끌 수 같은 집금강신執金剛神이 있었으니, 이른바 묘한 빛 나라연〔妙色那羅延〕 집금강신, 해처럼 빠른 당기〔日輪速疾幢〕 집금강신, 수미산 꽃빛〔須彌華光〕 집금강신, 청정한 구름 소리〔淸淨雲音〕 집금강신, 모든 근이 미묘한〔諸根美妙〕 집금강신, 사랑스런 광명〔可愛樂光明〕 집금강신, 큰 나무 우레 소리〔大樹雷音〕 집금강신, 사자왕 광명〔師子王光明〕 집금강신, 비밀한 불꽃 좋은 눈〔密焰勝目〕 집금강신, 연꽃 빛 마니 상투〔蓮華光摩尼髻〕 집금강신 들이었다.

이런 이들이 우두머리가 되어 부처 세계의 티끌 수가 있었는데, 모두 지나간 옛적 한량없는 겁 동안에, 큰 소원을 세우고 여러 부처님을 친근하여 공양하기를 원하였으므로, 그 소원대로 수행함이 원만하여서 이미 저 언덕에 이르렀으며, 끝없이 깨끗한 복을 쌓았고, 모든 삼매로 행할 경계를 모두 통달하였고, 신통한 힘을 얻어 여래를 따라 머물며, 부사의한 해탈의 경계에 들어갔고, 여럿이 모인 곳에 있을 적에 위엄과 광명이 우뚝하며, 중생에 따라 마땅한 대로 몸을 나타내어 조복함을 보이며, 모든 부처님의 화신이 있는 곳마다 따라가서 화생하며, 온갖 여래의 머무는 곳에서 항상 부지런히 수호하고 있었다.

또 부처 세계의 티끌 수 같은 몸 많은 신〔身衆神〕이 있었으니, 이른바 꽃 상투 장엄한〔華髻莊嚴〕 몸 많은 신, 시방을 환하게 비추는〔光照十方〕 몸 많은 신, 바다 소리 조복하는〔海音調伏〕 몸 많은 신, 조촐한 꽃 상투 장엄〔淨華嚴髻〕 몸 많은 신, 한량없는 거동〔無量威儀〕 몸 많은 신, 가장 높은 빛 장엄〔最上光嚴〕 몸 많은 신, 조촐한 빛 향기 구름〔淨光香雲〕 몸 많은 신, 수호하여 거둬주는〔守護攝持〕 몸 많은 신, 두루 나퉈 성취하는 몸 많은 신〔普現攝取〕, 동요하지 않는 광명〔不動光明〕 몸 많은 신 들이었다.

이런 이들이 우두머리가 되어 부처 세계의 티끌 수가 있었는데, 모두 지나간 옛적에 큰 소원을 성취하여 온갖 부처님을 공양하고 섬기는 이들이었다.

또 부처 세계의 티끌 수 같은 발로 가는 신〔足行神〕이 있었으니, 이른바 보배 인발 있는 손〔寶印手〕 발로 가는 신, 연꽃 빛〔蓮華光〕 발로 가는 신, 조촐한 꽃 상투〔淸淨華髻〕 발로 가는 신, 선한 소견 거둬 갖는〔攝諸善見〕 발로 가는 신, 묘한 보배 별 당기〔妙寶星幢〕 발로 가는 신, 묘한 음성 잘 내는〔樂吐妙音〕 발로 가는 신, 전단나무 빛〔栴檀樹光〕 발로 가는 신, 연꽃 광명〔蓮華光明〕 발로 가는 신, 미묘한 광명〔微妙光明〕 발로 가는 신, 좋은 꽃 모아 쌓는〔積集妙華〕 발로 가는 신 들이었다.

이런 이들이 우두머리가 되어 부처 세계의 티끌 수가 있었는데, 모두 지나간 세상 한량없는 겁 동안에 여래를 친근하여 따라 모시고 떠나지 아니한 이들이었다.

또 부처 세계의 티끌 수 같은 도량신道場神이 있었으니, 이른바 조촐하게 장엄한 당기〔淨莊嚴幢〕 도량신, 수미산 보배 빛〔須彌寶光〕 도량신, 우레 소리 당기 모양〔雷音幢相〕 도량신, 꽃비 주는 묘한 눈〔雨華妙眼〕 도량신, 꽃 갓끈 빛난 상투〔華纓光髻〕 도량신, 보배 내려 장엄하는〔雨寶莊嚴〕 도량신, 용맹하고 향기로운 눈〔勇猛香眼〕 도량신, 금강 오색 구름〔金剛彩雲〕 도량신, 연화 광명〔蓮華光明〕 도량신, 묘한 광명 빛나는〔妙光照耀〕 도량신 들이었다.

이런 이들이 우두머리가 되어 부처 세계의 티끌 수가 있었는데, 모두 지난 세상에 한량없는 부처님을 만나서 소원을 이루고 공양을 많이 차린 이었다.

또 부처 세계의 티끌 수 같은 성 맡은 신[主城神]이 있었으니, 이른바 보배 봉우리 빛나는[寶峯光耀] 성 맡은 신, 묘하게 장엄한 궁전[妙嚴宮殿] 성 맡은 신, 맑고 기쁜 보배[淸淨喜寶] 성 맡은 신, 근심 없고 깨끗한[離憂淸淨] 성 맡은 신, 꽃등 불꽃 눈[華燈焰眼] 성 맡은 신, 불꽃 당기 밝게 뵈는[焰幢明現] 성 맡은 신, 복 많은 광명[盛福光明] 성 맡은 신, 조촐한 광명[淸淨光明] 성 맡은 신, 향기 상투 장엄[香髻莊嚴] 성 맡은 신, 묘한 보배 광명[妙寶光明] 성 맡은 신 들이었다.

이런 이들이 우두머리가 되어 부처 세계의 티끌 수가 있었는데, 모두 한량없는 부사의한 겁 동안에 여래가 계시는 궁전을 장엄하고 깨끗하게 하였다.

또 부처 세계의 티끌 수 같은 땅 맡은 신[主地神]이 있었으니, 이른바 넓은 덕 깨끗한 꽃[普德淨華] 땅 맡은 신, 견고한 복 장엄[堅福莊嚴] 땅 맡은 신, 묘한 꽃 나무 장엄[妙華嚴樹] 땅 맡은 신, 뭇 보배 널리 흩는[普散衆寶] 땅 맡은 신, 깨끗한 눈 때를 보는[淨目觀時] 땅 맡은 신, 묘한 빛 좋은 눈[妙色勝眼] 땅 맡은 신, 향기로운 털 광명 내는[香毛發光] 땅 맡은 신, 듣기 좋은 음성[悅意音聲] 땅 맡은 신, 묘한 꽃 둘린 상투[妙華旋髻] 땅 맡은 신, 금강으로 장엄한 몸[金剛嚴體] 땅 맡은 신 들이있다.

이런 이들이 우두머리가 되어 부처 세계의 티끌 수가 있었는데, 모두 지난 옛적에 중대한 원을 세우고 부처님께 항상 친근하면서 복업을 함께 닦기를 원하였다.

또 한량없는 산 맡은 신[主山神]이 있었으니, 이른바 보배 봉우리 꽃핀[寶峯開華] 산 맡은 신, 꽃 수풀 묘한 상투[華林妙髻] 산 맡은 신, 높은 당기 널리 비치는[高幢普照] 산 맡은 신, 티끌 없고 깨끗한 상투[離塵淨髻] 산 맡은 신, 시방에 밝게 비치는[光照十方] 산 맡은 신, 기운 센 광명[大力光明] 산 맡은 신, 위엄 광명 훌륭한[威光普勝] 산 맡은 신, 비밀하고 빛난 바퀴〔微密光輪〕 산 맡은 신, 넓은 눈 환히 보는〔普眼現見〕 산 맡은 신, 금강의 비밀한 눈〔金剛密眼〕 산 맡은 신 들이었다.

이런 이들이 우두머리가 되어 그 수가 한량이 없는데, 다 모든 법에 청정한 눈을 얻었다.

또 불가사의한 숲 맡은 신〔主林神〕이 있으니, 이른바 구름처럼 꽃 피는〔布華如雲〕 숲 맡은 신, 줄기 자라 빛 퍼지는〔擢幹舒光〕 숲 맡은 신, 움돋아 빛나는〔生芽發耀〕 숲 맡은 신, 상서롭고 깨끗한 잎〔吉祥淨葉〕 숲 맡은 신, 드리운 불꽃 갊은〔垂布焰藏〕 숲 맡은 신, 깨끗한 광명〔淸淨光明〕 숲 맡은 신, 뜻에 맞는 우레 소리〔可意雷音〕 숲 맡은 신, 빛과 향기 두루 가득〔光香普遍〕 숲 맡은 신, 묘한 빛 멀리 비친〔妙光廻耀〕 숲 맡은 신, 꽃과 열매 빛 좋고 맛난〔華果光味〕 숲 맡은 신 들이었다.

이런 이들이 우두머리가 되어 불가사의한 수가 있었는데, 모두 한량없이 귀여운 광명을 가진 이들이었다.

또 한량없는 약 맡은 신〔主藥神〕이 있었으니, 이른바 상서로운〔吉祥〕 약 맡은 신, 전단 숲〔栴檀林〕 약 맡은 신, 깨끗한 광명〔淸淨光明〕 약 맡은 신, 널리 소문난〔名稱普聞〕 약 맡은 신, 털구멍에 빛나는〔毛孔光明〕 약 맡은 신, 널리 치료하고 깨끗한〔普治淸淨〕 약 맡은 신, 큰소리 치는〔大發吼聲〕 약 맡은 신, 해 가리우는 빛 당기〔蔽日光幢〕 약 맡은 신, 시방을 밝게 보는〔明見十方〕 약 맡은 신, 기운 돕고 눈 밝히는〔益氣明目〕 약 맡은 신 들이었다.

이런 이들이 우두머리가 되어 그 수가 한량없는데, 성품이 때를 여의었고 인자하게 중생을 돕는 이들이었다.

또 한량없는 농사 맡은 신〔主稼神〕이 있었으니, 이른바 부드럽고 맛좋은〔柔軟勝味〕 농사 맡은 신, 때 만난 꽃 조촐한 빛〔時華淨光〕 농사 맡은 신, 빛과 기운 건장한〔色力勇健〕 농사 맡은 신, 정기 증장하는〔增長精氣〕

농사 맡은 신, 뿌리 열매 널리 내는(普生根果) 농사 맡은 신, 묘한 장엄 상투 둘린(妙嚴環髻) 농사 맡은 신, 윤택하고 조촐한 꽃(潤澤淨華) 농사 맡은 신, 묘한 향기 이룩한(成就妙香) 농사 맡은 신, 보는 이가 사랑하는(見者愛樂) 농사 맡은 신, 때 없고 깨끗한 빛(離垢淨光) 농사 맡은 신 들이었다.

이런 이들이 우두머리가 되어 그 수가 한량없는데, 모두 큰 기쁨을 성취한 이들이었다.

또 한량없는 강 맡은 신(主河神)이 있었으니, 이른바 빠른 물결 널리 내는(普發迅流) 강 맡은 신, 샘과 냇물 깨끗이 하는(普潔泉澗) 강 맡은 신, 티끌 없고 깨끗한 눈(離塵淨眼) 강 맡은 신, 시방에 두루 외치는(十方遍吼) 강 맡은 신, 중생을 구호하는(救護衆生) 강 맡은 신, 덥지 않고 깨끗한 빛(無熱淨光) 강 맡은 신, 기쁜 마음 널리 내는(普生歡喜) 강 맡은 신, 넓은 공덕 좋은 당기(廣德勝幢) 강 맡은 신, 여러 세상 환히 비추는 강(光照普世) 맡은 신, 바다 공덕 밝은 빛(海德光明) 강 맡은 신 들이었다.

이런 이들이 우두머리가 되어 한량없는 수가 있었는데, 모두 부지런히 마음 써서 중생을 이롭게 하였다.

또 한량없는 바다 맡은 신(主海神)이 있었으니, 이른바 보배 광명 나타내는(出現寶光) 바다 맡은 신, 금강 당기 이룩하는(成金剛幢) 바다 맡은 신, 티끌과 때 멀리 여읜(遠塵離垢) 바다 맡은 신, 넓은 물 궁전 같은(普水宮殿) 바다 맡은 신, 상서로운 보배 달(吉祥寶月) 바다 맡은 신, 묘한 꽃 용의 상투(妙華龍髻) 바다 맡은 신, 빛과 맛 널리 지닌(普持光味) 바다 맡은 신, 보배 불꽃 빛난 광명(寶焰華光) 바다 맡은 신, 금강의 묘한 상투(金剛妙髻) 바다 맡은 신, 조수의 우레 소리(海潮雷聲) 바다 맡은 신 들이었다.

이런 이들이 우두머리가 되어 수가 한량없는데, 모두 여래의 큰 공덕 바다로 그 몸을 가득히 하였다.

 또 한량없는 물 맡은 신[主水神]이 있었으니, 구름 당기 일으키는[興雲幢] 물 맡은 신, 조수와 구름 소리[海潮雲音] 물 맡은 신, 묘한 빛 바퀴 상투[妙色輪髻] 물 맡은 신, 공교롭게 소용 도는[善巧漩澓] 물 맡은 신, 때 없고 향기 쌓인[離垢香積] 물 맡은 신, 복덕 다리 빛난 음성[福橋光音] 물 맡은 신, 만족하여 자재한[知足自在] 물 맡은 신, 밝고 기쁜 착한 소리[淨喜善音] 물 맡은 신, 위엄 광명 널리 나타내는[普現威光] 물 맡은 신, 영각 소리 바다에 찬[吼音遍海] 물 맡은 신 들이었다.

 이런 이들이 우두머리가 되어 그 수가 한량없는데, 항상 부지런히 모든 중생을 구호하여 이익하게 하는 이들이었다.

 또 수없는 불 맡은 신[主火神]이 있었으니, 이른바 넓은 광명 불꽃 감은 불 맡은 신[普光焰藏], 광명 당기 널리 모은[寶集光幢] 불 맡은 신, 큰 광명 널리 비친[大光普照] 불 맡은 신, 여러 가지 묘한 궁전[衆妙宮殿] 불 맡은 신, 그지없는 광명 상투[無盡光髻] 불 맡은 신, 가지 가지 불꽃 눈[種種焰眼] 불 맡은 신, 시방 궁전 수미산 같은[十方宮殿如須彌山] 불 맡은 신, 위엄 광명 자재한[威光自在] 불 맡은 신, 광명으로 어둠 깨는[光明破暗] 불 맡은 신, 우레 소리 번개 빛[雷音電光] 불 맡은 신 들이었다.

 이런 이들이 우두머리가 되어 헤아릴 수 없는데, 모두 가지각색 광명을 나타내어 중생들로 하여금 뜨거운 번뇌를 제멸하게 하는 이들이었다.

 또 한량없는 바람 맡은 신[主風神]이 있었으니, 이른바 걸림 없는 광명[無礙光明] 바람 맡은 신, 용맹한 업 널리 나타내는[普現勇業] 바람 맡은 신, 날려 치는 구름 당기[飄擊雲幢] 바람 맡은 신, 깨끗한 빛 장엄한[淨光莊嚴] 바람 맡은 신, 물 말리는 힘 가진[力能竭水] 바람 맡은 신, 큰소리로 외치는[大聲遍吼] 바람 맡은 신, 나무 끝에 상투 달린[樹杪垂髻] 바람 맡은 신, 간 데마다 걸림 없는(所行無礙) 바람 맡은 신, 여러 가지 궁전(種種宮殿) 바람 맡은 신, 큰 빛으로 널리 비친(大光普照) 바람 맡은 신 들이었다.

이런 이들이 우두머리가 되어 그 수가 한량이 없는데, 교만한 마음을 부지런히 없애는 이들이었다.

또 한량없는 허공 맡은 신(主空神)이 있었으니, 이른바 조촐한 빛 널리 비치는(淨光普照) 허공 맡은 신, 두루 다녀 깊고 넓은(普遊深廣) 허공 맡은 신, 상서로운 바람 내는(生吉祥風) 허공 맡은 신, 장애 없이 편안히 있는(離障安住) 허공 맡은 신, 널리 걷는 묘한 상투(廣步妙髻) 허공 맡은 신, 걸림 없이 빛난 불꽃(無礙光焰) 허공 맡은 신, 걸림 없이 수승한 힘(無礙勝力空神) 허공 맡은 신, 때 없는 광명(離垢光明) 허공 맡은 신, 멀고 깊은 묘한 음성(深遠妙音) 허공 맡은 신, 시방에 광명 가득(光遍十方) 허공 맡은 신 들이었다.

이런 이들이 우두머리가 되어 그 수가 한량없는데, 마음에는 모두 때가 없어 넓고 크고 밝고 조촐하였다.

또 한량없는 방위 맡은 신(主方神)이 있었으니, 이른바 온갖 곳에 두루 있는(遍住一切) 방위 맡은 신, 광명 널리 나타내는(普現光明) 방위 맡은 신, 빛과 행동 장엄한(光行莊嚴) 방위 맡은 신, 두루 다녀 걸림 없는(周行不礙) 방위 맡은 신, 의혹을 아주 끊은(永斷迷惑) 방위 맡은 신, 조촐한 허공 널리 다니는(普遊淨空) 방위 맡은 신, 큰 구름 당기 음성(大雲幢音) 방위 맡은 신, 상투 눈 어지러움 없는(髻目無亂) 방위 맡은 신, 세상 업을 두루 보는(普觀世業) 방위 맡은 신, 두루 다녀 구경하는(周遍遊覽) 방위 맡은 신 들이었다.

이런 이들이 우두머리가 되어 그 수가 한량이 없는데, 능히 방편으로 광명을 널리 놓아 시방을 비추는 일이 언제나 계속하여 끊어지지 아니하였다.

또 한량없는 밤 맡은 신[主夜神]이 있었으니, 이른바 넓은 공덕 조촐한 빛[普德淨光] 밤 맡은 신, 기쁜 눈 세상 보는[喜眼觀世] 밤 맡은 신, 세상 정기 보호하는[護世精氣] 밤 맡은 신, 고요한 바다 소리[寂靜海音] 밤 맡은 신, 좋은 일 널리 나타내는[普現吉祥] 밤 맡은 신, 나무 꽃 훨씬 피는[普發樹華] 밤 맡은 신, 평등하게 길러 주는[平等護育] 밤 맡은 신, 유희하여 즐겨하는[遊戲快樂] 밤 맡은 신, 모든 근根이 항상 기쁜[諸根常喜] 밤 맡은 신, 깨끗한 복을 내는[出生淨福] 밤 맡은 신 들이었다.

이런 이들이 우두머리가 되어 그 수가 한량이 없는데, 모두 부지런히 닦아 익혀 법으로써 낙을 삼는 이들이었다.

또 한량없는 낮 맡은 신[主晝神]이 있었으니, 이른바 궁전을 나타내는[示現宮殿] 낮 맡은 신, 지혜 향을 일으키는[發起慧香] 낮 맡은 신, 훌륭한 장엄 좋아하는[樂勝莊嚴] 낮 맡은 신, 향과 꽃 미묘한 빛[香華妙光] 낮 맡은 신, 묘한 약 널리 모은[普集妙藥] 낮 맡은 신, 기쁜 눈 잘 만드는[樂作喜目] 낮 맡은 신, 여러 방위 나타내는[普現諸方] 낮 맡은 신, 큰 자비 광명[大悲光明] 낮 맡은 신, 선근 광명 비치는[善根光照] 낮 맡은 신, 아름다운 꽃 영락[妙華瓔珞] 낮 맡은 신 들이었다.

이런 이들이 우두머리가 되어 그 수가 한량이 없는데, 다 묘한 법을 믿고 알며 항상 함께 정근하여 궁전을 엄숙하게 꾸미었다.

또 한량없는 아수라왕阿脩羅王이 있으니, 이른바 라후[羅睺] 아수라왕, 비마질다라[毘摩質多羅] 아수라왕, 공교롭게 환술하는[巧幻術] 아수라왕, 권속 많은[大眷屬] 아수라왕, 기운 센[大力] 아수라왕, 두루 비치는[遍照] 아수라왕, 견고한 행 묘한 장엄[堅固行妙莊嚴] 아수라왕, 넓고 큰 원인 지혜[廣大因慧] 아수라왕, 훌륭한 덕 나타내는[出現勝德] 아수라왕, 묘하고 좋은 음성[妙好音聲] 아수라왕 들이었다.

이런 이들이 우두머리가 되어 그 수가 한량이 없는데, 모두 부지런히 정진하여 아만과 번뇌를 항복 받은 이들이었다.

또 수효를 헤아릴 수 없는 가루라왕[迦樓羅王]이 있으니, 이른바 크게 빠른 힘[大速疾力] 가루라왕, 깨뜨릴 수 없는 보배 상투[無能壞寶髻] 가루라왕, 깨끗하고 빠른[淸淨速疾] 가루라왕, 마음이 퇴전하지 않는[心不退轉] 가루라왕, 큰 바다에서 붙잡는 힘[大海處攝持力] 가루라왕, 견고하고 깨끗한 빛[堅固淨光] 가루라왕, 잘 꾸민 갓과 상투[巧嚴冠髻] 가루라왕, 두루 빨리 나타나는[普捷示現] 가루라왕, 바다 두루 살피는[普觀海] 가루라왕, 여러 음성 넓은 눈[普音廣目] 가루라왕 들이었다.

이런 이들이 우두머리가 되어 헤아릴 수 없는 수가 있는데, 모두 큰 방편의 힘을 성취하고 모든 중생들을 잘 구호하여 붙들어 주는 이들이었다.

또 한량없는 긴나라왕[緊那羅王]이 있었으니, 이른바 선한 지혜 광명 하늘[善慧光明天] 긴나라왕, 묘한 꽃 당기[妙華幢] 긴나라왕, 가지가지 장엄[種種莊嚴] 긴나라왕, 뜻에 맞게 외치는 소리[悅意吼聲] 긴나라왕, 보배 나무 광명[寶樹光明] 긴나라왕, 보는 이 기뻐하는[見者欣樂] 긴나라왕, 가장 좋은 광명 장엄[最勝光莊嚴] 긴나라왕, 미묘한 꽃 당기[微妙華幢] 긴나라왕, 땅 흔드는 힘[動地力] 긴나라왕, 나쁜 무리 굴복받는[攝伏惡衆] 긴나라왕 들이었다.

이런 이들이 우두머리가 되어 그 수가 한량이 없는데, 모두 부지런히 정진하여 온갖 법을 관찰하고 마음이 항상 쾌락하여 자재하게 유희하는 이들이었다.

또 한량없는 마후라가왕[摩睺羅伽王]이 있었으니, 이른바 좋은 지혜[善慧] 마후라가왕, 청정한 위엄 음성[淸淨威音] 마후라가왕, 훌륭한 지혜 장엄 상투[勝慧莊嚴髻] 마후라가왕, 아름다운 눈 가진[妙目主] 마후라가왕, 등대처럼 여러 사람 나아가는〔如燈幢爲衆所歸〕마후라가왕, 가장 좋은 광명 당기〔最勝光明幢〕마후라가왕, 사자 가슴〔師子臆〕마후라가왕, 묘하게 장엄한 음성〔衆妙莊嚴音摩睺〕마후라가왕, 수미산 견고한〔須彌堅固〕마후라가왕, 사랑스런 광명〔可愛樂光明〕마후라가왕 들이었다.

이런 이들이 우두머리가 되어 그 수가 한량이 없는데, 모두 넓고 큰 방편을 부지런히 닦아 중생들로 하여금 어리석은 그물을 영원히 끊게 하는 이들이었다.

또 한량없는 야차왕夜叉王이 있었으니, 이른바 비사문〔毘沙門〕야차왕, 자재한 음성〔自在音〕야차왕, 무서운 무기 가진〔嚴持器仗〕야차왕, 큰 지혜〔大智慧〕야차왕, 불꽃 눈 가진〔焰眼主〕야차왕, 금강 눈〔金剛眼〕야차왕, 억센 팔뚝〔勇健臂〕야차왕, 용감하게 적군 대적하는〔勇敵大軍〕야차왕, 재물 많은〔富資財〕야차왕, 높은 산 헐어내〔力壞高山〕는 야차왕 들이었다.

이런 이들이 우두머리가 되어 그 수가 한량이 없는데, 모두 부지런히 온갖 중생들을 수호하는 이들이었다.

또 한량없는 큰 용왕龍王이 있었으니, 이른바 비루박차〔毘樓博叉〕용왕, 사갈라娑竭羅용왕, 구름 소리 묘한 당기〔雲音妙幢〕용왕, 불꽃 입 바다 광명〔焰口海光〕용왕, 넓고 높은 구름 당기〔普高雲幢〕용왕, 덕차가 德叉迦 용왕, 끝없이 걷는〔無邊步〕용왕, 조촐한 빛〔淸淨色〕용왕, 널리 운전하는 큰소리〔普運大聲〕용왕, 뜨거운 번뇌 없는〔無熱惱〕용왕 들이었다.

이런 이들이 우두머리가 되어 그 수가 한량이 없는데, 모두 부지런히 노력하여 구름을 일으키고 비를 내려 모든 중생들로 하여금 번뇌를 소멸하게 하는 이들이었다.

또 한량없는 구반다왕鳩槃茶王이 있었으니, 이른바 증장〔增長〕구반다왕, 용의 임금〔龍王〕구반다왕, 장엄 당기〔善莊嚴幢〕구반다왕, 널리 이익 주는 행〔普饒益行〕구반다왕, 엄청나게 무서운〔甚可怖畏〕구반다왕, 고운 눈 단정한〔美目端嚴〕 구반다왕, 높은 봉우리 지혜〔高峯慧〕 구반다왕, 용맹한 팔〔勇健臂〕 구반다왕, 끝없이 조촐한 꽃 눈〔無邊淨華眼〕 구반다왕, 넓고 큰 하늘 얼굴 아수라눈〔廣大天面阿脩羅眼〕 구반다왕 들이었다.

이런 이들이 우두머리가 되어 그 수가 한량이 없는데, 모두 걸림 없는 법문을 부지런히 닦아 큰 광명을 놓는 이들이었다.

또 한량없는 건달바왕乾闥婆王이 있으니, 이른바 지국〔持國〕 건달바왕, 나무 광명〔樹光〕 건달바왕, 깨끗한 눈〔淨目〕 건달바왕, 꽃갓 쓴〔華冠〕 건달바왕, 넓은 음성〔普音〕 건달바왕, 묘한 눈 잘 놀리는〔樂搖動妙目乾〕 건달바왕, 묘한 음성 사자 당기〔妙音師子幢〕 건달바왕, 보배 광명 널리 놓는〔普放寶光明〕 건달바왕, 금강나무 꽃 당기〔金剛樹華幢〕 건달바왕, 두루 장엄 나타내기 좋아하는〔樂普現莊嚴〕 건달바왕 들이었다.

이런 이들이 우두머리가 되어 그 수가 한량없는데, 모두 큰 법에 깊은 신심을 내고 환희하고 존중하며, 부지런히 닦고 게으르지 않은 이들이었다.

또 한량없는 월천자月天子가 있었으니, 이른바 월〔月〕 천자, 꽃왕 상투 광명〔華王髻光明〕 천자, 여러 가지 묘하고 깨끗한 광명〔衆妙淨光明〕 천자, 안락한 세간 마음〔安樂世間心〕 천자, 나무왕 눈 광명〔樹王眼光明〕 천자, 조촐한 빛 나타내는〔示現淸淨光〕 천자, 두루 다녀 동하지 않는 빛〔普遊不動光〕 천자, 별 임금 자재한〔星宿王自在〕 천자, 깨끗이 깬 달〔淨覺月〕 천자, 큰 위덕 광명〔大威德光明〕 천자 들이었다.

이런 이들이 우두머리가 되어 그 수가 한량없는데, 모두 부지런히 중생의 마음 보배를 드러내는 이들이었다.

또 한량없는 일천자日天子가 있었으니, 이른바 일〔日〕 천자, 빛난 불꽃 눈〔覺焰眼〕 천자, 수미산 빛 두렵고 공경할 당기〔須彌光可畏敬幢〕 천자, 때 없는 보배 장엄〔離垢寶莊嚴〕 천자, 용맹하여 퇴전치 않는〔勇猛不退轉〕 천자, 묘한 꽃 영락 광명〔妙華纓光明〕천자, 훌륭한 당기 광명〔最勝幢光明〕천자, 보배 상투 넓은 광명〔寶髻普光明〕천자, 빛난 눈〔光明眼〕천자, 좋은 덕 지닌〔持勝德〕천자, 넓은〔普光明〕광명 천자 들이었다.

이런 이들이 우두머리가 되어 그 수가 한량이 없는데, 모두 부지런히 닦아 익혀 중생을 이롭게 하며 선근을 증장하게 하는 이들이었다.

또 한량없는 삼십삼천왕三十三天王이 있었으니, 이른바 석가 인다라〔釋迦因陀羅〕천왕, 넓은 소문 가득한 음성〔普稱滿音〕천왕, 자비한 눈 보배 상투〔慈目寶髻〕천왕, 보배 빛 당기 이름〔寶光幢名稱〕천왕, 즐거움 내는 상투〔發生喜樂髻〕천왕, 사랑스런 바른 생각〔可愛樂正念〕천왕, 수미산 좋은 음성〔須彌勝音〕천왕, 성취한 생각〔成就念〕천왕, 사랑스런 깨끗한 꽃 빛〔可愛樂淨華光〕천왕, 지혜의 해눈〔智日眼〕천왕, 자재한 광명 잘 깨닫는〔自在光明能覺悟〕천왕 들이었다.

이런 이들이 우두머리가 되어 그 수가 한량없는데, 모두 온갖 세간의 넓고 큰 사업을 일으키는 이들이었다.

또 한량없는 수야마천왕須夜摩天王이 있었으니, 이른바 선시분〔善時分〕천왕, 사랑스런 광명〔可愛樂光明〕천왕, 그지없는 지혜 공덕 당기〔無盡慧功德幢〕천왕, 변화 잘하고 단정한〔善變化端嚴〕천왕, 모두 지는 큰 광명〔總持大光明〕천왕, 헤아릴 수 없는 지혜〔不思議智慧〕천왕, 둥근 배꼽〔輪齋〕천왕, 빛난 불꽃〔光焰〕천왕, 광명 비치는〔光照〕천왕, 두루 살펴 소문난〔普觀察大名稱〕천왕 들이었다.

이런 이들이 우두머리가 되어 그 수가 한량이 없는데, 모두 넓고 큰 선근을 부지런히 닦아 마음이 항상 기쁘고 만족한 이들이었다.

또 헤아릴 수 없는 도솔타兜率陀천왕이 있었으니, 이른바 지족〔知足〕천왕, 즐거운 바다 상투〔喜樂海髻〕천왕, 가장 좋은 공덕 당기〔最勝功德幢〕천왕, 고요한 빛〔寂靜光〕천왕, 사랑스런 묘한 눈〔可愛樂妙目〕천왕, 보배 봉우리 조촐한 달[寶峯淨月]천왕, 가장 좋은 용맹한 힘[最勝勇健力]천왕, 금강같이 묘한 광명[金剛妙光明]천왕, 별 장엄 당기[星宿莊嚴幢]천왕, 사랑스런 장엄[可愛樂莊嚴]천왕 들이었다.

이런 이들이 우두머리가 되어 헤아릴 수 없이 많은데, 모두 여러 부처님의 명호를 부지런히 기억하는 이들이었다.

또 한량없는 화락化樂천왕이 있었으니, 이른바 변화 잘하는[善變化]천왕, 고요한 음성 광명[寂靜音光明]천왕, 변화하는 힘 광명[變化力光明]천왕, 장엄 맡은[莊嚴主]천왕, 생각하는 빛[念光]천왕, 가장 높은 구름 소리[最上雲音]천왕, 묘하고 훌륭한 빛[衆妙最勝光]천왕, 묘한 상투 광명[妙髻光明]천왕, 기쁜 지혜 성취한[成就喜慧]천왕, 꽃 광명 상투[華光髻]천왕, 시방세계 두루 보는[普見十方]천왕 들이었다.

이런 이들이 우두머리가 되어 그 수가 한량없는데, 모든 중생을 부지런히 조복하여 해탈케 하는 이들이었다.

또 수없는 타화자재他化自在천왕이 있었으니, 이른바 득자재得自在천왕, 묘한 눈 차지[妙目主]천왕, 묘한 갓 당기[妙冠幢]천왕, 용맹한 지혜[勇猛慧]천왕, 묘한 음성 구절[妙音句]천왕, 묘한 빛 당기[妙光幢]천왕, 고요한 경계 문[寂靜境界門]천왕, 묘한 바퀴 장엄 당기[妙輪莊嚴幢]천왕, 꽃술 지혜 자재한[華蘂慧自在]천왕, 인다라 힘 묘한 장엄 광명[因陀羅力妙莊嚴光明]천왕 들이었다.

이런 이들이 우두머리가 되어 그 수가 한량없는데, 모두 자재한 방편과 넓고 큰 법문을 부지런히 닦아 익힌 이들이었다.

또 셀 수 없는 대범大梵천왕이 있었으니, 이른바 시기[尸棄]천왕, 지혜 광명[慧光]천왕, 좋은 지혜 광명[善慧光明]천왕, 넓은 구름 소리[普雲音]천왕, 세상 말을 자재하게 관찰하는[觀世言音自在]천왕, 고요한 광명 눈[寂靜光明眼]천왕, 시방에 광명 가득한[光遍十方]천왕, 변화하는 음성[變化音]

천왕, 광명 찬란한 눈[光明照耀眼]천왕, 듣기 좋은 바다소리[悅意海音]천왕 들이었다.

이런 이들이 우두머리가 되어 수를 셀 수 없는데, 모두 큰 자비를 갖추고 중생을 가엾이 여기며 빛을 펴서 널리 비치어 쾌락을 얻게 하는 이들이었다.

또 한량없는 광음光音천왕이 있었으니, 이른바 사랑스런 광명[可愛樂光明]천왕, 조촐하고 묘한 빛[淸淨妙光]천왕, 자재하게 소리하는[能自在音]천왕, 가장 좋은 생각하는 지혜[最勝念智]천왕, 사랑스런 맑고 묘한 음성[可愛樂淸淨妙音]천왕, 잘 생각하는 음성[善思惟音]천왕, 넓은 음성 두루 비치는[普音遍照]천왕, 매우 깊은 빛 음성[甚深光音]천왕, 때 없는 이름 광명[無垢稱光明]천왕, 가장 좋은 조촐한 빛[最勝淨光]천왕 들이었다.

이런 이들이 우두머리가 되어 그 수가 한량없는데, 모두 넓고 크고 고요하고 즐겁고 걸림 없는 법문에 머문 이들이었다.

또 한량없는 변정遍淨천왕이 있으니, 이른바 깨끗하게 이름난[淸淨名稱]천왕, 가장 좋은 소견[最勝見]천왕, 고요한 공덕[寂靜德]천왕, 수미산 음성[須彌音]천왕, 깨끗이 생각하는 눈[淨念眼]천왕, 사랑스런 좋은 빛 비치는[可愛樂最勝光照]천왕, 세간에 자재한 님[世間自在主]천왕, 빛난 불꽃 자재한[光焰自在]천왕, 법 생각하기 좋아하는 변화[樂思惟法變化]천왕, 변화하는 당기[變化幢]천왕, 별의 소리 묘한 장님[星宿音妙莊嚴]천왕 들이었다.

이런 이들이 우두머리가 되어 그 수가 한량없는데, 모두 광대한 법문에 머물러 있으면서 모든 세간에서 이익을 짓는 이들이었다.

또 한량없는 광과廣果천왕이 있었으니, 이른바 법을 사랑하는 광명 당기[愛樂法光明幢]천왕, 깨끗한 장엄 바다[淸淨莊嚴海]천왕, 가장 좋은 지혜 광명〔最勝慧光明〕천왕, 자재한 지혜 당기〔自在智慧幢〕천왕, 고요한 것 좋아하는〔樂寂靜〕천왕, 넓은 지혜 눈〔普智眼〕천왕, 도는 지혜 좋아하는〔樂旋慧〕천왕, 선한 종자 지혜 광명〔善種慧光明〕천왕, 때 없고 고요한 빛〔無垢寂靜光〕천왕, 넓고 크고 깨끗한 광명〔廣大淸淨光〕천왕 들이었다.

이런 이들이 우두머리가 되어 그 수가 한량없는데, 모두 고요한 법으로 궁전을 삼고 그 가운데 편안히 있는 이들이었다.

또 수 없는 대자재大自在천왕이 있었으니, 이른바 묘한 불꽃 바다〔妙焰海〕천왕, 자재한 이름 빛〔自在名稱光〕천왕, 깨끗한 공덕 눈〔淸淨功德眼〕천왕, 사랑스런 큰 지혜〔可愛樂大慧〕천왕, 동하지 않는 빛 자재한〔不動光自在〕천왕, 묘하게 장엄한 눈〔妙莊嚴眼〕천왕, 생각 잘하는 광명〔善思惟光明〕천왕, 사랑스런 큰 지혜〔可愛樂大智〕천왕, 넓은 음성 장엄 당기〔普音莊嚴幢〕천왕, 끝까지 정진하는 이름 빛난〔極精進名稱光〕천왕 들이었다.

이런 이들이 우두머리가 되어 헤아릴 수 없는데, 모두 형상 없는 법을 부지런히 관찰하여 행하는 바가 평등하였다.

대방광불화엄경 제2권

제2권

1. 세주묘엄품 ②

 이 때 여래의 도량에 바다 같은 대중이 구름처럼 모였는데, 그지없는 무리들이 두루 퍼져 가득하였다. 그 형상과 빛깔과 따라 온 무리들이 각각 다르며, 제각기 온 방위를 따라서 세존께 친근하고 한결같은 마음으로 우러렀다.
 이렇게 모인 대중들은 모든 번뇌와 마음의 때와 남은 버릇[餘習]을 여의었고 무거운 업장業障의 산을 무너뜨리고 부처님을 보되 걸림이 없었다. 이런 이들은 다 비로자나여래께서 지난 옛적 많은 겁 동안 보살행을 닦을 적에 사섭사四攝事로써 거두어 주었으며, 부처님 계신 데서 선근을 심을 때마다 잘 거두어 주는 방편으로 교화하고 성숙하게 하여 온갖 지혜를 얻는 길에 서게 하였다. 한량없는 선근을 심어 여러 가지 복을 얻었고, 방편과 원력 바다에 들어가서 닦을 행이 구족하게 깨끗하여 졌으며, 벗어나는 길에서 잘 뛰어났고, 항상 부처님을 분명하게 보았으며, 잘 이해하는 힘으로 여래의 큰 공덕 바다에 들어가 부처님의 해탈문을 얻어 마음대로 유희하는 일이 신통하였다.

묘한 불꽃 바다 대자재〔妙焰海大自在〕천왕은 법계法界와 허공계에 고요한 방편의 힘인 해탈문을 얻었고, 자재한 이름 빛〔自在名稱光〕천왕은 온갖 법을 두루 보고 모두 자재하는 해탈문을 얻었고, 깨끗한 공덕 눈〔淸淨功德眼〕천왕은 온갖 법이 나지도 않고 멸하지도 않고 오지도 않고 가지도 않고 작용이 없는 행인 해탈문을 얻었고, 사랑스런 큰 지혜〔可愛樂大慧〕천왕은 온갖 법의 진실한 모습을 뚜렷이 보는 지혜의 바다 해탈문을 얻었고 동하지 않는 빛 자재한〔不動光自在〕천왕은 중생들에게 끝없는 안락을 주는 큰 방편 선정 해탈문을 얻었다.

묘하게 장엄한 눈〔妙莊嚴眼〕천왕은 고요한 법을 보고 모든 어리석은 공포를 멸하는 해탈문을 얻었고, 생각 잘하는 광명〔善思惟光明〕천왕은 그지없는 경계에 잘 들어가 모든 유有에 대하여 생각하는 업을 일으키지 않는 해탈문을 얻었고, 사랑스런 큰 지혜〔可愛樂大智〕천왕은 시방으로 널리 다니면서 법을 말하되 흔들리지 않고 의지함이 없는 해탈문을 얻었고, 넓은 음성 장엄 당기〔普音莊嚴幢〕천왕은 부처님의 고요한 경계에 들어가서 광명을 널리 나타내는 해탈문을 얻었고, 끝까지 정진하는 이름 빛난〔名稱光善精進〕천왕은 자기의 깨달은 데에 머물러서 그지없이 넓고 큰 경계로 반연할 바를 삼는 해탈문을 얻었다.

그 때 묘한 불꽃 바다〔妙焰海〕천왕이 부처님의 위신력을 받들어 모든 자재천 무리들을 두루 살피고 게송으로 말하였다.

　　부처님 몸 여러 회중 두루 계시고
　　온 법계에 가득하여 다함없으며
　　고요하고 성품 없어 못 잡건마는

세상을 구원하러 나타나셨네.

여래인 법왕法王께서 출세하시어
세상을 비춰 주는 등을 켜시니
그 경계 끝이 없고 다함 없음은
자재한 이름 천왕 증득하도다.

부처님은 부사의라 분별이 없고
모든 모습 어디에나 없는 줄 알아
세간의 청정한 길 널리 여시니
깨끗한 공덕 눈이 밝게 보았네.

여래의 크신 지혜 끝이 없으며
모든 세상 사람들이 측량 못하나
중생들의 어둔 마음 아주 없애니
지혜천왕 이를 알고 깊이 머물고

여래 공덕 헤아릴 수가 없지만
보는 중생들마다 번뇌 멸하고
여러 세상 사람들 안락 얻나니
동하잖는 자재천왕 능히 보시며

중생은 어리석음 항상 덮이매
여래께서 고요한 법 말씀하시니
세상을 비춰주는 지혜 등이라

묘하게 장엄한 눈 이 방편 알고

여래의 청정하고 묘하신 몸매
시방에 나타나되 비길 이 없어
이 몸이 성품 없고 의지 없나니
잘 생각하는 광명천왕 관찰이니라.

여래의 묘한 음성 걸림이 없어
교화를 받을 이가 모두 듣건만
부처님은 고요하여 동하잖나니
사랑스런 지혜천왕 해탈이로다.

고요히 해탈하신 천인天人의 주인
시방에 나타나지 않는 데 없어
찬란한 그 광명이 세간에 가득
이 법문은 장엄 당기천왕이 보고

부처님은 그지없는 겁 바다에서
중생들을 위하여 보리 구하고
갖가지 신통으로 여럿을 교화
이름 빛난 천왕이 이 법을 아네.

또 법을 사랑하는 광명 당기〔可愛樂法光明幢〕 천왕은 모든 중생의 근기를 널리 살피고 법을 말하여 의심을 끊게 하는 해탈문을 얻었고, 깨끗한 장엄 바다〔淨莊嚴海〕 천왕은 생각하는 대로 부처님을 보게 하는 해탈문을 얻었고, 가장 좋은 지혜 광명[最勝慧光明] 천왕은 법의 성품이 평등하여 의지할 데 없는 장엄한 몸 해탈문을 얻었고, 자재한 지혜 당기[自在智慧幢] 천왕은 모든 세간법을 분명하게 알고 잠깐 동안에 부사의한 장엄바다를 나란히 세우는 해탈문을 얻었고, 고요한 것 좋아하는[樂寂靜] 천왕은 한 털구멍 속에 부사의한 세계를 나타내되 걸림이 없는 해탈문을 얻었다.

넓은 지혜 눈[普智眼] 천왕은 넓은 문에 들어가서 법계를 관찰하는 해탈문을 얻었고, 도는 지혜 좋아하는[樂旋慧] 천왕은 모든 중생을 위하여 가지가지로 출현하되 끝 없는 겁에 항상 앞에 나타나는 해탈문을 얻었고, 선한 종자 지혜 광명[善種慧光明] 천왕은 온갖 세간의 경계를 관찰하여 부사의한 법에 들어가는 해탈문을 얻었고, 때 없고 고요한 빛[無垢寂靜光] 천왕은 모든 중생에게 벗어나는 요긴한 법을 보여주는 해탈문을 얻었고, 넓고 크고 깨끗한 광명[廣大淸淨光] 천왕은 교화를 받을 수 있는 온갖 중생을 관찰하여 부처님 법에 들어가게 하는 해탈문을 얻었다.

그 때 법을 사랑하는 광명 당기 천왕이 부처님의 위신력을 받들어 모든 소광천少廣天·무량광천無量廣天·광과천廣果天 무리들을 두루 살피고 게송으로 말하였다.

부처님의 경계가 부사의하여
중생들이 헤아리기 어렵지마는
그 마음에 믿음을 내게 하시니
크고 넓은 즐거운 뜻 다함이 없네.

어느 중생 법문을 받을 만하면
부처님의 신통으로 그를 인도해

앞에 있는 부처님을 항상 보나니
장엄 바다 천왕이 이를 보았고

모든 법의 성품이 의지가 없고
부처님의 태어남도 그와 같아서
온 세상에 의지할 곳이 없나니
좋은 지혜 광명 천왕 이를 보도다.

중생의 하고 싶은 마음을 따라
부처님의 신통으로 나타내는 일
가지각색 차별이 부사의함은
지혜 당기 천왕의 해탈이니라.

지난 세상 있었던 모든 국토를
한 털구멍 속에서 모두 보이니
이것은 부처님의 크오신 신통
고요한 것 좋아하는 천왕이 연설

온갖 법문 그지없어 바다 같거늘
한 법문 도량 안에 모두 모이니
이러한 법의 성품 부처님 말씀
넓은 지혜 눈 천왕 이 방편 아네.

시방에 널려 있는 많은 국토에
그 가운데 두루하여 법문 말하나

부처님은 가고 오는 일이 없나니
도는 지혜 천왕의 깨달은 경계

세간법을 그림자와 같이 보시고
오묘하고 깊은 곳에 드시었으매
법의 성품 고요함을 연설하시니
선한 종자 광명 천왕 이를 보았네.

부처님은 모든 경계 분명히 알고
중생의 근성 따라 법문 말하사
벗어나는 어려운 문 여시었나니
고요한 빛 천왕이 들어갔도다.

세존께서 어느 때나 큰 자비로써
중생을 이익하려 출현하시고
평등하게 법비 내려 그릇 채우니
깨끗한 광냉 천왕 연설하노다.

또 깨끗하게 이름난〔淸淨慧名稱〕천왕은 모든 중생의 해탈할 길을 통달하는 방편 해탈문을 얻었고, 가장 좋은 소견〔最勝見〕천왕은 모든 하늘 무리의 좋아함을 따라서 그림자처럼 널리 나타나는 해탈문을 얻었고, 고요한 공덕〔寂靜德〕천왕은 모든 부처님 경계를 깨끗이 장엄하는 큰 방편 해탈문을 얻었고, 수미산 음성〔須彌音〕천왕은 중생들을 따라서 나고 죽는 바다에 길이 흘러 다니는 해탈문을 얻었고, 깨끗이 생각하는 눈〔淨念眼〕천왕은 여래께서 중생을 조복하는 행을 기억하는 해탈문을 얻었다.

사랑스런 좋은 빛 비치는〔可愛樂普照〕천왕은 넓은 문 다라니 바다에서 흘러 나오는 해탈문을 얻었고, 세간에 자재한 님〔世間自在主〕천왕은 중생들로 하여금 부처님을 만나서 신심 광〔藏〕을 내게 하는 해탈문을 얻었고, 빛난 불꽃 자재한〔光焰自在〕천왕은 모든 중생들로 하여금 법을 듣고 믿고 기뻐하여 뛰어나게 하는 해탈문을 얻었고,[1] 법을 생각하기 좋아하는 변화〔樂思惟法變化〕천왕은 온갖 보살의 조복하는 행이 허공처럼 끝이 없고 다함 없는 데 들어가는 해탈문을 얻었고, 변화하는 당기〔變化幢〕천왕은 중생들의 한량없는 번뇌를 관찰하는 넓은 자비와 지혜의 해탈문을 얻었고, 별의 소리 묘한 장엄 천왕은 광명을 놓아 부처님의 삼륜三輪을 나타내어 붙들어 교화하는 해탈문을 얻었다.

그 때 깨끗하게 이름난〔淨淨慧名〕천왕이 부처님의 위신력을 받들어 온갖 소정천少淨天 · 무량정천無量淨天 · 변정천遍淨天 무리들을 두루 살피고 게송으로 말하였다.

> 법의 성품 걸림 없음 아시는 이가
> 한량없는 시방세계 두루 나타나
> 부사의한 부처 경계 말씀하여서
> 중생들 해탈 바다 가게 하도다.
>
> 여래가 세상에서 의지 없음이
> 그림자가 여러 세계 나타나듯이

---

[1] 신수대장경에 의거하면 이하의 "법을"부터 "해탈문을 얻었다"까지는 고려대장경에는 없으나 원元 · 명明본에는 들어 있는 부분이다.

법의 성품 필경까지 생김 없나니
가장 좋은 소견 천왕 들으신 해탈

한량없는 겁 동안에 방편을 닦아
시방의 모든 국토 깨끗케 하되
법계는 여여如如하여 동하지 않나니
고요한 공덕 천왕 깨달은 바라.

중생들은 무명에 가리워져서
캄캄하게 생사 속에 항상 있거늘
여래께서 청정한 길 보이시나니
수미산 음성 천왕 해탈 얻었고

부처님이 행하시는 위없는 도는
중생들이 헤아릴 수 없는 것인데
가지가지 방편문을 보이시거든
깨끗이 생각하는 눈 보고 알았네.

여래께서 늘 쓰시는 다라니문이
많은 세계 티끌 수와 같은 것으로
중생들을 교화하여 그지없거늘
좋은 빛 비치는 왕 들어갔도다.

여래의 나시는 때 만날 수 없어
한량없는 겁 동안에 한 번 있거든

중생들 믿는 마음 내게 하나니
세간에 자재한 님 이를 얻었고

법의 성품 자성自性 없단 부처님 말씀
깊고 크고 넓어서 부사의하나
중생들의 믿음을 내게 하나니
빛난 불꽃 자재 천왕 옳게 알았고

삼세의 여래께서 공덕이 원만
중생을 교화하심 알 수 없거늘
그것을 생각하고 좋아하는 일
법 생각하는 천왕이 널리 말하네.

중생들이 번뇌 바다 빠져 헤매며
어리석고 흐린 소견 무서운 것을
부처님이 슬피 여겨 빼어내시니
변화하는 당기 천왕 깨달은 경계

여래께서 큰 광명 항상 놓으니
광명마다 한량없는 부처님 계서
중생 교화하는 일을 나타내심은
별의 소리 장엄 천왕 들어간 해탈.

또 사랑스런 광명〔可愛樂光明〕천왕은 고요한 낙〔寂靜樂〕을 항상 받으면서 세상에 나타나서 세간의 괴로움을 소멸하는 해탈문을 얻었고, 조촐하고 묘한 빛[淸淨妙光] 천왕은 자비한 마음과 서로 응하는 성품 바다에서 모든 중생이 즐거워하는 장藏 해탈문을 얻었고, 자재하게 소리하는[自在音] 천왕은 한 생각 가운데 한량없는 겁과 모든 중생을 널리 나타내는 복과 응하는 힘 해탈문을 얻었고, 가장 좋은 생각하는[最勝念智] 지혜 천왕은 이룩하고 머물고 부서지는 모든 세간으로 하여금 모두 허공처럼 청정케 하는 해탈문을 얻었고, 사랑스런 맑고 묘한 음성[可愛樂淨妙音] 천왕은 온갖 성인들의 법을 좋아하고 믿는 해탈문을 얻었다.

잘 생각하는 음성[善思惟音] 천왕은 여러 겁을 지나면서 모든 지위[地]의 뜻과 방편을 연설하는 해탈문을 얻었고, 넓은 음성 두루 비치는[演莊嚴音] 천왕은 온갖 보살들이 도솔타 천궁으로부터 내려와서 태어날 적에 크게 공양하는 방편 해탈문을 얻었고, 매우 깊은 빛 음성[甚深光音] 천왕은 그지없는 신통과 지혜 바다를 살피는 해탈문을 얻었고, 광대한 이름 광명[廣大名稱] 천왕은 온갖 부처님의 공덕이 원만하여 세상에 출현하는 방편의 힘 해탈문을 얻었고, 가장 좋은 조촐한 빛[最勝淨光] 천왕은 여래께서 옛날에 세운 서원에 깊은 신심과 즐거움을 내는 광[藏] 해탈문을 얻었다.

그 때 사랑스런 광명[可愛樂光明] 천왕이 부처님의 위신력을 받들어 온갖 소광천少光天·무량광천無量光天·극광천極光天의 무리들을 두루 살피고 게송으로 말하였다.

　　여래께서 옛적에 수행하면서
　　한량없는 부처님께 공양하셨고
　　본래의 신심처럼 청정한 업을
　　부처님의 위신으로 모두 봅니다.

부처님 몸 모습 없고 때 여의시고
자비로 슬퍼하던 땅에 계시어
세간의 근심 걱정 없게 하시니
조촐한 빛 천왕의 해탈이로다.

부처님 법 광대하여 끝이 없으사
한량없는 세계에 나타나시되
이룩하고 무너짐이 같지 않나니
자재한 소리 천왕 해탈하온 힘

부처님의 신통한 힘 같을 이 없어
시방의 넓은 세계 출현하시되
모두 다 엄정하게 앞에 있는 듯
좋은 생각 지혜 천왕 해탈의 방편

모든 세계 바다의 티끌 수 같이
많은 여래 받들어 공경하옵고
법 듣고 번뇌 여읨 딴 짓 아니니
맑고 묘한 음성 천왕 법문의 작용

부처님이 한량없는 겁 바다에서
땅의 방편 말하신 것 짝할 이 없고
법문도 그지없고 다함 없나니
잘 생각하는 음성 천왕 이 뜻을 알고

여래의 신통 변화 한량없는 문
잠깐 동안 모든 곳에 나타내시어
탄생하고 성도하는 크신 방편은
넓은 음성 비친 천왕 해탈이로다.

위력에 유지되어 설법하심과
부처님의 모든 신통 나타내시되
중생의 근성 따라 깨끗케 하니
깊은 빛 음성 천왕 해탈한 법문

여래의 묘한 지혜 끝이 없으사
이 세간에 짝이 없고 집착이 없고
자비한 맘 중생 따라 앞에 계시니
광대한 이름 천왕 깨달은 도라

부처님이 보리 행 닦으실 적에
시방의 부처님께 공양하오며
부처님 곳곳마다 서원 세우심
조촐한 빛 천왕이 듣고 기뻐해.

또 시기(尸棄) 대범천왕은 시방 도량에 두루 있으면서 설법하는데 행함이 청정하여 물들거나 집착함이 없는 해탈문을 얻었고, 지혜 광명(慧光) 범천왕은 모든 중생으로 하여금 선정삼매에 들어 머물게 하는 해탈문을 얻었고, 잘 생각하는 지혜 광명(善思慧光明) 범천왕은 온갖 부사의한 법에 두루 들어가는 해탈문을 얻었고, 넓은 구름 소리(普雲音) 범천왕은 모든 부처님의 온갖 음성 바다에 들어가는 해탈문을 얻었고, 세상 말 자재하게 관찰하는〔觀世言普自在〕범천왕은 보살들이 모든 중생을 교화하는 방편을 기억하는 해탈문을 얻었다.

고요한 광명 눈〔寂靜光明眼〕범천왕은 모든 세간의 업과 과보가 각각 차별함을 나타내는 해탈문을 얻었고, 시방에 광명 가득한〔普光明〕범천왕은 온갖 중생의 종류가 각각 다름을 따라 그 앞에 나타나서 조복하는 해탈문을 얻었고, 변화하는 음성〔變化音〕범천왕은 모든 법의 청정한 모습에 머물러서 고요히 행하는 경계인 해탈문을 얻었고, 광명 찬란한 눈〔光耀眼〕범천왕은 온갖 있는 데에 집착이 없고 끝이 없고 의지할 데 없으면서 항상 부지런히 출현하는 해탈문을 얻었고, 뜻에 맞는 바다소리〔悅意海音〕범천왕은 무진 법문을 항상 생각하고 관찰하는 해탈문을 얻었다.

그 때 시기 대범천왕이 부처님의 위신력을 받들어 온갖 범신천梵身天・범보천梵輔天・범중천梵衆天・대범천大梵天 무리들을 두루 살피고 게송으로 말하였다.

부처님 몸 청정하고 항상 고요해
밝은 광명 세상에 두루 비치되
형상 없고 행도 없고 영상도 없어
허공에 뜬 구름처럼 그렇게 보네.

부처님 몸 이러한 선정의 경계
온 세상 중생들이 측량 못하나
저들에게 부사의한 방편 뵈나니
지혜 광명 천왕의 깨달은 해탈

불 세계 티끌 같은 법문 바다를
한 말로 연설하여 남김 없나니
여러 겁을 말하여도 다하잖음은
좋은 지혜 광명 천왕 해탈이로다.

부처님의 둥근 음성 세간과 같아
중생들이 종류 따라 이해하지만
그래도 음성에는 차별 없나니
넓은 구름 소리 천왕 깨달은 바라

삼세에 계시는 모든 여래의
보리에 나아가는 방편의 행을
부처님 한 몸 안에 나타내나니
세상 말 보는 천왕 해탈이로다.

모든 중생 짓는 업이 차별하므로
인행 따라 받는 과보 긱긱 다르니
부처님이 이런 일을 같이 나타냄
고요한 광명 눈이 깨쳐 들었고

한량없는 법문에 자재하시고
시방에서 중생을 극복하여도
그 가운데 분별을 내지 않나니
광명 가득 범천왕 깨달은 경계

부처님 몸 허공같이 다함이 없고
형상 없고 걸림 없이 시방에 두루
중생 따라 나타나심 화현 같나니
변화하는 음성 천왕 이 이치 알고

여래의 몸 모습이 끝이 없으며
지혜와 음성까지 이와 같아서
세상에 출현하되 집착 없나니
광명 찬란 천왕이 이 문에 들고

법왕께서 묘한 궁전 편안히 계셔
법신의 밝은 광명 두루 비치나
법의 성품 짝도 없고 모양 없나니
바다소리 천왕이 얻은 해탈문.

 또 자재 천왕自在天王은 눈앞에 한량없는 중생을 성숙시키기를 자재하게 하는 광 해탈문을 얻었고, 묘한 눈 차지〔善自主〕 천왕은 온갖 중생들의 낙樂을 관찰하여 성스러운 경계의 낙에 들어가게 하는 해탈문을 얻었고, 묘한 당기 갓〔妙寶幢冠〕 천왕은 모든 중생의 가지가지 욕망과 이해를 따라 행을 일으키게 하는 해탈문을 얻었고, 용맹한 지혜〔勇猛慧〕 천왕은 온갖 중생을 위하여 말할 뜻을 널리 거두어 가지는 해탈문을 얻었고, 묘한 음성 구절〔妙音句〕 천왕은 여래의 광대한 자비를 생각하여 자기의 행할 것을 증진케 하는 해탈문을 얻었다.
 묘한 빛 당기〔妙光幢〕 천왕은 크게 가엾이 여기는 문을 나타내어 모든 교만한 당기를 꺾어 버리는 해탈문을 얻었고, 고요한 경계 문〔寂靜境

천왕은 온갖 세간의 성내는 마음을 조복하는 해탈문을 얻었고, 묘한 바퀴 장엄 당기〔妙輪莊嚴幢〕 천왕은 시방의 한량없는 부처님들이 생각을 따라 앞에 오는 해탈문을 얻었고, 꽃술 지혜 자재한〔華光慧〕 천왕은 중생들의 마음으로 생각함을 따라 두루 나타나서 정각을 이루는 해탈문을 얻었고, 인다라 힘 묘한 장엄 광명〔因陀羅妙光〕 천왕은 모든 세간에 널리 들어가는 큰 위신력이 자재한 법 해탈문을 얻었다.

  그 때 자재천왕이 부처님의 위신력을 받들어 온갖 자재천 무리들을 두루 살피고 게송으로 말하였다.

    부처님 몸 두루함이 법계와 같아
    중생을 응하여서 앞에 나타나
    가지가지 법문으로 교화하시며
    모든 법에 자재하게 깨닫게 하네.

    이 세간의 여러 가지 낙樂 가운데는
    성스러운 적멸락寂滅樂이 훌륭하여서
    넓고 큰 법 성품에 미물렀으니
    묘한 눈 가진 천왕 이를 보았고

    여래가 시방세계 출현하시어
    중생의 마음 따라 법을 말하며
    온갖 의혹 모두 다 끊어주나니
    묘한 갓 당기 천왕 얻은 해탈문

    부처님 세상 가득 묘한 소리로

한량없는 겁 동안에 말씀한 법문
한 말로써 모두 다 말씀하나니
용맹한 지혜 천왕 해탈이로구나.

이 세상에 널려 있는 광대한 자비
여래의 한 털만도 못 미치나니
부처 자비 허공 같아 다할 수 없어
묘한 음성 구절 천왕 얻은 해탈문

중생들의 산처럼 높은 교만을
십력+力으로 남김없이 꺾어버리니
여래의 이와 같은 자비의 공은
묘한 당기 천왕의 행하는 도리

청정한 지혜 광명 세간에 가득
보는 이의 어리석음 없애버리고
그들을 나쁜 갈래 여의게 하니
고요한 경계 천왕 이 법 알았고

털구멍의 광명으로 중생 수 같은
부처님의 높은 이름 연설하여서
그들의 마음대로 듣게 하나니
묘한 바퀴 당기 천왕 얻은 해탈문

여래의 자재하심 한량이 없어

온 법계와 허공에 가득 찬 것을
모든 회상 대중들이 밝게 보나니
이 해탈엔 꽃술 지혜 천왕이 들다.

한량없고 그지없는 큰 겁 바다에
시방에 나타나서 법을 말하나
부처님의 오고 가심 본 일 없나니
인다라 힘 광명 천왕 깨달은 바라.

　또 변화 잘하는〔善化〕 천왕은 모든 업의 변화하는 힘을 열어 보이는 해탈문을 얻었고, 고요한 음성 광명〔寂靜音光明〕 천왕은 온갖 반연을 여의는 해탈문을 얻었고, 변화하는 힘 광명〔變化力光明〕 천왕은 모든 중생의 어리석은 마음을 모두 소멸하고 지혜가 원만하게 하는 해탈문을 얻었고, 장엄 맡은〔莊嚴主〕 천왕은 끝없이 뜻에 맞는 소리를 나타내어 보이는 해탈문을 얻었고, 생각하는 빛〔念光〕 천왕은 모든 부처님의 다함없는 복덕의 모습을 분명하게 아는 해탈문을 얻었다.
　가장 높은 구름 소리〔最上雲音〕 천왕은 지나간 옛적의 모든 겁이 이룩되고 무너지는 차례를 모두 아는 해탈문을 얻었고, 묘하고 훌륭한 빛〔勝光〕 천왕은 온갖 중생의 지혜를 열어 깨닫게 하는 해탈문을 얻었고, 묘한 상투 광명〔妙髻〕 천왕은 광명을 펴서 시방의 허공계에 빨리 가득하게 하는 해탈문을 얻었고, 깊은 지혜 성취한〔喜慧〕 천왕은 온갖 짓는 일을 부술 수 없이 정진하는 힘 해탈문을 얻었고, 꽃광명 상투〔華光髻〕 천왕은 온갖 중생의 업으로 받는 과보를 아는 해탈문을 얻었고, 시방세계 두루 보는〔普見十方〕 천왕은 부사의한 중생들의 형상과 종류가 각각 다른 것을 나타내는 해탈문을 얻었다.

그 때 변화 잘하는 천왕이 부처님의 위신력을 받들어 온갖 화락천 무리들을 두루 살피고 게송으로 말하였다.

이 세간 업의 성품 부사의함을
부처님이 중생 위해 열어 보이고
인연의 참 이치와 모든 중생의
각각 다른 업보를 말씀하시네.

갖가지로 부처 보나 있는 데 없고
시방으로 찾아도 만나지 못해
법신으로 나타냄이 진실 아니니
고요한 음성 천왕 보는 바니라.

부처님이 많은 겁에 행을 닦음은
세간의 무명 번뇌 없애렴이라
그러므로 청정하게 밝게 비추니
변화하는 힘 천왕의 깨달은 이치

세간의 여러 가지 묘한 음성도
여래의 음성에는 비길 수 없어
부처님의 한 음성이 시방에 가득
이 해탈문 들어간 인 장엄님 천왕

세간에 여러 가지 복덕의 힘이
여래의 한 복과도 같을 수 없고

여래의 복과 덕은 허공 같으니
생각하는 빛 천왕의 본 도리니라.

삼세의 한량없는 오랜 겁들의
이룩되고 부서지는 갖가지 모양
부처님이 털구멍에 나타내시니
구름 소리 천왕의 아는 바니라.

시방의 넓은 허공 재서 알아도
부처님의 털구멍은 알 수 없나니
이렇게 걸림 없고 부사의한 일
묘한 상투 광명 천왕 깨달아 알고

부처님이 지난 옛적 오랜 겁 동안
넓고 큰 바라밀 갖추 닦았고
부지런히 정진하여 싫증 없으니
기쁜 지혜 천왕이 이 법문 알고

업의 성품 인연의 부사의한 일
세간 위해 부처님이 연설하시니
법의 성품 깨끗하여 때가 없음은
꽃 광명 상투 천왕 들어간 해탈

부처님의 한 털구멍 네가 보아라.
모든 중생 그 속에 들어 있으나

저 중생은 오고 가는 일이 없나니
두루 보는 천왕의 아는 바니라.

또 지족천왕知足天王은 모든 부처님이 세상에 출현하여 교화하는 바퀴를 원만하게 하는 해탈문을 얻었고, 즐거운 바다 상투〔喜樂海髻〕천왕은 허공에 두루하여 청정하고 빛난 몸 해탈문을 얻었고, 가장 좋은 공덕당기〔最勝功德幢〕천왕은 세간의 괴로움을 소멸하는 청정한 소원 바다 해탈문을 얻었고, 고요한 빛〔寂靜光〕천왕은 몸을 널리 나타내어 법을 말하는 해탈문을 얻었고, 사랑스런 묘한 눈〔善目〕천왕은 모든 중생을 두루 깨끗하게 하는 해탈문을 얻었다.

보배 봉우리 조촐한 달〔寶峯月〕천왕은 세간을 널리 교화하여 항상 앞에 나타나는 무진장 해탈문을 얻었고, 가장 좋은 용맹한 힘〔勇健力〕천왕은 모든 부처님의 바르게 깨달은 경계를 열어 보이는 해탈문을 얻었고, 금강 같이 묘한 광명〔金剛妙光〕천왕은 모든 중생의 보리심이 견고하여 깨뜨리지 못하게 하는 해탈문을 얻었고, 별 장엄 당기〔星宿幢〕천왕은 모든 부처님이 나실 적마다 모두 친근히 모시면서 중생을 관찰하고 조복하는 방편 해탈문을 얻었고, 묘하게 장엄한〔妙莊嚴〕천왕은 한 생각에 중생들의 마음을 모두 알고 그들의 자격을 따라 출현하는 해탈문을 얻었다.

그 때 지족천왕이 부처님의 위신력을 받들어 온갖 지족천 무리들을 두루 살피고 게송으로 말하였다.

여래의 넓고 크심 법계에 두루
갖가지 중생들에 모두 평등해
여럿의 생각 따라 묘한 문 열고

부사의한 청정법에 들게 하도다.

시방에 부처님 몸 널리 나타나
집착 없고 걸림 없어 잡지 못하나
가지각색 모습을 모두 보나니
즐거운 상투 천왕 들어간 해탈

여래께서 옛적에 행을 닦을 때
청정한 큰 서원이 바다와 같아
여러 가지 부처님 법 가득했으니
좋은 공덕 당기 천왕 이 방편 알고

부처님의 법신은 알 길이 없어
본달〔本月〕의 영상처럼 법계에 가득
간 데마다 온갖 법을 밝히시나니
고요한 빛 천왕의 해탈문이라.

중생들이 번뇌 업에 얽히고 덮여
교만하고 방일하여 마음이 산란
여래께서 고요한 법 연설하시니
묘한 눈이 이를 알고 마음이 기뻐

세간의 도사尊師께서 구원도 하고
귀의할 곳 되려고 출현하시어
중생에게 안락처를 보여 주시니

봉우리 달 천왕이 깨달아 알고

부처님의 경계는 부사의하여
법계에 곳곳마다 두루하시고
모든 법에 들어가서 저 언덕 가니
용맹한 힘 천왕이 이를 보도다.

어떤 중생 교화를 받을 만하여
부처님 공덕 듣고 보리에 가면
복 바다에 머물러 청정케 하니
묘한 광명 천왕이 이를 보았고

시방의 모든 세계 티끌 수 같은
부처님 계신 곳에 모두 모이어
공경하고 공양하고 법을 들나니
별 장엄 당기 천왕 보신 해탈문

중생의 마음 바다 부사의하여
머물잖고 동하잖고 의지 없거늘
부처님은 한 생각에 모두 보시니
사랑스런 장엄 천왕 이 이치 아네.

또 시분천왕時分天王은 중생들의 선근을 일으켜서 걱정 번뇌를 여의게 하는 해탈문을 얻었고, 사랑스런 광명〔妙光〕천왕은 모든 경계에 두루 들어가는 해탈문을 얻었고, 그지없는 지혜 공덕 당기〔無盡慧功德幢〕천왕은 온갖 근심을 소멸하는 큰 자비 바퀴 해탈문을 얻었고, 변화 잘하고 단정한〔善化端嚴〕 천왕은 삼세의 중생들의 마음을 분명히 아는 해탈문을 얻었고, 모두 지닌 큰 광명〔總持大光明〕 천왕은 다라니문 광명으로 온갖 법을 기억하고 잊어버리지 않는 해탈문을 얻었고, 헤아릴 수 없는 지혜〔不思議慧〕 천왕은 모든 업의 성품에 잘 들어가는 부사의한 방편 해탈문을 얻었고, 바퀴 배꼽〔輪臍〕 천왕은 법수레를 운전하여 중생을 성숙케 하는 방편 해탈문을 얻었고, 빛난 불꽃〔光焰〕 천왕은 넓고 큰 눈으로 중생을 널리 살피고 가서 조복하는 해탈문을 얻었고, 광명 비춘〔光照〕 천왕은 온갖 업장을 뛰어나서 마군의 짓을 따르지 아니하는 해탈문을 얻었고, 두루 살펴 소문난〔普觀察大名稱〕 천왕은 모든 하늘 무리를 잘 달래어 그로 하여금 받아 행하고 마음이 조촐하게 하는 해탈문을 얻었다.

그 때 시분 천왕이 부처님의 위신력을 받들어 온갖 시분천의 무리들을 두루 살피고 게송으로 말하였다.

  부처님이 한량없는 오랜 겁 동안
  세간의 근심 걱정 없애버리고
  티끌 없고 깨끗한 길 디놓으시어
  중생에게 지혜 등불 길이 비치네.

  여래의 법신은 크고 넓어서
  시방에서 끝간데를 얻지 못하며
  온갖 가지 방편이 한량없나니
  사랑스런 광명 천왕 능히 들었고

  나고 늙고 병나 죽는 근심과 고통

세상을 핍박하여 쉴 새 없거늘
대사께서 슬피 여겨 없애주시니
그지없는 당기 천왕 잘 깨달았고

환술 같은 부처 지혜 걸림이 없어
삼세의 모든 법을 두루 아시고
중생의 마음 속에 널리 드시니
변화하는 단정 천왕 깨달은 경계

다라니의 끝간데를 알 수 없으며
크나큰 변재 바다 다함 없으사
청정하고 묘한 법륜 운전하시니
모두 지닌 큰 광명왕 해탈이니라.

업의 성품 넓고 커서 다함 없거늘
지혜로 깨닫고서 열어 보이되
여러 가지 방편의 부사의함은
헤아릴 수 없는 천왕 들어간 해탈

부사의한 묘한 법륜 굴리시면서
닦아 익힐 보리도 보여주시어
중생의 온갖 고통 길이 멸함은
바퀴 배꼽 천왕의 깨달은 방편

여래의 참된 몸은 둘이 없건만

중생 따라 나타낸 몸 세간에 가득
중생마다 자기 앞에 있다고 보니
빛난 불꽃 천왕의 해탈한 경계

어떤 중생 한 번만 부처님 봐도
모든 업장 깨끗이 털어버리고
마군의 짓 여의어 남음 없나니
광명 비친 천왕의 행하는 이치

온갖 대중 다 모인 광대한 바다
그 속에 계신 부처 위엄 빛나고
법비를 널리 내려 중생 적시니
두루 살펴 소문난 이 얻은 해탈문.

또 석가인다라釋迦因陀羅 천왕은 삼세의 부처님들 나시는 일과 세계가 이룩되고 무너짐을 기억하여 올바로 보고 크게 기뻐하는 해탈문을 얻었고, 넓은 소문 가득한 음성〔普稱滿音〕 천왕은 부처님의 색신色身이 가장 청정하고 넓고 커서 세상에 비길 이 없게 하는 해탈문을 얻었고, 인자한 눈 보배상투〔慈目寶髻〕 천왕은 자비한 구름이 널리 덮이는 해탈문을 얻었고, 보배빛 당기 이름〔寶光幢名稱〕 천왕은 부처님께서 모든 세상 임금들 앞에 가지가지 형상을 나타내는 위덕 있는 몸을 항상 보는 해탈문을 얻었고, 즐거움 내는 상투〔發生喜樂髻〕 천왕은 모든 중생들의 성곽과 궁전이 무슨 복으로 생기는 줄을 아는 해탈문을 얻었다.

사랑스런 바른 생각〔端正念〕 천왕은 부처님께서 중생을 성숙시키는 일을 열어 보이는 해탈문을 얻었고, 높고 좋은 음성〔高勝音〕 천왕은 온갖 세간이 이룩되고 무너지는 겁이 차차 변하는 모습을 아는 해탈문을 얻었고, 성취한 생각〔成就念〕 천왕은 다음 세상 보살들이 중생을 조복하는 행을 기억하는 해탈문을 얻었고, 사랑스런 깨끗한 꽃빛〔淨華光〕 천왕은 모든 하늘의 쾌락한 원인을 아는 해탈문을 얻었고, 지혜의 해눈〔智日眼〕 천왕은 모든 하늘들이 태어나는 선근을 열어 보이어 어리석은 의혹이 없게 하는 해탈문을 얻었고, 자재한 광명 잘 깨닫는〔自在光明〕 천왕은 모든 하늘 무리를 깨우쳐서 가지가지 의심을 영원히 끊게 하는 해탈문을 얻었다.

 그 때 석가 인다라 천왕이 부처님의 위신력을 받들어 온갖 삼십삼천 무리들을 두루 살피고 게송으로 말하였다.

   생각건대 삼세의 모든 부처님
   가지신 경계들이 평등한 것과
   그 세계가 이룩되고 무너지는 것
   부처님의 위신으로 모두 보도다.

   부처님 몸 크고 넓어 시방에 가득
   짝이 없는 묘한 빛깔 중생을 이익
   광명이 모든 곳에 모두 비치니
   넓은 소문 음성 천왕 이를 보았고

   여래의 방편 힘과 인자한 바다
   옛날의 수행으로 가장 청정해
   중생을 지도함이 그지없나니
   보배 상투 천왕이 깨달은 바라

생각건대 법왕의 공덕 바다가
세상에 가장 커서 비길 데 없고
넓고 큰 환희한 맘 내게 하나니
보배 빛 당기 천왕 얻은 해탈문

중생의 선업 바다 좋은 인으로
큰 복덕 내는 것을 여래 아시고
모두 다 나타내어 남김 없나니
즐거움 내는 상투 보는 경계라

부처님이 시방에 출현하시어
온갖 세간 가운데 두루 계시며
중생의 마음 살펴 조복하시니
바른 생각 천왕이 이를 알았고

여래의 지혜 몸에 넓고 크신 눈
온 세계의 티끌들을 두루 보시며
이렇게 시방세계 널리 계시니
수미산 음성 천왕 해탈이니라.

저 많은 불자佛子들의 보리의 행을
여래의 털구멍에 나타내시되
한량없는 그대로 구족하시니
성취한 생각 천왕 밝게 본 이치

세간에 여러 가지 안락한 일이
모두가 부처에서 나는 것이니
여래의 장한 공덕 짝이 없음은
깨끗한 꽃빛 천왕 들어간 해탈

여래의 가장 작은 공덕이라도
정성으로 잠깐 동안 생각한다면
나쁜 갈래 무서움 없어지나니
지혜의 해눈 천왕 깊이 알았고

적멸寂滅한 법 가운데 큰 신통으로
중생의 마음마다 두루 응하여
가진 바 모든 의혹 끊어 주나니
자재한 광명 천왕 얻은 해탈문.

또 일천자日天子는 깨끗한 빛이 시방의 중생에게 두루 비치어 오는 겁이 다하도록 항상 이롭게 하는 해탈문을 얻었고, 빛난 불꽃 눈〔光焰眼〕천자는 모든 종류를 따르는 몸으로 중생을 깨우쳐서 지혜 바다에 들게 하는 해탈문을 얻었고, 수미산 빛 환희한 당기〔須彌光歡喜幢〕천자는 모든 중생의 주인이 되어 그지없이 깨끗한 공덕을 부지런히 닦게 하는 해탈문을 얻었고, 조촐한 보배 달〔淨寶月〕천자는 온갖 괴로운 행을 닦아서 매우 즐거워하는 해탈문을 얻었고, 용맹하여 퇴전치 않는〔勇猛不退轉〕천자는 걸림 없는 빛으로 두루 비추어 모든 중생들로 하여금 밝은 정기를 늘게 하는 해탈문을 얻었다.

묘한 꽃 영락 광명〔妙華纓光明〕천자는 조촐한 빛이 중생의 몸에 널리 비치어 기쁜 신심과 이해를 내게 하는 해탈문을 얻었고, 훌륭한 당기 광명〔最勝幢光明〕 천자는 광명이 모든 세간에 두루 비치어 가지가지 묘한 공덕을 이룩하게 하는 해탈문을 얻었고, 보배 상투 넓은 광명〔寶髻普光明〕 천자는 큰 자비 바다에 그지없는 경계와 가지각색 모양의 보배를 나타내는 해탈문을 얻었고, 광명 눈〔光明眼〕 천자는 모든 중생의 눈을 깨끗이 다스리어 법계장〔法界藏〕을 보게 하는 해탈문을 얻었고, 좋은 덕 지닌〔持德〕 천자는 청정하게 계속하는 마음을 내어 잃어버리거나 깨뜨리지 않게 하는 해탈문을 얻었고, 널리 운전하는 광명〔普運行光明〕 천자는 해의 궁전〔日宮殿〕을 운전하여 시방의 중생들에게 비추어 일하는 사업을 이루게 하는 해탈문을 얻었다.

  그 때 일천자가 부처님의 위신력을 받아 온갖 일천자의 무리들을 두루 살피고 게송으로 말하였다.

    여래의 크고 넓은 지혜의 광명
    시방의 여러 국토 두루 비치어
    부처님이 가지가지 방편으로써
    조복함을 중생들이 보게 하더라.

    여래의 색신色身이 그지없으사
    좋아함을 따라서 몸을 나투고
    모든 세간 위하여 지혜 여시니
    빛난 불꽃 눈 천자 부처님 보고

    부처님 몸 짝이 없고 비길 데 없고
    광명이 널리 비쳐 시방에 가득

모든 것에 뛰어나 가장 높으니
수미산 빛 당기 천자 얻은 해탈문

온 세간 이익 주려 고행 닦으며
여러 세계 오고 가기 한량없는 겁
광명이 맑고 넓기 허공 같으니
때 없는 보배 천자 이 방편 알고

부처님의 묘한 음성 걸림이 없이
시방의 모든 국토 두루 퍼지고
묘한 법 좋은 맛이 중생을 이익
용맹한 일천자가 잘 아는 방편

부사의한 광명 그물 놓아 펼치어
여러 종류 중생을 깨끗이 하고
깊은 신심 바른 이해 내게 하시니
꽃 영락 광명 천자 들어간 해탈

세간의 가지각색 온갖 광명도
부처님의 한 털 광명 미치지 못해
이렇게 부사의한 부처님 광명
좋은 당기 광명 천자 얻은 해탈문

수없는 부처들이 모두 같으사
보리수 나무 아래 앉아 계시어

도 아닌 일 바른 도에 머물게 하니
보배 상투 광명 천자 이렇게 보네.

중생의 눈 어둡고 우치한 괴로움
그들로 깨끗한 눈 내게 하려고
부처님이 지혜 등불 켜는 것이니
광명 눈의 천자가 깊이 깨치고

해탈하는 방편이 자재하신 님
누구나 한 번 뵙고 공양한 이는
행을 닦아 보리과에 이르게 하니
좋은 덕 지닌 천자 방편이로다.

한 가지 법문 중에 한량없는 문
무수한 많은 겁에 항상 말하니
말씀하신 법문의 넓고 큰 뜻을
넓은 광명 천사가 환히 알도다.

또 월천자月天子는 깨끗한 광명이 법계에 널리 비치어 중생을 거두어 교화하는 해탈문을 얻었고, 꽃님 상투 광명〔華王髻光明〕 천자는 온갖 중생계를 살피어 모두 그지없는 법에 들게 하는 해탈문을 얻었고, 여러 가지 묘하고 깨끗한 광명〔衆妙淨光〕 천자는 모든 중생의 마음 바다가 가지가지 반연으로 달라지는 줄을 아는 해탈문을 얻었고, 안락한 세간 마음〔安樂世間心〕 천자는 모든 중생에게 불가사의한 낙을 주어 기뻐 뛰게 하는 해탈문을 얻었고, 나무왕 눈 광명〔樹王眼光明〕 천자는 농가에서 농사짓듯이, 종자·싹·줄기들을 때를 따라 가꾸어 성취케 하는 해탈문을 얻었다.

 조촐한 빛 나타내는〔出現淨光〕천자는 자비한 마음으로 모든 중생을 구호하여 고통 받고 쾌락 받는 일을 눈앞에서 보게 하는 해탈문을 얻었고, 두루 다녀 동하지 않는 빛〔普遊不動光〕천왕은 깨끗한 달을 들어 시방에 널리 나타내는 해탈문을 얻었고, 별 임금 자재한〔星宿王自在〕천자는 온갖 법이 요술 같고 허공 같아서 모양 없고 제 성품이 없는 줄을 열어 보이는 해탈문을 얻었고, 깨끗이 깬 달〔淨覺月〕천자는 모든 중생들을 위하여 큰 업의 작용을 일으키는 해탈문을 얻었고, 큰 위덕 광명〔大威德光明〕천자는 온갖 의혹을 널리 끊는 해탈문을 얻었다.

 그 때 월천자가 부처님의 위신력을 받들어 온갖 월궁전의 하늘 무리들을 두루 살피고 게송으로 말하였다.

  부처님이 광명 놓아 세간에 가득
  시방의 모든 국토 밝게 비추고
  부사의한 넓고 큰 법 연설하시어
  중생의 어둔 의혹 길이 피하네.

  경계가 그지없고 다함 없거늘
  오랜 세월 항상 열어 지도하시며
  중생들을 자재하게 교화하시니
  꽃님 상투 부처님을 이렇게 보고

  중생들의 마음 바다 금방 다름을
  부처님의 넓은 지혜 모두 아시고

그들에게 법을 말해 기쁘게 하니
깨끗한 광명 천자 해탈이로다.

중생에겐 성스러운 안락이 없고
악도에 헤매면서 고통 받거늘
여래께서 법의 성품 보이시나니
안락한 마음 천자 이렇게 보고

여래는 희유하신 큰 자비로써
중생에게 이익 주려 세간에 들어
선한 법을 권고하여 성취케 하니
나무 눈 광명 천자 아는 바니라.

세존께서 법의 광명 활짝 여시고
이 세상 업의 성품 분별하시며
선과 악을 행하시되 실수 없나니
조촐한 빛 천자가 보고 기뻐해

부처님은 모든 복의 의지한 바라
대지大地가 모든 집을 싣고 있는 듯
근심 없고 안락한 길 잘 보이시니
동하잖는 천자가 아시는 방편

지혜의 불 큰 광명이 법계에 두루
수없이 나툰 형상 중생 수처럼

모든 이에게 진실한 법 열어 보이니
별 임금 자재 천자 깨달은 이치

부처님은 허공 같아 자성自性 없으나
중생에게 이익 주려 세간에 출현
모든 몸매 장엄하심 영상 같으니
깨끗이 깬 달 천자 그렇게 보고

부처님의 털구멍서 소리를 내어
법 구름이 온 세상에 두루 덮이니
듣는 이가 기뻐하지 않는 이 없어
큰 위덕 광명 천자 해탈문이라.

대방광불화엄경 제3권

제3권

1. 세주묘엄품 ③

또 지국 건달바왕持國乾闥婆王은 자재한 방편으로 모든 중생을 거두어 주는 해탈문을 얻었고, 나무 광명[樹光] 건달바왕은 온갖 공덕 장엄을 널리 보는 해탈문을 얻었고, 깨끗한 눈[淨目] 건달바왕은 모든 중생의 근심과 고통을 영원히 끊어 버리고 환희를 내는 장藏해탈문을 얻었고, 꽃갓 쓴[華冠] 건달바왕은 모든 중생의 삿된 소견과 의혹을 영원히 끊는 해탈문을 얻었고, 넓은 음성[喜步普音] 건달바왕은 구름이 널리 펴지듯이 모든 중생을 널리 덮어 윤택케 하는 해탈문을 얻었다.

묘한 눈 잘 놀리는[樂搖動美目] 건달바왕은 넓고 크고 훌륭한 몸을 나타내어 모든 중생에게 안락을 얻게 하는 해탈문을 얻었고, 묘한 음성 사자 당기[妙音師子幢] 건달바왕은 온갖 큰 소문난 보배를 시방에 널리 흩는 해탈문을 얻었고, 보배 광명 널리 놓는[普放寶光明] 건달바왕은 모든 것이 크게 기뻐하는 광명과 깨끗한 몸을 나타내는 해탈문을 얻었고,

금강 나무 꽃 당기〔金剛樹華幢〕건달바왕은 모든 나무를 널리 번영케 하여 보는 이를 기쁘게 하는 해탈문을 얻었고, 장엄 두루 나타내기 좋아하는〔普現莊嚴〕건달바왕은 모든 부처님 세계에 잘 들어가서 중생에게 안락을 주는 해탈문을 얻었다.

그 때 지국 건달바왕이 부처님의 위신력을 받들어 온갖 건달바 무리들을 두루 살펴보고 게송으로 말하였다.

> 부처님의 모든 경계 한량없는 문
> 모든 중생 들어가지 못하건마는
> 선서善逝의 허공같이 청정한 성품
> 세간을 널리 위해 바른 길 연다.

> 여래의 하나하나 털구멍 속에
> 공덕의 큰 바다가 모두 가득 차
> 모든 세간 이익하고 즐겁게 하니
> 나무 광명 건달바왕 능히 보았고

> 세간의 크고 넓은 고통 바다를
> 부처님이 말리어서 남음 없으니
> 여래의 자비하신 많은 방편은
> 깨끗한 눈 건달바왕 깊이 알았고

> 시방의 세계 바다 끝이 없는데
> 부처님의 지혜 광명 모두 비치어
> 사특하고 나쁜 소견 씻어버리니

꽃갓 쓴 건달바왕 들어간 해탈.

부처님이 지난 옛적 한량없는 겁
큰 자비의 방편행을 닦아 익히어
세간의 모든 중생 위안하나니
넓은 음성 건달바왕 능히 깨쳤고

부처님의 청정한 몸 보기 좋아서
세간에 그지없는 낙을 내시며
해탈하는 인과를 차례로 성취
묘한 눈 건달바가 잘 깨달았고

중생이 미혹하여 항상 헤매고
어리석은 업의 덮개 견고하거늘
여래께서 넓고 큰 법 연설하나니
사자 당기 건달바왕 능히 말하네.

여래의 묘한 몸매 나타내시니
한량없이 차별한 몸 중생과 평등
가지가지 방편으로 세상 비침을
보배 광명 건달바가 잘 보았도다.

큰 지혜의 방편 문 한량없거늘
부처님이 중생 위해 널리 여시고
진실한 보리행에 들게 하나니

금강 당기 건달바왕 관찰하였고

한 찰나 가운데에 백천 겁을
부처님이 나타내되 동요치 않고
중생에게 평등하게 안락을 주니
장엄을 좋아하는 왕의 해탈문.

또 증장 구반다왕[增長鳩槃茶王]은 온갖 원수를 멸하는 힘 해탈문을 얻었고, 용의 임금[龍主] 구반다왕은 그지없이 실행하는 문을 닦아 익히는 해탈문을 얻었고, 좋은 장엄 당기[莊嚴幢] 구반다왕은 모든 중생의 마음으로 즐거워할 줄 아는 해탈문을 얻었고, 널리 이익 주는 행[饒益行] 구반다왕은 청정하고 큰 광명으로 짓는 업을 널리 성취하는 해탈문을 얻었고, 엄청나게 무서운[可怖畏] 구반다왕은 모든 중생에게 편안하고 두려움 없는 길을 열어 보이는 해탈문을 얻었다.

묘한 장엄[妙莊嚴] 구반다왕은 모든 중생의 애욕 바다를 말리는 해탈문을 얻었고, 높은 봉우리 지혜[高峯慧] 구반다왕은 여러 갈래에 광명 구름문을 나타내는 해탈문을 얻었고, 용맹한 팔[勇健臂] 구반다왕은 광명을 널리 놓아 산처럼 무거운 업장을 소멸하는 해탈문을 얻었고, 가없이 조촐한 꽃 눈왕[無邊淨華眼] 구반다왕은 퇴전하지 않는 큰 자비 광[藏]을 열어 보이는 해탈문을 얻었고, 넓고 큰 하늘 얼굴[廣大面] 구반다왕은 여러 갈래에 돌아다니는 몸을 두루 나타내는 해탈문을 얻었다.

이 때 증장 구반다왕은 부처님의 위신력을 받들어 구반다의 무리를 두루 살펴보고 게송으로 말하였다.

참는 힘을 성취한 세간의 도사[導師]

중생 위해 수행하기 한량없는 겁
세간의 교만한 짓[1] 길이 여의니
그러므로 그의 몸 가장 엄정해

부처님이 옛적에 많은 행 닦고
시방의 많은 중생 교화하시며
온갖 방편 중생을 이익케 하니
용의 임금 구반다왕 얻은 해탈문.

부처님의 큰 지혜 중생을 구호
그 마음 분명하게 모두 다 알고
갖가지로 자재하게 조복하나니
장엄 당기 구반다왕 알고 기뻐해

신통한 힘 나타내심 그림자 같고
법수레 진실하기 허공 같으며
이렇게 저세하기 한량없는 겁
이익한 행 구반다왕 증득한 바라

중생의 어리석음 언제나 의혹
부처님이 편안한 길 밝게 비추고
구호하는 님이 되어 고통 더시니
엄청나게 무서운 왕 이 법문 알고

---

1 "교만한 짓"이 고려대장경에는 교만[憍慢]과 의혹[惑]으로 되어 있다.

애욕 바다 빠져 있는 모든 괴로움을
지혜의 광명으로 널리 비추어
여지없이 소멸하고 법을 말함은
고운 눈 단정한 왕 깨달았도다.

부처님 나타낸 몸 못 볼 이 없고
가지가지 방편으로 중생을 교화
우레 같은 음성으로 법비 내리니
높은 지혜 구반다왕 들어간 법문

청정한 고운 광명 헛되지 않아
만난 이는 중한 업장 다 소멸하고
부처님 공덕 연설 가이없나니
용맹한 팔 구반다왕 이 이치 알고

중생들을 편안하게 하기 위하여
큰 자비를 익혀 닦기 한량없는 겁
여러 가지 방편으로 고통 없애니
조촐한 눈 구반다왕 이를 보았고

자재한 신통 변화 부사의하여
그 몸을 시방세계 널리 나투되
아무 데도 오고 감이 없으신 것은
넓고 큰 하늘 얼굴 안 것이니라.

또 비루박차용왕毘樓博叉龍王은 모든 용의 무리의 치성한 고통을 소멸하는 해탈문을 얻었고, 사갈라娑竭羅용왕은 잠깐 동안에 용인 자기 형상을 변하여 한량없는 중생의 몸을 나타내는 해탈문을 얻었고, 구름 소리 묘한 당기〔雲音幢〕 용왕은 모든 갈래에서 청정한 음성으로 부처님의 그지없는 명호를 연설하는 해탈문을 얻었고, 불꽃 입 바다 광명〔焰口〕 용왕은 끝없는 부처님 세계가 세워지는 차별을 두루 나타내는 해탈문을 얻었고,[2] 불꽃〔焰〕 용왕은 온갖 중생의 성내고 어리석은 번뇌를 여래의 가엾이 여김으로 없애 주시는 해탈문을 얻었다.

구름 당기 용왕〔雲幢龍王〕은 온갖 중생에게 크게 즐거운 복덕 바다를 열어 보이는 해탈문을 얻었고, 덕차가德叉迦용왕은 깨끗하게 구호하는 음성으로 온갖 공포를 소멸하는 해탈문을 얻었고, 가없이 걷는〔無邊步〕 용왕은 모든 부처님의 색신과 머무는 겁의 차례를 나타내는 해탈문을 얻었고, 조촐한 빛 빠른〔淸淨色速疾〕 용왕은 모든 중생의 좋아하고 기뻐하는 바다를 내는 해탈문을 얻었고, 널리 다니는 큰소리〔普行大音〕 용왕은 모든 것에 평등하고 뜻에 맞고 걸림 없는 음성을 나타내는 해탈문을 얻었고, 뜨거운 번뇌 없는〔無熱惱〕 용왕은 두루 덮는 큰 자비 구름으로 모든 세간의 괴로움을 멸하는 해탈문을 얻었다.

그 때 비루박차용왕은 부처님의 위신력을 받들어 온갖 용의 무리들을 두루 살펴보고 게송으로 말하였다.

너는 보라. 여래는 어느 때에나
갖가지 중생에게 이익 주려고

---

[2] 신수대장경에 의거하면 이하의 불꽃 용왕에 관한 문장인 "불꽃 용왕"부터 "해탈문을 얻었다"까지는 고려장경에는 없으나 원元·명明본에는 들어 있다.

가엾이 여기시는 큰 자비로써
험한 곳에 빠진 이를 건지느니라.

중생들의 갖가지 차별한 것은
한 털 끝에 모두 다 나타내시며
온 세간에 신통 변화 가득하시니
사가라용 이렇게 부처님 보고

부처님은 한량없는 신통력으로
중생처럼 많은 명호 연설하시며
그들의 좋은 대로 듣게 하나니
구름 소리 용왕이 깨달았도다.

한량없고 그지없는 국토와 중생
부처님의 한 털구멍 속에 넣고서
그 회중에 여래께서 앉아 계시니
불꽃 입 광명 용왕 본 것이니라.

갖가지 중생들의 성내는 마음
어리석은 번뇌가 바다 같거늘
여래의 대자비로 모두 멸하니
불꽃 용왕 그 이치를 밝게 보았고

여러 가지 중생들 복덕의 힘을
부처님 털구멍에 다 나타내고

그러고는 큰 복바다 가게 하시니
높은 구름 당기 용왕 관찰한 바라.

부처님의 털구멍서 광명이 나와
간 데마다 묘한 음성 연설하시니
중생들 듣는 대로 걱정이 소멸
덕차가용이 이치를 깨달았도다.

삼세에 출현한 부처님들과
나라의 장엄함과 겁의 차례를
부처님의 몸 위에 나타내나니
가없이 걷는 용왕 보는 신통력.

여래의 지난 옛적 수행하실 때
한량없는 부처님께 공양하옵고
그 때마다 기쁜 마음 증장한 일은
조출한 빛 빠른 용왕 들어간 해탈

부처님이 종류 따라 내시는 음성
중생들에게 법을 말해 기쁘게 하니
곱고 맑은 그 말씀 모두 좋아해
널리 보행하는 용왕 잘 깨달았고

중생들이 세상에서 핍박 받으며
번뇌 속에 헤매는 일 구할 이 없어

부처님이 큰 자비로 해탈케 하니
번뇌 없는 용왕이 능히 깨닫네.

또 비사문 야차왕〔毘沙門夜叉王〕은 그지없는 방편으로 나쁜 갈래 중생을 구호하는 해탈문을 얻었고, 자재한 음성〔自在音〕 야차왕은 중생들을 두루 살펴보고 방편으로 구호하는 해탈문을 얻었고, 무서운 무기 가진〔嚴持器仗〕 야차왕은 여위고 추악한 중생들을 도와주고 이롭게 하는 해탈문을 얻었고, 큰 지혜〔大智慧〕 야차왕은 모든 성인의 공덕바다를 칭찬하는 해탈문을 얻었고, 불꽃 눈 가진〔焰眼主〕 야차왕은 모든 중생을 널리 관찰하는 큰 자비와 지혜 해탈문을 얻었다.

금강 눈〔金剛眼〕 야차왕은 가지가지 방편으로 모든 중생을 이익하고 안락케 하는 해탈문을 얻었고, 억센 팔뚝〔勇健臂〕 야차왕은 온갖 법과 이치에 널리 들어가는 해탈문을 얻었고, 용감하게 적군 대적〔勇敵大軍〕 야차왕은 온갖 중생을 수호하여 도에 머물게 하고 그냥 지내는 일이 없는 해탈문을 얻었고, 재물 많은〔富財〕 야차왕은 모든 중생의 복덕더미를 늘게 하여 항상 쾌락을 받게 하는 해탈문을 얻었고, 높은 산 헐어내는〔力壞高山〕 야차왕은 생각을 따라서 부처님의 힘과 지혜의 광명을 내는 해탈문을 얻었다.

그 때 비사문 야차왕은 부처님의 위신력을 받들어 온갖 야차의 무리들을 두루 살펴보고 게송으로 말하였다.

중생들의 죄악은 매우 무서워
백천 겁을 지나도 부처 못 보고
생사 바다 헤매어 고통 받거든
이들을 구원하려 부처님 출현.

여래는 모든 세간 구호하려고
중생들의 앞마다 모두 나타나
나쁜 갈래 헤매는 고통 없애니
이 법문에 음성 야차 들어갔도다.

중생들은 나쁜 업이 중대한 장애
부처님이 이치로써 일러 보이심
밝은 등불 온 세상을 비춰 주듯이
무서운 무기 야차 능히 보았고

부처님이 오랜 옛적 수행하실 때
시방세계 부처님들 찬탄하시매
그러므로 높은 소문 멀리 퍼지니
큰 지혜 야차왕이 분명히 알고

지혜는 허공처럼 끝 단 데 없고
법신은 크고 넓어 부사의로나.
그러므로 시방세계 다 나타나니
불꽃 눈 가진 야차 능히 보았고

여러 가지 갈래마다 묘한 소리로
법을 말해 중생들께 이익 주나니
그 소리 간 데마다 괴로움이 소멸
금강 눈 야차왕의 들어간 방편

모든 법의 매우 깊고 넓고 큰 뜻을
여래는 한 마디로 연설하시니
이와 같은 교리가 세간과 평등
억센 팔뚝 야차왕의 깨달은 법문

모든 중생 삿된 도에 머무른 것을
부처님이 부사의한 바른 길 보여
세간 사람 법 그릇을 이루게 하니
용감하게 적군 대적 야차가 알고

세상에 널려 있는 모든 복업을
부처님의 광명으로 모두 비추며
부처님의 지혜 바다 측량 못함은
재물 많은 야차왕의 해탈이로다.

생각건대 지나간 겁 끝이 없거늘
부처님이 열 가지 힘을 닦으사
낱낱 힘을 골고루 원만하시니
높은 산 헐어내는 야차가 아네.

또 좋은 지혜 마후라가왕〔善慧摩睺羅伽王〕은 모든 신통과 방편으로써 중생으로 하여금 공덕을 모으게 하는 해탈문을 얻었고, 청정한 위엄 음성〔淨威音〕 마후라가왕은 모든 중생으로 하여금 번뇌를 제하고 서늘하고 안락함을 얻게 하는 해탈문을 얻었고, 훌륭한 지혜 장엄 상투〔勝慧莊嚴髻〕 마후라가왕은 온갖 선하고 선하지 못한 것을 생각하는 중생들을 청정한 법에 들어가게 하는 해탈문을 얻었고, 아름다운 눈 가진〔妙目主〕 마후라가왕은 온갖 집착이 없는 복덕이 자재하고 평등한 모양을 분명하게 통달하는 해탈문을 얻었고, 등대처럼 여러 사람 나아가는〔燈幢〕 마후라가왕은 모든 중생에게 열어 보여 캄캄하고 무서운 길을 여의게 하는 해탈문을 얻었다.

가장 좋은 광명 당기〔最勝光明幢〕 마후라가왕은 모든 부처님의 공덕을 알고 기쁨을 내는 해탈문을 얻었고, 사자 가슴〔師子臆〕 마후라가왕은 용맹한 힘으로 모든 중생을 구호하는 님이 되는 해탈문을 얻었고, 묘하게 장엄한 음성〔衆妙莊嚴音〕 마후라가왕은 모든 중생들에게 생각을 따라 그지없는 즐거움을 내게 하는 해탈문을 얻었고, 수미산〔須彌臆〕 마후라가왕은 온갖 반연에 동요하지 않고 저 언덕에 이르러 만족하는 해탈문을 얻었고, 사랑스런 광명〔可愛樂光明〕 마후라가왕은 모든 불평등한 중생에게 평등한 도를 보여주는 해탈문을 얻었다.

그 때 좋은 지혜 마후라가왕이 부처님의 위신력을 받들어 온갖 마후라가 무리들을 두루 살펴보고 게송으로 말하였다.

너는 보라, 여래 성품 청정하여서
위엄 광명 나타내어 중생을 이익
감로 도道를 보여서 서늘케 하니
모든 괴로움 아주 멸해 기댈 데 없다.

온갖 중생 삼계 고해 처해 있으며
나쁜 업과 번뇌에 덮이었거늘
저들에게 고요한 법 행케 하나니
위엄 음성 마후라왕 잘 깨달았고

부처 지혜 짝이 없고 부사의하여
중생들의 모든 마음 죄다 아시고
저들에게 청정한 법 환히 보이니
장엄 상투 마후라가 깨달아 알고

한량없는 부처님 세상에 출현
중생을 위하여서 복밭 되시매
넓고 큰 복 바다를 알 수 없나니
아름다운 눈 가진 이 모두 보았고

중생들의 근심이나 공포와 고통
부처님이 앞장서서 구호하기를
법계와 온 허공에 가득 찼나니
등불 당기 마후라왕 행한 바 경계

부처님의 한 털구멍 모든 공덕을
온 세간이 헤아려도 알 수 없는 일
끝이 없고 다함 없어 허공과 같아
가장 좋은 광명 당기 해탈이니라.

여래께서 온갖 법을 통달하시고
저러한 법의 성품 밝게 비추며
수미산이 흔들리지 않음 같나니
사자 가슴 마후라왕 들어간 법문

부처님이 지난 옛적 광대한 겁에
모아 놓은 환희 바다 한없이 깊어
보는 이는 사람마다 기뻐하나니
묘한 장엄 음성 왕이 얻은 법이라.

법계의 형상 없음 분명히 알고
바라밀 바다를 다 채웠으며
광명으로 중생들을 널리 구하니
수미산 견고한 왕 아는 방편문

여래의 자재하신 힘을 보아라.
시방세계 골고루 출현하시어
중생들을 비추어 깨닫게 하니
사랑스런 광명왕이 들어간 해탈.

또 선한 지혜 광명 하늘 긴나라왕〔善慧光明天緊那羅王〕은 온갖 즐거운 업을 널리 내는 해탈문을 얻었고, 묘한 꽃 당기〔妙華幢〕 긴나라왕은 위없는 법의 기쁨을 내어 여럿으로 하여금 안락을 받게 하는 해탈문을 얻었고, 가지가지 장엄〔種種莊嚴〕 긴나라왕은 온갖 공덕이 만족하며 넓고 크고 청정하게 믿고 이해하는 장藏해탈문을 얻었고, 뜻에 맞게 외치는 소리〔悅意吼聲〕 긴나라왕은 듣기 좋은 소리를 항상 내어 듣는 이가 근심과 공포를 여의게 하는 해탈문을 얻었고, 보배 나무 광명〔寶樹光明〕 긴나라왕은 크게 가엾이 여기므로 중생들을 나란히 있게 하여 반연할 바를 깨닫게 하는 해탈문을 얻었다.

보는 이 기뻐하는〔普樂見〕 긴나라왕은 온갖 묘한 몸매를 나타내는 해탈문을 얻었고, 가장 좋은 광명 장엄〔最勝光莊嚴〕 긴나라왕은 온갖 훌륭하게 장엄한 과보가 생겨나는 업을 분명히 아는 해탈문을 얻었고, 미묘한 꽃 당기〔微妙華幢〕 긴나라왕은 온갖 세간의 업으로 생기는 과보를 잘 관찰하는 해탈문을 얻었고, 땅 흔드는 힘〔動地力〕 긴나라왕은 중생에 이익토록 온갖 일을 항상 일으키는 해탈문을 얻었고, 나쁜 무리 굴복 하는〔威猛主〕 긴나라왕은 모든 긴나라의 마음을 잘 알고 공교하게 거두어 제어하는 해탈문을 얻었다.

그 때 선한 지혜 광명 하늘 긴나라왕이 부처님의 위신력을 받들어 온갖 긴나라의 무리들을 두루 살펴보고 게송으로 말하였다.

세간의 여러 가지 안락한 일은
부처님을 뵈오므로 일어나나니
도사께서 중생들께 이익 주려고
구호하여 귀의할 데 널리 되시다.

여러 가지 즐거운 일 모두 내시니
온 세간이 다 얻어도 다함이 없어
보는 이 누구라도 헛되잖나니
꽃 당기 긴나라왕 깨달은 법문

부처님 공덕 바다 다함이 없어
끝 단 데를 찾아도 찾지 못하나
광명이 시방세계 널리 비추니
종종 장엄 긴나라왕 해탈이로다.

여래의 크신 음성 늘 연설하여
걱정 없는 진실한 법 열어 보이니
중생들 듣는 이는 모두 기뻐해
뜻에 맞게 외치는 왕 잘 믿는도다.

여래의 자재한 힘 내가 보건댄
지난 옛적 수행한 까닭으로써
큰 자비로 중생 구해 청정케 하니
보배 나무 광명왕이 깨달은 해탈

여래는 뵈옵거나 듣기 어려워
중생들이 천만 겁에 한 번 만나니
훌륭한 온갖 상호相好 골고루 구족
보는 이 기뻐하는 왕이 보았고

여래의 크신 지혜 네가 보아라.
중생들의 갖은 욕망 맞주어 주며
온갖가지 지혜 길 연설하나니
광명 장엄 긴나라왕 능히 알았고

여래의 크신 음성 늘 연설하여
걱정 없는 진실한 법 열어 보이니
중생들 듣는 이는 모두 기뻐해
뜻에 맞게 외치는 왕 잘 믿는도다.

여래의 자재한 힘 내가 보건댄
지난 옛적 수행한 까닭으로써
큰 자비로 중생 구해 청정케 하니
보배 나무 광명왕이 깨달은 해탈

여래는 뵈옵거나 듣기 어려워
중생들이 천만 겁에 한 번 만나니
훌륭한 온갖 상호相好 골고루 구족
보는 이 기뻐하는 왕이 보았고

여래의 크신 지혜 네가 보아라.
중생들의 갖은 욕망 맞추어 주며
온갖 가지 지혜 길 연설하나니
광명 장엄 긴나라왕 능히 알았고

업의 바다 크고 넓어 요량 못하나
중생들의 고와 낙 여기서 생겨
이러한 온갖 이치 열어 보이니
미묘한 꽃 당기왕 아는 해탈문.

부처님의 묘한 신통 쉴 새가 없어
시방의 땅덩이가 늘 진동하나
중생은 누구라도 알지 못하니
땅 흔드는 긴나라왕 밝게 보았고

여럿이 모인 데서 신통 나타내
큰 광명 널리 놓아 깨닫게 하며
여래의 온갖 경계 보이시나니
나쁜 무리 굴복하는 왕 잘 관찰하네.

또 아주 빠른 힘 가루라왕〔大速疾力迦樓羅王〕은 집착 없고 걸림 없는 눈으로 중생계를 널리 관찰하는 해탈문을 얻었고, 깨뜨릴 수 없는 보배 상투〔不可壞寶髻〕 가루라왕은 법계에 두루 있으면서 중생을 교화하는 해탈문을 얻었고, 깨끗하고 빠른〔清淨速疾〕 가루라왕은 바라밀波羅蜜을 두루 성취하고 전진하는 힘 해탈문을 얻었고, 마음이 퇴전하지 않는〔不退心莊嚴〕 가루라왕은 용맹한 힘으로 여래의 경계에 들어가는 해탈문을 얻었고,[3] 넓은 바다 붙잡는 힘〔大海處攝持力〕 가루라왕은 부처님이 행하는 넓고 큰 지혜 바다에 들어가는 해탈문을 얻었다.

견고한 법 깨끗한 빛〔堅法淨光〕 가루라왕은 그지없는 중생을 성취하는 차별한 지혜해탈문을 얻었고, 잘 꾸민 갓과 상투〔妙嚴冠髻〕 가루라왕은 부처님 법의 성城을 장엄하는 해탈문을 얻었고, 두루 빨리 나타내는〔普捷示現〕 가루라왕은 깨뜨릴 수 없는 평등한 힘을 성취하는 해탈문을 얻었고, 바다를 두루 살피는〔普觀海〕 가루라왕은 온갖 중생의 몸을 분명히 알고 형상을 나타내는 해탈문을 얻었고, 여러 음성 넓은 눈〔龍音大目精〕 가루라왕은 모든 중생의 나고 죽는 행에 널리 들어가는 지혜 해탈문을 얻었다.

그 때 아주 빠른 힘 가루라왕이 부처님의 위신력을 받들어 온갖 가루

---

3 신수대장경에 의거하면 이하의 "넓은"부터 "들어가는 해탈문을 얻었다"까지는 고려대장경에는 없으나 원원본에는 들어 있다.

라 무리들을 두루 살펴보고 게송으로 말하였다.

　　부처님 눈 크고 넓어 끝이 없어서
　　시방의 모든 국토 두루 보시고
　　그 가운데 있는 중생 한량없거든
　　큰 신통을 나타내어 모두 다 조복

　　부처님의 신통한 힘 걸림이 없어
　　시방의 보리수에 두루 앉으사
　　구름 같은 법을 말해 가득 채우니
　　보배 상투 가루라왕 옳게 들었고

　　부처님이 지난 옛적 수행하실 때
　　넓고 큰 바라밀 깨끗이 하고
　　여러 세계 여래께 공양하신 일
　　깨끗하고 바른 왕이 믿어 알았고

　　여래의 하나하나 털구멍마다
　　한 생각에 그지없는 행을 나타내
　　이렇게 알 수 없는 부처님 경계
　　퇴전하지 않는 왕이 밝게 보았고

　　부처님 행 넓고 크고 부사의하여
　　중생은 누구라도 측량 못하니
　　대도사의 공덕과 지혜의 바다

붙잡는 힘 가루라왕 행하는 데요.

여래의 한량없는 지혜의 광명
중생의 번뇌[4] 그물 찢어 버리고
모든 세간 골고루 구호하나니
견고하고 깨끗한 왕 말하는 해탈.

법의 성城이 크고 넓어 끝이 없으며
그 문도 가지가지 한량없거늘
여래께서 출현하여 활짝 여시니
잘 꾸민 상투 왕 능히 들도다.

온 법계 부처님도 법신은 하나
진여가 평등하여 분별 없거든
부처님은 이 힘으로 항상 계시니
빨리 나타내는 왕이 구족히 연설

부처님이 세간 중생 섭수攝受할 적에
광명을 널리 놓아 세상에 가득
갖가지 방편으로 조복하시니
바다 두루 보는 왕이 깨쳐 알았고

부처님이 보기에는 모든 국토가

---

4 고려대장경에는 "중생의 어리석음[癡]과 미혹[惑]"으로 되어 있다.

업 바다를 의지하여 생겨 있거든
법비(法雨)를 그 가운데 널리 내리니
음성 넓은 눈 가루라 해탈이로다.

또 라후 아수라왕(羅睺阿脩羅王)은 큰 회상에서 높은 님이 되는 해탈문을 얻었고, 비마질다라(毘摩質多羅) 아수라왕은 한량없는 겁을 나타내는 해탈문을 얻었고, 공교롭게 환술하는(巧幻術) 아수라왕은 모든 중생의 괴로움을 소멸하고 청정케 하는 해탈문을 얻었고, 권속 많은(大眷屬) 아수라왕은 온갖 고행을 닦아서 스스로 장엄하는 해탈문을 얻었고, 기운 센(婆稚) 아수라왕은 시방의 끝없는 경계를 진동하는 해탈문을 얻었다.

두루 비추는(遍照) 아수라왕은 가지가지 방편으로 모든 중생들을 편안히 있게 하는 해탈문을 얻었고, 견고한 행 묘한 장엄(堅固行妙莊嚴) 아수라왕은 깨뜨릴 수 없는 선근을 두루 모아서 모든 물든 것을 깨끗이 하는 해탈문을 얻었고, 넓고 큰 원인 지혜(廣大因慧) 아수라왕은 크게 가엾이 여기는 힘으로 의혹이 없게 하는 님인 해탈문을 얻었고, 훌륭한 덕 나타내는(現勝德) 아수라왕은 여럿으로 하여금 부처님을 뵈옵고 받들어 섬기며 공양하여 모든 선근을 닦게 하는 해탈문을 얻었고, 묘하고 좋은 음성(善音) 아수라왕은 모든 갈래에 널리 들어가는 결정하고 평등한 행인 해탈문을 얻었다.

그 때 라후 아수라왕이 부처님의 위신력을 받들어 온갖 아수라 무리들을 두루 살펴보고 게송으로 말하였다.

시방에 널려 있는 많은 대중들
그 가운데 계신 부처 가장 특별해
두루 비친 광명이 허공과 같이

모든 중생 앞마다 나타나더라.

백천만 오랜 겁에 모든 세계들
한 찰나 가운데에 다 나타내고
빛을 펴서 중생들을 낱낱이 교화
비마질다라 아수라왕 기뻐서 칭찬

여래의 묘한 경계 짝할 이 없고
가지가지 법문으로 항상 이익 줘
중생들이 가진 고통 소멸해주니
고말라苦末羅 아수라왕 능히 보았고

한량없는 겁 동안 고행을 닦아
중생에 이익 주고 세간을 정화淨化
이것으로 모니牟尼의 지혜 이루니
권속 많은 아수라왕 부처 보았고

걸림 없고 짝이 없는 큰 신통으로
시방의 모든 세계 진동하여도
중생이 놀라거나 두렵잖나니
기운 센 아수라왕 밝게 보았고

부처님이 세상에 나 중생 구할 때
온갖 것 아는 지혜 열어 보이며
괴로움을 버리고 안락케 하니

두루 비친 아수라왕 밝게 알았고

세간의 여러 가지 복의 바다를
부처님이 내시고 깨끗케 하며
부처님이 해탈할 곳 열어 보이니
견고한 행 묘한 장엄 들어간 법문

부처님의 자비한 몸 짝할 이 없고
걸림 없이 다니면서 보게 하시되
영상처럼 세간에 나타나나니
원인 지혜 아수라왕 말하는 공덕

희유하고 짝이 없는 큰 신통으로
간 데마다 다투는 몸 법계에 가득
보리나무 아래에 각각 앉으심
훌륭한 덕 아수라왕 능히 말하고

여래께서 삼세에 수행하실 때
모든 갈래 윤회하며 안 간 데 없어
중생 고통 해탈하여 남김 없나니
좋은 음성 아수라왕 칭찬하도다.

또 궁전을 나타내는 낮 맡은 신〔示現宮殿主晝神〕은 온갖 세간에 두루 들어가는 해탈문을 얻었고, 지혜 향을 일으키는〔發起慧香〕 낮 맡은 신은 모든 중생들을 널리 관찰하고 모두 이익케 하여 즐겁고 만족케 하는 해탈문을 얻었고, 훌륭한 장엄 좋아하는〔樂勝莊嚴〕낮 맡은 신은 그지없이 사랑스러운 법 광명을 놓는 해탈문을 얻었고, 향과 꽃 미묘한 빛〔華香妙光〕낮 맡은 신은 그지없는 중생에게 깨끗한 믿음과 이해하는 마음을 개발開發하는 해탈문을 얻었고, 묘한 약 널리 모으는〔普集妙藥〕낮 맡은 신은 넓은 광명의 힘을 모아 장엄하는 해탈문을 얻었다.

 기쁜 눈 잘 만드는〔樂作喜目〕낮 맡은 신은 괴로움과 즐거움을 받는 모든 중생들을 깨우쳐서 모두 법의 즐거움을 얻게 하는 해탈문을 얻었고, 여러 방위에 나타나는〔觀方普現〕낮 맡은 신은 시방의 법계에 차별한 몸인 해탈문을 얻었고, 큰 자비 광명〔大悲威力〕낮 맡은 신은 온갖 중생을 구호하여 안락케 하는 해탈문을 얻었고, 선근 광명 비치는〔善根光照〕낮 맡은 신은 기쁘고 만족함을 널리 내게 하는 공덕의 힘 해탈문을 얻었고, 아름다운 꽃 영락〔妙華瓔珞〕낮 맡은 신은 명성名聲이 널리 퍼져 보는 중생들이 모두 이익을 얻는 해탈문을 얻었다.

 그 때 궁전을 나타내는 낮 맡은 신이 부처님의 위신력을 받들어 온갖 낮 맡은 신의 무리들을 두루 살펴보고 게송으로 말하였다.

  부처 지혜 허공 같아 ㄱ시없서늘
  광명이 두루 비쳐 시방에 가득
  중생들의 마음과 행 모두 아시어
  온 세간에 들어가지 않는 데 없다.

  중생들의 마음에 즐김을 알고
  알맞게 법 바다를 연설하시니
  말과 뜻이 크고 넓어 같지 않거늘
  지혜 향 일으키는 신이 보았고

부처님이 광명 놓아 세상 비추니
보고 듣고 환희하여 헛되잖으며
깊고 넓고 적멸한 곳 보이시나니
훌륭한 장엄 신이 깨달아 알고

부처님 법비 내려 한량이 없어
보는 이로 하여금 기쁘게 하니
가장 좋은 선근이 여기서 나는 일
묘한 빛 낮 맡은 신 아는 바니라.

법문에 널리 들어 깨우치는 힘
오랜 겁에 닦아 지녀 청정했으며
이러하게 중생을 거두어주니
묘한 약 모은 신이 분명히 알고

가지가지 방편으로 중생을 교화
보는 이 듣는 이가 이익을 얻고
모두 다 뛰놀면서 기뻐하나니
기쁜 눈 낮 맡은 신 이렇게 보고

열 가지 힘 나타내어 세간에 두루
시방 법계 한 곳도 남김 없으되
자체 성품 없지도 있지도 않아
여러 방위 보는 신이 들어간 해탈

중생들이 험난한 데 헤매는 것을
　여래가 슬피 여겨 세간에 출현
　모든 괴로움 남김없이 소멸하시니
　큰 자비 낯 맡은 신 해탈이니라.

　중생들이 생사 밤에 빠져 있거늘
　부처님이 법을 말해 열어 밝히사
　안락 얻고 모든 고통 덜어주나니
　선근 광명 비치는 신 들어간 법문

　여래의 복더미가 허공 같은데
　세간의 모든 복이 여기서 나고
　짓는 일이 헛되게 되지 않나니
　아름다운 꽃 영락신 해탈이로다.

　또 넓은 공덕 조촐한 빛 밤 맡은 신〔普德淨光主夜神〕은 고요한 선정의 낙樂에 크게 용냉한 해탈문을 얻었고, 기쁜 눈 세상 보는〔喜眼觀世〕 밤 맡은 신은 넓고 크고 청정하여 사랑스러운 공덕의 모습인 해탈문을 얻었고, 세상 정기 보호하는〔護世精氣〕 밤 맡은 신은 세간에 두루 나타나서 중생을 극복하는 해탈문을 얻었고, 고요한 바다 소리〔寂靜海音〕 밤 맡은 신은 넓고 크고 즐거운 마음을 모아 쌓는 해탈문을 얻었고, 좋은 일 널리 나타내는〔普現吉祥〕 밤 맡은 신은 깊고 자재하여 듣기 좋게 말씀하는 해탈문을 얻었다.
　나무 꽃 활짝 핀〔普發樹華〕 밤 맡은 신은 광명이 만족하여 넓고 크게 환희하는 광 해탈문을 얻었고, 평등하게 길러주는〔平等護育〕 밤 맡은 신은 중생을 깨우쳐서 선근을 성숙케 하는 해탈문을 얻었고, 유희하며 즐 겨하는〔遊戲快樂〕 밤 맡은 신은 중생을 구호하는 그지없이 인자한 해탈 문을 얻었고, 모든 근根이 항상 기쁜〔諸根常喜〕 밤 맡은 신은 장엄을 널 리 나타내고 크게 가엾이 여기는 해탈문을 얻었고, 깨끗한 복을 내는 〔示現淨福〕 밤 맡은 신은 모든 중생들로 하여금 좋아하는 일을 만족케 하 는 해탈문을 얻었다.

  그 때 넓은 공덕 조촐한 빛 밤 맡은 신이 부처님의 위신력을 받들어 온갖 밤 맡은 신의 무리들을 두루 살펴보고 게송으로 말하였다.

    너희들은 부처님의 행함을 보라.
    넓고 크고 고요한 허공의 모양
    끝없는 욕심 바다 깨끗이 하니
    때 없고 단정함이 시방 비치네.

    온 세간이 보기를 좋아하지만
    한량없이 오랜 겁에 한 번 만나니
    큰 자비로 중생들을 생각하는 일
    세상 보는 밤 맡은 신 얻은 해탈문

    도사께서 모든 세간 구호하거든
    중생마다 자기 앞에 있다고 보며
    모든 갈래 중생을 깨끗케 함을
    세상 정기 보호하는 신이 보았고,

    부처님의 닦으신 즐거운 바다

넓고 크고 끝이 없어 측량 못하나
보는 이는 누구라도 기뻐하나니
고요한 바다 소리 신이 알았고,

여래의 묘한 경계 요량 못하며
고요하게 연설하심 시방에 두루
중생들의 마음을 청정케 하니
좋은 일 나타내는 신이 들었고,

부처님이 복 없는 중생 가운데
큰 복으로 장엄하신 위풍이 늠름
티끌 없고 적멸한 법 보이시나니
나무꽃 활짝 피는 신이 깨쳤고,

시방에 큰 신통을 두루 나타내
중생들을 모두 다 조복하시며
가지가지 몸매를 보게 하나니
길러 주는 밤 맡은 신 보는 해탈문

여래께서 지난 옛적 생각생각에
방편과 자비 바다 깨끗이 하고
세간을 구호하여 두루하시니
유희하며 즐기는 신 해탈이로다.

중생이 우치하여 항상 흐리며

마음이 악독하여 무서운 것을
가엾이 여기시어 부처님 출현
모든 근 항상 기쁜 신이 알았고

부처님 옛적 수행 중생을 위해
온갖 원願과 욕망을 만족하시며
그러므로 모든 공덕 구족하시니
깨끗한 복 밤 맡은 신 본 것이니라.

또 온갖 곳에 두루 있는 방위 맡은 신〔遍住一切主方神〕은 널리 구호하는 힘 해탈문을 얻었고, 광명 널리 나타내는〔普現光明〕 방위 맡은 신은 모든 중생을 교화하는 신통한 업을 마련하는 해탈문을 얻었고, 빛과 행동 장엄한〔光行莊嚴〕 방위 맡은 신은 모든 어두운 업장을 부수고 즐거움을 내는 큰 광명 해탈문을 얻었고, 두루 다녀 걸림 없는〔周行不礙〕 방위 맡은 신은 온갖 곳에 두루 나타나되 부질없이 수고만 하지 않는 해탈문을 얻었고, 미혹을 아주 끊은〔永斷迷惑〕 방위 맡은 신은 모든 중생의 수와 같은 명호를 나타내어 공덕을 발생하는 해탈문을 얻었다.

조촐한 허공 널리 다니는〔遍遊淨空〕 방위 맡은 신은 항상 내어 듣는 이를 기쁘게 하는 해탈문을 얻었고, 큰 구름 당기 음성〔雲幢大音〕 방위 맡은 신은 용이 비를 널리 내리듯이 중생들을 기쁘게 하는 해탈문을 얻었고, 상투 눈 현란치 않은〔髻目無亂〕 방위 맡은 신은 모든 갈래 중생들의 가지각색 업을 관찰하는 해탈문을 얻었고, 두루 다녀 구경하는〔普觀世業〕 방위 맡은 신은 하는 일이 모두 끝까지 이르러 모든 중생의 기쁨을 내는 해탈문을 얻었다.

그 때 온갖 곳에 두루 있는 방위 맡은 신이 부처님의 위신력을 받들어 온갖 방위 맡은 신의 무리들을 두루 살펴보고 게송으로 말하였다.

여래께서 자재하게 세간에 출현
갖가지 중생들을 교화하시되
법문을 널리 보여 깨달아 들어
위없는 큰 지혜를 이루게 하네.

신통이 한량없기 중생과 같아
좋아함을 따라서 형상 보이니
보는 이 모든 고통 여의게 됨은
광명 널리 나타낸 신神 해탈이로다.

부처님이 캄캄한 중생 바다에
법의 횃불 큰 광명 나타내거든
그 광명 널리 비쳐 모두 보나니
빛과 행동 장엄한 신 해탈이니라.

세간의 가지각색 음성 갖추고
보행하는 법수레를 누가 모르랴.
중생마다 듣고는 번뇌가 소멸
두루 다녀 걸림 없는 신이 알았고

온 세간에 수없이 많은 이름들
부처 이름 저와 같이 출현하시어
중생들의 어리석음 여의게 하니

미혹 끊은 방위 맡은 신이 가는 곳

어떤 중생 부처님 앞에 나아가
여래의 미묘하신 음성 들으면
마음에 환희하지 않는 이 없어
허공 널리 다니는 신 이 법 알았고

부처님이 찰나찰나 그 가운데서
그지없는 큰 법비를 두루 내리어
중생들의 번뇌를 소멸하나니
구름 당기 방위 맡은 신이 알았고

세간의 가지가지 업의 바다를
부처님이 차별 없이 열어 보이사
중생들의 업과 번뇌 제해 주시니
상투 눈 산란찮은 신이 깨닫고

온갖 것 아는 지혜 그지없으사
모든 종류 중생들의 갖가지 마음
여래께서 살펴보고 밝게 아시나니
세상 업을 두루 보는 신이 알았고

부처님이 지난 옛적 행을 닦으사
한량없는 바라밀 원만하였고
큰 자비로 중생들께 이익 주시니

두루 다녀 구경하는 신의 해탈문.

또 조촐한 빛 널리 비치는 허공 맡은 신〔淨光普照主空神〕은 여러 갈래 중생들의 마음을 모두 아는 해탈문을 얻었고, 두루 다녀 깊고 넓은〔普遊深廣〕 허공 맡은 신은 법계에 두루 들어가는 해탈문을 얻었고, 상서로운 바람 내는〔生吉祥風〕 허공 맡은 신은 끝없이 경계의 몸매를 분명히 아는 해탈문을 얻었고, 널리 걷는 묘한 상투〔廣步妙髻〕 허공 맡은 신은 넓고 큰 수행 바다를 두루 관찰하는 해탈문을 얻었다.

걸림 없이 빛난 불꽃〔無礙光焰〕 허공 맡은 신은 큰 자비 광명으로 모든 중생의 액난을 널리 구호하는 해탈문을 얻었고, 걸림 없이 수승한 힘〔無礙勝力〕 허공 맡은 신은 온갖 것에 집착함이 없는 복덕의 힘에 들어가는 해탈문을 얻었고, 때 없는 광명〔離垢光明〕 허공 맡은 신은 시방을 두루 보는 지혜 광명 해탈문을 얻었고, 시방에 광명 가득〔光遍十方〕 허공 맡은 신은 본 고장에서 동하지 않고 세간에 두루 나타나는 해탈문을 얻었다.

그 때 조촐한 빛 널리 비치는 허공 맡은 신이 부처님의 위신력을 받들어 온갖 허공 맡은 신의 무리들을 두루 살펴보고 게송으로 말하였다.

여래의 넓고 큰 눈
깨끗하기 허공 같아
여러 중생 두루 보고
온갖 것을 환히 아네.

부처님 몸 큰 광명이
시방에 두루 비쳐

간 데마다 앞에 있음
두루 다닌 신이 보고

부처님 몸 허공처럼
나지 않고 잡지도 못해
얻을 성품 다 없으니
상서 바람 본 것이고

여래께서 오랜 겁에
성인의 도道 말씀하여
중생 업장 소멸하니
장애 없는 신이 알고

부처님이 지난 옛적
모아 놓은 보리행은
온 세간을 편케 하심
묘한 상투 신의 경계

갖가지 중생들이
생사 바다 헤매거늘
고통 없앤 부처 광명
걸림 없는 신이 보고

청정하온 공덕 광[藏]
세상 사람 복밭 되고

지혜로써 알게 하니
수승한 힘 이를 알고

중생들이 무명으로
험난한 길 헤매거늘
부처님이 광명 놓음
때 없는 신 증득하고

끝없는 큰 지혜로
모든 국토 나타내고
온 세간에 밝게 비침
묘한 음성 신이 보고

중생들을 건지려고
부처님이 시방에서
수행하신 큰 서원을
시방 광명 신이 보네.

또 걸림 없는 광명 바람 맡은 신〔無礙光明主風神〕은 부처님 법과 모든 세간에 두루 들어가는 해탈문을 얻었고, 용맹한 업 널리 나타내는〔普現勇業〕 바람 맡은 신은 한량없는 국토에 부처님이 출현하는 대로 모두 광대하게 공양하는 해탈문을 얻었고, 날려 치는 구름 당기〔飄擊雲幢〕 바람 맡은 신은 향기로운 바람으로 모든 중생의 병을 두루 소멸하는 해탈문을 얻었고, 깨끗한 빛 장엄한〔淨光莊嚴〕 바람 맡은 신은 모든 중생의 선근善根을 내어서 중대한 업장의 산을 부수어 버리게 하는 해탈문을 얻었고, 물 말리는 힘 가진〔力能竭水〕 바람 맡은 신은 그지없는 악마의 무리를 능히 깨뜨리는 해탈문을 얻었다.

큰 소리로 외치는〔大聲遍吼〕 바람 맡은 신은 모든 중생의 공포를 영원히 멸하는 해탈문을 얻었고, 나무 끝에 상투 달린〔樹杪垂髻〕 바람 맡은 신은 모든 법의 실상에 들어가는 변재 바다 해탈문을 얻었고, 간 데마다 걸림 없는〔普行無礙〕 바람 맡은 신은 모든 중생을 조복하는 방편 광〔藏〕 해탈문을 얻었고, 여러 가지 궁전〔種種宮殿〕 바람 맡은 신은 고요한 선정의 문에 들어가서 극심하게 우치한 어둠을 깨뜨리는 해탈문을 얻었고, 큰 빛으로 널리 비친〔大光普照〕 바람 맡은 신은 온갖 중생의 행을 따라 주는 걸림 없는 힘 해탈문을 얻었다.

그 때 걸림 없는 광명 바람 맡은 신이 부처님의 위신력을 받들어 온갖 바람 맡은 신의 무리들을 두루 살펴보고 게송으로 말하였다.

부처님들 법문이 깊고 깊은데
걸림 없는 방편으로 두루 들어가
여러 곳 세간마다 나타나지만
모양 없고 형체 없고 영상도 없어

네가 보라, 여래가 지난 옛적에
한 생각에 그지없는 부처님 공양
이렇듯이 용맹한 보리의 행은
용맹한 업 나타내는 신이 알았고

세상을 구원하는 여래의 방편
헤아릴 수 없으나 헛되지 않고

중생들의 고통을 여의게 하니
구름 당기 바람 맡은 신의 해탈문.

중생들 복이 없어 고통 받으며
모든 번뇌 많은 업장 덮여 있거늘
그런 이를 모두 다 해탈케 함은
깨끗한 빛 바람 신이 이를 알았고

여래의 크고 넓은 신통하신 힘
마군의 무리들을 무찌르나니
그렇게 조복하는 여러 방편은
물 말리는 바람 신이 관찰하였고

부처님의 털구멍이 말하는 법문
그 음성이 세간에 두루 퍼져서
온갖 고통 두려움을 쉬게 하나니
큰 소리로 외치는 신 깨달아 알고

부처님이 온갖 세계 바다 속에서
알 수 없는 오랜 겁에 법문을 연설
이러한 여래 지위 묘한 변재는
나무 끝에 상투 신이 능히 알도다.

부처님이 여러 가지 방편문에서
지혜로 들어감이 걸림 없으며

경계가 끝이 없고 짝이 없나니
걸림 없는 바람 신의 해탈이로다.

여래의 묘한 경계 끝이 없거늘
간 데마다 방편으로 보게 하시나
몸은 항상 고요하여 형상 없으니
갖가지 궁전 바람 맡은 신의 해탈문

여래는 오랜 겁에 행을 닦아서
온갖 힘을 골고루 이룩하시고
세간 법을 따라서 중생 응하니
널리 비친 바람 신의 보는 바니라.

대방광불화엄경 제4권

제4권

1. 세주묘엄품 ④

 또 넓은 광명 불꽃 갊음¹ 불 맡은 신〔普光焰藏主火神〕은 온갖 세간의 어둠을 모두 없애는 해탈문을 얻었고, 광명 당기 널리 모은〔普集光幢〕 불 맡은 신은 모든 중생의 번뇌인, 흘러 헤매며 시끄러운 고통을 쉬게 하는 해탈문을 얻었고, 큰 광명 널리 비친〔大光遍照〕 불 맡은 신은 흔들리지 않는 복력과 큰 자비의 광인 해탈문을 얻었고,² 여러 가지 묘한 궁전〔衆妙宮殿〕 불 맡은 신은 여래의 신통한 힘으로 끝없는 데까지 나타냄을 관찰하는 해탈문을 얻었고, 그지없는 광명 상투〔無盡光髻〕 불 맡은 신은 광명이 가없는 허공계에 비치는 해탈문을 얻었다.

 가지가지 불꽃 눈〔種種焰眼〕 불 맡은 신은 가지가지 복으로 장엄하는

---

1 장藏의 번역으로 다른 부분에는 화수분, 고방, 창고, 갈무리 등으로도 썼다.
2 신수대장경에 의거하면, 이하의 "여러 가지"부터 "그지없는" 전까지는 고려대장경에는 없으나 명명본에는 들어 있다.

고요한 빛 해탈문을 얻었고, 시방 궁전 수미산 같은〔十方宮殿如須彌山〕불 맡은 신은 온갖 세간 모든 갈래의 치성한 고통을 소멸하는 해탈문을 얻었고, 위엄 광명 자재한〔威光自在〕불 맡은 신은 모든 세간을 자재하게 깨우치는 해탈문을 얻었고, 광명이 시방에 비치는〔光照十方〕불 맡은 신은 온갖 우치하고 집착한 소견을 영원히 깨뜨리는 해탈문을 얻었고, 우레 소리 번개 빛〔雷音電光〕불 맡은 신은 온갖 소원을 성취하고 크게 외치는 해탈문을 얻었다.

 그 때 넓은 광명 불꽃 같은 불 맡은 신이 부처님의 위신력을 받들어 온갖 불 맡은 신의 무리들을 두루 살펴보고 게송으로 말하였다.

  너는 보라, 여래의 정진하는 힘
  넓고 큰 억천겁이 부사의한데
  중생들 이익 주려 세간에 출현
  여러 가지 어둔 장벽 멸하게 하며

  중생들이 어리석어 내는 소견들
  번뇌가 흐르는 듯 불이 타는 듯
  대도사의 방편으로 모두 없애니
  광명 모은 불 맡은 신 깨달은 경계

  복과 덕 허공처럼 다함이 없어
  끝간데를 구하여도 볼 수 없나니
  부처님의 동하잖는 대자비의 힘
  큰 광명 비친 신이 알고 기뻐해

여래의 행하신 일 내가 보오니
겁의 바다 지내오기 그지없는데
이렇게 신통한 힘 나타낸 것은
묘한 궁전 불 맡은 신 아는 바로다.

억겁 동안 닦은 행 요량 못하며
끝간데를 구하여도 알 수 없는데
실상 법을 연설하여 기쁘게 하니
그지없는 광명 신이 밝게 보았고

시방세계 널려 있는 엄청난 대중
제각기 눈앞에서 부처님 우러르고
고요한 광명 빛이 세상 비추니
불꽃 눈 불 맡은 신 깨달았도다.

모니께서 모든 세간 출현하시어
모든 궁전 가운데 앉아 계시며
그지없이 넓고 큰 법비 내리니
시방 궁전 수미산이 깨달은 경계

부처님의 밝은 지혜 위없이 깊고
모든 법에 자재하여 세간에 출현
진실한 깊은 이치 열어 밝히니
위엄 광명 신이 알고 기뻐하도다.

어리석은 소견에 덮이어져서
　　미혹한 중생들이 늘 헤매거늘
　　부처님이 묘한 법문 열어 보이니
　　광명으로 어둠 깨는 신이 알았고

　　서원 문이 크고 넓어 부사의한데
　　힘바라밀 잘 닦아서 청정했으며
　　옛적의 서원대로 출현하나니
　　우레 소리 불 맡은 신 이미 알도다.

　또 구름 당기 일으키는 물 맡은 신〔普興雲幢主水神〕은 모든 중생을 평등하게 이익 주는 자비 해탈문을 얻었고, 조수 구름 소리〔海潮雲音〕 물 맡은 신은 그지없이 장엄하는 해탈문을 얻었고, 묘한 빛 바퀴 상투〔妙色輪髻〕 물 맡은 신은 교화할 이를 관찰하고 방편으로 널리 포섭하는 해탈문을 얻었고, 공교롭게 소용 도는〔善巧漩澓〕 물 맡은 신은 여러 부처님의 깊은 경계를 널리 연설하는 해탈문을 얻었고, 때 없고 향기 쌓인〔離垢香積〕 물 맡은 신은 청정한 큰 광명을 널리 나타내는 해탈문을 얻었다.
　복덕 다리 빛난 음성〔福橋光音〕 물 맡은 신은 청정한 법계가 모양도 없고 성품도 없는 해탈문을 얻었고, 만족하고 자재한〔知足自在〕 물 맡은 신은 그지없이 크게 가엾이 여기는 바다 해탈문을 얻었고, 맑고 기쁜 착한 소리〔淨喜善音〕 물 맡은 신은 보살들이 많이 모인 도량에서 크게 환희한 광〔藏〕이 되는 해탈문을 얻었고, 위엄 광명 나타내는 물 맡은 신은 걸림 없고 광대한 복덕의 힘으로 널리 출현하는 해탈문을 얻었고, 영각 소리 바다에 찬〔吼聲遍海〕 물 맡은 신은 모든 중생을 관찰하고 허공과 같은 조복하는 방편을 발기하는 해탈문을 얻었다.

그 때 구름 당기 일으키는 물 맡은 신이 부처님의 위신력을 받들어 온갖 물 맡은 신의 무리들을 두루 살펴보고 게송으로 말하였다.

청정하고 자비한 문 세계 티끌 수
함께 들어 여래의 한 모습 내고
낱낱 모습 모두 다 그러하므로
보는 이가 싫은 줄을 알지 못하며

세존께서 지난 옛적 수행하실 제
모든 여래 계신 곳에 두루 나아가
갖가지로 닦으면서 게으름 몰라
조수 구름 소리 신이 들어간 방편

부처님은 시방의 세계 중에서
고요히 동치 않고 거래 없건만
교화 받을 중생들 모두 보나니
비퀴 상두 물 맡은 신 이를 알았고

여래의 크신 경계 한량이 없어
모든 중생 아무도 알지 못하나
설법하는 묘한 음성 시방에 가득
공교롭게 소용 도는 신의 행한 곳

세존이 놓는 광명 다함이 없어
법계에 가득하여 부사의한데

중생을 교화하여 건지는 설법
향기 쌓인 물 맑은 신 보는 바로다.

여래의 청정하심 허공과 같아
모양 없고 형상 없이 시방에 두루
간 데마다 모인 대중 모두 보나니
복덕 다리 빛난 신의 관찰이니라.

부처님 지난 옛적 닦은 대비문大悲門
그 마음 두루하기 중생과 같아
구름처럼 세간에 나타나시니
만족하고 자재한 신 해탈이로다.

시방에 널려 있는 국토들마다
사자좌에 앉은 여래 모두 다 보고
큰 보리를 환하게 깨달았으니
맑고 기쁜 소리 신의 들어간 경계

여래의 행하심은 걸림이 없어
시방의 모든 세계 두루 가시며
간 데마다 큰 신통을 나타내나니
위엄 광명 물 맑은 신 깨달았도다.

그지없는 방편행을 다 닦으시고
중생과 같은 세계 가득 찼으며

신통의 묘한 작용 쉬지 않나니
영각 소리 바다에 찬 신이 들었네.

　또 보배 광명 나타내는 바다 맡은 신〔出現寶光主海神〕은 평등한 마음으로 모든 중생에게 복덕 바다를 보시하며 온갖 보배로 몸을 장엄하는 해탈문을 얻었고, 깨뜨릴 수 없는 금강 당기〔不可壞金剛幢〕바다 맡은 신은 공교한 방편으로 모든 중생의 선근을 수호하는 해탈문을 얻었고, 티끌과 때 멀리 여읜〔不雜塵垢〕바다 맡은 신은 모든 중생의 번뇌 바다를 말리는 해탈문을 얻었고, 물결 속에 항상 있는〔恒住波浪〕바다 맡은 신은 모든 중생으로 하여금 나쁜 갈래를 여의게 하는 해탈문을 얻었고, 상서로운 보배 달〔吉祥寶月〕바다 맡은 신은 크게 어리석은 어둠을 널리 소멸하는 해탈문을 얻었다.
　묘한 꽃 용의 상투〔妙華龍髻〕바다 맡은 신은 모든 갈래의 고통을 멸하고 안락을 주는 해탈문을 얻었고, 빛과 맛 널리 지닌〔普持光味〕바다 맡은 신은 모든 중생의 여러 가지 소견과 우치한 성품을 깨끗이 다스리는 해탈문을 얻었고, 보배 불꽃 빛난 광명〔寶焰華光〕바다 맡은 신은 온갖 보배 종자의 성품인 보리심을 내는 해탈문을 얻었고, 금강의 묘한 상투〔金剛妙髻〕바다 맡은 신은 마음이 동요하지 않는 공덕 바다 해탈문을 얻었고, 조수의 우레 소리〔海潮雷音〕바다 맡은 신은 법계의 삼매문에 두루 들어가는 해탈문을 얻었다.
　그 때 보배 광명 나타내는 바다 맡은 신이 부처님의 위신력을 받들어 온갖 바다 맡은 신의 무리들을 두루 살펴보고 게송으로 말하였다.

헤아릴 수가 없는 겁바다에서
한량없는 여래에게 공양하오며

많은 공덕 중생에게 보시하므로
단정하고 엄숙하기 비길 데 없어

여러 세간 간 데마다 출현하여서
중생의 근기 욕망 모두 다 알고
그를 위해 큰 법바다 연설하시니
금강 당기 바다 맡은 신이 알았고[3]

모든 세간 대도사 여러분께서
법 구름과 큰 법비 요량 못하나
무궁한 고통 바다 소멸하나니
티끌과 때 여읜 신 들어간 법문

여러 종류 중생들 번뇌가 덮여
모든 갈래 헤매면서 고통 받거늘
그를 위해 여래 경계 열어 보이니
넓은 물 궁전 신이 이 문 얻었고

부처님이 부사의한 겁바다에서
여러 가지 행을 닦아 다함이 없고
중생의 번뇌 그물 아주 끊으니
보배 달 바다 신이 들어갔도다.

---

3 신수대장경에 의거하면 이하의 "모든"부터 "들어간 법문"까지는 고려대장경에는 없으나 원元·명明본에는 들어 있다.

부처님은 중생들이 공포 속에서
생사 바다 헤매는 일 밝게 보시고
여래의 위없는 도 그들께 뵈니
용의 상투 바다 신이 기쁨을 내고

부처님의 경계가 부사의하여
법계와 대허공과 평등한 모양
중생들의 번뇌 그물 깨끗케 하니
빛과 말 지닌 신이 펴서 말하고

부처님 눈 청정하고 부사의하여
여러 종류 경계를 모두 보시며
중생에게 묘한 도를 널리 보이니
보배 불꽃 빛난 광명 신이 알았고

마의 군대 엄청나서 셀 수 없건만
눈 깜짝히는 동인 모두 깨뜨리되
마음이 까딱없음 측량 못하니
금강의 묘한 상투 깨달은 방편

시방에서 묘한 법문 연설하실 제
그 음성이 온 법계에 두루 퍼지니
이것이 부처님의 삼매경계라
조수의 우레 소리 신이 알았다.

또 빠른 물결 널리 내는 강 맡은 신〔普發迅流主河神〕은 그지없는 법비를 널리 내리는 해탈문을 얻었고, 샘과 냇물 깨끗하게 하는〔普潔泉澗〕 강 맡은 신은 모든 중생 앞에 두루 나타나서 번뇌를 아주 여의게 하는 해탈문을 얻었고, 티끌 없고 깨끗한 눈〔離塵淨眼〕 강 맡은 신은 크게 가엾이 여기는 방편으로 모든 중생의 번뇌 티끌을 널리 씻는 해탈문을 얻었고, 시방에 두루 외치는〔十方遍吼〕 강 맡은 신은 중생을 이익케 하는 음성을 항상 내는 해탈문을 얻었고, 중생을 널리 구호하는〔普救護衆生〕 강 맡은 신은 모든 중생들에게 시끄러움이 없게 하는 인자함을 항상 일으키는 해탈문을 얻었다.

덥지 않고 깨끗한 빛〔無熱淨光〕 강 맡은 신은 온갖 서늘한 선근을 널리 보이는 해탈문을 얻었고, 기쁜 마음 널리 내는〔普生歡喜〕 강 맡은 신은 구족하게 보시를 수행하여 모든 중생들의 간탐을 영원히 여의게 하는 해탈문을 얻었고, 넓은 공덕 좋은 당기〔廣德勝幢〕 강 맡은 신은 여럿이 기뻐하는 복밭을 짓는 해탈문을 얻었고, 여러 세상 환하게 비추는〔光照普世〕 강 맡은 신은 모든 더러운 중생 깨끗하게 하고 성 잘 내는 이는 기쁘게 하는 해탈문을 얻었고, 바다 공덕 밝은 빛〔海德光明〕 강 맡은 신은 모든 중생으로 하여금 해탈 바다에 들어가 구족한 안락을 항상 받게 하는 해탈문을 얻었다.

그 때 빠른 물결 널리 내는 강 맡은 신이 부처님의 위신력을 받들어 온갖 강 맡은 신의 무리들을 두루 살펴보고 게송으로 말하였다.

여래께서 지난 옛적 중생 위하여
법 바다의 끝없는 행 닦으신 것이
소나기가 무더위를 서늘케 하듯
중생의 번뇌열을 두루 멸하네.

부처님이 요량 못할 한량없는 겁
서원의 광명으로 세간 맑히사
선근이 성숙한 이 깨닫게 하니
샘과 냇물 깨끗케 한 신이 알았고

큰 자비의 방편이 중생과 같아
눈앞마다 나타나서 항상 교화해
그네들의 번뇌 때를 깨끗케 하니
깨끗한 눈 강 맡은 신 보고 기뻐해

부처님의 묘한 음성 두루 들리니
중생들이 사랑하고 마음이 기뻐
한량없는 괴로움 덜게 하시니
두루 외치는 신의 해탈이로다.

부처님이 보리행을 닦으실 적에
중생들께 이익 주기 한량없는 겁
그러므로 묘한 광명 세간에 가득
중생 구호하는 신이 기뻐하도다.

부처님의 옛적 수행 중생 위하여
가지가지 방편으로 성숙케 하고
복 바다 깨끗하고 고통 제하니
덥지 않고 깨끗한 신 마음 기쁘고

보시 문이 크고 넓어 무궁무진해
여러 중생 골고루 이익케 하며
보는 이는 누구나 간탐 없나니
기쁜 마음 강 맡은 신 깨달았도다.

부처님이 참된 방편 닦아 행하여
그지없는 공덕바다 성취하시고
보는 이를 모두 다 기쁘게 하니
넓은 공덕 당기 신이 깨달은 바라.

중생들의 번뇌 때를 깨끗케 하고
원수를 평등하게 사랑하심에
광명이 허공 가득 비치게 되니
여러 세상 비춘 신이 보고 기뻐해

부처님은 복밭이요 공덕의 바다
중생들의 모든 악을 모두 여의고
큰 보리를 끝끝내 성취케 하니
바다 공덕 밝은 신의 해탈이로다.

또 부드럽고 맛 좋은 농사 맡은 신〔柔軟勝味主稼神〕은 모든 중생에게 법맛〔法滋味〕을 주어 부처님 몸을 이루게 하는 해탈문을 얻었고, 때 만남 꽃 조촐한 빛〔時華淨光〕 농사 맡은 신은 모든 중생들로 하여금 넓고 큰 즐거움을 받게 하는 해탈문을 얻었고, 빛과 기운 건장한〔色力勇健〕 농사 맡은 신은 온갖 원만한 법문으로 모든 경계를 깨끗케 하는 해탈문을 얻었고, 정기를 증장하는〔增益精氣〕농사 맡은 신은 부처님의 크게 가엾이 여기심과 한량없는 신통 변화의 힘을 보는 해탈문을 얻었고, 뿌리 열매 널리 내는〔普生根果〕농사 맡은 신은 부처님의 복밭을 널리 나타내어 씨를 심고 잘못됨이 없게 하는 해탈문을 얻었다.

묘한 장엄 고리 상투〔妙嚴環髻〕농사 맡은 신은 중생의 깨끗한 신심의 꽃을 널리 피게 하는 해탈문을 얻었고, 윤택하고 조촐한 꽃〔潤澤淨華〕농사 맡은 신은 크게 인자하고 가엾이 여기는 마음으로 중생들을 제도하여 복덕 바다를 증장케 하는 해탈문을 얻었고, 묘한 향기 이룩한〔成就妙香〕농사 맡은 신은 온갖 수행하는 법을 널리 열어 보이는 해탈문을 얻었고, 보는 이가 좋아하는〔見者愛樂〕농사 맡은 신은 법계의 온갖 중생으로 하여금 게으름과 근심과 시끄러움을 버리고 모든 악을 두루 깨끗케 하는 해탈문을 얻었고, 때 없고 깨끗한 빛〔離垢光明〕농사 맡은 신은 모든 중생의 선근을 관찰하고 알맞게 법을 말하여 여러 대중들을 기쁘고 만족케 하는 해탈문을 얻었다.

그 때 부드럽고 맛 좋은 농사 맡은 신이 부처님의 위신력을 받들어 온갖 농사 맡은 신의 무리들을 살펴보고 게송으로 말하였다.

여래의 가장 높은 공덕의 바다
밝은 등불 널리 들어 세간 비추고
여러 가지 중생들을 구호하시며
즐거움을 모두 주어 빠진 이 없고

세존의 공과 덕이 끝이 없어서
한번 들은 중생들은 헛되지 않고
괴로움을 다 여의고 기쁘게 하니

때 만남 꽃 농사 신이 들어간 해탈

선서의 모든 힘이 원만하시며
공덕으로 장엄하고 세간에 출현
갖가지 중생들을 조복하나니
빛과 기운 건장한 신 증득하였고

부처님이 자비 바다 닦으실 적에
그 마음 끊임 없어 세간과 평등
그러므로 묘한 신통 그지없나니
정기 느는 농사 신이 능히 보도다.

세간에 가득하게 부처님 출현
온갖 가지 방편이 헛되지 않아
중생의 모든 번뇌 깨끗케 하니
뿌리 열매 내는 신의 해탈이로다.

부처님은 이 세간의 큰 지혜 바다
조촐한 광명 놓아 곳곳에 두루
널리 믿는 큰 이해理解 여기서 나니
묘한 장엄 상투 신이 밝게 알았고

여래가 세상 보고 자비심 내어
중생을 이익하려 출현하시사
화평하고 훌륭한 길 보이었으니

조촐한 꽃 농사 신이 얻은 해탈문

선서께서 닦으신 청정한 행을
보리나무 아래서 모두 말하여
이렇게 교화하심 시방에 가득
묘한 향기 이룩한 신 들어 알았고

부처님이 여러 가지 세간들에게
근심 걱정 여의고 기쁘게 하며
근성 욕망 깨끗하게 다스리시니
보는 이가 좋아하는 신이 깨닫고

여래께서 이 세간에 출현하여서
중생들의 좋아함을 두루 보시고
가지가지 방편으로 성숙케 하니
깨끗한 빛 농사 맡은 신의 해탈문.

또 상서로운 약 맡은 신(吉祥主藥神)은 모든 중생의 마음을 두루 살피고 부지런히 붙들어 주는 해탈문을 얻었고, 전단 숲(栴檀林) 약 맡은 신은 광명으로 중생을 거두어서 보는 이들이 속절없이 지나가지 않게 하는 해탈문을 얻었고, 티끌 여읜 광명(離塵光明) 약 맡은 신은 조촐한 방편으로 모든 중생의 번뇌를 멸하는 해탈문을 얻었고, 널리 소문난(名稱普聞) 약 맡은 신은 큰 이름으로 그지없는 선근 바다(善根海)를 증장케 하는 해탈문을 얻었고, 털구멍에 빛 내는(毛孔現光) 약 맡은 신은 크게 가엾이 여기는 당기로 온갖 병의 경계에 빨리 나아가는 해탈문을 얻었다.

　어둠을 깨어 깨끗케 하는〔破暗淸淨〕약 맡은 신은 모든 눈 어둔 중생을 다스려서 지혜 눈이 깨끗케 하는 해탈문을 얻었고, 큰 소리 치는〔普發吼聲〕약 맡은 신은 부처님의 음성을 내어 모든 법의 차별한 뜻을 말하는 해탈문을 얻었고, 햇빛 가리는 당기〔蔽日光幢〕약 맡은 신은 모든 중생의 선지식이 되어 보는 이마다 선을 내게 하는 해탈문을 얻었고, 시방을 밝게 보는〔明見十方〕약 맡은 신은 깨끗한 인자와 크게 가엾이 여기는 광〔藏〕이어서 능히 방편으로써 신심을 내게 하는 해탈문을 얻었고, 위엄 광명 널리 내는〔普發威光〕약 맡은 신은 방편으로 염불하여 모든 중생의 병을 소멸하는 해탈문을 얻었다.
　그 때 상서로운 약 맡은 신이 부처님의 위신력을 받들어 온갖 약 맡은 신의 무리들을 두루 살펴보고 게송으로 말하였다.

　　여래의 부사의한 크신 지혜로
　　중생들의 마음을 모두 아시고
　　가지가지 방편의 큰 힘으로써
　　그들의 한량없는 고통 멸하네.

　　부처님의 좋은 방편 알 길이 없어
　　하시는 일 무엇이나 헛되지 않고
　　중생들의 모든 괴로움 없애 주나니
　　전단 숲 약 맡은 신 깨달았도다.

　　네가 보라, 부처님은 으레 그렇게
　　옛적에 무량 겁을 수행하시나

모든 것에 집착이 없으시나니
티끌 여읜 광명 신이 들어간 법문

부처님은 백천 겁에 만날 수 없어
보는 이나 이름을 들은 이들은
반드시 이익 얻고 헛되잖나니
널리 소문난 신이 아는 바니라.

여래의 하나하나 털구멍마다
광명 놓아 모든 근심 소멸하여서
세간의 온갖 번뇌 끝내시나니
털구멍에 빛나는 신 얻은 해탈문

모든 중생 무명에 눈이 멀어서
번뇌와 업과 고통 한량없거늘
부처님이 없애 주고 지혜 밝히니
어둠 깨는 약 맡은 신 능히 보도다.

여래의 한 음성이 한량이 없어
갖가지 법문 바다 열어 주거늘
중생마다 듣는 이 모두 아나니
큰 소리 약 맡은 신 해탈이로다.

부처님의 지혜는 부사의하여
모든 갈래 나타나 중생을 구제

보는 이는 누구나 교화되나니
　　해 가리는 빛 당기 깨달은 법문

　　여래께서 큰 자비 방편 바다로
　　세간에 이익 주려 출현하시고
　　바른 길 활짝 열어 중생 보이니
　　시방 밝게 보는 신 분명히 알고

　　여래께서 큰 광명 널리 놓으사
　　시방의 모든 세계 두루 비추며
　　염불함을 따라서 공덕 내나니
　　위엄 광명 내는 신의 해탈문이라.

　또 구름처럼 꽃피는 숲 맡은 신〔布華如雲主林神〕은 넓고 크고 그지없는 지혜 광〔慧藏〕 해탈문을 얻었고, 줄기 자라 빛 퍼지는〔擢幹舒光〕 숲 맡은 신은 넓고 크게 다스려서 두루 청정케 하는 해탈문을 얻었고, 움 돋아 빛내는〔生芽發耀〕 숲 맡은 신은 가지각색 깨끗하게 나는 움을 증장케 하는 해탈문을 얻었고, 상서롭고 깨끗한 잎〔吉祥淨葉〕 숲 맡은 신은 온갖 깨끗한 공덕으로 장엄 무더기 해탈문을 얻었고, 드리운 불꽃 갊은〔垂布焰藏〕 숲 맡은 신은 넓은 문 청정한 지혜로 법계를 항상 둘러 보는 해탈문을 얻었다.
　묘하게 장엄한 빛〔妙莊嚴光〕 숲 맡은 신은 모든 중생의 실행 바다를 두루 알고 법구름을 일으키는 해탈문을 얻었고, 뜻에 맞는 우레 소리〔可意雷聲〕 숲 맡은 신은 온갖 듣기 싫은 소리를 참고 받아서 청정한 음성을 내는 해탈문을 얻었고, 향과 빛 두루 가득〔香光普遍〕 숲 맡은 신은 옛적에 닦았던 넓고 큰 행의 경계를 시방에 두루 나타내는 해탈문을 얻었고, 묘한 빛 멀리 비치는〔妙光廻耀〕 숲 맡은 신은 온갖 공덕의 법으로 세간에 이익 주는 해탈문을 얻었고, 꽃과 열매 빛 좋고 맛난〔華果光味〕 숲 맡은 신은 온갖 중생들이 부처님이 출현하심을 보고 항상 공경하여 잊지 않고 장엄케 하는 공덕장 해탈문을 얻었다.

 그 때 구름처럼 꽃피는 숲 맡은 신이 부처님의 위신력을 받들어 온갖 숲 맡은 신의 무리들을 두루 살펴보고 게송으로 말하였다.

  부처님이 지난 옛적 보리행 닦다
  복과 덕과 지혜를 모두 이루고
  여러 가지 힘들을 구족하여서
  큰 광명 놓으면서 세간에 출현

  자비문이 한량없어 중생과 평등
  여래가 지난 옛적 깨끗이 닦고
  그것으로 세상에 이익 주나니
  줄기 자라 빛 퍼지는 신이 알았고

  어떤 중생 한번만 부처님 봐도
  깊이 믿는 바다에 들게 하시고
  여래의 온갖 도를 널리 뵈나니
  묘한 움 돋는 신의 해탈이로다.

  한 터럭에 모아 쌓은 여러 공덕을
  많은 겁에 말하여도 다할 수 없고

부처님의 모든 방편 요량 못하니
깨끗한 잎 숲 맡은 신 이 뜻을 알고

여래께서 지난 옛적 세계 티끌 수
한량없는 부처님께 공양하시며
부처님 처소마다 지혜 밝음은
불꽃 갚은 숲 맡은 신 깨달은 바라

갖가지 중생들의 수행 바다를
세존께서 한 생각에 모두 아시니
이와 같이 걸림 없고 넓고 큰 지혜
묘하게 장엄한 신 깨달은 법문

여래의 묘한 음성 항상 내어서
짝이 없는 큰 기쁨을 두루 내시며
이해와 욕망 따라 깨닫게 하니
우레 소리 숲 맡은 이 행한 법이라

여래가 큰 신통을 나타내어서
시방의 온 세계에 두루하시며
부처님의 옛날 수행 보게 하나니
빛과 향기 가득한 신 들어간 법문

중생이 간사하여 덕을 안 닦고
미혹하여 생사 바다 헤매는 것을

그들에게 지혜의 길 밝게 여시니
묘한 빛 비친 신의 본 것이로다.

부처님이 업장 많은 중생 위해선
억 겁을 지내고야 출현하지만
다른 이로는 생각마다 보게 하나니
꽃과 열매 빛난 신이 관찰하도다.

　또 보배 봉우리 꽃 핀 산 맡은 신〔寶峯開華主山神〕은 크게 고요한 선정의 광명에 들어가는 해탈문을 얻었고, 꽃 수풀 묘한 상투〔華林妙髻〕산 맡은 신은 인자한 선근을 닦아서 헤아릴 수 없는 중생을 성숙케 하는 해탈문을 얻었고, 높은 당기 널리 비치는〔高幢普照〕산 맡은 신은 온갖 중생의 마음에 즐거움을 관찰하고 모든 근을 깨끗케 하는 해탈문을 얻었고, 티끌 없고 깨끗한 상투〔離塵寶髻〕산 맡은 신은 그지없는 겁바다에 부지런히 정진하고 게으름이 없는 해탈문을 얻었고, 시방에 밝게 비추는〔光照十方〕산 맡은 신은 그지없는 덕의 빛으로 널리 깨닫는 해탈문을 얻었다.
　기운 센 광명〔大力光明〕산 맡은 신은 자기가 성숙하고 또 중생들로 하여금 어리석은 행을 버리게 하는 해탈문을 얻었고, 위엄 광명 훌륭한〔威光普勝〕산 맡은 신은 온갖 괴로움을 빼내고 남음이 없게 하는 해탈문을 얻었고, 비밀하고 빛난 바퀴 살 맡은 신은 교법敎法의 광명을 내어서 모든 여래의 공덕을 나타내는 해탈문을 얻었고, 넓은 눈 환히 보는〔普眼現見〕산 맡은 신은 모든 중생으로 하여금 꿈속에서도 선근을 증장케 하는 해탈문을 얻었고, 금강처럼 견고한 눈〔金剛堅固眼〕산 맡은 신은 그지없는 큰 이치 바다를 나타내는 해탈문을 얻었다.

그 때 꽃 피어 땅에 두루한 산 맡은 신이 부처님의 위신력을 받들어 온갖 산 맡은 신의 무리들을 두루 살펴보고 게송으로 말하였다.

옛날에 그지없는 좋은 행 닦고
지금에 얻은 신통 한량이 없어
법문을 널리 열기 티끌 수처럼
중생들로 하여금 깨닫게 하다.

상相과 호好로 몸을 장엄 세간에 가득
털구멍의 광명까지 모두 깨끗해
큰 자비 방편으로 중생께 뵈니
꽃 수풀 상투 신의 깨달은 법문.

두루 나툰 부처님 몸 그지없어서
시방의 모든 세계 가득 찼는데
모든 기관 엄정하여 보는 이 환희
높은 당기 비친 신이 깨달아 들고

오랜 겁 행을 닦아 게으름 없고
세간 법에 물 안 들기 허공 같으며
가지가지 방편으로 중생을 교화
깨끗한 상투 신이 이 법문 알고

중생들 눈 어두워 험한 길을 가
부처님이 슬피 여겨 광명 비치어

세상 사람 잠에서 깨나게 하니
위엄 광명 산 신이 알고 기뻐해

옛적에 세간에서 행을 닦으며
세계 티끌 부처님께 공양하여서
보는 중생 큰 서원 세우게 하니
기운 센 광명 신이 밝게 알았고

수없는 중생들의 헤매는 고통
모든 업에 막히고 덮여 있거늘
지혜의 광명으로 모두 없애니
위엄 광명 훌륭한 신 해탈이로다.

털구멍 구멍마다 음성을 내어
중생들의 마음 따라 부처님 칭찬
시방에 가득하기 한량없는 겁
비밀한 광명 바퀴 늘어간 해탈

간 데마다 부처님 앞에 나타나
가지가지 방편으로 묘법妙法을 연설
중생들께 이익 주는 수행의 바다
환히 보는 산 신이 이 법을 알고

법문이 바다같이 끝없건마는
한소리로 말하여 다 알게 하되

겁마다 연설해도 다함없나니
금강의 눈 산 맡은 신 이 방편 아네.

또 넓은 덕 깨끗한 꽃 땅 맡은 신[普德淨華主地神]은 자비한 마음으로 생각생각에 모든 중생을 두루 관찰하는 해탈문을 얻었고, 견고한 복 장엄[堅福莊嚴] 땅 맡은 신은 모든 중생에게 복덕의 힘을 널리 나타내는 해탈문을 얻었고, 묘한 꽃 나무 장엄[妙華嚴樹] 땅 맡은 신은 모든 법에 두루 들어가서 온갖 부처님 세계의 장엄을 내는 해탈문을 얻었고, 뭇 보배 널리 흩는[普散衆寶] 땅 맡은 신은 가지각색 삼매를 닦아서 중생들 업장의 때를 덜게 하는 해탈문을 얻었고, 깨끗한 눈 때를 보는[淨目觀時] 땅 맡은 신은 모든 중생으로 하여금 항상 유희하며 쾌락케 하는 해탈문을 얻었다.

금빛 묘한 눈[金色妙眼] 땅 맡은 신은 온갖 청정한 몸을 나타내어 중생을 조복하는 해탈문을 얻었고, 향기로운 털 광명 내는[香毛發光] 땅 맡은 신은 모든 부처님의 공덕 바다의 큰 위력을 분명히 아는 해탈문을 얻었고, 듣기 좋은 고요한 음성[寂音悅意] 땅 맡은 신은 온갖 중생들의 음성 바다를 두루 거두어 지니는 해탈문을 얻었고, 묘한 꽃 둘린 상투[妙華旋髻] 땅 맡은 신은 온 세계에 가득한 때[垢] 여의는 성품 해탈문을 얻었고, 금강으로 널리 지니는[金剛普持] 땅 맡은 신은 모든 부처님의 법수레로 거두어 널리 출현하는 해탈문을 얻었다.

그 때 넓은 덕 깨끗한 꽃 땅 맡은 신이 부처님의 위신력을 받들어 온갖 땅 맡은 신의 무리들을 두루 살펴보고 게송으로 말하였다.

여래의 지난 옛날 생각생각에
크나큰 자비의 문 말할 수 없어

이렇게 수행하심 끝이 없을새
깰 수 없는 견고한 몸 얻으시었네.

삼세의 중생들과 모든 보살들
갖고 있는 여러 가지 복덩이들을
여래의 털구멍에 나타내시니
복 장엄 땅 맡은 신 보고 기뻐해.

넓고 크고 고요한 저 삼마지三摩地는
오고 가고 나고 멸함 모두 없건만
국토를 장엄하여 중생에게 보이니
묘한 꽃 나무 장엄 신의 해탈문

부처님의 옛날에 행을 닦음은
중생들의 업장을 없애렴이니
뭇 보배 널리 흩는 땅 맡은 신이
이러한 해탈 보고 기뻐하도다.

부처님의 경계는 끝단 데 없어
생각마다 세간에 나타나시니
깨끗한 눈 때를 보는 땅 맡은 신이
부처님의 일을 보고 기뻐하도다.

묘한 음성 한이 없고 부사의한데
중생들의 번뇌를 소멸하시니

황금 빛 좋은 눈 땅 맡은 신이
부처님의 큰 공덕을 능히 보았고

여러 가지 빛과 모양 화해 나투어
시방의 온 법계에 가득 차거늘
향기로운 털 광명 내는 신이 보고서
이렇게 모든 중생 교화하도다.

묘한 음성 시방세계 두루하여서
오랜 겁에 중생 위해 말씀하시니
듣기 좋은 음성 신이 마음이 깨어
부처님께 법문 듣고 기뻐하도다.

부처님 털구멍에 불꽃이 나와
중생의 마음 따라 세간에 가득
이를 보는 사람마다 성숙되나니
꽃 둘린 상투 신의 보는 것이라.

견고하여 깰 수 없기 금강과 같고
동요할 수 없기로는 수미산이라
부처님 몸 이와 같이 세상에 계심
금강으로 지닌 신이 보고 즐기네.

또 보배 봉우리 빛나는 성 맡은 신〔寶峯光耀主成神〕은 방편으로 중생을 이익케 하는 해탈문을 얻었고, 묘하게 장엄한 궁전〔妙嚴宮殿〕성 맡은 신은 중생을 알고 교화하여 성숙케 하는 해탈문을 얻었고, 맑고 기쁜 보배〔淸淨喜寶〕성 맡은 신은 항상 기뻐함으로써 모든 중생에게 복덕을 받게 하는 해탈문을 얻었고, 근심 없고 깨끗한〔離憂淸淨〕성 맡은 신은 온갖 두려움 구해주는 대비장大悲藏 해탈문을 얻었고, 꽃등 불꽃 눈〔華燈焰眼〕성 맡은 신은 큰 지혜를 널리 통달하는 해탈문을 얻었다.

불꽃 당기 밝게 보는〔焰幢明現〕성 맡은 신은 넓은 방편으로 일부러 나타내는 해탈문을 얻었고, 복많은 위엄 광명〔盛福威光〕성 맡은 신은 온갖 중생을 두루 관찰하여 큰 복덕 바다를 닦게 하는 해탈문을 얻었고, 조촐한 광명 몸〔淨光明身〕성 맡은 신은 모든 어리석은 중생을 깨우쳐 주는 해탈문을 얻었고,[4] 향기 당기 장엄〔香幢莊嚴髻〕성 맡은 신은 여래의 자재한 힘을 관찰하고 세간에 두루 퍼져 중생을 조복하는 해탈문을 얻었고, 보배 봉우리 광명 눈〔寶峯光目〕성 맡은 신은 큰 광명으로 모든 중생의 장애하는 산을 무너뜨리는 해탈문을 얻었다.

그 때 보배 봉우리 빛나는 성 맡은 신이 부처님의 위신력을 받들어 온갖 성 맡은 신의 무리들을 두루 살펴보고 게송으로 말하였다.

  길잡이의 이렇게 불가사의한
  광명이 시방세계 두루 비추니
  중생들이 눈앞에 부처님 뵙고
  교화하여 성숙함이 한량없도다.

  중생들의 근기가 각각 다른 것

---

4 신수대장경에 의거하면 이하의 "향기 당기"부터 "보배 봉우리" 전까지는 고려대장경에는 없으나 명명본에는 들어 있다.

부처님이 다 아시고 남김 없거늘
묘하게 장엄 궁전 성 맡은 신이
이 법문에 들어가 기뻐하도다.

여래께서 수행하기 한량없는 겁
지나간 부처님 법 보호하면서
받들어 섬기시고 기뻐하시니
맑고 기쁜 보배 신이 깨달은 법문.

여래께서 예전에 모든 중생의
두려운 마음들을 덜어주시고
언제나 자비한 맘 일으키나니
근심 없고 깨끗한 신 알고 기뻐해.

넓고 크고 그지없는 부처님 지혜
허공 같아 헤아릴 수가 없거든
꽃등 눈 성 맡은 신 알고 기뻐서
여래의 묘한 지혜 능히 배우고

여래의 빛 몸매가 중생과 평등
그들의 욕망 따라 보게 하나니
불꽃 당기 밝게 보는 신이 깨닫고
이 방편 익히면서 기뻐하도다.

여래께서 옛적에 닦은 복바다

청정하고 넓고 커서 끝이 없거늘
복덕 당기 광명 신이 이런 해탈문
관찰하여 깨닫고 기뻐 즐기고

중생이 미혹하여 이 세상에서
배 안의 소경처럼 볼 수 없거늘
부처님이 건지시려 세간에 출현
조촐한 광명 신이 이 문에 들고

여래의 자재한 힘 끝이 없어서
구름처럼 세간에 두루하시고
꿈속에도 나타나서 조복하나니
향기 당기 장엄 신의 보는 바로다.

중생의 우치함이 소경 같아서
가지가지 장애에 덮이었거늘
부처님 광명 비춰 열어주시니
묘한 보배 광명 신이 들어간 법문.

또 조촐하게 장엄한 당기 도량신[淨莊嚴幢道場神]은 엄청난 장엄거리를 나타내어 부처님께 공양하려는 서원 해탈문을 얻었고, 수미산 보배빛[須彌寶光] 도량신은 온갖 중생의 앞에 나타나서 넓고 큰 보리의 행을 성취케 하는 해탈문을 얻었고, 우레 소리 당기 모양[雷音幢相] 도량신은 모든 중생의 마음으로 즐겨 함을 따라 꿈속에서도 부처님을 보게 하고 법을 말하는 해탈문을 얻었고, 꽃비 주는 묘한 눈[雨華妙眼] 도량신은 버리기 어려운 온갖 보배와 장엄거리를 내리게 하는 해탈문을 얻었고, 깨끗한 불꽃 형상〔淸淨焰形〕도량신은 묘하게 장엄한 도량을 나타내고 중생을 널리 교화하여 성숙케 하는 해탈문을 얻었다.

 꽃 갓끈 드린 상투〔華纓垂髻〕도량신은 근기를 따라 법을 말하여 바른 생각을 내게 하는 해탈문을 얻었고, 보배 내려 장엄하는〔雨寶莊嚴〕도량신은 훌륭한 변재로 그지없이 즐거운 법을 널리 말하는 해탈문을 얻었고, 용맹하고 향기로운 눈〔勇猛香眼〕도량신은 여러 부처님의 공덕을 널리 칭찬하는 해탈문을 얻었고, 금강 오색 구름〔金剛彩雲〕도량신은 그지없는 빛깔의 나무를 나타내어 도량을 장엄하는 해탈문을 얻었고, 연화광명〔蓮華光明〕도량신은 보리수 밑에서 고요하게 동하지 않으면서 시방에 가득 차는 해탈문을 얻었고, 묘한 광명 빛나는〔妙光照耀〕도량신은 여래의 가지가지 힘을 나타내 보이는 해탈문을 얻었다.

 그 때 조촐하게 장엄한 당기 도량신이 부처님의 위신력을 받들어 온갖 도량신의 무리들을 두루 살펴보고 게송으로 말하였다.

> 생각하니 여래께서 지나간 옛적
> 한량없는 겁 동안에 행을 닦으며
> 부처님이 날 적마다 공양하므로
> 허공 같은 큰 공덕을 얻으시도다.
>
> 부처님이 끝이 없는 보시 행하심
> 한량없는 세계의 티끌 같으니
> 수미산 보배 비친 보리 도량신
> 선서善逝를 생각하고 기뻐하도다.

여래의 빛과 형상 다함 없으사
변화하여 모든 세계 두루 다니며
꿈속에까지라도 늘 나타나니
우레 소리 당기신이 보신 바니라.

버리는 일 행하시기 한량없는 겁
버리기 어려운 눈 한없이 버림
중생을 위하여서 닦은 행이니
묘한 눈 도량신이 깨달았도다.

가없는 빛깔 모습 불꽃 구름이
보리장菩提場을 나타내어 세간에 두루
깨끗한 불꽃 형상 도량신께서
부처님의 신통 보고 마음이 환희.

중생들의 수행바다 그지없거늘
부처님이 가득하게 법비를 내려
그 근기를 따라서 의혹 없애니
꽃 갖끈 신이 알고 기뻐하더라.

한량없는 법문의 차별한 이치
바다 같은 변재로 들어가나니
보배 내려 장엄하는 도량신께서
마음으로 언제든지 늘 생각하고

말할 수 없이 많은 온 세계에서
온갖 말로 부처님을 칭찬했으며
명예로운 큰 공덕 얻은 것이니
용맹한 눈 도량신이 생각하였고

가지각색 빛과 모양 한없는 나무
보리수 아래마다 나타났으니
금강 오색 구름신이 이 법문 알고
보리수를 항상 보고 기뻐하도다.

시방세계 끝 단 데를 알 수 없으며
부처님의 지혜도 그러하거늘
연화 광명 도량신의 깨끗한 신심
이 해탈문 들어가서 기뻐하였고

도량의 간 데마다 나는 음성이
부처님의 청정한 힘 칭찬도 하고
여러 가지 인행[因行]을 성취도 하니
묘한 광명 도량신이 능히 들었네.

또 보배 인이 있는 손 발로 다니는 신[寶印手足行神]은 모든 보배를 널리 내려서 크게 기쁘게 하는 해탈문을 얻었고, 연꽃 빛[蓮華光] 발로 다니는 신은 부처님 몸이 여러 가지 빛 연화좌에 앉으심을 나타내어 보는 이들을 기쁘게 하는 해탈문을 얻었고, 훌륭한 꽃 상투[最勝華髻] 발로 다니는 신은 잠깐 잠깐 생각하는 마음마다 모든 여래의 도량과 대중을 건립建立하는 해탈문을 얻었고, 선한 소견 거둬 갖는〔攝諸善見〕 발로 다니는 신은 발을 들거나 걸음을 걸을 때마다 그지없는 중생들을 모두 조복하는 해탈문을 얻었고, 묘한 보배 별 당기〔妙寶星幢〕 발로 다니는 신은 잠깐 잠깐 동안마다 가지각색 연꽃 그물 광명을 화현하여 모든 보배를 두루 내리며 묘한 음성을 내는 해탈문을 얻었다.

묘한 음성 잘 내는〔樂吐妙音〕 발로 다니는 신은 그지없이 환희한 바다를 내는 해탈문을 얻었고, 전단 나무 빛〔栴檀樹光〕 발로 다니는 신은 향기로운 바람으로 모든 도량의 대중을 널리 깨우치는 해탈문을 얻었고, 연꽃 광명〔蓮華光明〕 발로 다니는 신은 온갖 털구멍으로 광명을 놓아 미묘한 법문 소리를 연설하는 해탈문을 얻었고, 미묘한 광명〔微妙光明〕 발로 다니는 신은 그 몸에서 가지각색 광명 그물을 두루 내어 널리 비치는 해탈문을 얻었고, 좋은 꽃 모아 쌓는〔積集妙華〕 발로 다니는 신은 모든 중생을 깨우치며 선근 바다를 내게 하는 해탈문을 얻었다.

그 때 보배 인발 있는 손 발로 다니는 신이 부처님의 위신력을 받들어 온갖 말로 다니는 신의 무리들을 두루 살펴보고 게송으로 말하였다.

부처님이 오랜 겁에 수행하올 제
온 세계 여래에게 공양하시며
마음이 항상 기뻐 싫은 일 없고
즐거운 문 크고 깊어 바다 같도다.

잠깐잠깐 내는 신통 한량없으며
연꽃과 가지가지 향을 화현코
부처님이 그 위에서 널리 다니니
연꽃 빛 다니는 신 모두 보았고

한량없는 부처님들 으레 그런 법
넓고 큰 회중들이 시방에 가득
신통을 나타내심 말할 수 없어
조촐한 상투신이 밝게 보도다.

시방의 여러 세계 온갖 곳에서
발을 한번 들거나 내릴 적마다
수없는 중생들을 성취하나니
선한 소견 거두는 신 기뻐하도다.

중생의 수효처럼 몸을 나투니
낱낱 몸이 법계에 가득 차 있어
깨끗한 광명 놓아 보배 내리니
묘한 보배 별 당기신 들어간 해탈.

여래의 넓은 경계 끝이 없는데
법비를 두루 내려 가득 차거늘
모든 대중 부처 보고 기뻐하나니
묘한 음성 다니는 신 보신 바니라.

부처님의 음성이 허공과 같고
그 가운데 여러 가지 음성이 있어
중생들을 골고루 조복하나니
전단나무 빛 신이 능히 들었고

온갖 털구멍마다 음성을 내어
삼세 부처님의 명호를 칭찬
이 말씀 듣는 이는 모두 기쁘니
연꽃 광명 다니는 신 이렇게 보고

변화하는 부처님 몸 부사의하여
걸음마다 빛과 모양 바다 같으며
중생들의 마음 따라 보게 하시니
미묘한 광명 신의 얻은 해탈문.

큰 신통을 시방세계 널리 나타내
온갖 중생 두루 다 깨닫게 하니
좋은 꽃 모아 쌓는 발로 가는 신
이 법 보고 마음에 즐거워하네.

　또 깨끗하고 기쁜 경계 몸 많은 신〔淨喜境界身衆神〕은 부처님의 옛적 서원 바다를 기억하는 해탈문을 얻었고, 시방을 환하게 비주는〔光照十方〕 몸 많은 신은 광명이 그지없는 세계에 두루 비치는 해탈문을 얻었고, 바다 소리 조복하는〔海音調伏〕 몸 많은 신은 큰 소리로 온갖 중생을 두루 깨우치어 환희하게 조복하는 해탈문을 얻었고, 조촐한 꽃 상투 장엄〔淨華嚴髻〕 몸 많은 신은 몸이 허공처럼 두루 머무는 해탈문을 얻었고, 한량없는 거동〔無量威儀〕 몸 많은 신은 온갖 중생에게 부처님의 경계를 보여주는 해탈문을 얻었다.
　가장 좋은 빛 장엄〔最勝光嚴〕 몸 많은 신은 모든 굶주린 중생에게 빛과 기운이 만족케 하는 해탈문을 얻었고, 조촐한 빛 향기 구름〔淨光香雲〕 몸 많은 신은 온갖 중생의 번뇌 때를 덜어 주는 해탈문을 얻었고, 수호하여 거둬 주는〔守護攝持〕몸 많은 신은 모든 중생의 어리석은 마魔의 업을 전변轉變하는 해탈문을 얻었고, 두루 나퉈 섭취하는〔普現攝化〕몸 많은 신은 온갖 세간 맡은 이들의 궁전 속에 장엄한 모습을 널리 나타내어 보이는 해탈문을 얻었고, 동요하지 않는 광명〔不動光明〕몸 많은 신은 모든 중생을 널리 거두어서 깨끗한 선근을 내게 하는 해탈문을 얻었다.

그 때 깨끗하고 기쁜 경계 몸 많은 신이 부처님의 위신력을 받들어 온갖 몸 많은 신의 무리들을 두루 살펴보고 게송으로 말하였다.

> 수미산의 티끌처럼 많은 겁 전에
> 묘광妙光이란 부처님이 세상에 출현
> 세존께서 그 여래의 계신 곳에서
> 온갖 부처 공양하려 마음 내었네.
>
> 여래의 몸으로서 큰 광명 놓아
> 그 광명이 법계에 가득 차거든
> 만나는 중생들의 마음이 조복
> 시방을 비추는 신 본 것이로다.
>
> 여래 말씀 시방에 진동하면서
> 온갖 말을 모두 다 원만하고서
> 중생들을 깨우쳐 남김 없나니
> 조복하는 신이 듣고 기뻐하도다.
>
> 부처님 몸 청정하고 항상 고요히

여러 빛깔 나타내되 형상 없으며
이러하게 세간에 두루하시니
조촐한 꽃 몸 많은 신 들어간 데라.

도사께서 이렇게 부사의하여
중생의 마음 따라 보게 하시되
앉았거나 다니거나 머무는 것은
한량없는 거동 신의 깨달은 법문.

부처님은 백천 겁에 만날 수 없고
출현하여 이익함이 자재하여서
세상의 빈궁함을 여의게 하니
가장 높은 빛 장엄 신 들어갔도다.

여래의 하나하나 치아 사이로
향기 등불 빛난 구름 두루 놓아서
중생들의 번뇌를 덜어주시니
때를 여읜 구름 신이 이렇게 보고

중생들은 번뇌에 장애가 되어
마군의 길 따라서 헤매는 것을
여래가 해탈의 길 열어 보이시니
수호하는 몸 많은 신 깨달았도다.

여래의 자재한 힘 내가 보오니

광명이 온 법계에 가득 찼으며
　　임금의 궁전에서 중생을 교화
　　두루 섭취하는 신의 보는 경계라

　　중생들이 미혹하여 고통 받는데
　　부처님이 그 속에서 항상 구호해
　　번뇌를 멸해주고 기쁨 내나니
　　동요하지 않는 신이 보고 깨닫다.

　또 묘한 빛 나라연 금강신〔妙色那羅延執金剛神〕은 여래께서 끝없는 색상色相을 나타내는 몸을 보는 해탈문을 얻었고, 해처럼 빠른 당기〔日輪速疾幢〕 금강신은 부처님 몸의 터럭마다 해처럼 가지각색 광명 구름을 나타내는 해탈문을 얻었고, 수미산 꽃빛〔須彌華光〕 금강신은 한량없는 몸을 화현하는 큰 신통 변화의 해탈문을 얻었고, 청정한 구름 소리〔淸淨雲音〕 금강신은 그지없는 종류의 음성을 내는 해탈문을 얻었고, 미묘한 팔 하늘 임금〔妙臂天主〕 금강신은 현재에 모든 세간의 주인이 되어 중생을 깨워 주는 해탈문을 얻었다.

　사랑스런 광명〔可愛樂光明〕 금강신은 모든 부처님 법의 차별한 문을 열어 보이되 남김 없이 모두 다하는 해탈문을 얻었고, 큰 나무 우레 소리〔大樹雷音〕 금강신은 사랑스런 장엄거리로 온갖 나무의 신을 갖추 거두는 해탈문을 얻었고, 사자왕 광명〔師子王光明〕 금강신은 여래의 넓고 큰 복으로 장엄한 더미를 구족하고 밝게 아는 해탈문을 얻었고, 비밀한 불꽃 좋은 눈〔密焰吉祥目〕 금강신은 중생의 험악한 마음을 살펴보고 위엄 있는 몸을 나타내는 해탈문을 얻었고, 연꽃 마니 상투〔蓮華摩尼髻〕 금강신은 모든 보살의 장엄거리를 널리 내리는 마니 상투 해탈문을 얻었다.

그 때 묘한 빛 나라연 금강신이 부처님의 위신력을 받들어 온갖 금강신의 무리들을 두루 살펴보고 게송으로 말하였다.

너는 마땅히 법왕을 보라.
법왕의 법은 이와 같아서
빛깔과 모양 그지없으나
세간에 두루 나타나도다.

부처님 몸의 털구멍마다
광명의 그물 알 수 없나니
비유해 말하면 깨끗한 해가
시방세계에 널리 비치듯

부처님들의 신통하신 힘
법계에 두루 가득하여서
모든 중생의 눈앞에마다
그지없는 몸 나타내도다.

여래의 법문 말하는 음성
시방에 듣지 못할 이 없어
여러 중생의 종류를 따라
마음이 모두 만족하도다.

여럿이 보니 모니 세존이
세간 궁전에 늘 계시어서

모든 중생을 널리 위하여
크고 큰 법문 널리 펴도다.

묘한 법바다 소용 도는 곳
여러 가지로 차별한 뜻을
가지각색의 방편문으로
다함이 없이 연설하시네.

끝간데 없는 큰 방편으로
시방세계에 두루 응하니
부처님 광명 만나는 이는
여래의 몸을 모두 보도다.

여러 부처님 공양한 것이
억만 세계의 티끌 수인 듯
저러한 공덕 허공과 같아
모든 중생들 우러르더라.

신통하신 힘 평등하여서
온갖 세계에 나타나시니
묘한 도량에 편안히 앉아
중생들 앞에 나타나도다.

불꽃 구름이 널리 비치어
가지가지의 광명이 원만

미치지 않는 법계가 없어
부처행하는 곳을 보이네.

대방광불화엄경 제5권

제5권

1. 세주묘엄품 ⑤

또 보현보살마하살은 헤아릴 수 없는 해탈문의 방편 바다에 들어 여래의 공덕 바다에 들어갔으니, 한 해탈문은 이름이 온갖 부처님의 국토를 깨끗하게 장엄하고 중생들을 조복하여 끝까지 벗어나게 함〔嚴淨一切國土調伏衆生令究竟出離〕이요, 한 해탈문은 이름이 모든 여래의 처소에 나아가 공덕을 구족한 경계를 닦음〔普詣一切如來所修具足功德境界〕이요, 한 해탈문은 이름이 온갖 보살의 지위와 큰 서원 바다를 정돈하여 세움〔安立一切菩薩地諸大願海〕이요, 한 해탈문은 이름이 법계의 티끌 수 같이 한량없는 몸을 널리 나타냄〔普現法界微塵數無量身〕이요, 한 해탈문은 이름이 모든 국토에 가득한 헤아릴 수 없이 차별한 이름을 연설함〔演說遍一切國土不可思議數差別名〕이요, 한 해탈문은 이름이 온갖 티끌 속마다 그지없는 보살의 신통한 경계를 모두 나타냄〔一切微塵中悉現無邊諸菩薩神通境界〕이요, 한 해탈문은 이름이 잠깐 동안에 삼세의 겁이 이룩되고 무너지는 일을 나타냄〔一念中現三世劫成壞事〕이요, 한 해탈문은 이름이 온갖 보살의 모든 근성 바다를 나타내어 각각 자기 경계에 들어가게 함〔示現一切菩薩諸根海各入自境界〕이요, 한 해탈문은 이름이 신통한 힘으로 가지가지 몸을 화현하여 그지없는 법계에 두루함〔能以神通力化現種種身遍無邊法界〕이요, 한 해탈문은 이름이 온갖 보살의 수행하는 차례의 문을 보이어 온갖 것을 아는 지혜의 넓고 큰 방편에 들어가는 것〔顯示一切菩薩修行法次第門入一切智廣大方便〕이다.

그 때 보현보살마하살이 자기의 공덕과 여래의 위신력을 받들어 온갖 대중들을 두루 살펴보고 게송으로 말하였다.

부처님이 장엄하신 넓고 큰 세계
모든 세계 티끌 수와 동등하거든
청정한 불자들이 그 속에 가득
부사의한 묘한 법을 비내리도다.

이 모임에 부처님 앉으심 같이
온갖 티끌 속에도 그와 같건만
부처님 몸 가지도 오지도 않고
모든 국토 간 데마다 나타나도다.

보살의 닦으시는 모든 행이며
여러 지위 나아가는 방편 보이고
진실하고 부사의한 이치를 말하여
불자들을 법계에 들게 하도다

티끌 수 화신불을 나타내어서
중생들의 마음을 널리 맞추며
깊고 깊은 법계에 들어가도록
그지없는 방편문을 열어 보이고

여래의 많은 명호 세간과 같아
시방의 여러 세계 가득하시고
갖가지 방편들이 헛되지 않아
중생을 조복하여 때를 여의고

부처님이 모든 세계 티끌 속에서
그지없는 큰 신통을 보이시면서
도량에 앉으시어 옛적 부처님
닦으시던 보리행을 연설하도다.

삼세에 한량없이 많은 겁들을
부처님의 생각마다 나타내시는
저것들이 이룩하고 무너지는 일
부사의한 지혜로 모두 아시고

불자들 모인 대중 한량없는 이
한 가지로 부처 지위 헤아리지만
부처님의 법문은 끝이 없어서
다 알기는 대단히 어려우니라.

부처님 허공처럼 분별이 없고
참 법계와 같아서 의지 없으나
화현으로 다니는 일 안 간 데 없어
도량마다 앉아서 정각正覺 이루며

부처님의 묘한 음성 널리 펴시며
갖가지 지위들을 환히 아시고
중생들의 앞마다 두루 나타나
여래의 평등한 법 모두 주시네.

또 정덕묘광淨德妙光보살마하살은 시방세계의 보살 회상에 두루 가서 도량을 장엄하는 해탈문을 얻었고, 보덕최승등광조普德最勝燈光照보살마하살은 잠깐 동안에 다함이 없이 정각을 이루는 문을 나타내어 헤아릴 수 없는 중생계를 교화하여 성숙케 하는 해탈문을 얻었고, 보광사자당普光師子幢보살마하살은 보살의 복덕을 닦아서 온갖 부처님 국토를 장엄하는 해탈문을 얻었고, 보보염묘광普寶焰妙光보살마하살은 부처님의 신통한 경계를 관찰하여 미혹함이 없는 해탈문을 얻었고, 보음공덕해당普音功德海幢보살마하살은 여럿이 모인 한 도량 가운데서 온갖 부처님 국토의 장엄을 나타내는 해탈문을 얻었다.

보지광조여래경普智光照如來境보살마하살은 여래를 따라서 깊고 넓고 큰 법계장法界藏을 관찰하는 해탈문을 얻었고,[1] 보각열의성普覺悅意聲보살마하살은 모든 부처님을 친근하여 섬기며 공양하는 장藏 해탈문을 얻

---

[1] 신수대장경에 의거하면 이하의 "보각열의성보살마하살"부터 "보청정무진복위광보살마하살" 이전까지는 고려대장경에는 없으나 원元·명明 본에는 실려 있다.

었고, 보청정무진복위광普淸淨無盡福威光보살마하살은[2] 온갖 신통변화를 내어 넓고 크게 가지加持하는 해탈문을 얻었고, 보보계화당보살마하살은 온갖 세간의 행에 널리 들어가 보살의 그지없는 행의 문을 내는 해탈문을 얻었고, 보상최승광普相最勝光보살마하살은 모양[相]이 없는 법계 가운데 모든 부처님의 경계를 능히 나타내는 해탈문을 얻었다.

그 때 정덕묘광보살마하살이 부처님의 위신력을 받들어 온갖 보살의 해탈문 바다를 두루 살펴보고 게송으로 말하였다.

시방에 널려 있는 모든 국토를
한 찰나에 깨끗하게 장엄하시고
미묘한 음성으로 법바퀴 운전
세간에 두루하여 비길 이 없네.

여래의 묘한 경계 끝이 없건만
잠깐 동안 법계에 가득히 차고
티끌마다 도량을 세워 놓고서
보리를 증득하고 신통 일으켜

세존께서 지난 세상 행을 닦을 제
한량없는 백천 겁을 드나들면서
갖가지 불세계를 장엄하시고
걸림 없는 출현하심 허공과 같아

---

[2] 신수대장경에 의거하면 이하의 "온갖"부터 "보보계화당보살마하살은"까지는 고려대장경에는 없으나 원元・명明본에는 실려 있다.

부처님의 신통한 힘 한량이 없어
그지없는 모든 겁에 가득하시니
한량없이 많은 겁을 지내오면서
생각생각 보더라도 싫지 않도다.

부처님의 신통 경계 네가 보아라.
시방의 모든 국토 깨끗이 장엄
모든 것을 이 가운데 나타내는 일
찰나찰나 같지 않아 한량이 없고

한량없는 백천 겁에 부처님 뵈도
털 끝만한 분량도 얻기 어려워
여래의 걸림 없는 방편의 문은
이 광명 많은 세계 두루 비추며

여래께서 지난 옛적 세간에 있어
한량없는 부처님을 섬겼으므로
모든 사람 냇물처럼 모이어 와서
모두들 세존에게 공양하도다.

여래께서 시방에 출현하시되
낱낱 티끌 한량없는 세계에 두루
그 가운데 경계도 한량없거든
간 데마다 끝없는 겁 머무시더라.

부처님이 지난 겁에 중생 위하여
　　그지없는 대비大悲 바다 닦아 익히고
　　중생들의 근성 따라 생사에 들어
　　많은 대중 교화하여 청정케 하고

　　진여의 법계장에 부처 계시니
　　모양 없고 형상 없고 번뇌도 없고
　　중생들이 여러 가지 상호相好 뵈오면
　　온갖 고통 모든 액난 다 소멸하네.

　또 해월광대명海月光大明보살마하살은 보살의 모든 지위와 모든 바라밀波羅蜜을 내어서 중생을 교화하고 온갖 부처님의 국토를 깨끗이 장엄하는 방편인 해탈문을 얻었고, 운음해광이구장雲音海光離垢藏보살마하살은 잠깐잠깐마다 법계의 가지가지 차별한 곳에 널리 들어가는 해탈문을 얻었고, 지생보계智生普髻보살마하살은 헤아릴 수 없는 겁 동안 온갖 중생의 앞에 청정한 큰 공덕을 나타내는 해탈문을 얻었고, 공덕자재왕정광功德自在王淨光보살마하살은 시방의 모든 보살들이 도량에 처음 나아갈 때에 가지가지로 장엄하는 해탈문을 얻었고, 선용맹연화계善勇猛蓮華髻보살마하살은 중생들의 근성과 이해를 따라서 모든 부처님 법을 널리 나타내어 보이는 해탈문을 얻었다.
　보지운일당普智雲日幢보살마하살은 여래의 지혜를 성취하고 한량없는 겁 동안 길이 머무는 해탈문을 얻었고, 대정진금강제大精進金剛臍보살마하살은 끝없는 온갖 법인法印에 들어가는 힘의 해탈문을 얻었고, 향염광당香焰光幢보살마하살은 현재의 모든 부처님들이 처음에 보살의 행을 닦고 내지 지혜 덩어리를 성취하는 해탈문을 얻었고, 대명덕심미음大明

德深美音보살마하살은 비로자나의 모든 큰 원력 바다에 편안히 머무는 해탈문을 얻었고, 대복광지생大福光智生보살마하살은 법계에 두루한 여래와 깊은 경계를 나타내어 보이는 해탈문을 얻었다.

　그 때 해월광대명보살마하살이 부처님의 위신력을 받들어 온갖 보살들의 장엄 바다를 두루 살펴보고 게송으로 말하였다.

　　갖가지 바라밀과 모든 지위가
　　엄청나게 많은 것을 다 원만하고
　　한량없는 중생들도 조복했으며
　　갖가지 불국토를 장엄하도다.

　　부처님이 중생계를 교화하듯이
　　시방의 모든 국토 가득히 차고
　　한 생각에 법바퀴를 운전하여서
　　중생들의 뜻에 맞춰 두루하였고

　　부처님이 한량없이 엄청난 겁에
　　모든 중생 눈앞에 두루 나타나
　　지난 세상 갖가지로 수행하듯이
　　그들에게 청정한 행 보여 주시며

　　나는 시방 모두 보아 남음이 없고
　　신통을 나타내는 부처님 보니
　　도량에 앉으시어 정각 이루고
　　모인 이들 법 듣노라 둘러앉았네.

광명이 크고 넓은 부처님 법신
방편으로 이 세상에 나타나시어
중생들이 마음으로 즐김을 따라
그 근성에 맞추어서 법을 말하고

진여가 평등하신 모양 없는 몸
때 없고 광명 빛난 청정한 법신
지혜는 고요하고 몸은 끝없어
시방을 널리 응해 법문을 연설

법왕의 모든 힘이 청정하시고
지혜는 허공처럼 끝이 없으사
조금도 숨김없이 열어 보이어
중생들을 한결같이 깨닫게 하며

부처님이 옛적에 행을 닦으사
온갖 것 아는 지혜 죄다 이루고
지금에 광명 놓아 법계에 가득
그 가운데 분명하게 나타내시어

부처님의 본래 서원 신통 나투되
온 시방에 비치지 않는 데 없고
부처님이 옛적에 닦으신 행을
광명 그물 속에서 연설하도다.

시방의 넓은 경계 다함이 없고
　　비길 데나 끝이 없어 각각 다르니
　　부처님의 걸림 없는 큰 광명 놓아
　　갖가지 넓은 세계 밝게 나투네.

　그 때 여래 사자좌의 모든 보배와 묘한 꽃과 바퀴와 좌대와 터전과 섬돌과 모든 창호와 온갖 장엄거리 속에서 낱낱이 부처 세계의 티끌 수 같은 많은 보살마하살이 나왔다.

　그들의 이름은 해혜자재신통왕海慧自在神通王보살마하살·뇌음보진雷音普震보살마하살·중보광명계衆寶光明髻보살마하살·대지일용맹혜大智日勇猛慧보살마하살·부사의공덕보지인不思議功德寶智印보살마하살·백목련화계百目蓮華髻보살마하살·금염원만광金焰圓滿光보살마하살·법계보음法界普音보살마하살·운음정월雲音淨月보살마하살·선용맹광명당善勇猛光明幢보살마하살 들이었다.

　이런 이들이 우두머리가 되어 수많은 부처님 세계 티끌 수 같은 이들이 한꺼번에 나타났다. 이 보살들이 가지각색 공양 구름을 제각기 일으키니, 이른바 온갖 마니보배 꽃 구름〔一切摩尼寶華雲〕, 온갖 연꽃의 묘한 향기 구름〔一切蓮華妙香雲〕, 온갖 보배 원만한 광명 구름〔一切寶圓滿光雲〕, 그지없는 경계 향기 불꽃 구름〔無邊境界香焰雲〕, 일장마니 바퀴 광명 구름〔日藏摩尼輪光明雲〕, 온갖 듣기 좋은 음악 소리 구름〔一切悅意樂音雲〕, 빛깔이 그지없는 온갖 보배 등빛 불꽃 구름〔無邊色相一切寶燈光焰雲〕, 모든 보배 나무의 가지 꽃 열매 구름〔衆寶樹枝華果雲〕, 다함 없는 보배 깨끗한 광명 마니왕 구름〔無盡寶淸淨光明摩尼王雲〕, 온갖 장엄거리 마니왕 구름〔一切莊嚴具摩尼王雲〕이었다. 이와 같은 모든 공양 구름이 부처 세계의 티끌 수와 같았다.

저 모든 보살들이 낱낱이 이러한 공양 구름을 일으키어 온갖 도량의 대중 바다에 비 내리듯 하는 것이 서로 이어 끊어지지 않았다.

이러한 구름을 나타내고는 세존을 오른쪽으로 한량없는 백천 겁을 돌았고, 제각기 온 방위를 따라서 부처님 계신 데서 멀지 아니한 곳에 한량없는 가지각색 보배 연꽃 사자좌를 변화하여 만들고 그 위에서 결가부좌結跏趺坐하고 앉았다.

이 보살들은 하는 행이 청정하여 넓고 크기가 바다와 같았고, 지혜의 빛이 비치는 넓은 문〔普門〕의 법을 얻었고, 모든 부처님을 따라서 행하는 일이 걸림이 없었고, 온갖 변재의 법 바다에 능히 들어갔고, 부사의한 해탈 법문을 얻었고, 여래의 넓은 문의 지위에 머무르고, 온갖 다라니 문을 얻어 온갖 법 바다를 모두 용납하여 받았고, 삼세에 평등한 지혜의 자리에 잘 머무르고, 깊고 넓고 큰 즐거움을 얻었고, 끝없는 복더미가 매우 선하며 청정하였고, 허공과 법계에 관찰하지 못하는 데가 없었고, 시방세계의 모든 국토에 출현하시는 부처님을 모두 부지런히 공양하였다.

그 때 해혜자재신통왕보살마하살이 부처님의 위신력을 받들어 온갖 도량의 대중들을 두루 살펴보고 게송으로 말하였다.

부처님이 깨달을 것 모두 아시되
허공처럼 걸림 없어 밝게 비치고
한량없는 시방 국토 광명이 두루
대중회상 계시어서 엄정하시며

여래의 공과 덕이 한량이 없어
시방의 온 법계에 충만하시고

보리수 아래마다 앉아 계시니
자재한 여러 사람 구름 모이듯

부처님은 이와 같은 신통이 있어
잠깐마다 끝이 없는 모습 나투니
여래의 묘한 경계 끝이 없거늘
자기 해탈 각각 따라 능히 보도다.

여래가 지난 옛적 오랜 겁 바다
세간에서 부지런히 수행하시며
가지가지 방편으로 중생을 교화
그네들을 부처님 법 행하게 하며

비로자나부처님 상호相好 갖추고
연화장蓮華藏 사자좌에 앉으셨는데
갖가지 모인 대중 모두 청정해
고요히 머물러서 우러러보도다.

마니보배 장藏에서 광명을 놓고
향기로운 불꽃 구름 끝없이 내며
한량없는 꽃과 영락 드리웠는데
이런 자리 여래께서 앉아 계시고

가지가지 잘 꾸민 길상문吉祥門에서
등불 빛과 불꽃 구름 항상 놓거든

넓고 크게 치성하여 두루 비치니
거기 계신 모니불이 더욱 장엄해

가지가지 마니로 된 훌륭한 창문
보배로 된 연꽃들이 드리웠으며
묘한 음성 듣는 이가 기뻐하는데
부처님이 위에 앉아 우뚝하시며

자리 받친 보배 바퀴 반달과 같고
금강으로 된 좌대는 빛이 찬란코
육계肉髻 가진 보살이 둘러 있는데
부처님이 그 중에서 가장 빛나고

갖가지로 변화하여 시방에 가득
여래의 큰 서원을 연설하거든
그 가운데 온갖 영상 나타나는데
부처님이 이 자리에 앉아 계시다.

그 때 뇌음보진雷音普震보살마하살이 부처님의 위신력을 받들어 온갖 도량의 대중 바다를 두루 살펴보고 게송으로 말하였다.

세존께서 보리행을 모으실 적에
한량없는 부처님께 공양하시니
선서善逝의 위신으로 가지加持하심을
여래의 자리에서 모두 보도다.

향기 불꽃 마니의 여의주로써
단장한 묘한 연꽃 사자좌에는
가지가지 장엄이 나타나는 것
갖가지 모인 대중 밝게 보도다.

부처님 사자좌에 나타난 장엄
찰나마다 빛과 종류 각각 다르며
중생들의 이해함도 같지 않건만
부처님 앉으신 것 제각기 보고

가지마다 연꽃 그물 드리웠는데
꽃 필 적에 보살들이 모두 나타나
제각기 아름다운 소리를 내어
자리에 앉은 여래 칭찬하도다.

부처님의 공덕이 허공 같아서
가지가지 장엄이 거기서 나니
지위마다 꾸미고 장엄하는 일
중생들이 누구도 알지 못하네.

금강으로 땅이 되어 깰 수 없으며
넓고 크고 깨끗하고 평탄하거늘
마니주로 된 그물 공중에 덮여
보리 나무 아래에 두루하도다.

그지없는 그 땅이 빛도 다르고
진금 가루 그 위에 깔리었는데
좋은 꽃과 모든 보배 널리 흩어서
여래의 사자좌를 빛나게 하고

지신地神들이 즐거워 뛰어 놀면서
잠깐 동안 나타남도 다함없으며
여러 가지 장엄 구름 널리 일으켜
부처님의 앞에서 우러르도다.

보배 등불 엄청나고 찬란도 한데
불꽃 광명 흘러나와 끊이지 않고
때를 따라 나타남이 각각 다르니
지신들이 이것으로 공양하더라.

시방의 많은 세계 국토 가운데
닐려 있는 가지각색 장엄거리가
이 도량에 골고루 나타나는 것은
부처님의 위신으로 그러하니라.

그 때 중보광명계衆寶光明髻보살마하살이 부처님의 위신력을 받들어 온갖 도량에 모인 대중들을 두루 살펴보고 게송으로 말하였다.

세존께서 지난 옛적 수행하실 때
모든 세계 원만함을 보시었나니

그와 같이 다함없는 모든 세계가
이 도량에 모두 다 나타나도다.

세존의 크고 넓은 신통하신 힘
빛을 펴서 마니보배 비를 내리며
이런 보배 도량에 널리 흩으니
이 땅의 모든 장엄 화려하도다.

여래의 복덕이며 신통력으로
미묘한 마니보배 장엄하시니
땅에서와 보리수가 번갈아 가며
빛과 음성 내어서 연설하더라.

허공에서 보배 등불 많이 내리고
마니왕이 사이사이 장식한 데서
아름다운 소리 내어 법문을 연설
이런 것은 지신들의 나타내는 일

보배 땅엔 빛난 구름 나타나는데
보배 횃불 번개처럼 번쩍거리고
보배 그물 그 위에 두루 덮이니
보배 가지 어우러져 잘 꾸미었고

너희들 이런 땅을 두루 보아라.
가지각색 보배로 장엄하였고

중생에게 업 바다를 드러내 보여
그네들로 참된 법을 알게 하더라.

시방세계 가득 찬 부처님들의
앉으셨던 원만한 보리 나무가
이 도량에 나타나지 않는 데 없어
여래의 청정한 법 연설하도다.

중생들의 즐겨하는 마음을 따라
땅 위에서 묘한 음성 쏟아져 나와
사자좌의 부처님이 말한 것처럼
갖가지 법문들을 모두 말하고

그 땅에서 향기 광명 항상 나오고
광명 속에 고운 음성 두루 내어서
중생들이 묘한 법문 들을 만한 이는
이런 법 얻어 듣고 번뇌 멸하며

가지가지 장엄이 모두 원만해
억천 겁 말하여도 다할 수 없고
여래의 신통한 힘 두루하시매
그 땅이 엄숙하고 깨끗해진다.

그 때 대지일용맹혜大智日勇猛慧보살마하살이 부처님의 위신력을 받들어 온갖 도량의 대중들을 두루 살펴보고 게송으로 말하였다.

세존의 의젓한 눈 법당 안에서
찬란하게 궁전 속을 두루 비추며
중생들의 마음에 즐김을 따라
시방세계 두루하게 몸을 나툰다.

여래의 모든 궁전 부사의하여
마니주 보배들로 꾸미었는데
갖가지 장엄에서 광명 비치니
그 속에 앉은 부처 우뚝하도다.

마니로 된 보배 기둥 가지가지 빛
진금으로 만든 풍경〔鈴鐸〕 구름 퍼지듯
칠보 층계 사면으로 행렬 이루고
문과 창호 방위 따라 활짝 열렸고

묘한 꽃 고운 비단 장엄한 휘장
보배 나무 가지마다 잘 꾸미었고
마니 영락 사방에 드리웠는데
지혜 바다 그 가운데 앉으셨도다.

마니로 그물 되고 향기론 당기
찬란한 등불 빛이 구름 퍼지듯
가지각색 장엄으로 덮이었는데
뛰어나신 바른 지혜 앉아 계시며

시방에 나타나는 변화한 구름
거기서 하는 연설 세간에 가득
여러 종류 중생들을 조복하나니
이런 것이 궁전에서 나타나도다.

마니로 된 나무에서 고운 꽃 피니
시방세계 모든 꽃도 비길 수 없고
삼세의 모든 국토 가진 장엄이
이 가운데 영상이 나타나도다.

간 데마다 널려 있는 마니 무더기
치성한 빛난 광채 그 얼마런가.
문과 창호 방위 따라 열리었는데
장엄한 들보 마루 화려도 하고

여래의 궁전들이 부사의하여
깨끗하고 빛난 광명 갖가지 형상
그 가운데 모든 궁전 나타나거든
궁전마다 여래의 사자좌 있고

여래의 궁전들은 끝이 없는데
자연으로 깨달은 이 거기 계시니
시방세계 간 데마다 모인 대중들
부처님을 따라오지 않는 이 없네.

그 때 부사의공덕보지인不思議功德寶智印보살마하살이 부처님의 위신력을 받들어 온갖 도량의 대중들을 두루 살펴보고 게송으로 말하였다.

부처님이 닦으신 많은 복 바다
온갖 세계 티끌의 수효 같나니
신통과 서원들이 나는 곳에서
도량이 엄정하여 때〔垢〕가 없도다.

여의주로 보리수 뿌리가 되고
금강 마니주로는 줄기가 되며
그 위에 보배 그물 덮이었으매
아름다운 향기가 굼실거리고

가지에는 모든 보배 장엄하였고
마니로 된 줄기는 우뚝 솟으며
무성한 가지들이 구름 같거든
부처님이 그 도량에 앉으셨도다.

도량이 크고 넓어 부사의한데
주위에는 보리수가 둘러섰으며
우거진 고운 잎은 서로 비치니
꽃 가운데 마니 열매 맺히어 있고

나뭇가지 가지마다 광명을 내어
찬란한 빛 온 도량에 두루 비치니

깨끗하고 치성하여 그지없는 일
부처님의 원력으로 나타나도다.

마니의 보장寶藏으로 꽃이 되었고
그림자와 빛난 광채 구름 같은데
나무마다 꽃봉오리 무성하여서
온 도량을 찬란하게 장식하도다.

네가 보라, 선서善逝의 도량 중에는
연꽃과 보배 그물 깨끗도 한데
불빛으로 바퀴 되어 나타나거든
방울 소리 구름 속에 울려나도다.

시방세계 모든 국토 그 안에 있는
고운 빛깔 장엄한 모든 나무들
보리수에 나타나지 않는 것 없어
부처님이 그 아래서 때를 여의고

도량이 넓고 커서 복으로 성취
나무에서 내린 보배 그지없는데
보배에서 보살들이 쏟아져 나와
시방으로 다니면서 부처님 공양

부처님의 묘한 경계 부사의하여
나무마다 좋은 음악 불어내거든

옛적에 닦아 모은 보리도처럼
모인 이들 소리 듣고 모두 보도다.

그 때 백목련화계百目蓮華髻보살마하살이 부처님의 위신력을 받들어 온갖 도량의 대중들을 두루 살펴보고 게송으로 말하였다.

갖가지 마니에서 음성을 내어
삼세 부처 이름 칭찬하나니
저 부처님 한량없는 신통한 일을
이 도량 가운데서 보게 되도다.

온갖 꽃이 활짝 피어 영락 늘인듯
빛난 구름 흘러 나와 시방에 가득
보리수 신 받들고 부처님 향해
일심으로 우르르며 공양하더라.

마니주의 빛난 불꽃 당기가 되고
당기 속에 부산하게 향기를 내며
그 향기가 모든 대중 두루 풍기니
그 고장이 엄숙하고 조촐해지고

연꽃에서 금빛 광명 퍼져 나오고
부처님의 음성 구름 거기서 나와
시방의 모든 세계 널리 덮으니
중생의 번뇌열이 길이 쉬도다.

보리수 나무 왕의 자재한 신통
항상 놓는 광명이 깨끗하온데
시방의 그지없는 모인 대중들
이 도량에 나타나지 않는 이 없네.

보배 가지 빛난 광명 밝은 등 같고
그 광명이 소리 내어 서원을 펴서
부처님이 지난 옛적 모든 세간에
닦으시던 여러 행을 모두 말하며

나무 밑에 여러 신이 세계 티끌 수
모두가 이 도량을 의지했는데
부처님의 보리수 앞에 있어서
생각마다 해탈문을 펴서 말하고

세존께서 지난 옛적 행을 닦으며
한량없는 여래께 공양하더니
본래부터 닦은 행과 그런 소문이
마니보배 가운데 나타나도다.

도량에서 아름다운 음성을 내니
그 음성이 크고 넓어 사방에 가득
중생 중에 좋은 법문 들을 사람을
모두 다 조복하여 청정케 하며

여래께서 지난 적에 널리 닦으신
여러 가지 장엄들이 한량이 없고
시방세계 간 데마다 있는 보리수
나무마다 한량없이 장엄하도다.

그 때 금염원만광金焰圓滿光보살마하살이 부처님의 위신력을 받들어 온갖 도량의 대중들을 두루 살펴보고 게송으로 말하였다.

부처님이 보리행을 닦으실 적에
여러 가지 경계에 이해理解가 밝아
옳은 곳과 아닌 곳에 의심 없으니
이것은 부처님의 첫 지혜의 힘

옛적에 모든 법의 성품을 보고
갖가지 업 바다를 아신 것처럼
오늘도 그와 같이 광명 속에서
시방에 두루하여 갖추 펴도다.

지난 겁에 큰 방편을 닦아 익히고
중생의 근성 따라 교화하여서
모인 대중 마음을 청정케 아니
근성 아는 지혜 힘을 이루시도다.

중생들의 이해가 같지 않으며
욕락과 모든 행의 차별을 알고

적당함을 따라서 법을 말하니
부처님의 지혜 힘이 이러하도다.

시방의 모든 세계 두루 다하여
거기 있는 여러 종류 중생의 성품
허공처럼 평등한 부처 지혜로
털구멍에 모두 다 나타내시고

온갖 곳에 가는 행을 부처님께서
한 생각에 삼세 일을 모두 아시며
시방의 겁과 세계 중생의 시간
골고루 열어 보여 알게 하도다.

선정과 해탈의 힘 그지없으며
삼매의 방편들도 그러하거늘
부처님이 보여 주어 기쁘게 하고
그네들의 번뇌 때를 씻게 하시며

부처 지혜 장애 없이 삼세를 포함
불법과 국토들과 모든 중생을
한 찰나에 털구멍에 나타내나니
마음 따라 생각하는 지혜 힘이라.

부처님 눈 크고 넓기 허공 같아서
법계를 두루 보아 남김이 없고

걸림 없는 지위 안에 짝 없는 작용
저런 눈을 부처님이 나타내시며

중생들이 갖고 있는 모든 번뇌와
수면혹隨眠惑과 여러 가지 습성까지도
여래께서 온 세간에 출현하여서
온갖 것을 방편으로 제멸하도다.

그 때 법계보음法界普音보살마하살이 부처님의 위신력을 받들어 온갖 도량의 대중들을 두루 살펴보고 게송으로 말하였다.

부처님의 위신력이 시방에 두루
넓고 크게 나타내심 분별이 없고
거룩한 보리행과 바라밀을
만족하신 그대로 보게 하도다.

옛적에 중생 위해 자비심 내어
보시의 바라밀 닦았으므로
그 몸매 특수하고 가장 묘하여
보는 이는 환희심을 내게 하시고

지난 세상 그지없는 겁 바다에서
계행의 바라밀 닦았으므로
깨끗한 몸 시방에 두루하여서
세간의 모든 고통 멸하시도다.

옛적에 닦은 인욕 청정하였고
믿고 앎이 진실하여 분별 없으매
빛깔과 모든 상호 원만하여서
광명을 널리 놓아 시방 비추고

지난 옛적 많은 겁에 정진하면서
중생들의 깊은 업장 바꾸었으며
분신分身이 시방세계 두루하여서
보리수의 아래에 나타나도다.

부처님 무량겁에 수행하시며
선정 바다 끝없이 청정하여서
보는 이는 마음에 기쁨을 내고
번뇌의 굳은 때를 제멸하도다.

여래께서 모든 행을 닦으시면서
반야바라밀을 구속하므로
광명을 널리 펴고 두루 비치어
우치하고 어둠을 멸해버리고

가지가지 방편으로 중생을 교화
닦는 행을 골고루 성취케 하고
시방의 많은 세계 두루 다니며
끝이 없는 겁에도 쉬지 않도다.

지난 옛날 오랜 겁에 행을 닦으며
모든 서원바라밀 청정하므로
온 세간에 간 데마다 출현하시어
오는 세상 끝나도록 중생 건지고

부처님이 한량없이 많은 겁 동안
법력의 바라밀 닦았사올세
택법擇法하는 자연의 힘 능히 이루어
시방의 모든 세계 나타나도다.

부처님이 넓고 넓은 지혜를 닦아
온갖 지혜 성품이 허공 같을세
그러므로 걸림 없는 힘을 이루어
광명 놓아 시방세계 두루 비추네.

그 때 운음정월雲音淨月보살마하살이 부처님의 위신력을 받들어 온갖 도량의 대중들을 두루 살펴보고 게송으로 말하였다.

신통하신 경계가 허공 같으니
시방의 모든 중생 누가 못보랴.
옛적에 행을 닦아 성취한 지위
마니주 열매에서 모두 말하고

청정하게 수행하기 한량없는 겁
초지初地에 들어가서 환희하나니

넓고 큰 법계 지혜 자아내어서
시방의 무량불을 두루 보도다.

갖가지 법 가운데 때 여읜 지위〔離垢地〕
중생의 수효 같은 계행을 지녀
오랜 겁에 이런 행을 널리 닦았고
그지없는 부처님께 공양했으며

복덕을 모아 쌓은 발광지發光地에서
사마타의 법장과 견고한 인욕
넓고 큰 법 구름을 모두 들은 일
마니 열매 속에서 모두 말하고

불꽃 바다 밝은 지혜 짝 없는 지위
경계를 환히 알고 자비심 내고
여러 세계 국토들과 평등한 몸매
부처님이 닦은 대로 모두 말하고

널리 갚아 평등한 문 난승지難勝地에는
흔들림과 고요함이 어기지 않고
불법의 모든 경계 두루 평등해
부처님의 다스림 죄다 말하고

넓고 크게 수행하는 지혜의 바다
온갖 가지 법문을 모두 다 알고

모든 국토 허공처럼 두루 나타내
나무에서 이런 법을 연설하도다.

온 법계에 두루한 허공 같은 몸
중생을 비춰주는 지혜의 등불
갖가지 방편들이 모두 청정해
옛적에 멀리 간 길 이제 말하고

온갖 원과 행으로 잘 꾸몄으매
한량없는 세계가 깨끗했으니
어떠한 분별로도 동할 수 없어
짝할 이 없는 지위 펴서 말하고

한량없는 경계와 신통한 힘과
교법에 들어가는 광명의 힘은
온갖 것을 청정하는 선혜지善慧地이니
오랜 겁에 행한 일을 모두 밝히고

법 구름이 넓고 큰 제10지地에는
온갖 것을 포함하고 허공에 두루
부처님의 모든 경계 말하는 소리
모두가 부처님의 위신력이다.

그 때 선용맹광당善勇猛光幢보살마하살이 부처님의 위신력을 받들어 시방을 두루 살펴보고 게송으로 말하였다.

한량없는 중생들이 회중에 있어
가지가지 믿고 아는 마음이 청정
여래의 묘한 지혜 모두 깨닫고
갖가지 장엄 경계 분명히 알고

제각기 원을 세워 행을 닦으며
한량없는 부처님께 공양하였고
여래의 진실하신 법의 자체와
여러 가지 신통 변화 능히 알도다.

어떤 이는 부처님의 법신을 보니
짝이 없고 걸림 없이 널리 두루해
한량없는 여러 가지 법의 성품이
그 몸에 들어가지 않은 곳 없고

어떤 이는 부처님의 육신을 보니
그지없는 빛깔 모습 광명이 찬란
중생들의 견해가 같지 않으매
갖가지로 시방세계 나타나도다.

어떤 이는 걸림 없는 지혜를 보니
삼세에 평등함이 허공 같아서
중생들의 마음을 따라 변하며
가지가지 차별을 보게 하도다.

어떤 이는 부처님의 음성 들으니
시방의 모든 세계 두루하면서
중생들이 알 수 있는 깜냥을 따라
말씀을 내는 것이 걸림 없도다.

어떤 이는 여래의 광명을 보니
갖가지로 비치어서 세간에 가득
어떤 이는 부처님의 광명 속에서
부처님이 나타내는 신통을 보고

어떤 이는 부처님의 많은 빛 보니
털구멍서 나오는 빛이 찬란해
옛날에 수행하던 길을 보여서
믿음으로 부처 지혜 들게 하시며

어떤 이는 부처님의 복덕 장엄과
그 복덕이 생겨나던 곳을 보는데
옛적에 수행하던 모든 바라밀
부처님의 상호에서 밝게 보도다.

여래의 공덕과 덕을 요량 못하여
법계에 가득하여 끝이 없으며
여러 가지 신통과 모든 경계를
부처님의 힘으로 펴서 말한다.

이 때 화장華藏으로 장엄한 세계 바다가 부처님의 신통한 힘으로 그 땅의 온갖 것이 여섯 가지 열여덟 모양으로 진동하니, 이른바 흔들흔들·두루 흔들흔들·온통 두루 흔들흔들·들먹들먹·두루 들먹들먹·온통 두루 들먹 들먹·울쑥불쑥·두루 울쑥불쑥·온통 두루 울쑥불쑥·우르르·두루 우르르·온통 두루 우르르·와르릉·두루 와르릉·온통 두루 와르릉·와지끈·두루 와지끈·온통 두루 와지끈이었다.

이 모든 세간 맡은 이들이 저마다 헤아릴 수 없는 공양거리 구름을 나타내어 여래의 도량에 모인 이들에게 내리니, 이른바 온갖 향과 꽃으로 장엄한 구름〔一切香華莊嚴雲〕, 온갖 마니로 묘하게 꾸민 구름〔一切摩尼妙飾雲〕, 온갖 보배 불꽃 화려한 그물 구름〔一切寶焰華網雲〕, 그지없는 종류의 마니보배 둥근 광명 구름〔無邊種類摩尼寶圓光雲〕, 모든 가지 각색 보배 진주 광 구름〔一切衆色寶眞珠藏雲〕, 온갖 보배 전단향 구름〔一切寶栴檀香雲〕, 온갖 보배 일산 구름〔一切寶蓋雲〕, 청정하고 묘한 소리 마니왕 구름〔淸淨妙聲摩尼王雲〕, 일광 마니 영락 바퀴 구름〔日光摩尼瓔珞輪雲〕, 온갖 보배 광명장 구름〔一切寶光明藏雲〕, 온갖 각별한 장엄거리 구름〔一切各別莊嚴具雲〕이니, 이런 여러 가지 공양거리 구름이 수효가 한량이 없어 이루 헤아릴 수 없었다. 이 모든 세간 맡은 이들이 제각기 이러한 공양거리 구름들을 나타내어 여래의 도량에 모인 대중들에게 내리어 두루하지 않은 데가 없었다.

이 세계에 있는 모든 세간 맡은 이들이 환희한 마음으로 이 세계에서 공양하는 것처럼, 화장으로 장엄한 세계 바다의 낱낱 세계에 있는 모든 세간 맡은 이들도 모두 이와 같이 공양하였으며, 그 모든 세계 가운데 모두 여래가 계시어서 도량에 앉으셨는데, 낱낱 세간 맡은 이들이 제각기 믿고 이해하며, 제각기 반연하여 생각하며, 제각기 삼매의 방편문이며, 제각기 도를 돕는 법을 익히며, 제각기 성취하며, 제각기 환희하며, 제각기 나아가며, 제각기 모든 법문을 깨달아 알며, 제각기 여래의 신통한 경계에 들어가며, 제각기 여래의 힘의 경계에 들어가며, 제각기 여래의 해탈 경계에 들어갔다.

 이 화장장엄세계해華藏莊嚴世界海에서와 같이 시방의 온 법계 허공계에 있는 모든 세계해에서도 모두 이와 같았다.

대방광불화엄경 제6권

제6권

2. 여래현상품如來現相品

그 때 모든 보살과 여러 세간 맡은 이들은 이렇게 생각하였다.

'어떤 것이 모든 부처님의 지위며, 어떤 것이 모든 부처님의 경계며, 어떤 것이 모든 부처님의 가지加持며, 어떤 것이 모든 부처님의 행하심이며, 어떤 것이 모든 부처님의 힘이며, 어떤 것이 모든 부처님의 두려움 없음이며, 어떤 것이 모든 부처님의 삼매며,[1] 어떤 것이 모든 부처님의 신통이며, 어떤 것이 모든 부처님의 자재함이며, 어떤 것이 모든 부처님의 능히 포섭하여 가질 이 없음이며, 어떤 것이 모든 부처님의 눈이며, 어떤 것이 모든 부처님의 귀며, 어떤 것이 모든 부처님의 코며, 어떤 것이 모든 부처님의 혀며, 어떤 것이 모든 부처님의 몸이며,

---

1 신수대장경에 의거하면 이하의 "어떤 것이"부터 "자재함이며"까지는 고려대장경에는 없으나 명明본에는 들어 있다.

어떤 것이 모든 부처님의 뜻이며, 어떤 것이 모든 부처님의 몸빛이며, 어떤 것이 모든 부처님의 광명이며, 어떤 것이 모든 부처님의 음성이며, 어떤 것이 모든 부처님의 지혜일까? 세존께서 우리들을 불쌍히 여겨 열어 보여 주신다면…….

그리고 시방세계의 모든 부처님들이 모두 보살들을 위하여 세계 바다〔世界海〕와 중생 바다〔衆生海〕와 법계가 나란히 건립한 바다〔法海安立海〕[2]와 부처님 바다〔佛海〕와 부처님의 바라밀 바다〔佛波羅蜜海〕와 부처님의 해탈 바다〔佛解脫海〕와 부처님의 변화 바다〔佛變化海〕와 부처님의 연설 바다〔佛演說海〕와 부처님의 명호 바다〔佛名號海〕와 부처님의 수명 바다〔佛壽量海〕와 온갖 보살의 서원 바다〔一切菩薩誓願海〕와 온갖 보살의 발심하여 나아가는 바다〔一切菩薩發趣海〕와 온갖 보살의 도를 돕는 바다〔一切菩薩助道海〕와 온갖 보살의 운전하는 바다〔一切菩薩乘海〕와 온갖 보살의 수행하는 바다〔一切菩薩行海〕와 온갖 보살의 벗어나는 바다〔一切菩薩出離海〕와 온갖 보살의 신통 바다〔一切菩薩神通海〕와 온갖 보살의 바라밀 바다〔一切菩薩波羅蜜海〕와 온갖 보살의 지위 바다〔一切菩薩地海〕와 온갖 보살의 지혜 바다〔一切菩薩智海〕를 부처님 세존께서 우리들에게 말씀해 주신다면…….'

그 때 모든 보살의 위신력으로 온갖 공양거리 구름에서 자연히 소리가 나 게송으로 말하였다.

> 한량없는 겁 동안에 수행이 차서
> 보리나무 아래서 정각 이루고
> 중생들을 제도하려 몸을 나타내

---

2 신수대장경에 의거하면 이하의 "법계와 나란히 건립한 바다"는 고려대장경에는 없으나 명명본에는 들어 있다.

구름처럼 오는 세상 끝없이 가득

중생들의 의심은 모두 끊으며
넓고 크게 믿고 앎 내게 하시며
그지없는 괴로움 덜게 하시며
부처님의 즐거움 증득케 하네.

세계의 티끌처럼 수없는 보살
다 함께 모여와서 우러르면서
뜻대로 받을 만한 묘한 법문을
연설하여 의심을 덜게 하소서.

어찌하면 부처 지위 알게 되오며
어찌하면 여래 경계 관찰하오며
부처님의 가지加持하심 그지없으니
이런 법 보이어서 깨끗하도록.

어떤 것이 부처님의 행한 곳인지
지혜로써 분명히 들어가리까
청정한 부처님 힘 끝이 없으니
보살들을 위하여 열어줍소서.

어떤 것이 넓고 큰 모든 삼매며
어찌하면 두렵잖은 법을 닦으며
신통한 힘의 작용 요량 못하나

중생의 마음 따라 말씀하소서.

법왕께서 세간의 임금 같아서
자재하게 행하심 제어 못하며
그 밖에 여러 가지 넓고 큰 법을
중생들을 위하여 연설하소서.

부처님 눈 어찌하여 한량없으며
귀와 코와 혀와 몸도 그러하옵고
한량없는 마음은 어찌하며 그런지
이 방편 보이시어 알게 하소서.

여러 세계 바다와 중생 바다와
법계가 나란하게 있는 바다며
부처님 바다들도 그지없으니
불자들을 위하여 말씀하소서.

헤아릴 수가 없는 바라밀 바다
해탈에 들어가는 방편 바다와
한없이 많고 많은 법문 바다를
이 도량 가운데서 말해줍소서.

그 때 세존께서 모든 보살들의 생각함을 아시고, 입과 치아로써 세계의 티끌 수처럼 많은 광명을 놓으셨다. 이른바 모든 보배 꽃 두루 비치는 광명〔衆寶華遍照光明〕, 가지가지 소리 내어 법계를 장엄하는 광명〔出種

種音莊嚴法界光明〕, 미묘한 구름 드리우는 광명〔垂布微妙雲光明〕, 시방의 부처님이 도량에 앉아서 신통 변화를 나타내는 광명〔十方佛坐道場現神變光明〕, 온갖 보배 불꽃 구름 일산 광명〔一切寶焰雲蓋光明〕, 법계에 가득하여 걸림 없는 광명〔充滿法界無礙光明〕, 온갖 부처님이 세계를 모두 장엄하는 광명〔遍莊嚴一切佛刹光明〕, 깨끗한 금강 당기를 멀리 건립하는 광명〔逈建立淸淨金剛寶幢光明〕, 보살들이 모인 도량을 두루 장엄하는 광명〔普莊嚴菩薩衆會道場光明〕, 아름다운 음성으로 모든 부처님의 명호를 일컫는 광명〔妙音稱揚一切佛名號光明〕이니, 이런 것이 부처 세계의 티끌 수와 같았다. 낱낱 광명마다 다시 부처 세계의 티끌 수처럼 많은 광명으로 권속을 삼았는데, 그 광명들이 모두 여러 가지 묘한 보배 빛을 갖추었고 시방으로 각각 1억 부처 세계의 티끌 수 같은 세계해에 두루 비치니, 저 세계에 있는 보살 대중들이 이 광명 속에서 제각기 이 화장장엄세계를 볼 수 있었다.

  부처님의 신통한 힘으로 그 광명이 모든 보살 대중들의 앞에서 게송으로 말하였다.

  한량없는 겁 동안에 많은 행 닦아
  시방의 부처님들 공양하오며
  수없는 중생들을 교화하시고
  묘각妙覺의 변조존遍照尊을 이루시었고

  털구멍서 나오는 변화한 구름
  광명이 시방세계 두루 비추니
  교화를 받을 이는 모두 깨우쳐
  보리에 나아가서 청정케 하며

부처님이 여러 갈래 오고 가시며
모든 중생 교화하여 성숙시키니
자재하신 신통의 힘 그지없어서
한 생각에 해탈도를 얻게 하도다.

마니의 묘한 보배 보리나무를
가지가지 장엄함이 유다르거늘
부처님이 그 아래서 정각 이루고
큰 광명을 널리 놓아 두루 비추며

우렁찬 큰 음성이 시방에 가득
적밀하고 묘한 법을 연설하실세
중생들의 마음에 즐김을 따라
가지가지 방편으로 일러주시고

바라밀을 모두 닦아 원만하시니
일천 세계 티끌 수와 동등하시며
갖가지 지혜 힘을 성취했으니
너희들은 모두 가서 예배하여라.

시방의 불자들이 세계 티끌 수
환희한 마음으로 모이어 와서
온갖 구름 비 내리어 공양하옵고
일심으로 부처님을 우러러뵈며

여래의 한 음성이 한량이 없어
수다라의 깊은 이치 연설하시며
여럿의 마음 맞춰 법비 내리니
부처님 양족존께 가서 뵈어라.

삼세의 모든 부처 세우신 원을
보리수 아래에서 펴서 말하여
한 찰나에 눈앞에 나타내시니
너희들 여래 앞에 빨리 나가라.

비로자나부처님 큰 지혜 바다
입으로 광명 놓아 보게 하셨고
대중이 다 모이면 연설하리니
너희들은 가서 뵙고 말씀 들으라.

이 때에 시방 세계해의 모든 대중들이 부처님의 광명으로 깨우쳐 주심을 입고, 모두들 비로자나여래가 계신 데 모여와서 친근하고 공양하였다.

이른바 이 화장장엄세계해 동쪽에 다음 세계해가 있으니, 이름이 청정한 빛 연꽃장엄〔淸淨光蓮華莊嚴〕이요, 그 세계종世界種에 한 국토가 있으니, 이름이 마니영락금강장摩尼瓔珞金剛藏이요, 부처님의 명호는 법수각허공무변왕法水覺虛空無邊王이었다.

저 여래의 대중들 가운데 한 보살마하살이 있으니, 이름이 관찰승법연화당觀察勝法蓮華幢이었다. 세계해의 티끌 수 보살들과 함께 부처님 계신 데 와서, 각각 열 가지 보살 몸매 구름〔十種菩薩身相雲〕을 나타내어 허공에 두루 가득하여 없어지지 아니하였고, 또 온갖 보배 연꽃을 비내리는 열 가지 광명 구름[十種雨一切寶蓮華光明雲]을 나타내고, 또 열 가지 수미산 보배 봉우리 구름[十種須彌寶峯雲]을 나타내고, 열 가지 햇빛 구름[十種日輪光雲]을 나타내고, 열 가지 보배 꽃 영락 구름[十種寶華瓔珞雲]을 나타내고, 열 가지 온갖 음악 구름[十種一切音樂雲]을 나타내고, 열 가지 가루향 나무 구름[十種末香樹雲]을 나타내고, 열 가지 바르는 향·사루는 향·여러 빛깔 구름[十種塗香燒香衆色相雲]을 나타내고, 또 열 가지 온갖 향나무 구름[十種一切香樹雲]을 나타내어서, 이러한 세계해 티끌 수 공양 구름[世界海微塵數諸供養雲]이 허공에 가득하여 흩어져 없어지지 아니하였다.

이런 구름을 나타내고는 부처님을 향하여 예배하며 공양하고, 곧 동방에서 각각 가지각색 꽃 광명장 사자좌를 변화하여 만들고 그 위에 결가부좌結跏趺坐하고 앉았다.

이 화장세계해 남쪽에 다음 세계해가 있으니, 이름이 일체보월광명장엄장一切寶月光明莊嚴藏이요, 그 세계종世界種 가운데 한 국토가 있으니, 이름이 무변광원만장엄無邊光圓滿莊嚴이요, 부처님의 명호는 보지광명덕수미왕普智光明德須彌王이었다.

저 여래의 대중들 가운데 한 보살마하살이 있으니, 이름이 보조법해혜普照法海慧이었다. 세계해의 티끌 수 보살들과 함께 부처님 계신 데 와서, 각각 열 가지 일체 장엄광명장마니왕 구름[十種一切莊嚴光明藏摩尼王雲]을 나타내며 허공에 두루 가득하여 없어지지 아니하였고, 또 온갖 보배 장엄거리를 비추는 열 가지 널리 비치는 마니왕 구름[十種一切寶莊嚴具普照耀摩尼王雲]을 나타내고, 또 보배 불꽃이 치성하여 부처님 명호를 칭찬하는 열 가지 마니왕 구름[十種寶焰熾然稱揚佛名號摩尼王雲]을 나타내고, 또 온갖 부처님의 법을 말하는 열 가지 마니왕 구름[十種說一切佛法摩尼王

雲]을 나타내고, 또 여러 가지 묘한 나무로 도량을 장엄하는 열 가지 마니왕 구름[十種衆妙樹莊嚴道場摩尼王雲]을 나타내고, 또 보배 광명이 널리 비치어 여러 화신 부처님을 나타내는 열 가지 마니왕 구름[十種寶光普照現衆化佛摩尼王雲]을 나타내고, 또 온갖 도량의 장엄한 형상인 열 가지 마니왕 구름[十種普現一切道場莊嚴像摩尼王雲]을 나타내고, 또 비밀한 불꽃 등잔이 부처님들의 경계를 말하는 열 가지 마니왕 구름[十種密焰燈說諸佛境界摩尼王雲]을 나타내고, 또 부사의한 부처님 세계의 궁전 형상인 열 가지 마니왕 구름[十種不思議佛刹宮殿像摩尼王雲]을 나타내고, 또 삼세 부처님의 몸 형상을 나타내는 열 가지 마니왕 구름[十種普現三世佛身像摩尼王雲]을 나타내어서, 이러한 세계해 티끌 수 마니왕 구름이 허공에 가득하여 흩어져 없어지지 아니하였다.

이런 구름을 나타내고는 부처님께 향하여 예배하며 공양하고 곧 남방에서 각각 제청보 염부단금 연화장 사자좌[帝靑寶閻浮檀金蓮華藏師子座]를 변화하여 만들고 그 위에 결가부좌하고 앉았다.

이 화장세계해 서쪽에 다음 세계해가 있으니, 이름이 사랑스러운 보배 광명[可愛樂寶光明]이요, 그 세계종 가운데 한 국토가 있으니, 이름이 가장 훌륭한 몸을 도와주는 거리를 냄[出生上妙資身具]이요, 부처님의 명호는 향염공덕보장엄[香焰功德寶莊嚴]이었다.

저 여래의 대중들 가운데 한 보살마하살이 있으니, 이름이 월광향염보장엄[月光香焰普莊嚴]이었다. 세계해의 티끌 수 보살들과 함께 부처님 계신 데 와서, 각각 열 가지 온갖 보배향 모든 묘한 꽃 누각 구름[十種一切寶香衆妙華樓閣雲]을 나타내어 허공에 두루 가득하여 없어지지 아니하였다. 또 열 가지 그지없는 빛깔 뭇 보배왕 누각 구름[十種無邊色相衆寶王樓閣雲]을 나타내고, 열 가지 보배 등불 향기 불꽃 누각 구름[十種寶燈香焰樓閣雲]을 나타내고, 열 가지 온갖 진주 누각 구름[十種一切眞珠樓閣雲]을 나타내고, 열 가지 온갖 보배 꽃 누각 구름〔十種一切寶華樓閣雲〕을 나타내고, 열 가지 보배 영락 장엄 구름〔十種寶瓔珞莊嚴樓閣雲〕을 나타내고, 열 가지 시방에 두루 나타나는 온갖 장엄 광명장 누각 구름〔十種普現十方一切莊嚴光明藏樓閣雲〕을 나타내고, 열 가지 모든 보배 가루로 사이사이 장엄한 누각 구름〔十種衆寶末間錯莊嚴樓閣雲〕을 나타내고, 열 가지 모든 보배로 시방에 두루한 온갖 장엄 누각 구름〔十種周邊十方一切莊嚴樓閣雲〕을 나타내고, 열 가지 꽃 문 방울 그물 누각 구름〔十種華門鐸網樓閣雲〕을 나타내어서, 이러한 세계해 티끌 수 누각 구름이 허공에 가득하여 흩어져 없어지지 아니하였다.

이런 구름을 나타내고는 부처님을 향하여 예배하며 공양하고 곧 서방에서 각각 진금엽대 보장사자좌〔眞金葉大寶藏師子座〕를 변화하여 만들고 그 위에 결가부좌하고 앉았다.

이 화장세계해 북쪽에 다음 세계해가 있으니, 이름이 비유리 연꽃 빛 원만장〔毘瑠璃蓮華光圓滿藏〕이요, 그 세계종 가운데 한 국토가 있으니, 이름이 우발라화장엄〔優鉢羅華莊嚴〕이요, 부처님의 명호는 보지당음왕〔普智幢音王〕이었다.

저 여래의 대중들 가운데 한 보살마하살이 있으니, 이름이 사자분신광명〔師子奮迅光明〕이다. 세계해의 티끌 수 보살들과 함께 부처님 계신 데 와서 각각 열 가지 온갖 향마니로 된 여러 묘한 나무 구름〔十種一切香摩尼衆妙樹雲〕을 나타내어 허공에 두루 가득하여 없어지지 아니하였고, 또 열 가지 빽빽한 잎 묘한 향기로 장엄한 나무 구름〔十種密葉妙香莊嚴樹雲〕을 나타내고, 열 가지 온갖 끝이 없는 빛깔 나무로 장엄한 나무 구름〔十種化現一切無邊色相樹莊嚴樹雲〕을 나타내고, 열 가지 온갖 꽃으로 두루 널려 장엄한 나무 구름〔十種一切華周布莊嚴樹雲〕을 나타내고, 열 가지 온갖 보배 불꽃의 원만한 빛으로 장엄한 나무 구름〔十種一切寶焰圓滿光莊嚴樹雲〕을 나타내고, 열 가지 온갖 전단향 보살의 몸을 나타내어 장엄한 나무 구름〔十種現一切栴檀香菩薩身莊嚴樹雲〕을 나타내고, 열 가지 옛날의 도량을 나타내어 부사의하게 장엄한 나무 구름〔十種現往昔道場處不思議莊嚴樹雲〕을 나타내고, 열 가지 뭇 보배로 된 의복장이 햇빛과 같은 나무 구름〔十種衆寶衣服藏如日光明樹雲〕을 나타내고, 열 가지 온갖 뜻에 맞는 음성을 두루 내는 나무 구름〔十種普發一切悅意音聲樹雲〕을 나타내어서, 이러한 세계해 티끌 수 나무 구름이 허공에 가득하여 흩어져 없어지지 아니하였다.

이러한 구름을 나타내고는 부처님을 향하여 예배하며 공양하고, 곧 북방에서 각각 마니등을 연화장 사자좌를 변화하여 만들고 그 위에 결가부좌하고 앉았다.

이 화장세계해 동북쪽에 다음 세계 해가 있으니, 이름이 염부단금 파리빛 당기〔閻浮檀金玻瓈色幢〕요, 그 세계종 가운데 한 국토가 있으니, 이름이 뭇 보배 장엄〔衆寶莊嚴〕이요, 부처님의 명호는 일체법무외등一切法無畏燈이었다.

저 여래의 대중들 가운데 한 보살마하살이 있으니, 이름이 최승광명등무진공덕장最勝光明燈無盡功德藏이었다.

세계해의 티끌 수 보살들과 함께 부처님 계신 데 와서, 각각 열 가지 그지없는 빛깔 보배 연화장 사자좌 구름〔十種無邊色相寶蓮華藏師子座雲〕을 나타내어 허공에 두루 가득하여 없어지지 아니하였다. 또 열 가지 마니왕 광명장 사자좌 구름〔十種摩尼王光明藏師子座雲〕을 나타내고, 열 가지 온갖 장엄거리로 가지가지 장식한 사자좌 구름〔十種一切莊嚴具種種校飾師子座雲〕을 나타내고, 열 가지 뭇 보배로 된 화만 등 불꽃장 사자좌 구름〔十種衆寶鬘燈焰藏師子座雲〕을 나타내고, 열 가지 보배 영락을 널리 내리는 사자좌 구름〔十種普雨寶瓔珞師子座雲〕을 나타내고, 열 가지 온갖 향과 꽃 보배로 된 영락장 사자좌 구름〔十種一切香華寶瓔珞藏師子座雲〕을 나타내고, 열 가지 모든 부처님 자리의 장엄을 나타내는 마니왕장 사자좌 구름〔十種示現一切佛座莊嚴摩尼王藏師子座雲〕을 나타내고, 열 가지 문과 창과 섬돌과 모든 영락으로 온갖 것을 장엄한 사자좌 구름〔十種戶牖階砌及諸瓔珞一切莊嚴師子座雲〕을 나타내고, 열 가지 온갖 마니 나무의 보배 가지와 줄기를 간직한 사자좌 구름〔十種一切摩尼樹寶枝莖藏師子座雲〕을 나타내고, 열 가지 보배 향으로 사이사이 장식한 햇빛 광명장 사자좌 구름〔十種寶香間飾日光明藏師子座雲〕을 나타내어서, 이러한 세계해 티끌 수 사자좌 구름이 허공에 가득하여 흩어져 없어지지 아니하였다.

이런 구름을 나타내고는 부처님을 향하여 예배하며 공양하고, 곧 동북방에서 각각 보배 연꽃 마니 빛 당기 사자좌를 변화하여 만들고 그 위에 결가부좌하고 앉았다.

이 화장세계해 동남쪽에 다음 세계해가 있으니, 이름이 금으로 장엄한 유리빛이 널리 비침〔金莊嚴瑠璃光普照〕이요, 그 세계종 가운데 한 국토가 있으니, 이름이 깨끗한 향의 광명〔淸淨香光明〕이요, 부처님의 명호는 보희심신왕普喜深信王이었다.

저 여래의 대중들 가운데 한 보살마하살이 있으니, 이름이 혜등보명慧燈普明이었다. 세계해의 티끌 수 보살들과 함께 부처님 계신 데 와서 각각 열 가지 온갖 여의왕 마니휘장 구름〔十種一切如意王摩尼帳雲〕을 나타내어 허공에 두루 가득하여 없어지지 아니하였다. 또 열 가지 제청보와 온갖 꽃으로 장엄한 휘장구름〔十種帝靑寶一切華莊嚴帳雲〕을 나타내고, 열 가지 온갖 향 마니 휘장 구름〔十種一切香摩尼帳雲〕을 나타내고, 열 가지 보배 불꽃 등불 휘장 구름〔十種寶焰燈帳雲〕을 나타내고, 열 가지 부처님의 신통으로 설법함을 보이는 마니왕 휘장구름〔十種示現佛神通說法摩尼王帳雲〕을 나타내고, 열 가지 온갖 의복의 장엄한 빛깔 모양을 나타내는 마니 휘장 구름〔十種現一切衣服莊嚴色像摩尼帳雲〕을 나타내고, 열 가지 보배 꽃 덤

불 광명 휘장 구름﹝十種一切寶華叢光明帳雲﹞을 나타내고, 열 가지 보배 그물 풍경 소리 휘장 구름﹝十種寶網鈴鐸音帳雲﹞을 나타내고, 열 가지 마니로 좌대가 괴고 연꽃으로 그물이 된 휘장 구름﹝十種摩尼爲臺蓮華爲網帳雲﹞을 나타내고, 열 가지 부사의한 장엄거리 빛깔을 나타내는 휘장 구름﹝十種現一切不思議莊嚴具色像帳雲﹞을 나타내어 이러한 세계해 티끌 수 휘장 구름이 허공에 가득하여 흩어져 없어지지 아니하였다.

이런 구름을 나타내고는 부처님을 향하여 예배하며 공양하고, 곧 동남방에서 각각 보배 연화장 사자좌﹝寶蓮華藏師子座﹞를 변화하여 만들고 그 위에 결가부좌하고 앉았다.

이 화장세계해 서남쪽에 다음 세계해가 있으니, 이름이 햇빛 널리 비침﹝日光遍照﹞이요, 그 세계종 가운데 한 국토가 있으니, 이름이 사자 햇빛 광명﹝師子日光明﹞이요, 부처님의 명호는 보지광명음﹝普智光明音﹞이었다. 저 여래의 대중들 가운데 한 보살마하살이 있으니, 이름이 보화광염계﹝普華光焰髻﹞이었다. 세계해의 티끌 수 보살들과 함께 부처님 계신 데 와서, 각각 열 가지 여러 가지 묘하게 장엄한 보배 일산 구름﹝十種衆妙莊嚴寶蓋雲﹞을 나타내어 허공에 두루 가득하여 없어지지 아니하였다. 또 열 가지 광명으로 상엄한 꽃 일산 구름﹝十種光明莊嚴華蓋雲﹞을 나타내고, 열 가지 그지없는 빛깔 진주장 일산 구름﹝十種無邊色眞珠藏蓋雲﹞을 나타내고, 열 가지 모든 보살의 불쌍히 여기는 음성을 내는 마니왕 일산 구름﹝十種出一切菩薩悲愍音摩尼王蓋雲﹞을 나타내고, 열 가지 여러 묘한 보배 불꽃 화만 일산 구름﹝十種衆妙寶焰鬘蓋雲﹞을 나타내고, 열 가지 묘한 보배로 꾸미고 풍경 그물을 드리운 일산 구름﹝十種妙寶嚴飾垂網鐸蓋雲﹞을 나타내고, 열 가지 마니 나뭇가지로 장엄한 일산 구름﹝十種摩尼樹枝莊嚴蓋雲﹞을 나타내고, 열 가지 햇빛이 널리 비치는 마니왕 일산 구름﹝十種日光普照摩尼王蓋雲﹞을 나타내고, 열 가지 온갖 바르는 향·사루는 향·일산 구름﹝十種一

切塗香燒香蓋雲]을 나타내고, 열 가지 전단광 일산 구름[十種栴檀藏蓋雲]을 나타내고, 열 가지 넓고 큰 부처님 경계의 넓은 광명으로 장엄한 일산 구름[十種廣大佛境界普光明莊嚴蓋雲]을 나타내어서, 이러한 세계해의 티끌 수 모든 보배로 된 일산 구름이 허공에 가득하여 흩어져 없어지지 아니하였다.

이런 구름을 나타내고는 부처님을 향하여 예배하며 공양하고, 곧 서남방에서 각각 제청보 빛난 불꽃으로 장엄한 사자좌[帝青寶光焰莊嚴藏師子座]를 변화하여 만들고 그 위에 결가부좌하고 앉았다.

이 화장세계해의 서북쪽에 다음 세계해가 있으니, 이름이 보배 광명 찬란하게 비침[寶光照耀]이요, 그 세계종 가운데 한 국토가 있으니, 이름이 중향장엄이요, 부처님의 명호는 무량공덕해광명無量功德海光明이었다.

저 여래의 대중들 가운데 한 보살마하살이 있으니, 이름이 무진광마니왕無盡光摩尼王이었다. 세계해의 티끌 수 보살들과 함께 부처님 계신 데 와서, 각각 열 가지 온갖 보배의 원만한 빛 구름[十種一切寶圓滿光雲]을 나타내어 허공에 두루 가득하여 없어지지 아니하였다. 또 열 가지 온갖 보배 불꽃 원만한 빛 구름[十種一切寶焰圓滿光雲]을 나타내고, 열 가지 온갖 묘한 꽃 원만한 빛 구름[十種一切妙華圓滿光雲]을 나타내고, 열 가지 온갖 화신 부처님의 원만한 빛 구름[十種一切化佛圓滿光雲]을 나타내고, 열 가지 시방 부처님 국토의 원만한 빛 구름[十種十方佛土圓滿光雲]을 나타내고, 열 가지 경계의 우레 소리 보배 나무 원만한 빛 구름[十種佛境界雷聲寶樹圓滿光雲]을 나타내고, 열 가지 온갖 유리 보배 나무 원만한 빛 구름[十種一切瑠璃寶摩尼王圓滿光雲]을 나타내고, 열 가지 잠깐 동안에 그지없는 중생의 모양을 나타내는 원만한 빛 구름[十種一念中現無邊衆生相圓滿光雲]을 나타내고, 열 가지 모든 여래의 큰 서원의 음성을 연설하는 마니왕의 원만한 빛 구름[十種演一切如來大願音圓滿光雲]을 나타내어서, 이러한 세계해의 티끌 수 원만한 빛 구름이 허공에 가득하여 흩어져 없어지지 아니하였다.

이런 구름을 나타내고는 부처님을 향하여 예배하며 공양하고, 곧 서북방에서 각각 그지없는 광명 위덕장 사자좌〔無盡光明威德藏師子座〕를 변화하여 만들고 그 위에 결가부좌하고 앉았다.

화장세계해의 아래쪽에 다음 세계해가 있으니, 이름이 연꽃 향기 묘덕장〔蓮華香妙德藏〕이요, 그 세계종 가운데 한 국토가 있으니, 이름이 보배 사자의 광명이 비침〔寶師子光明照耀〕이요, 부처님의 명호는 법계광명法界光明이었다.

여래의 대중들 가운데 한 보살마하살이 있으니, 이름이 법계광염혜法界光焰慧이었다.

세계해의 티끌 수 보살들과 함께 부처님 계신 데 와서, 각각 열 가지 온갖 마니장 광명 구름〔十種一切摩尼藏光明雲〕을 나타내어 허공에 두루 가득하여 없어지지 아니하였다. 또 열 가지 온갖 향 광명 구름〔十種一切香光明雲〕을 나타내고, 열 가지 온갖 보배 불꽃 광명 구름〔十種一切寶焰光明雲〕을 나타내고, 열 가지 모든 부처님의 설법하는 음성을 내는 광명 구름〔十種出一切佛說法音光明雲〕을 나타내고, 열 가지 모든 부처님 세계의 장엄을 나타내는 광명 구름〔十種現一切佛土莊嚴光明雲〕을 나타내고, 열 가지 온갖 아름다운 꽃 누각의 광명 구름〔十種一切妙華樓閣光明雲〕을 나타내고, 열 가지 온갖 겁 동안에 부처님들의 중생을 교화하는 일을 나타내는 광명 구름〔十種現一切劫中諸佛教化衆生事光明雲〕을 나타내고, 열 가지 온갖 그지없는 보배 꽃술 광명 구름〔十種一切無盡寶華蘂光明雲〕을 나타내고, 열 가지 온갖 장엄한 자리 광명 구름〔十種一切莊嚴座光明雲〕을 나타내어서, 이러한 세계해의 티끌 수 광명 구름이 허공에 가득하여 흩어져 없어지지 아니하였다.

이런 구름을 나타내고는 부처님을 향하여 예배하여 공양하고, 곧 하방에서 각각 보배 불꽃 등불 연화장 사자좌〔寶焰燈蓮華藏師子座〕를 변화하여 만들고 그 위에 결가부좌하고 앉았다.

화장세계해의 위쪽에 다음 세계해가 있으니, 이름이 마니보배 비치는 장엄〔摩尼寶照耀莊嚴〕이요, 그 세계종 가운데 한 국토가 있으니, 이름이 모양 없이 묘한 광명〔無相妙光明〕이요, 부처님 명호는 무애공덕광명왕無礙功德光明王이었다.

여래의 대중들 가운데 한 보살마하살이 있으니, 이름이 무애력정진혜無礙力精進慧이었다. 세계해의 티끌 수 보살들과 함께 부처님 계신 데 와서, 각각 열 가지 그지없는 빛깔 보배 빛난 불꽃 구름〔十種無邊色相寶光焰雲〕을 나타내어 허공에 두루 가득하여 없어지지 아니하였다. 또 열 가지 마니보배 그물 빛난 불꽃 구름〔十種摩尼寶網光焰雲〕을 나타내고, 열 가지 온갖 넓고 큰 부처님 국토를 장엄한 빛난 불꽃 구름〔十種一切廣大佛土莊嚴光焰雲〕을 나타내고, 열 가지 온갖 묘한 향 빛난 불꽃 구름〔十種一切妙香光焰雲〕을 나타내고, 열 가지 온갖 장엄 빛난 불꽃 구름〔十種一切莊嚴光焰雲〕을 나타내고, 열 가지 모든 부처님의 변화이신 빛난 불꽃 구름〔十種諸佛變化光焰雲〕을 나타내고, 열 가지 여러 묘한 나무 꽃 빛난 불꽃 구름〔十種衆妙樹華光焰雲〕을 나타내고, 열 가지 온갖 금강의 빛난 불꽃 구름〔十種一切金剛光焰雲〕을 나타내고, 열 가지 그지없는 보살의 행을 말하는 마니의 빛난 불꽃 구름〔十種說無邊菩薩行摩尼光焰雲〕을 나타내고, 열 가지 온갖 진주 등불 빛난 불꽃 구름〔十種一切眞珠燈光焰雲〕을 나타내어서, 이러한 세계해의 티끌 수 빛난 불꽃 구름이 허공에 가득하여 흩어지지 아니하였다.

이런 구름을 나타내고는 부처님을 향하여 예배하며 공양하고, 곧 상방에서 각각 부처님의 음성을 내는 광명 연화장 사자좌〔演佛音聲光明蓮華

藏師子座]를 변화하여 만들고 그 위에 결가부좌하고 앉았다.

이와 같이 10억 부처 세계의 티끌 수 세계해 가운데 10억 부처 세계의 티끌 수 보살마하살이 있는데, 낱낱 보살마다 각각 세계해의 티끌 수 보살 대중이 있어서 앞뒤에 둘러싸고 와서 모였으며, 이 보살들이 낱낱이 각각 세계해 티끌 수와 같은 가지가지로 장엄한 공양거리 구름을 나타내어서 허공에 두루하여 흩어져 없어지지 아니하였으며, 이런 구름을 나타내고는 부처님을 향하여 예배하여 공양하고, 제각기 그들이 온 방위를 따라서 각각 가지가지 보배로 장엄한 사자좌를 변화하여 만들고 그 위에 결가부좌하고 앉았다.

이 보살들이 온갖 법계가 나란히 서 있는 바다의 티끌 속에 두루 들어갔으며, 저 낱낱 티끌 속에는 모두 열 부처 세계의 티끌 수 같은 넓고 큰 세계가 있고, 낱낱 세계 가운데는 모두 삼세의 모든 부처님·세존이 계신데, 이 모든 보살들이 모두 두루 나아가 친근하며 공양하였다.

잠깐잠깐마다 꿈에 자재하게 나타내는 법문으로써 세계해의 티끌 수 중생들을 깨우치며, 잠깐잠깐마다 모든 천인들이 죽고 나는 것을 보여 주는 법문으로써 세계해의 티끌 수 중생들을 깨우치며, 잠깐잠깐마다 모든 보살의 행을 말하는 법문으로써 세계해의 티끌 수 중생들을 깨우치며, 잠깐잠깐마다 온갖 세계를 두루 진동하여 부처님의 공덕과 신통 변화를 찬탄하는 법문으로써 세계해의 티끌 수 중생들을 깨우치며, 잠깐잠깐마다 온갖 부처님의 국토를 깨끗이 하고 큰 서원을 나타내는 법문으로써 세계해의 티끌 수 중생들을 깨우치며, 잠깐잠깐마다 모든 중생들의 말과 부처님의 음성을 두루 거두어들이는 법문으로써 세계해의 티끌 수 중생들을 깨우쳤다.

또 잠깐잠깐마다 모든 부처님의 법구름을 내리는 법문으로써 세계해의 티끌 수 중생들을 깨우치며, 잠깐잠깐마다 광명이 시방 국토에 두루 비치며 법계에 가득하게 신통 변화를 나타내는 법문으로써 세계해의 티끌 수 중생들을 깨우치며, 잠깐잠깐마다 부처님의 몸이 법계에 충만함을 널리 나타내는 온갖 여래의 해탈력 법문으로써 세계해의 티끌 수 중생들을 깨우치며, 잠깐잠깐마다 보현보살이 온갖 대중이 모인 도량바다를 건립하는 법문으로써 세계해의 티끌 수 중생들을 깨우치니, 이와 같이 온갖 법계에 두루 가득하여서 중생들의 마음을 따라 모두 깨닫게 하였다.

　잠깐잠깐마다 낱낱 국토에서 각각 수미산 티끌 수와 같은 중생들이 나쁜 갈래〔惡道〕에 떨어진 이로 하여금 영원히 괴로움을 여의게 하며, 각각 수미산 티끌 수와 같은 중생들이 삿된 정定에 머문 이로 하여금 정정취正定聚에 들게 하며, 각각 수미산 티끌 수와 같은 중생들로 하여금 좋아함을 따라서 천상에 태어나게 하며, 각각 수미산 티끌 수와 같은 중생들로 하여금 성문이나 벽지불의 지위에 편안히 머무르게 하며, 각각 수미산 티끌 수와 같은 중생들로 하여금 선지식을 섬기어 모든 복덕의 행을 갖추게 하며, 각각 수미산 티끌 수와 같은 중생들로 하여금 위가 없는 보리의 마음을 내게 하며, 각각 수미산 티끌 수와 같은 중생들로 하여금 보살의 물러가지 않는 지위에 나아가게 하며, 각각 수미산 티끌 수와 같은 중생들로 하여금 청정한 지혜의 눈을 얻어서 여래께서 보시는 온갖 평등한 법을 보게 하며, 각각 수미산 티끌 수와 같은 중생들로 하여금 모든 힘과 모든 서원에 머물러서, 그지없는 지혜로 방편을 삼아 모든 부처님의 국토를 청정하게 하며, 각각 수미산 티끌 수와 같은 중생들로 하여금 모두 비로자나불의 넓고 큰 서원 바다에 편안히 머물러서 여래의 집에 태어나게 하였다.

　그 때 모든 보살들의 광명 가운데서 한꺼번에 소리를 내어 이런 게송을 말하였다.

> 광명에서 나오는 묘한 소리가
> 시방의 모든 세계 두루하여서
> 불자들이 공덕으로 보리의 길에
> 들어가게 되는 것을 연설하도다.
>
> 여러 겁에 행을 닦아 게으르지 않고
> 고통 받는 중생들을 해탈케 하되
> 마음이 용렬커나 피로치 않아
> 불자들이 이 방편에 잘 들어가며,
>
> 모든 겁이 다하도록 닦은 방편이
> 한량없고 끝없고 남음도 없어
> 온갖 법문 골고루 들어갔지만
> 그 성품이 고요함을 항상 말하며,
>
> 삼세의 부처님들 세운 서원을
> 모두 다 수행하여 끝내었으며
> 중생을 기억하는 그런 일들로
> 자기 행을 청정하는 업을 삼도다.
>
> 모든 세계 부처님의 대중 회상에
> 시방에 두루하여 안 간 데 없고
> 간 데마다 깊고 깊은 지혜 바다로

여래의 고요한 법 들어가도다.

하나하나 광명마다 그지없어서
한량없는 여러 국토 들어간 것을
깨끗한 지혜 눈이 능히 보나니
이것이 보살들의 행하는 경계.

보살이 한 털 끝에 머물러 있어
시방의 모든 국토 흔들지마는
중생들을 두려움 안 내게 하니
이를 일러 청정한 방편이라고.

낱낱 티끌 가운데 한량없는 몸
가지가지 장엄 세계 또 나타내고
죽고 남을 한 찰나에 보게 하나니
걸림 없는 지혜로써 장엄한 이라.

삼세에 한량없는 모든 겁들을
잠깐 동안 모두 다 나타내지만
환술 같은 이 몸이 없는 줄 아니
걸림 없는 법의 성품 증명하였고

보현보살 묘한 행에 들어갔으니
중생들이 보기를 좋아하도다.
불자가 이 법문에 머물렀으매

모든 광명 속에서 사자후하네.

이 때에 세존께서 모든 보살 대중으로 하여금 여래의 그지없는 경계와 신통한 힘을 얻게 하기 위하여, 양미간으로 광명을 놓으시니, 그 광명은 이름이 모든 보살의 지혜 광명〔一切菩薩智光明〕으로 시방을 두루 비추는 장藏이었다. 그 모양은 마치 보배 빛 등불 구름 같아서 시방의 온갖 세계를 두루 비추며, 그 가운데 있는 국토와 중생들을 모두 나타나게 하였다. 또 모든 세계 그물을 두루 진동하여 낱낱 티끌 속에 수없는 부처님을 나타내고, 중생들의 근성과 욕망이 같지 아니함을 따라서 삼세의 모든 부처님들의 법수레 구름을 내리어 여래의 바라밀을 드러내어 보이고, 또 한량없이 벗어나는 구름을 비 내려 중생들로 하여금 죽고 나는 데서 뛰어나게 하며, 다시 부처님의 큰 서원 구름을 내리어 시방세계에 있는 보현보살의 도량에 모인 대중들을 나타내었다.

이런 일을 짓고는 그 광명이 오른쪽으로 부처님을 돌고 발바닥으로 들어갔다.

그 때 부처님 앞에 큰 연화가 나타났는데, 그 연화에는 열 가지 장엄이 갖추어 있어서 다른 연화로는 미칠 수 없었다. 이른바 뭇보배가 서로 섞인 것으로 줄기가 되고, 마니보배왕으로 연밥이 되고, 법계의 모든 보배로 잎이 되고, 모든 향기로운 마니로 꽃술이 되고, 염부단금으로 꽃판을 장엄하고, 묘한 그물이 위에 덮이고, 빛깔이 깨끗하였다. 잠깐 동안에 끝없는 부처님들의 신통 변화를 나타내며, 온갖 음성을 두루 내고, 마니보배왕에는 부처님의 몸이 비치어 나타나며, 음성 가운데서는 모든 보살의 닦던 행과 소원을 두루 연설하였다.

이 꽃이 나고는 잠깐 동안에 여래의 백호상白毫相 가운데, 보살마하살이 있으니, 이름이 일체법승음一切法勝音이다. 세계해의 티끌 수 보살 대중들과 한꺼번에 나와서 여래의 오른쪽으로 한량없이 돌고는 부처님의 발에 예배하였다. 그리고 승음보살은 연화의 꽃판에 앉고, 다른 보살 대중은 연꽃술 위에 차례차례 앉았다.

이 일체법승음보살은 깊은 법계를 깨달아 큰 환희심을 내었고, 부처님의 행하던 지위에 들어가 지혜가 걸림이 없었으며, 부처님의 헤아릴 수 없는 법신바다에 들어갔고, 온갖 세계의 부처님 계신 데 이르며, 몸의 털구멍마다 신통을 나타내고, 잠깐잠깐마다 온갖 법계를 두루 관찰하며 시방의 부처님들이 한가지로 힘을 주어 온갖 삼매에 두루 머물게 하며, 오는 세상이 끝나도록 모든 부처님의 그지없는 법계와 공덕의 몸을 항상 보며, 내지 온갖 삼매와 해탈과 신통과 변화를 모두 원만한 것이었다.

이 보살이 대중 가운데서 부처님의 위신력을 받들어 시방을 살펴보고 게송으로 말하였다.

> 부처님 몸 온 법계에 가득하시니
> 간 데마다 중생 앞에 나타나시며
> 인연 따라 골고루 나아가지만
> 언제나 보리좌菩提座에 항상 계시고
>
> 여래의 하나하나 털구멍마다
> 온 세계의 티끌 수 부처 계시고
> 보살의 대중들이 둘러 있는데
> 보현보살 좋은 행을 연설하시며
>
> 여래께서 보리좌에 앉아 계신데

한 털 끝에 많은 세계 나타내시며
낱낱 털에 나타냄도 그와 같으니
이러하게 온 법계에 두루하도다.

낱낱 세계 가운데 편안히 앉아
모든 세계 국토에 두루 했는데
시방의 보살들이 구름 모이듯
도량으로 나아가지 않는 이 없고

온갖 세계 티끌의 수효와 같은
공덕 크고 광명 있는 보살네들이
여래의 대중 속에 두루 있으며
법계까지 골고루 가득하구나.

온 법계 티끌 같은 모든 세계의
많은 대중 가운데 나타나나니
이와 같은 분신分身은 지혜의 경계
보현보살 수행 중에 세워지도다.

부처님의 대중이 있는 데마다
승지勝智보살 골고루 앉아 있어서
제각기 법을 듣고 즐거워하며
곳곳에서 수행하기 한량없는 겁

보현보살 넓고 큰 원에 들어가

제각기 모든 불법 빚어내면서
　　비로자나부처님 법 바다에서
　　행을 닦아 여래 지위 증득하도다.

　　보현보살 알아서 깨달은 바는
　　모든 여래 한가지로 찬탄하시니
　　부처님의 큰 신통을 이미 얻어서
　　온 법계에 두루하지 않는 데 없고

　　모든 세계 국토의 티끌 수처럼
　　구름 같이 몸을 나퉈 가득하였고
　　중생들 위하여서 광명 놓으며
　　법비를 내리어서 맘에 맞추네.

　그 때 대중 가운데 한 보살마하살이 있으니, 이름이 관찰일체승법연화광혜왕觀察一切勝法蓮華光慧王이다. 부처님의 위신력을 받들어 시방을 살펴보고 게송으로 말하였다.

　　여래의 깊고 깊은 지혜는
　　모든 법계에 두루 들어가
　　삼세를 따라 변천하면서
　　세간의 밝은 길잡이 되며

　　여러 부처님 법신이 같아
　　의지도 없고 차별 없건만

모든 중생의 뜻을 따라서
부처님 모습 보게 하도다.

온갖 것 아는 지혜 갖추고
온갖 법들을 두루 아시며
온갖 세계에 온갖 것들을
나눠 보이지 못함이 없다.

부처님 몸과 밝은 광명과
요량 못하는 빛깔과 형상
믿고 즐기는 모든 중생들
분수 따라서 보게 하시며

한 부처님의 한 몸 위에다
한량이 없는 화신 나투고
우레 소리가 온 세계 떨쳐
바다와 같은 법문을 연설.

낱낱 털구멍 구멍들마다
광명 그물이 시방에 가득
묘한 부처님 음성을 내어
길들지 못한 중생을 조복.

여래의 빛난 광명 가운데
미묘한 음성 항상 내어서

바다와 같은 부처 공덕과
보살의 행을 칭찬하도다.

부처님들의 바른 법 수레
한량이 없고 끝이 없으며
말씀한 법문 비길 데 없어
옅은 지혜론 측량 못하리.

온갖 세계의 나라들마다
몸을 나타내 정각 이루고
신통 변화를 제각기 내어
온갖 법계에 가득 차도다.

낱낱 여래의 화신들마다
중생 수 같은 부처 나투고
세계 티끌 수 같은 세계에
신통한 힘을 널리 나타내.

그 때 대중 가운데 또 보살마하살이 있으니, 이름이 법희혜광명法喜慧光明이다. 부처님의 위신력을 받들어 시방을 살펴보고 게송으로 말하였다.

부처님 몸이 항상 나타나
법계 가운데 가득히 차고
넓고 큰 음성 언제나 내어

시방 국토에 진동하시네.

여래의 널리 나타내는 몸
모든 세간에 두루 들어가
중생의 뜻과 욕망을 따라
신통한 힘을 보여 주도다.

모든 중생의 마음을 따라
앞에 부처님 나타나시니
중생이 부처 뵈옵는 것은
모두 부처의 신통하신 힘

밝은 광명이 끝 단 데 없고
말하는 법도 한량없거늘
모든 불자들 지혜를 따라
들어도 가고 관찰도 하네.

부처님 몸은 남이 없건만
그래도 능히 태어나시며
법의 성품이 허공 같거늘
모든 부처님 거기 계시네.

머무는 일도 감도 없건만
가는 데마다 부처님 보며
광명이 미치지 않는 데 없고

크신 이름이 멀리 들리네.

자체도 없고 있는 곳 없고
태어나는 일 볼 수 없으며
모습도 없고 형상도 없어
나타나는 것은 모두 그림자

부처는 중생 마음을 따라
크신 법 구름 일으키시며
가지각색의 방편문으로
일러 보이고 조복하시네.

모든 세계의 나라들마다
도량에 앉은 부처 뵈오니
많은 대중이 둘러 모시고
시방세계에 두루 빛나네.

모든 부처님 화신들마다
다함이 없는 상호 있으니
나타내심이 한량없으나
상호는 끝내 다하지 않네.

그 때 대중 가운데 또 보살마하살이 있으니, 이름이 향염광보명혜香 焰光普明慧이다. 부처님의 위신력을 받들어 시방을 살펴보고 게송으로 말하였다.

여기 모이신 모든 보살들
생각 못하는 지위에 들어
모든 부처님 신통한 힘을
보살들마다 능히 보도다.

지혜의 몸이 온갖 세계의
티끌들 속에 두루 들어가
몸이 그 속에 항상 있어서
모든 부처님 널리 뵈옵네.

모든 세계의 여래 계신데
그림자처럼 늘 나타나며
저기에 있는 온갖 속에서
신통한 일을 드러내도다.

보현보살의 모든 행과 원
잘 다스리어 깨끗게 하고
그러고 온갖 세계 안에서
부처님 신통 널리 보도다.

가는 곳마다 이 몸이 있어
온갖 것들과 늘 평등하고
지혜도 능히 이렇게 행해
부처 경계에 들어가도다.

여래의 지혜 이미 중하고
법계에 고루 비치었으며
부처 털구멍 속에 가득한
모든 세계에 들어가도다.

온갖 부처님 세계들마다
신통한 힘을 모두 나투며
가지가지의 모든 몸들과
여러 명호를 들어 보이네.

잠깐 동안에 모든 신통과
온갖 변화를 나타내시며
이 도량에서 정각 이루고
묘한 법 수레 운전하도다.

억천 겁에도 요량 못하는
한없이 넓고 큰 세계들을
이런 보살의 삼매 속에서
잠깐 동안에 나타내도다.

온갖 세계의 부처님 국토
그 속에 있는 모든 보살이
부처님 몸에 두루 들어가
끝이 없으며 한량도 없네.

그 때 대중 가운데 또 보살마하살이 있으니, 이름이 사자분신혜광명 師子奮迅慧光明이다. 부처님의 위신력을 받들어 시방을 살펴보고 게송으로 말하였다.

비로자나부처님께서
바른 법 수레 운전하시니
법계의 모든 세계 가운데
구름 퍼지듯 두루하였네.

시방 법계에 널리어 있는
엄청나게 큰 세계해에서
부처님 원과 신통력으로
법 수레들을 곳곳이 운전

모든 세계의 여러 국토에
모인 대중이 한량없는데
명호가 같지 않은 부처님
근성에 맞게 법을 말하네.

여래의 크신 위엄과 힘은
보현의 원이 이룬 것이매
묘한 소리가 모든 세계에
가지 못하는 데가 없도다.

부처님 몸은 세계의 티끌

가는 데마다 법비 내리니
나지도 않고 차별 없으나
온갖 세간에 나타나도다.

셀 수가 없는 억겁 동안에
티끌과 같은 많은 세계서
지나간 옛적 행하던 일을
묘한 소리로 갖추 말하네.

티끌과 같은 시방세계에
광명 그물이 가득하였고
광명 속마다 부처님 계셔
모든 중생을 교화하도다.

부처님 몸은 차별이 없이
온갖 법계에 가득 찼거든
색신을 모두 보게 하시며
근성을 따라 조복하시네.

삼세 동안 온갖 세계에
출현하시는 모든 도사의
명호가 각각 다르신 것을
모두 말하여 보게 하도다.

과거와 현재 오는 세상에

출세하시는 모든 여래의
　말씀하시는 묘한 법륜을
　이 회상에서 다 듣게 되네.

그 때 대중 가운데 또 보살마하살이 있으니 이름이 법해혜공덕장法海慧功德藏이다. 부처님의 위신력을 받들어 시방을 살펴보고 게송으로 말하였다.

　여기 모이신 여러 불자들
　모든 지혜를 좋게 닦아서
　이러한 여러 방편의 문에
　이들이 이미 들어갔도다.

　낱낱 세계의 국토 안에서
　크고 넓으신 음성을 내어
　부처님 행한 곳을 말하니
　시방세계에 두루 들리네.

　낱낱 마음의 생각 속에서
　온갖 법들을 모두 보시고
　진여의 땅에 머물러 있어
　모든 법 바다 통달하도다.

　낱낱 부처님 몸 가운데서
　말할 수 없는 억겁 동안에

바라밀을 닦아 익히고
모든 세계를 깨끗이 장엄.

낱낱 국토의 티끌 속에서
온갖 법문을 증득하시매
이와 같이 걸림이 없어
시방세계에 두루 가도다.

낱낱 부처님 세계 가운데
안 간 데 없이 모두 나아가
부처님 신통 모두 보았고
부처님 행에 들어갔도다.

모든 부처님 넓고 큰 음성
들리지 않는 세계 없거늘
보살이 능히 분명히 알고
음성 바다에 잘 들어갔네.

많은 겁 동안 음성을 내니
평등한 소리 차별 없는데
삼세를 아는 지혜 있는 이
저 음성 지위 들어가도다.

여러 중생의 모든 음성과
부처님들의 자재한 소리

음성의 지혜 얻은 이라야
온갖 소리를 분명히 아네.

이 지위로써 저 지위 얻고
힘의 지위에 머무르면서
오랜 겁 동안 수행한 이의
얻은 법문이 이와 같도다.

그 때 대중 가운데 또 보살마하살이 있으니, 이름이 혜등보명慧燈普明이다. 부처님의 위신력을 받들어 시방을 살펴보고 게송으로 말하였다.

온 법계 안의 모든 여래는
온갖 모습을 여의었으니
이러한 법을 알기만 하면
세상 길잡이 보게 되리라.

모든 보살의 삼매 중에는
지혜의 빛이 온통 밝아서
온갖 부처님 자재하오신
자체 성품을 능히 알리라.

부처의 참된 자체를 보면
깊고 깊은 법 바로 깨닫고
법의 성품을 두루 보아서
소원을 따라 몸을 받으리.

복의 바다로부터 생기고
지혜의 땅에 머물러 있어
온갖 법들을 관찰하면서
가장 좋은 도 닦아 행하네.

온갖 부처님 세계에 있는
온갖 여래의 계신 곳처럼
모든 법계에 두루하면
진실한 체성 모두 보리라.

시방에 있는 넓고 큰 세계
억겁 동안에 행을 닦고는
옳게 다 아는 모든 법 바다
능히 들어가 다니게 되리.

굳고 비밀한 하나뿐인 몸
온갖 티끌에 보게 되나니
나는 일 없고 모양 없으나
모든 국토에 두루 나타나

모든 중생의 마음을 따라
그들 가운데 두루 나타나
여러 가지로 조복하여서
부처님 도에 빨리 향하게

이 부처님의 위신력으로
　여러 보살들 나는 것이요
　부처님 힘이 가지하므로
　모든 여래를 두루 보도다.

　온갖 세계의 모든 부처님
　한량이 없는 위신력으로
　여러 보살을 깨우쳐 주어
　법계에 두루 가득하도다.

그 때 대중 가운데 또 보살마하살이 있으니, 이름이 화염계보명지華焰髻普明智이다. 부처님의 위신력을 받들어 시방을 살펴보고 게송으로 말하였다.

　모든 세계의 국토 가운데
　미묘한 소리 널리 내어서
　부처님 공덕 드날리시니
　법계에 두루 가득하도다.

　법으로 되신 부처님 몸은
　허공과 같이 깨끗하여서
　나타내는 바 모든 형상을
　이 법 가운데 들게 하시네.

　깊게 믿고는 기뻐하거나

부처님께서 거둬 주시면
나는 아노니 이런 사람은
부처를 아는 지혜 생기리.

지혜가 적은 모든 사람은
이런 법 알지 못하지마는
지혜의 눈이 청정한 이는
이것을 능히 보게 되리라.

부처의 위덕 신통력으로
온갖 법들을 관찰하시니
들고 머물고 나오는 때에
보는 바 모두 분명하도다.

온갖 세계의 모든 법 중에
있는 법문이 그지없으니
온갖 지혜를 이룩한 이라야
깊은 법 바다 들어가리라.

부처님 나라 편안히 있어
가는 곳마다 출현하지만
가고 오는 일 모두 없나니
부처님 법이 이러하니라.

모든 세계의 중생 바다에

그림자처럼 비친 부처 몸
그들의 이해 다름을 따라
도사를 봄이 이러하니라.

모든 털구멍 구멍들마다
제각기 신통 나타내나니
보현의 원력 닦아 행하여
청정해진 이 능히 보리라.

부처님께서 낱낱 몸으로
가는 데마다 법륜 굴리어
법계에 두루 가득하시니
생각으로는 미칠 수 없네.

그 때 대중 가운데 또 보살마하살이 있으니, 이름이 위덕혜무진광威德慧無盡光이다. 부처님의 위신력을 받들어 시방을 살펴보고 게송으로 말하였다.

낱낱 부처님 세계들마다
보리 도량에 앉아 계시니
모인 대중이 둘러 모시고
마군의 무리 부숴버리네.

부처님 몸이 광명을 놓아
시방세계에 가득 찼는데

마땅함 따라 보이는 모양
한 가지만이 아니로다.

하나하나의 티끌 속마다
모두 광명이 가득 찼으며
시방의 세계 두루 보나니
가지가지로 각각 차별해

시방에 널린 세계 바다의
갖가지 세계 한량없으나
모두 평탄코 청정하여서
제청보배로 성취하였네.

엎어진 것과 곁에 섰는 것
혹은 연화가 오무린 듯이
혹은 둥글고 혹은 네모져
가지각색의 형상들이라.

법계에 있는 모든 세계에
두루 다녀도 걸림 없으며
온갖 대중이 모인 가운데
묘한 법수레 항상 굴리네.

부처님 몸은 요량 못하여
모든 국토가 그 속에 있고

그러한 여러 가는 곳마다
세간의 도사 참 법 말하네.

운전하시는 묘한 법수레
법의 성품이 차별 없나니
오직 진실한 한 이치여서
모든 법상法相을 연설하도다.

부처님들은 원만한 음성
진실한 이치 밝히시올 제
그들의 해석 다름을 따라
끝없는 법문 나타내시네.

온갖 세계의 나라 가운데
도량에 앉은 부처님 보니
부처님 몸이 그림자 같아
나고 멸함을 얻을 수 없네.

 그 때 대중 가운데 또 보살마하살이 있으니, 이름이 법계보명혜法界普明慧이다. 부처님의 위신력을 받들어 시방을 살펴보고 게송으로 말하였다.

모든 여래의 미묘하신 몸
빛과 형상이 부사의하여
보는 이마다 환희심 내고

법을 믿으며 공경하도다.

부처님 몸의 온갖 몸매에
수없는 부처 나타내어서
시방세계의 티끌 속마다
낱낱이 모두 들어가시네.

시방의 여러 세계 바다에
한량이 없는 부처님들
생각하시는 마음 가운데
묘하신 신통 나타내시니

지혜가 크신 모든 보살들
불법 바다에 깊이 들어가
부처님 힘의 가지加持 입삽고
이러한 방편 능히 아시네.

누구나 만일 보현보살의
행과 서원에 머무른 이는
저 많은 세계 보게 되나니
모든 부처님 위신력이라.

누구나 만일 믿음이 있고
지혜와 원력 겸하였으면
깊은 지혜를 구족하여서

온갖 법문을 통달하리라.

누구나 능히 부처님 몸을
하나하나씩 관찰한다면
빛과 소리에 걸림이 없어
모든 경계를 밝게 알리라.

누구나 능히 부처님 몸에
머물러 있어 지혜 밝으면
여래 경지에 빨리 들어가
모든 법계를 포섭하리라.

부처님 세계 티끌 수처럼
그렇게 많은 여러 나라들
한 마음 내는 잠깐 동안에
낱낱 티끌에 나타나리라.

온갖 세계의 많은 국토와
헤일 수 없는 신통한 일을
한 세계 속에 나타내나니
보살의 신력 이러하니라.

그 때 대중 가운데 또 보살마하살이 있으니, 이름이 정진력무애혜精進力無礙慧이다. 부처님의 위신력을 받들어 시방을 살펴보고 게송으로 말하였다.

한마디 묘한 부처님 음성
시방세계에 두루 들리며
모든 음성이 구족하여서
법문의 빗발 가득 차시네.

온갖 말씀을 다 갖추시고
온갖 종류의 여러 말로써
온갖 부처님 국토 안에서
청정한 법륜 굴리시네.

온갖 세계의 여러 중생들
부처님 신통 모두 뵈오며
부처님 법문 모두 듣고서
보리의 길로 나아가도다.

시방 법계의 모든 나라들
하나하나의 티끌 속마다
여래의 해탈하신 힘으로
수없는 몸을 나타내시네.

부처님 법신 허공과 같아
걸림도 없고 차별도 없고
형상과 빛깔 그림자처럼
온갖 모양을 나타내시네.

그림자 모양 있는 곳 없고
허공과 같아 체성體性 없거늘
넓고 큰 지혜 가진 이들이
평등한 이치 밝게 아시네.

부처님 몸매 따질 수 없어
나지도 않고 짓지 않으나
중생을 따라 나타나는 일
평등하기가 허공과 같네.

시방에 계신 많은 부처님
한 털구멍에 모두 들어가
제각기 신통 나타내는 일
지혜 눈으로 모두 보시네.

비로자나불 크신 서원이
끝없는 법계 가득하시어
모든 세계의 나라들마다
위없는 법륜 항상 굴리네.

한 털구멍에 보이는 신통
모든 부처님 함께 말하며
한량없는 겁 지내더라도
끝 간 데까지 다할 수 없네.

이 사천하의 도량 안에 부처님의 신통력으로써 시방에 각각 1억 세계해의 티끌 수처럼 많은 보살들이 모여오듯이, 온갖 세계해의 낱낱 사천하의 도량 안에도 모두 이와 같았다.

대방광불화엄경 제7권

제7권

3. 보현삼매품 普賢三昧品

그 때 보현보살마하살이 여래 앞에서 연화장 사자좌에 앉아 부처님의 위신력을 받들어 삼매에 드시었다. 이 삼매는 이름이 일체제불비로자나여래장신一切諸佛毘盧遮那如來藏身이니, 모든 부처님의 평등한 성품에 두루 들어가 법계에서 모든 영상影像을 능히 보이며, 넓고 크고 걸림이 없어 허공과 같고 법계의 소용돌이에 따라 들어가지 않는 데 없으며, 온갖 삼매의 법을 내기도 하고 시방의 법계를 널리 포함하기도 하며, 삼세의 모든 부처님들의 지혜 광명 바다가 모두 여기서 나오고 시방에 나란히 벌여 있는 바다들을 능히 나타내기도 하며, 온갖 부처님의 힘과 해탈과 모든 보살의 지혜를 모두 머금어 간직하고 온갖 국토의 티끌로 하여금 그지없는 법계를 용납하게 하며, 모든 부처님의 공덕 바다를 성취하고 여래의 크신 원력 바다를 나타내어 보이고 모든 부처님의 법륜을 유통하고 보호하여 끊어지지 않게 하였다.

이 세계에서 보현보살이 세존의 앞에서 이 삼매에 든 것과 같이, 이렇게 온 법계의 허공과 시방과 삼세와 미세하여 걸림이 없는 넓고 큰 광명과 부처님 눈으로 보시는 바와 부처님 힘으로 이르는 데와 부처님 몸에 나타내시는 모든 국토와 이러한 국토에 가는 티끌이 있거든, 이 낱낱 티끌 가운데 세계해 티끌 수 부처 세계가 있고 낱낱 세계 가운데 세계해 티끌 수 부처님이 계시며, 낱낱 부처님 앞에 세계해 티끌 수 보현보살이 있어, 모두 이 일체 제불비로자나여래장신삼매一切諸佛毘盧遮那如來藏身三昧에 들었다.

　그 때 낱낱 보현보살에게 모두 시방의 온갖 부처님들이 그 앞에 나타나시고 여러 여래께서 같은 음성으로 찬탄하시었다.

　"장하고 장하다, 선남자여. 그대가 이 일체제불비로자나여래장신삼매에 능히 들었도다. 불자여, 이것은 시방의 모든 부처님이 함께 그대에게 가피하려 함이니, 비로자나여래의 본래의 원력인 연고며, 역시 그대가 모든 부처님의 행과 원을 닦은 연고니라.

　이른바 모든 부처님의 법수레를 굴리게 하려는 연고며, 모든 여래의 지혜 바다를 나타내게 하려는 연고며, 시방의 여러 나란히 벌여 있는 바다를 두루 비추어 남음이 없게 하려는 연고며, 온갖 중생들로 하여금 잡란하게 물든 것을 깨끗이 다스리어 청정케 하려는 연고며, 온갖 큰 국토들을 두루 포섭하되 집착이 없게 하려는 연고며, 온갖 부처님의 경계에 깊이 들어가 장애가 없게 하려는 연고며, 모든 부처님의 공덕을 널리 보이게 하려는 연고며, 온갖 법의 실상에 능히 들어가 지혜를 늘게 하려는 연고며, 온갖 법문을 관찰하게 하려는 연고며, 모든 중생의 근성을 알게 하려는 연고며, 모든 부처님 여래의 교법 바다를 능히 지니게 하려는 연고니라."

　그 때에 시방의 모든 부처님들이 보현보살마하살에게 온갖 지혜의 성품에 들어가는 지혜를 주고, 법계의 한량없는 데 들어가는 지혜를 주고, 온갖 부처님의 경계를 성취하는 지혜를 주고, 온갖 세계해의 이룩하고 부서짐을 아는 지혜를 주고, 온갖 중생계의 넓고 큰 것을 아는 지혜를 주고, 모든 부처님의 깊은 해탈인 차별 없는 삼매에 머무는 지혜를 주고, 온갖 보살의 모든 근성 바다에 들어가는 지혜를 주고, 온갖 중생의 말을 알아서 법수레를 굴리는 변재의 지혜를 주고, 법계의 온갖 세계해에 두루 들어가는 몸의 지혜를 주고, 온갖 부처님의 음성을 얻는 지혜를 주시었다.

이 세계의 여래 앞에 있는 보현보살이 모든 부처님께서 이러한 지혜 주심을 받드는 것같이, 온갖 세계해와 그 세계해의 낱낱 티끌 속에 있는 보현보살도 모두 그러하였으니, 그것은 저 삼매를 증득하면 으레 그러한 때문이다.

이 때에 시방에 계시는 여러 부처님이 각각 오른손을 펴시어 보현보살의 정수리를 만지시니, 그 손이 훌륭한 몸매로 장엄하였으며, 미묘한 그물 모양의 광명이 퍼지고 향기가 흐르고 불꽃이 찬란하며, 다시 모든 부처님이 가지가지 아름다운 음성과 자재하고 신통한 일을 나타내시니, 지난 세상·지금 세상·오는 세상의 모든 보살들의 보현행원 바다와 모든 여래의 깨끗한 법륜과 삼세 부처님들의 영상이 그 가운데 나타났다.

이 세계의 보현보살이 시방 부처님의 정수리 만지심을 입은 것처럼, 온갖 세계해와 그 세계해의 낱낱 티끌 속에 있는 보현보살도 역시 시방 부처님의 정수리 만지심을 입었다.

그 때에 보현보살이 삼매로부터 일어났다. 이 삼매에서 일어날 적에 곧 온갖 세계해 티끌 수 삼매들의 문으로부터 일어났으니, 이른바 삼세의 잠깐잠깐마다 차별이 없음을 아는 묘한 지혜의 삼매문으로부터 일어났고, 삼세의 온갖 법계에 있는 티끌 수를 아는 삼매문으로부터 일어났고, 삼세의 온갖 부처님 세계를 나타내는 삼매문으로부터 일어났고, 온갖 중생의 집을 나타내는 삼매문으로부터 일어났고, 온갖 중생의 마음 바다를 아는 삼매문으로부터 일어났고, 온갖 중생의 각각의 이름들을 아는 삼매문으로부터 일어났고, 시방 법계의 처소가 각각 차별함을 아는 삼매문으로부터 일어났고, 온갖 티끌 속마다 그지없이 넓고 큰 부처님 몸 구름을 아는 삼매문으로부터 일어났고, 온갖 법의 이치 바다를 연설하는 삼매문으로부터 일어났다.

 보현보살이 이러한 삼매문으로부터 일어날 때에 모든 보살들도 낱낱이 세계해의 티끌 수 삼매 바다 구름과, 세계해의 티끌 수 다라니 바다 구름과, 세계해의 티끌 수 모든 법 방편 바다 구름과, 세계해의 티끌 수 변재문 바다 구름과, 세계해의 티끌 수 수행하는 바다 구름과, 세계해의 티끌 수 같은 법계의 온갖 여래 공덕장을 널리 비추는 지혜 광명 바다 구름과, 세계해의 티끌 수 같은 온갖 여래의 힘과 지혜가 차별이 없는 방편 바다 구름과, 세계해의 티끌 수 같은 온갖 여래의 낱낱 털구멍마다 여러 세계를 각기 나타내는 바다 구름과, 세계해의 티끌 수 같은 낱낱 보살들이 도솔천 궁전으로부터 내려와서 탄생하고 성불하고 법수레를 굴리고 열반에 드시는 따위의 바다 구름을 얻었다.

 이 세계에서 보현보살이 삼매로부터 일어날 때에 모든 보살들이 이러한 이익을 얻은 것처럼, 온갖 세계해와 그 세계해에 있는 낱낱 티끌 속에서도 역시 이와 같았다.

 이 때 시방의 모든 세계해가 부처님의 위신력과 보현보살의 삼매의 힘으로 모두 조금씩 흔들렸으며, 낱낱 세계가 여러 가지 보배로 장엄하였고, 또 묘한 음성으로 법문을 연설하기도 하며, 다시 온갖 여래의 대중이 모인 도량해 안에 열 가지 큰 마니왕摩尼王 구름을 널리 내리었다.

어떠한 것이 열 가지인가. 이른바 묘한 금성 당기 마니왕 구름〔金星幢摩尼王雲〕, 광명이 찬란한 마니왕 구름〔光明照耀摩尼王雲〕, 보배 바퀴 드리운 마니왕 구름〔寶輪垂下摩尼王雲〕, 뭇 보배 광에 보살의 영상을 나타내는 마니왕 구름〔衆寶藏像摩尼王雲〕, 부처님 명호 부르는 마니왕 구름〔稱揚佛名摩尼王雲〕, 찬란한 광명이 온갖 부처 세계의 도량에 두루 비치는 마니왕 구름〔光明熾盛普照一切佛刹道場〕, 시방에 광명이 비치어 가지가지로 변화하는 마니왕 구름〔光照十方種種變化摩尼王雲〕, 모든 보살의 공덕을 칭찬하는 마니왕 구름〔稱讚一切菩薩功德摩尼王雲〕, 햇빛처럼 치성한 마니왕 구름〔如日光熾盛摩尼王雲〕, 뜻에 맞는 음악 소리 시방에 두루 들리는 마니왕 구름〔悅意樂音周聞十方摩尼王雲〕 들이었다.

이러한 열 가지 큰 마니왕 구름을 널리 내리니, 모든 여래의 털구멍마다 모두 광명을 놓고, 그 광명 가운데서 게송으로 말하였다.

  보현보살 온 세계에 두루 계시어
  연꽃 위에 앉으심을 대중이 보니
  온갖 신통 나타내지 않는 것 없고
  한량없는 삼매에 능히 들었고,

  보현보살 여러 가지 몸을 나타내
  온 법계에 두루두루 가득하였고
  모든 삼매 모든 신통 방편의 힘을
  원음圓音으로 말씀하여 걸림이 없고,

  온갖 세계 부처님들 계신 곳에서
  가지가지 삼매로 신통 나투니

그 신통이 낱낱이 두루 퍼지어
시방세계 모든 국토 남김이 없고,

온갖 세계 부처님 계신 데처럼
저 세계의 티끌 속도 모두 그러해
나타내는 삼매와 신통한 일들
비로자나부처님의 원력이니라.

보현보살 몸매는 허공과 같아
참 세계에 의지하고 국토 아니매
중생들의 마음과 욕망을 따라
중생들과 같은 몸을 나타내시며,

보현보살 큰 서원에 머물러 있어
이렇게 한량없는 신통을 얻고
여러 세계 부처님 몸 계신 데마다
그런 형상 나타내고 나아가시며,

온갖 종류 대중들이 끝이 없으매
분신分身으로 나아가심 한량이 없고
나타내는 국토들도 엄정하거든
한 찰나에 여러 겁을 보이시도다.

보현보살 모든 세계 머물러 있고
나타내는 신통력도 짝이 없거든

시방세계 진동하여 두루하는 일
　　보는 이는 누구라도 알게 되도다.

　　부처님의 온갖 지혜 공덕의 힘과
　　가지가지 큰 법문 만족하옵고
　　여러 가지 삼매와 방편문으로
　　옛날 닦던 보리행을 모두 보이네.

　　이렇게 부사의한 자재력으로
　　시방의 국토들을 나타내시고
　　모든 삼매 드신 것을 보이기 위해
　　부처님의 광명 속에 공덕을 찬탄.

그 때에 모든 보살들이 보현보살을 향하여 합창하고 우러러보면서 부처님의 신력을 받들어 같은 음성으로 찬탄하였다.

　　부처님의 법문으로 따라 나시고
　　여래의 원력으로 생기었으니
　　진여가 평등하온 허공장虛空藏이매
　　당신이 이런 법신 엄정嚴淨하였네.

　　온갖 세계 여러 대중 모인 가운데
　　보현보살 곳곳마다 두루 가시니
　　공덕과 지혜 바다 광명이시매
　　시방에 두루 비춰 보게 하도다.

보현보살 크고 넓은 공덕의 바다
시방세계 두루 다녀 부처님 뵙고
모든 티끌 속에마다 있는 세계에
골고루 나아가서 나타나시네.

우리들은 당신을 항상 보나니
여러 곳 부처님을 친근하면서
삼매의 참된 경계 그 가운데서
나라마다 많은 겁을 지내시었네.

불자여, 곳곳마다 가득한 몸이
시방세계 여러 국토 다 나아가서
한량없는 중생 바다 제도하려고
온 법계의 티끌 속에 들어가도다.

온 법계의 티끌마다 들어가는 몸
그지없고 차별도 없으신 것이
허공이 간 데마다 두루함 같아
여래의 광대 법문 연설하시네.

여러 가지 공덕과 광명 가진 이
구름처럼 넓고 크고 좋은 힘으로
중생들 있는 데는 두루 나아가
부처님의 행한 법문 모두 말하며

중생을 건지려고 많은 세월에
보현의 훌륭한 행 모두 닦았고
구름처럼 온갖 법문 연설하시니
크고 넓은 그 음성 두루 들리네.

세계는 어찌하여 이룩되었고
부처님은 어찌하여 출현하는지
온갖 세계 한량없는 중생 바다를
이치 따라 실상대로 말씀하소서.

이 자리에 한량없는 모든 대중들
님의 앞에 공경하고 머물렀으니
청정하고 묘한 법륜 말씀하소서
온 세계의 부처님들 기뻐하리라.

4. 세계성취품世界成就品

그 때 보현보살마하살이 부처님의 위신력으로써 온갖 세계 바다, 온갖 중생 바다, 온갖 부처님 바다, 온갖 법계 바다, 온갖 중생의 업 바다, 온갖 중생의 근성과 욕망 바다, 온갖 부처님의 법륜 바다, 온갖 삼세 바다, 온갖 여래의 원력 바다, 온갖 여래의 신통 변화 바다를 두루 관찰하였다. 이렇게 관찰하고 나서 모든 도량에 모인 보살들에게 말하였다.

"불자들이여, 모든 부처님·세존께서 온갖 세계 바다의 이룩되고 부서짐을 아시는 청정한 지혜가 헤아릴 수 없으며, 온갖 중생들의 업 바다를 아시는 지혜가 헤아릴 수 없으며, 온갖 법계가 나란히 벌여 있는 바다를 아시는 지혜가 헤아릴 수 없으며, 온갖 그지없는 부처님 바다 아시는 지혜가 헤아릴 수 없으며, 온갖 욕망과 지혜와 근성 바다를 아시는 지혜가 헤아릴 수 없으며, 한 생각에 온갖 삼세를 두루 아시는 지혜가 헤아릴 수 없으며, 온갖 여래의 한량없는 원력 바다를 아시는 지혜가 헤아릴 수 없으며, 온갖 부처님의 신통 변화 바다를 나타내시는 지혜가 헤아릴 수 없으며, 법수레 굴리는 지혜가 헤아릴 수 없으며, 연설 바다 건립하심을 헤아릴 수 없습니다.

　청정한 부처님 몸을 헤아릴 수 없으며, 끝없는 빛깔 몸매〔色相〕바다가 널리 비침을 헤아릴 수 없으며, 몸매와 잘 생긴 모양이 모두 깨끗함을 헤아릴 수 없으며, 끝없는 빛깔 몸매 광명 바퀴 바다가 구족하고 청정함을 헤아릴 수 없으며, 가지가지 빛깔 몸매 광명 구름 바다를 헤아릴 수 없으며, 훌륭한 보배 불꽃 바다를 헤아릴 수 없으며, 말과 음성 바다 성취한 것을 헤아릴 수 없으며, 세 가지 자재한 바다를 나타내어 온갖 중생을 조복 성숙시킴을 헤아릴 수 없으며, 중생 바다를 용맹하게 조복하되 그냥 지나감이 없는 것을 헤아릴 수 없습니다.

　부처님 지위에 편안히 머뭄을 헤아릴 수 없으며, 여래의 경계에 들어감을 헤아릴 수 없으며, 위덕의 힘으로 보호하여 유지함을 헤아릴 수 없으며, 온갖 부처님 지혜로 행함을 관찰하는 것을 헤아릴 수 없으며, 모든 힘이 원만하여 꺾지 못할 것을 헤아릴 수 없으며, 두려울 것 없는 공덕이 지나갈 이 없음을 헤아릴 수 없으며, 차별 없는 삼매에 머뭄을 헤아릴 수 없으며, 신통과 변화를 헤아릴 수 없으며, 청정하고 자재한 지혜를 헤아릴 수 없으며, 온갖 부처님 법을 깨뜨릴 수 없는 것을 헤아릴 수 없습니다.

이러한 온갖 법문을 내가 부처님의 신통력을 받으며, 또 모든 여래의 위신의 힘을 받들어 구족히 말하겠습니다. 이것은 중생들로 하여금 부처님의 지혜 바다에 들게 하려는 연고며, 모든 보살들로 하여금 부처님의 공덕 바다에 편안히 머물게 하려는 연고며, 온갖 세계해를 모든 부처님의 자재함으로 장엄하게 하려는 연고며, 온갖 겁 바다에서 여래의 성품이 항상 끊어지지 않게 하려는 연고며, 온갖 세계해에서 모든 법의 진실한 성품을 나타내게 하려는 연고며, 온갖 중생의 한량없는 알음알이 바다를 따라 연설하게 하려는 연고며, 온갖 중생의 근성 바다를 따라 방편으로 부처님 법을 내게 하려는 연고며, 온갖 중생의 좋아하는 욕망 바다를 따라 온갖 장애의 산을 부수게 하려는 연고며, 온갖 중생의 마음과 행 바다를 따라 뛰어난 중요한 길을 다스리게 하려는 연고며, 온갖 보살들로 하여금 보현의 서원 바다에 머물게 하려는 연고입니다."

　이 때에 보현보살이 도량에 한량없이 모인 대중들로 하여금 환희심을 내게 하고, 온갖 법에 즐겨하는 마음을 더하게 하고, 넓고 크고 진실한 신심과 지혜를 내게 하고, 넓은 문으로 법계장法界藏의 몸을 깨끗이 다스리게 하고, 보현의 서원 바다를 잘 세우고, 삼세가 평등한 데 들어가는 지혜의 눈을 다스리고, 온갖 세간을 두루 비추는 큰 지혜 바다를 증장하게 하고, 다라니의 힘을 내어 온갖 법수레를 지니게 하고, 온갖 도량 가운데서 부처님 경계의 끝간데까지를 열어 보이고, 온갖 여래의 법문을 열고, 법계의 넓고 크고 깊은 온갖 지혜의 성품을 증장하게 하기 위해 게송으로 말하였다.

　　깊고 깊은 지혜와 공덕 바다에
　　시방의 많은 세계 널리 나투고

중생들이 볼 수 있는 낌새를 따라
광명을 널리 비춰 법륜 굴리네.

부사의한 시방의 많은 세계를
오랜 겁에 부처님이 엄정하시고
중생을 교화하여 성숙하려고
한량없는 나라에 나 계시도다.

부사의한 부처님의 깊은 경계를
중생들께 널리 보여 들게 하시나
소승을 좋아하고 집착한 마음
부처님의 깨친 이치 알지 못하네.

깨끗한 신심 있고 견고한 마음
선지식을 항상 친근하는 이에겐
모든 세계 부처님이 힘을 주시며
그리고야 여러 지혜 들어가나니

모든 아첨 다 여의고 깨끗한 마음
자비를 좋아하고 기쁜 뜻으로
생각이 너그럽고 신심 있어야
이런 법문 얻어 듣고 즐겨하리라.

보현의 큰 서원에 머물러 있고
보살의 청정한 도 닦아 행하며

법계가 허공 같음 관찰하여야
부처님의 행하던 곳 능히 알리라.

이런 보살 좋은 이익 모두 얻어서
부처님의 온갖 신통 보게 되지만
다른 길을 닦는 이는 알 수 없나니
보현행을 닦는 이만 깨닫게 되리.

중생들이 많고 넓어 끝이 없건만
여래께서 모두 다 염려하시고
바른 법륜 골고루 굴리시나니
비로자나부처님의 경계시니라.

온갖 세계 국토들이 내 몸에 들고
거기 계신 부처님도 그러하나니
너는 나의 털구멍을 자세히 보라.
내가 지금 부처 경계 네게 보이리.

보현의 행과 원이 그지없건만
내가 이미 수행하여 구족했노라.
보현의 넓은 경계 엄청난 몸이
부처님의 행함이니 자세 들으라.

그 때에 보현보살마하살이 여러 대중에게 말하였다.
"여러 불자들이여, 세계해에 열 가지 일이 있는 것을 지난 세상과 지금 세상과 오는 세상의 부처님이 이미 말씀하셨고 지금 말씀하시고 장차 말씀하실 것이니라.

무엇을 열 가지라 하는가. 이른바 세계해가 일어나던 인연因緣과 세계해가 의지하여 머묾(住)과 세계해의 형상形狀과 세계해의 체성體性과 세계해의 장엄莊嚴과 세계해의 청정함(淸淨)과 세계해의 일어남(出興)과 세계해의 겁이 머묾(劫住)과 세계해의 겁이 변천하는 차별(劫轉變差別)과 세계해의 차별 없는 문(無差別門)이니라.

여러 불자들이여, 간략히 말하여서 세계해에 이 열 가지 일이 있다 하지만, 만일 자세히 말하자면 세계해의 티끌 수와 같나니, 지난 세상·지금 세상·오는 세상의 부처님들이 이미 말씀하셨고 지금 말씀하시고 장차 말씀하실 것이니라.

여러 불자들이여, 간략히 말하면 열 가지 인연으로 말미암아 온갖 세계해가 이미 이루어졌고 지금 이루고 장차 이루어지리라.

무엇을 열 가지라 하는가. 이른바 여래의 위신력인 연고며, 법이 으레 그러한 연고며, 온갖 중생들의 행과 업인 연고며, 온갖 보살이 온갖 지혜를 이루어서 얻는 연고며, 모든 중생과 모든 보살이 선근을 함께 모은 연고며, 온갖 보살이 국토를 깨끗이 하려는 원력인 연고며, 온갖 보살이 물러가지 않는 행과 원을 성취한 연고며, 온갖 보살의 청정하고 훌륭한 지혜가 자재한 연고며, 모든 여래의 선근에서 흐르는 바와 모든 부처님의 성도하실 때의 자재한 세력인 연고며, 보현보살의 자재한 서원의 힘인 연고니라.

여러 불자들이여, 이것이 간략하게 열 가지 인연을 말한 것이지만 만일 자세히 말하자면 세계해의 티끌 수와 같으니라."

그 때에 보현보살이 이 뜻을 거듭 펴려고 부처님의 위신력을 받들어 시방을 관찰하고 게송으로 말하였다.

여기 말한 끝없는 모든 세계해
비로자나부처님이 장엄하신 것
헤아릴 수가 없는 세존의 경계
지혜와 신통력이 이러하니라.

보살들이 수행하신 서원 바다는
중생들의 욕망을 따른 것이니
중생의 마음과 행 끝이 없을 새
보살의 많은 국토 시방에 가득

보살이 일체지一切智에 나아가시고
가지가지 자재한 힘 닦아 행하여
한량없는 서원 바다 모두 내시며
크고 넓은 세계들을 성취하였네.

닦아 익힌 행과 서원 끝단 데 없고
들어산 부처 경계 한량없긴만
시방의 모든 국토 엄정하려고
나라마다 무량겁無量劫을 지내었도다.

중생들이 번뇌에 물이 들어서
가지각색 욕망이 같지도 않고
마음 따라 짓는 업이 부사의하매
여러 가지 세계해가 성립되었네.

불자여, 세계해의 무수한 장엄
때를 여읜 광명 보배 모아 이룬 것
큰 신심과 지혜로 생기었나니
시방에 있는 세계 다 그러하니라.

보살들이 보현행을 능히 닦으며
온 법계의 티끌마다 돌아다니고
티끌 속에 많은 세계 나타내나니
넓고 크고 깨끗함이 허공과 같네.

허공같이 넓은 세계 신통 보이며
부처님들 계신 도량 모두 나아가
연화좌에 모든 몸매 나타내시니
낱낱 몸에 온갖 세계 포함하도다.

한 생각에 삼세를 나타내어서
한량없는 세계해를 성립하거든
부처님이 방편으로 그 속에 드니
이것이 비로자나 장엄하신 것.

이 때에 보현보살이 다시 대중에게 말하였다.

"여러 불자들이여, 낱낱 세계 해마다 세계해 티끌 수처럼 많은 의지하여 머무름이 있나니, 이른바 온갖 장엄을 의지하여 머물기도 하고, 허공을 의지하여 머물기도 하고, 온갖 보배의 광명을 의지하여 머물기도 하고, 온갖 보배 빛 광명을 의지하여 머물기도 하고, 모든 부처님의 음성을 의지하여 머물기도 하고, 환술 같은 업으로 생긴 대력大力 아수라의 모양인 금강수金剛手를 의지하여 머물기도 하고, 온갖 세간 맡은 이의 몸[世主身]을 의지하여 머물기도 하고, 온갖 보살의 몸을 의지하여 머물기도 하고, 보현보살의 원력으로 생긴 온갖 차별한 장엄 바다를 의지하여 머물기도 하였느니라.

여러 불자들이여, 세계해에는 이렇게 세계해의 티끌 수처럼 많은 의지하여 머뭄이 있느니라."

보현보살이 이 뜻을 다시 펴려고 부처님의 위신력을 받들어 시방을 관찰하고 게송으로 말하였다.

온 시방에 가득한 허공 가운데
수없이 널려 있는 많은 국토들
부처님 신통력의 가피加被한 바로
간 데마다 나타남을 볼 수 있나니

어떤 세계 가지가지 모든 국토는
때를 여읜 보배로 이루어진 것
깨끗한 마니 구슬 가장 훌륭해
찬란하게 광명 바다 나타내도다.

어떤 것은 깨끗하고 광명한 세계
허공을 의지하여 머물러 있고
어떤 세계는 마니보배 바다 가운데
광명장을 의지하여 머물렀거든

여래께서 대중 속에 앉아 계시어
법륜을 교묘하게 연설하시니
부처님의 깊은 경계 끝이 없음을
중생들이 보고는 기뻐하도다.

어떤 것은 마니보로 곱게 단장해
아름다운 꽃 등불을 널리 펴논 듯
향기롭고 고운 구름 찬란하거든
묘한 보배 광명 그물 덮여 있도다.

어떤 세계 국토들은 끝이 없는데
연꽃 핀 큰 바다에 머물렀으니
넓고 크고 깨끗하기 세간과 달라
부처님의 묘한 음성 장엄한 까닭

어떤 세계 바퀴 돔을 따르면서도
부처님의 신력 빌어 머물게 되니
보살들이 그 가운데 두루 있어서
한량없이 많은 보배 항상 보도다.

어떤 세계 금강 손에 머물러 있고
어떤 세계 하늘 몸에 머물렀거든
비로자나 위없는 부처님께서
여기에서 법수레를 늘 굴리시네.

보배 나무 의지하여 있기도 하고
향기 불꽃 구름에도 머물렀으며
여러 가지 큰 물을 의지도 하고
견고한 금강 바다 의지도 하며

금강 당기 의지한 세계도 있고
어떤 것은 꽃 바다에 머물렀으니
엄청난 신통 변화 두루한 것은
비로자나부처님이 나타내신 일.

혹은 길고 혹은 짧고 한량이 없고
고리 돌듯 생긴 것도 한둘 아니니
미묘하게 장엄한 일 세상과 달라
청정하게 닦은 이야 보게 되나니

이러하게 가지각색 차별한 것들
서원을 의지하여 머물렀으며
어떤 세계 허공중에 항상 있거든
부처님들 구름처럼 가득하셨네.

어떤 세계 허공에 걸려 머물고
어떤 때는 있기도 없기도 하며
어떠한 세계들은 매우 청정해
보살의 보배 관에 머물렀나니,

시방세계 부처님의 큰 신통으로
온갖 것을 여기서 보게 되오며
부처님들 맑은 음성 가득하시니
업의 힘을 말미암아 화현함이라.

어떤 세계 법계에 가득 찼는데
깨끗한 마음으로 생기었나니
환술 같고 영상 같고 그지없어서
제석천왕 그물처럼 제각기 달라.

어떤 것은 가지가지 장엄 갖추고
허공을 의지하여 건립되어서
업의 경계 헤아릴 수가 없나니
부처님 신력으로 보게 되도다.

여러 국토 그지없는 티끌 속마다
잠깐잠깐 모든 세계 나타내거든
그 수효 한량없어 중생 같나니
보현의 하는 일이 이러하니라.

한량없는 중생들을 성숙하려고
이 속에서 행을 닦기 그지없는 겁
엄청난 신통 변화 모두 일으켜
온 법계 가운데에 두루하도다.

법계의 여러 국토 낱낱 티끌 속
그 가운데 크고 많은 세계해 있고
평등하게 덮여 있는 부처님 구름
간 데마다 가득하게 충만하였네.

한 티끌에 자재하게 작용하듯이
낱낱 티끌 속에서도 그와 같나니
부처님과 보살들의 크신 신통을
비로자나부처님이 다 나타내네.

여러 가지 크고 넓은 많은 세계들
요술이나 아지랑이 그림자 같아
시방에서 쫓아온 곳 볼 수도 없고
오는 것도 아니지만 간 데도 없네.

부서지고 생겨나고 바퀴 돌듯이
허공 속에 잠깐도 쉬지 아니함
깨끗한 서원으로 말미암았고
넓고 큰 업력으로 유지되도다.

보현보살이 다시 대중에게 말하였다.
"여러 불자들이여, 세계해에 가지가지 차별한 형상이 있으니, 이른바 둥글기도 하고 모나기도 하고, 둥글지도 모나지도 아니하여 한량없는 차별이 있으며, 혹은 소용 도는 물의 모양이고 혹은 산 불꽃 모양이며, 나무 모양도 같고 꽃 모양도 같고 궁전 모양도 같고 중생 모양도 같고 부처님 모양도 같아서, 이런 것이 세계해의 티끌 수와 같으니라."
  그 때에 보현보살이 이 뜻을 거듭 펴려고 부처님의 위신력을 받들어 시방을 관찰하고 게송으로 말하였다.

    한량없는 세계해들 각각 다르고
    가지가지 장엄이요, 각각 머물러
    훌륭하고 아름다워 시방에 가득
    그대들이 신력 입어 함께 보도다.

    그 형상이 둥글거나 네모지거나
    혹은 세모 혹은 팔모 나기도 하며
    마니 바퀴 모양과 연꽃 모양들
    모두 다 업력으로 다르느니라.

    깨끗한 불꽃으로 장엄도 하고
    진금으로 장식하여 아름다우며
    문과 창이 활짝 열려 막힘없으니
    업이 넓고 마음이 순일한 까닭.

    세계해가 끝이 없이 차별한 것이
    많은 구름 허공중에 덮여 있는 듯
    보배 바퀴 땅에 널려 묘한 장엄이
    부처님의 광명에 환히 비치네.

    온갖가지 국토를 마음으로 가려

가지각색 광명으로 비추었거늘
부처님이 이와 같은 세계 중에서
제각기 신통력을 나타내시네.

어떤 것은 물들었고 혹은 깨끗해
고통 받고 낙 받음이 각각 다름은
지은 업이 헤아릴 수 없는 연고니
변해가는 모양이 늘 그러니라.

한 털구멍 속에 있는 엄청난 세계
티끌처럼 가지가지 머물렀는데
세계마다 비로자나 세존 계시어
대중에게 묘한 법문 연설하도다.

한 티끌 속에 있는 작고 큰 세계
가지각색 차별하기 티끌 같은데
높고 낮고 평탄하여 같지 않거든
부처님이 그 곳마다 법륜 굴리네.

온갖 티끌 속마다 나타난 세계
모두 다 서원력과 신통력이니
좋아하는 마음 따라 가지가지로
그지없는 허공 중에 지어 내신 것.

온갖 가지 국토마다 티끌이 있고

낱낱 티끌 가운데 부처 계시어
중생들을 위하여 신통 보이니
비로자나 불법이 이러하니라.

보현보살이 또 대중에게 말하였다.
"여러 불자들이여, 세계해에는 가지가지 체성體性이 있는 줄을 알아야 하나니, 이른바 온갖 보배 장엄으로 체성이 되기도 하고, 한 가지 보배의 가지가지 장엄으로 체성이 되기도 하고, 온갖 보배의 광명으로 체성이 되기도 하고, 가지가지 빛깔 광명으로 체성이 되기도 하고, 온갖 장엄의 광명으로 체성이 되기도 하고, 깨뜨릴 수 없는 금강으로 체성이 되기도 하고, 부처님 힘의 가지加持로 체성이 되기도 하고, 묘한 보배 모양으로 체성이 되기도 하고, 부처님의 변화로 체성이 되기도 하고, 햇빛 마니 바퀴로 체성이 되기도 하고, 지극히 미세한 보배로 체성이 되기도 하고, 온갖 보배 불꽃으로 체성이 되기도 하고, 가지가지 향으로 체성이 되기도 하고, 온갖 보배 화관華冠으로 체성이 되기도 하고, 온갖 보배의 영상으로 체성이 되기도 하고, 온갖 장엄의 나타내는 것으로 체성이 되기도 하고, 잠깐 동안 마음에 널리 나타내는 경계로 체성이 되기도 하고, 보살 형상의 보배로 체성이 되기도 하고, 보배 꽃술로 체성이 되기도 하고, 부처님의 음성으로 체성이 되기도 하였느니라."
보현보살이 이 뜻을 거듭 펴려고 부처님의 위신력을 받들어 시방을 관찰하고 게송으로 말하였다.

혹 어떠한 세계해는
묘한 보배 모여 되니
단단하여 깰 수 없어

연꽃 위에 머물렀고,

혹은 청정 광명인데
생겨난 것 알 수 없고
온갖 광명 장엄으로
허공 속에 머물렀고,

청정 광명 체성 되어
광명 속에 머무르매
빛 구름이 꾸몄는데
보살들이 함께 노네.

혹 어떠한 세계해는
원력으로부터 나서
영상처럼 머무르매
잡음〔取〕도 말도 할 수 없고

마니로 된 세계해는
햇빛 광명 널리 놓고
진주 바퀴 땅을 장엄
보살들이 가득하고,

어떤 세계 보배로 돼
불꽃 구름 덮였는데
보배 광명 훌륭하니

제 업으로 얻음일세.

　묘상妙相으로 생긴 세계
　여러 모양 장엄하니
　보배 관을 함께 쓴 듯
　부처님의 변화이며,

　마음으로 생긴 세계
　마음 따라 머무르니
　제 곳 없는[無處所] 환술인 듯
　모든 것이 분별이라.

　부처 광명 이룬 세계
　마니 빛이 체성 되고
　그 가운데 부처 계셔
　각각 신통 일으키네.

　보현보살 변화로써
　나타내는 세계해는
　원력으로 장엄하여
　모든 것이 훌륭하다.

그 때에 보현보살이 또 대중에게 말하였다.
"여러 불자들이여, 세계해에 가지가지 장엄이 있는 줄을 알아야 하나니, 이른바 온갖 장엄거리에서 훌륭한 구름을 내어 장엄하고, 온갖 보살의 공덕을 말하여 장엄하고, 온갖 중생의 업보를 말하여 장엄하고, 온갖 보살의 서원을 보여 장엄하고, 모든 삼세의 부처님 형상을 표시하여 장엄하고, 잠깐 동안에 그지없는 겁을 나타내는 신통한 경계로 장엄하고, 모든 부처님의 몸을 나타내어 장엄하고, 모든 도량 가운데 훌륭한 보물을 나타내어 광명이 비치는 것으로 장엄하고, 온갖 보현의 행과 원을 나타내어 장엄하였으니, 이러한 것이 세계해의 티끌 수와 같으니라."

보현보살이 이 뜻을 거듭 펴려고 부처님의 위신력을 받들어 시방을 관찰하고 게송으로 말하였다.

넓고 크고 끝없는 모든 세계해
깨끗한 업으로써 이룬 것이니
가지가지 장엄으로 각각 머물러
그지없는 시방에 가득 차니라.

끝없는 빛깔 보배 불꽃 구름들
크고 넓은 장엄이 하나가 아냐
시방의 세계해에 항상 나타나
묘한 음성 두루 내어 법문 말하네.

보살의 끝이 없는 공덕 바다는
가지가지 서원으로 장엄한 것이
이 국토서 한꺼번에 음성을 내어
시방의 모든 세계 진동하도다.

중생들의 업 바다 매우 넓어서
받게 되는 과보도 같지 않거든
간 데마다 훌륭한 장엄 가운데
부처님들 계시어 연설하시네.

삼세에 계시는 여러 여래들
신통으로 세계해를 나타내시니
하나하나 사물마다 온갖 부처님
이렇게 엄정하심 네가 보리라.

지난 세상 오는 세상 지금 세상에
시방에 널려 있는 모든 국토들
저 세계의 훌륭하고 큰 장엄들이
낱낱이 세계 중에 나타나도다.

온갖 것에 계시는 많은 부처님
중생 수와 같아서 세상에 가득
중생을 조복하려 신통 내시매
이것으로 세계 바다 장엄하였네.

온갖 장엄 속에서 구름을 내니
가지가지 꽃 구름 향기 구름과
마니보배 구름이 항상 나타나
세계해가 이것으로 장엄되었네.

시방의 간 데마다 성도하신 곳
가지가지 장엄이 구족하여서
광명이 흘러 퍼져 구름 같으니
이 세계서 골고루 보게 되도다.

보현의 원과 행을 여러 불자들
중생과 같은 겁에 닦아 익혀서
끝없는 국토들을 장엄하는 일
가는 곳 곳곳마다 나타나도다.

이 때에 보현보살이 또 대중에게 말하였다.
"여러 불자들이여, 세계해에 세계해 티끌 수의 청정한 방편 바다가 있는 줄을 알아야 하나니, 이른바 모든 보살이 온갖 선지식을 친근하여 선근이 같은 연고며, 넓고 큰 공덕 구름을 증장하여 법계에 두루한 연고며, 넓고 크고 훌륭한 지해〔解〕를 깨끗이 닦은 연고며, 온갖 보살의 경계를 관찰하여 편안히 머무는 연고며, 모든 바라밀을 닦아서 모두 원만한 연고며, 모든 보살의 여러 지위를 관찰하여 들어가 머무는 연고며, 온갖 깨끗한 서원 바다를 내는 연고며, 온갖 벗어날 중요한 행을 닦아 익히는 연고며, 온갖 장엄 바다에 들어가는 연고며, 청정한 방편의 힘을 성취하는 연고니, 이와 같은 세계해 티끌 수가 있느니라."
그 때 보현보살이 이 뜻을 거듭 펴려고 부처님의 위신력을 받들어 시방을 관찰하고 게송으로 말하였다.

온갖 곳 세계해의 모든 장엄이
많은 방편 원력으로 생긴 것이요

온갖 곳 세계해의 비치는 광명
청정한 업력으로 일어나니라.

오랫동안 선지식을 친근하면서
선한 업 함께 닦아 깨끗하였고
크고 넓은 자비심 중생에 두루
이것으로 세계해를 장엄하도다.

여러 가지 법문과 여러 삼매와
선정과 해탈이며 방편의 지위
부처님들 계신 데서 깨끗이 닦아
이것으로 세계해를 내었느니라.

한량없는 결정한 지혜를 내고
여래를 이해하기 차별 없으며
인욕과 모든 방편 닦았으므로
끝없는 세계해를 깨끗이 장엄.

중생들께 이익 주려 좋은 행 닦고
복과 공덕 넓고 크고 항상 늘어서
구름 퍼져 허공에 가득하듯이
여러 곳 세계해를 다 성취하네.

한량없는 바라밀 세계 티끌 수
모두 이미 수행하여 구족했으니

서원의 바라밀 그지없을새
청정한 세계해가 여기서 났네.

짝이 없는 온갖 법을 깨끗이 닦고
뛰어난 중요한 행 많이 일으켜
가지가지 방편으로 중생을 교화
이러하게 모든 국토 장엄하도다.

장엄하는 방편 지위 닦아 익히고
부처님의 공덕과 법문에 들어
중생들의 고통 근원 없애게 하며
크고 넓은 좋은 세계 이룩하시네.

힘의 바다 넓고 크고 짝할 이 없어
중생들에 선근 공덕 심도록 하며
간 데마다 여래께 공양하여서
끝없는 국토들을 청정케 하네.

그 때에 보현보살이 다시 대중에게 말하였다.

"여러 불자들이여, 낱낱 세계해에 세계해의 티끌 수 부처님이 출현하시는 차별이 있느니라. 이른바 작은 몸도 나타내고 큰 몸도 나타내고, 단명함도 나타내고, 장수함도 나타내며, 혹은 한 부처님 세계를 엄정하기도 하고, 한량없는 부처님 세계를 엄정하기도 하며, 일승―乘의 법륜을 보이기도 하고, 헤아릴 수 없는 승의 법륜을 보이기도 하며, 적은 중생을 조복하기도 하고, 끝없는 중생을 조복하기도 하나니, 이런 따위가 세계해 티끌 수가 있느니라."

　보현보살이 이 뜻을 거듭 펴려고 부처님의 위신력을 받들어 시방을 관찰하고 게송으로 말하였다.

　　부처님의 가지가지 방편문으로
　　갖가지 세계해를 일으키는데
　　중생들의 좋아하는 마음 따르니
　　이런 것이 여래의 좋은 방편력.

　　부처님의 법신은 부사의하여
　　빛도 없고 모양 없고 영상 없으나
　　중생에게 모든 모양 나타내어서
　　좋아하는 마음 따라 보게 하도다.

　　어떤 때는 중생에게 단명 보이고
　　어떤 때는 한량없는 목숨 보이고
　　법신이 시방세계 늘 계시면서
　　적당하게 세간에 나타나시네.

　　어떤 때는 온 시방에 널리어 있는
　　부사의한 세계해를 엄정도 하고
　　어떤 때는 한 국토만 엄정도 하되
　　한꺼번에 남김 없이 나타내시네.

　　중생들의 마음에 좋아함 따라

수가 없는 여러 법을 나타도 내고
어떤 때는 일승법만 연설도 하여
하나 속에 무량한 법 보이시도다.

어떤 때는 자연으로 정각 이루어
많지 않은 중생들을 도에 머물게
혹은 능히 한 생각에 세일 수 없는
한량없는 중생들을 깨닫게 하네.

털구멍에 변화하는 구름을 내어
그지없는 부처님을 나타내시고
여러 세간 사람들을 보게 하여서
방편으로 중생들을 제도하도다.

어느 때는 말씀 소리 널리 퍼지며
중생들의 마음 따라 법을 말하여
헤아릴 수가 없는 오랜 겁에서
한량없는 중생들을 조복도 하고

어느 때는 한량없이 장엄한 국토
모든 대중 엄연하게 앉았었거든
부처님이 구름같이 두루 퍼지어
시방의 세계해에 충만하시네.

부처님의 방편이 부사의하여

중생의 마음 따라 나타나시고
가지가지 장엄 세계 두루 계시며
시방의 모든 국토 가득하시네.

그 때에 보현보살이 다시 대중에게 말씀하였다.
"여러 불자들이여, 세계해에는 세계해 티끌 수 겁의 머뭄이 있느니라. 이른바 아승기겁 동안 머물기도 하고, 한량없는 겁 동안 머물기도 하고, 끝없는 겁 동안 머물기도 하고, 짝할 이 없는 겁 동안 머물기도 하고, 셀 수 없는 겁 동안 머물기도 하고, 일컬을 수 없는 겁 동안 머물기도 하고, 생각할 수 없는 겁 동안 머물기도 하고, 헤아릴 수 없는 겁 동안 머물기도 하고, 말할 수 없는 겁 동안 머물기도 하나니, 이렇게 세계해 티끌 수가 있느니라."

그 때 보현보살이 이 뜻을 거듭 펴려고 부처님의 위신력을 받들어 시방을 관찰하고 게송으로 말하였다.

세계해 가운데의 가지가지 겁
크고 넓은 방편으로 장엄한 바를
시방의 국토에서 모두 다 보고
수효와 차별함을 분명히 아네.

내가 보니 시방의 세계해들이
겁의 수효 한량없기 중생 같아서
혹은 길고 혹은 짧고 끝이 없음을
부처님 음성으로 연설하시네.

내가 보니 시방의 세계해들이
어떤 국토 티끌 겁을 머물러 있고
어떤 것은 한 겁 동안 혹은 무수 겁
원력이 다르므로 같지 않다네.

어떤 것은 깨끗하고 혹은 물들고
물들고 깨끗함이 섞인 것 있어
원력으로 생긴 것이 각각 다르나
중생의 생각 속에 머물렀도다.

지난 세월 티끌 겁에 행을 닦아서
청정한 세계해를 얻었사올새
부처님이 경계로 장엄 갖추어
끝이 없이 오랜 겁에 길이 머무네.

어떤 겁은 가지가지 보배의 광명
평등한 음성이며 불꽃 눈이며
때를 여읜 광명이며 지금은 현겁
청정한 겁 가운데 온갖 겁 있네.

어떠한 청정 겁엔 한 부처 나고
한 겁 동안 한량없는 부처도 나서
그지없는 방편과 큰 원력으로
가지가지 온갖 겁에 들어가도다.

무량겁이 한 겁 속에 들기도 하고
　　한 겁이 무량겁에 들기도 하여
　　온갖 겁의 가지가지 다른 문으로
　　시방의 모든 국토 밝게 나타나

　　어떤 때는 모든 겁의 장엄한 일을
　　한 겁 속에 골고루 보기도 하고
　　한 겁 속에 장엄한 여러 일들이
　　끝이 없는 온갖 겁에 들기도 하네.

　　한 생각을 비롯하여 겁이 되도록
　　중생 마음 의지하여 생긴 것이매
　　온 시방 세계해의 끝이 없는 겁
　　한 가지 방편으로 깨끗하게 하네.

　보현보살이 또 대중에게 말하였다.
　"여러 불자들이여, 세계해에는 세계해 티끌 수의 겁이 변천하는 차별이 있는 줄을 알아야 하느니라. 이른바 으레 그러한 연고로 세계해가 한량없이 이루고 부서지는 겁으로 변천하며, 더러운 중생이 머무는 연고로 세계해가 더러운 겁을 이루어 변천하며, 넓고 큰 복을 닦은 중생이 머무는 연고로 세계해가 더럽고 깨끗한 겁을 이루어 변천하며, 믿고 이해하는 보살이 머무는 연고로 깨끗하고 더러운 겁을 이루어 변천하며, 한량없는 중생이 보리심을 내는 연고로 세계해가 순일하게 청정한 겁으로 변천하며, 모든 보살들이 제각기 여러 세계에 노니는 연고로 세계해가 끝이 없이 장엄한 겁으로 변천하며, 시방에 있는 온갖 세계해의 보살이 구름처럼 모이는 연고로 세계해가 한량없이 큰 장엄 겁으로 변천하며, 부처님 세존이 열반에 드시는 연고로 세계해가 장엄이 멸하는 겁으로 변천하며, 부처님이 세상에 출현하시는 연고로 세계해가 엄청나게 엄정한 겁으로 변천하며, 여래가 신통 변화하시는 연고로 세계해가 두루 청정한 겁으로 변천하나니, 이런 것이 세계해의 티끌 수가 있느니라."

그 때 보현보살이 이 뜻을 거듭 펴려고 부처님의 위신력을 받들어 시방을 관찰하고 게송으로 말하였다.

온갖 가지 국토들이
업력으로 생기나니
그대들은 잘 보아라.
변천함이 이러하니라.

물이 들은 중생들은
업과 번뇌 속박되매
그 마음이 세계해를
물이 들게 하느니라.

깨끗하온 마음으로
복과 덕을 닦은 이는
그 마음이 세계해를
물도 들고 깨끗하게

믿고 아는 보살들이

저 겁 안에 나게 되면
그 마음에 있는 대로
깨끗거나 물드나니,

한량없는 저 중생들
보리심을 모두 내면
그 마음이 세계해를
깨끗한 겁 머물게 해.

한량없는 억만 보살
시방세계 나아갈 제
장엄한 일 안 다르나
겁에서는 차별 보네.

하나하나 티끌 속에
티끌 수의 세계 있어
보살들이 모여 오면
모든 국토 청정하며

세존께서 열반하면
세계 장엄 멸하나니
중생 중에 법기法器 없어
세계해가 물드나니

부처님이 출흥하면

온갖 것이 진귀珍貴하며
그 마음이 깨끗할새
장엄들도 구족하네.

부처님의 신통한 힘
부사의를 나타내면
이런 때의 세계해는
온갖 것이 모두 청정.

보현보살이 다시 대중에게 말하였다.
"여러 불자들이여, 세계해에는 세계해 티끌 수의 차별 없는 일이 있는 줄을 알아야 하느니라. 이른바 낱낱 세계해 가운데 세계해 티끌 수의 세계가 차별이 없으며, 낱낱 세계해 가운데 부처님이 출현하여 지니신 위신력이 차별이 없으며, 낱낱 세계해 가운데 온갖 도량이 시방 법계에 두루함이 차별이 없으며, 낱낱 세계해 가운데 온갖 여래의 도량에 모인 대중이 차별이 없으며, 낱낱 세계해 가운데 온갖 부처님의 광명이 법계에 두루함이 차별이 없으며, 낱낱 세계해 가운데 온갖 부처님의 변화하신 명호가 차별이 없으며, 낱낱 세계해 가운데 부처님 음성이 세계해에 가득하여 한량없는 겁 동안 머묾이 차별이 없으며, 낱낱 세계해 가운데 법수레의 방편이 차별이 없으며, 낱낱 세계해 가운데 온갖 세계해가 한 티끌에 두루 들어감이 차별이 없으며, 낱낱 세계해 가운데 있는 티끌마다 온갖 삼세의 부처님·세존의 크고 넓은 경계가 그 가운데 나타남이 차별이 없느니라.
여러 불자들이여, 세계해의 차별 없는 것을 간략하게 말하면 이러하거니와, 만일 자세히 말하면 세계해의 티끌 수가 있느니라."

보현보살이 이 뜻을 거듭 펴려고 부처님의 위신력을 받들어 시방을 관찰하고 게송으로 말하였다.

　　한 티끌 속에 있는 많은 세계해
　　처소는 다르지만 깨끗이 장엄
　　한량없는 세계들이 하나에 들되
　　제각기 분명하여 섞이지 않네.

　　티끌마다 헤아릴 수 없는 부처님
　　중생의 마음 따라 앞에 나타나
　　모든 곳 세계해에 두루하나니
　　이와 같은 방편이 차별이 없네.

　　낱낱 티끌 가운데 있는 나무들
　　가지가지 장엄이 드리웠는데
　　시방의 국토들이 함께 나타나
　　이와 같이 온갖 것이 차별이 없네.

　　티끌마다 티끌같이 많은 대중들
　　사람 중에 임금님을 둘러 쌌는데
　　온갖 것에 뛰어나 세간에 가득
　　그래도 비좁거나 잡란치 않네.

　　낱낱 티끌 가운데 한량없는 빛
　　시방의 모든 세계 두루하여서

부처님의 보리행을 모두 나타내
갖가지 세계해가 차별이 없네.

낱낱 티끌 가운데 한량없는 몸
구름처럼 변화하여 두루 가득해
부처님의 신통으로 중생을 제도
시방의 국토들도 차별이 없네.

낱낱 티끌 가운데 법을 말하니
그 법이 청정하며 바퀴돌듯이
가지가지 방편과 자재한 법문
온갖 것을 연설하여 차별이 없네.

한 티끌에 부처 음성 모두 말하여
중생의 법 그릇에 가득히 차고
세계해에 머무르기 그지없는 겁
이와 같은 음성이 차별이 없네.

세계해에 한량없는 묘한 장엄이
티끌마다 들어가지 않은 데 없어
이러한 부처님의 신통한 힘은
모두가 업성業性으로 일어나는 것.

낱낱 티끌 속마다 삼세 부처님
좋아하는 마음 따라 보게 하지만

그 성품이 오도 가도 하지 않나니
서원의 힘으로써 세간에 가득.

대방광불화엄경 제8권

제8권

5. 화장세계품華藏世界品 ①

그 때에 보현보살이 다시 대중에게 말하였다.

"여러 불자들이여, 이 화장장엄세계해華藏莊嚴世界海는 비로자나부처님께서 지난 옛적 세계해의 티끌 수 겁 동안 보살행을 닦을 때에 낱낱 겁마다 세계해의 티끌 수 부처님을 친근하였고, 낱낱 부처님 계신 데서 세계해의 티끌 수 큰 서원을 닦아서 깨끗하게 장엄한 것이니라.

여러 불자들이여, 이 화장장엄세계해에 수미산 티끌 수의 풍륜風輪이 있어 받치었는데, 맨 밑에 있는 풍륜은 이름이 평등하게 머묾[平等住]이니, 그 위에 있는 온갖 보배 불꽃 치성한 장엄을 받쳤고, 그 다음 풍륜은 이름이 가지가지 보배 장엄을 냄[出生種種寶莊嚴]이니, 그 위에 있는 깨끗한 광명 비치는 마니왕 당기를 받쳤고, 그 다음 풍륜은 이름이 보배 위덕[寶威德]이니 그 위에 있는 온갖 보배 방울을 받쳤고, 그 다음 풍륜은 이름이 평등 불꽃[平等焰]이니 그 위에 있는 햇빛 광명 마니왕 바퀴를 받쳤고, 그 다음 풍륜은 이름이 가지가지 두루 장엄〔種種普莊嚴〕이니, 그 위에 있는 광명 바퀴 꽃을 받쳤고, 그 다음 풍륜은 이름이 널리 청정〔普淸淨〕이니, 그 위에 있는 온갖 꽃 불길 사자좌를 받쳤고, 그 다음 풍륜은 이름이 소리가 시방에 두루함〔聲遍十方〕이니, 그 위에 있는 구슬왕 당기를 받쳤고, 그 다음 풍륜은 이름이 온갖 보배 광명〔一切寶光明〕이니, 그 위에 있는 온갖 마니왕 나무 꽃을 받쳤고, 그 다음 풍륜은 이름이 빠르게 널리 가짐〔速疾普持〕이니, 그 위에 있는 온갖 향 마니 수미 구름을 받치었고, 그 다음 풍륜은 이름이 가지가지 궁전이 돌아다님〔種種宮殿〕이니, 그 위에 있는 온갖 보배 빛 향대香臺 구름을 받쳤느니라.

여러 불자들이여, 저 수미산 티끌 수 풍륜에서 맨 위에 있는 것은 이름이 훌륭한 위엄 광명〔殊勝威光藏〕이니, 보광마니장엄향수해普光摩尼莊嚴香水海를 받쳤으며, 이 향수해에 큰 연꽃이 있으니, 이름이 가지가지 광명 꽃술 향기 당기〔種種光明蘂香幢〕이다. 화장장엄세계해가 그 복판에 있는데, 사방이 고루 평탄하며 청정하고 견고하여 금강륜산金剛輪山이 한 바퀴 둘리었으며, 땅과 바다와 모든 나무들이 각각 구별되어 있느니라."

보현보살이 이 뜻을 거듭 펴려고 부처님의 위신력을 받들어 시방을 관찰하고 게송으로 말하였다.

> 세존께서 지난 옛적 여러 세상에
> 티끌 수의 부처님께 좋은 업 닦고
> 가지각색 보배 광명 얻으셨으니
> 이것이 화장장엄세계해니라.
>
> 넓고 큰 자비 구름 세계에 가득

한량없이 버린 몸이 세계 티끌 수
옛날에 오랜 세월 행을 닦아서
오늘날 이 세계에 때가 없도다.

큰 광명을 놓아서 허공에 가득
바람으로 받들어서 흔들리잖고
불장마니佛藏摩尼 보배로 두루 꾸미니
여래의 원력으로 청정해졌네.

마니로 된 묘장화妙藏華 널리 흩으니
옛날의 원력으로 허공에 있고
가지가지 견고한 장엄 바다에
빛난 구름 드리워 시방에 가득.

모든 마니 가운데 보살 구름이
시방에 두루감에 광명이 치성
불꽃 광명 바퀴 이뤄 꽃으로 장식
법계에 두루 흘러 두루 퍼졌네.

온갖 보배 가운데서 광명 놓으니
그 광명이 중생 바다 두루 비추고
시방세계 국토에 가득히 차서
고통 바다 벗어나 보리로 가네.

보배 속에 부처님들 중생 수 같이

털구멍서 나오는 변화한 형상
범천왕과 제석천왕 전륜왕이며
온갖가지 중생과 부처님이라.

화현한 광명들이 법계와 같고
광명에서 부처 명호 연설하여서
가지가지 방편으로 조복할 때에
중생들의 마음 따라 모두 다하네.

화장장엄 세계에 있는 티끌들
낱낱 티끌 가운데 법계를 보니
광명 속에 부처님 구름 모이듯
이것은 부처님들 세계의 자재.

넓고 큰 서원 구름 법계에 가득
한량없는 겁마다 중생을 교화
보현의 지혜와 행 다 성취하니
하고 많은 장엄이 여기서 나네.

그 때에 보현보살이 또 대중에게 말하였다.
"여러 불자들이여, 이 화장장엄세계해의 대철위산大鐵圍山이 햇빛 구슬 연꽃 위에 머물러 있으니, 전단마니로 자체가 되고 위덕보왕威德寶王으로 봉우리가 되고 묘향마니妙香摩尼로 바퀴가 되고, 불꽃 광 금강으로 함께 이루었으며, 모든 향물들이 그 사이에 흐르고 모든 보배로 숲이 되고 고운 꽃이 활짝 피고 향 풀이 땅에 퍼졌으며, 깨끗한 진주로 사이

사이 장식하고 여러 가지 향과 꽃이 간 데마다 가득 차고 마니로 그물이 되어 두루 덮였으니, 이와 같이 세계해 티끌 수의 묘한 장엄이 있느니라."

그 때 보현보살이 이 뜻을 거듭 펴려고 부처님의 위신력을 받들어 시방을 관찰하고 게송으로 말하였다.

　　엄청난 세계해가 끝이 없는데
　　철위산이 청정하여 가지각색 빛
　　찬란한 장엄들이 모두 기묘해
　　여래의 신력으로 생기어 난 것.

　　마니보배 바퀴와 향기 바퀴며
　　진주로 된 바퀴와 등불 바퀴들
　　기묘한 보배들로 장엄했으니
　　청정한 철위산이 머물러 있네.

　　견고한 마니보배 고방〔藏〕이 되고
　　염부단 금으로 곱게 꾸미니
　　빛이 나고 불꽃 퍼져 시방에 가득
　　안과 밖이 수정처럼 깨끗하도다.

　　금강과 마니보배 모여서 되고
　　마니의 묘한 보배 다시 내리니
　　그 보배 기묘하여 하나뿐 아냐
　　청정한 광명 놓아 두루 꾸몄네.

향수가 흘러내려 한량없는 빛
꽃과 보배 전단까지 널리 흩으니
연꽃들이 만발하여 옷 펴놓은 듯
고운 풀이 널려 나서 향기가 자욱.

한량없는 보배 나무 장엄하였고
꽃이 피어 아름다운 빛까지 찬란
가지가지 유명한 옷 그 속에 가득
빛 구름이 두루 비쳐 늘 원만하네.

한량없고 끝없는 큰 보살들이
일산 들고 향을 살라 법계에 충만
여러 가지 묘한 음성 두루 내어서
여래의 법 바퀴를 굴리는도다.

마니 나무 보배로 이루어졌고
보배의 가루마다 광명 놓으니
비로자나부처님의 청정한 몸이
그 가운데 들었음을 모두 보도다.

장엄 속에 부처님의 몸을 나투니
그지없는 몸매와 한없는 빛깔
온 시방에 모두 가서 두루하시니
교화하신 중생들도 한량이 없네.

여러 가지 장엄에서 음성을 내어
　　여래의 서원 법륜 연설하시니
　　시방에 가득히 찬 세계해들에
　　부처님의 자재한 힘 가득케 하네.

　보현보살이 또 대중에게 말하였다.
　"여러 불자들이여, 이 세계해의 큰 철위산 안에 있는 큰 땅들은 모두 금강으로 되었으며, 견고한 장엄을 깨뜨릴 수 없으며, 청정하고 평탄하여 높고 낮은 데가 없으며, 마니로 바퀴가 되고 모든 보배로 광(藏)이 되고, 모든 중생의 가지가지 형상인 마니보배로 사이사이 장식하였으며, 모든 보배의 가루를 흩고 연꽃을 널리 폈으며, 향장마니香藏摩尼를 사이마다 나누어 두고 모든 장엄거리가 구름같이 가득하여, 삼세의 모든 세계에 있는 여러 가지 장엄으로 아름답게 꾸몄으며, 마니보배로 그물이 되었는데 여래의 모든 경계를 두루 나타내어서 제석천의 보배 그물처럼 그 가운데 널렸느니라.
　여러 불자들이여, 이 세계해의 땅에 이러한 세계해 티끌 수의 장엄이 있느니라."
　보현보살이 이 뜻을 거듭 펴려고 부처님의 위신력을 받들어 시방을 관찰하고 게송으로 말하였다.

　　그 땅이 평탄하고 매우 청정해
　　견고하게 머물러서 부술 수 없고
　　마니주로 곳곳마다 장엄했으며
　　뭇 보배로 그 가운데 장식하였네.

금강으로 땅이 되니 매우 즐겁고
보배 바퀴 보배 그물 장엄을 구족
연꽃이 위에 피어 원만하오며
좋은 옷 가득히 펴 두루하였네.

보살의 하늘 관과 보배 영락이
땅 위에 널리어서 곱게 꾸미고
전단 향 마니보배 두루 흩으니
때 없는 묘한 광명 널리 퍼지네.

보배 꽃 불꽃 내고 미묘한 광명
빛난 불꽃 구름같이 온통 비치고
고운 꽃과 모든 보배 두루 흩어서
땅바닥에 널리 덮어 장엄하도다.

솜털 구름 일어나서 시방에 가득
크고 넓은 광명이 다함이 없이
시방의 모든 세계 두루 퍼지며
여래의 감로 법문 연설하도다.

부처님들 원력으로 마니주 안에
끝없이 많은 겁이 나타나나니
좋은 지혜 가진 이의 옛날 수행을
이 마니보배에서 모두 보도다.

그 땅에 싸여 있는 마니보배에
부처님의 모든 세계 다 들어가고
저 세계의 하나하나 티끌 가운데
시방세계 국토들이 모두 들도다.

묘한 보배 장엄한 화장 세계에
보살들이 두루 다녀 시방에 가득
보살의 큰 서원을 연설하나니
이것은 이 도량의 자재하온 힘.

마니주 보배들로 장엄한 땅에
깨끗한 광명 놓고 장식 갖추니
법계에 가득하고 허공과 같아
부처님의 힘으로 나타나는 것.

여러 곳서 보현보살 원을 닦았고
부처 경계 들어간 지혜로운 이
이 세계해 가운데 일어나는 일
이와 같은 신통 변화 능히 알리라.

그 때에 보현보살이 또 대중에게 말하였다.
"여러 불자들이여, 이 세계해 큰 땅 안에는 말할 수 없는 부처 세계의 티끌 수 향수해가 있으니, 여러 가지 묘한 보배로 바닥을 장엄하고 묘향 마니로 언덕을 장엄하였으며, 비로자나 마니보배로 그물이 되고 맑게 비치어 모든 빛을 구족한 향기로운 물이 그 속에 가득하였는데,

가지각색 보배 꽃이 위에 덮이고 전단향의 앙금이 바닥에 깔렸으며, 부처님의 음성을 연설하고 보배 광명을 놓거든 그지없는 보살들이 가지가지 일산을 받고 신통한 힘을 나타내니, 온갖 세계에 있는 장엄들이 모두 그 가운데 나타나느니라.

열 가지 보배로 된 층계들이 열을 지어 나뉘었고, 열 가지 보배로 된 난간이 주위에 둘렸으며, 사천하의 티끌 수 보배로 장엄하고 분타리꽃이 물 가운데 만발하였으며, 말할 수 없는 백천억 나유타 수의 열 가지 보배로 된 시라尸羅 당기와 항하의 모래 수처럼 많은 온갖 보배 옷 방울 그물 당기와 항하의 모래 수처럼 많은 그지없는 빛을 가진 보배 꽃 누각과 백천억 나유타 수의 열 가지 보배로 된 연꽃 성과 사천하의 티끌 수 보배 숲에 불꽃 마니로 그물이 된 것과 항하의 모래 수 전단향과 부처님들의 음성을 내는 빛난 마니와 말할 수 없는 백천억 나유타 보배 담장들이 함께 둘리어 화려하게 장엄하였느니라."

보현보살이 이 뜻을 거듭 펴려고 부처님의 위신력을 받들어 시방을 관찰하고 게송으로 말하였다.

    이 세계해 땅 위에 있는 향수해
    마니주 보배들로 장엄하였고
    깨끗하고 묘한 보배 밑에 깔리어
    금강 위에 머물러 부술 수 없네.

    향장 마니보배로 언덕이 되고
    햇빛 불꽃 진주 바퀴 구름 퍼지듯
    연꽃과 묘한 보배 영락이 되니
    곳곳마다 장엄한 것 깨끗하여라.

향수가 고요하여 여러 가지 빛
보배 꽃 둘러 퍼져 광명 놓으며
우렁차게 나는 음성 멀고 가깝게
부처님의 위신으로 법문 말하네.

층계에 장엄한 것 모든 보배요
사이사이 마니주로 꾸미었는데
둘려 있는 난간들도 보배로 되니
연꽃과 진주 그물 구름 퍼지듯.

마니로 된 보배 나무 줄을 지었고
꽃들이 만발하여 빛이 찬란해
가지가지 음악을 항상 사뢰니
부처님의 신통으로 이러하니라.

가지가지 보배로 된 분타리 꽃이
활짝 피어 향수해를 장엄했으며
향기 불꽃 광명이 쉴 새 없으니
넓고 크고 원만하게 가득하도다.

밝은 진주 보배 당기 늘 치성하고
묘한 옷이 드리워서 장식이 찬란
마니로 된 방울 그물 법을 말하여
듣는 이들 부처 지혜 이르게 하네.

묘한 보배 연꽃으로 성곽이 되고
갖은 채색 마니로써 장엄했는데
진주 구름 그림자가 사방에 퍼져
이러하게 향수해를 장엄하도다.

담과 성이 빈틈 없이 둘리었는데
누각들이 여기저기 지어졌거든
한량없는 광명이 늘 찬란하게
청정한 향수해를 장엄하였네.

비로자나부처님 지난 옛적에
가지가지 세계해를 엄정하신 일
이렇게 엄청나서 끝이 없으니
여래의 자재하신 신통력이라.

그 때에 보현보살이 다시 대중에게 말하였다.
"여러 불자들이여, 낱낱 향수해마다 각각 사천하의 티끌 수 향물 강이 있어 오른쪽으로 돌아 둘리었으니, 모든 강이 모두 금강으로 언덕이 되고 깨끗한 빛 마니보배로 훌륭하게 장식하였으며, 부처님들의 보배 빛 광명 구름과 모든 중생의 여러 가지 말이 항상 나타나느니라. 그 강의 소용 도는 곳마다 여러 부처님의 인행因行을 닦으시던 가지가지 형상이 그 속으로부터 나오고, 마니로 그물이 되고 뭇 보배로 풍경이 되었으며, 모든 세계해에 있는 장엄들이 그 가운데 나타나고 마니보배 구름이 그 위에 덮였으며, 그 구름에는 화장세계의 비로자나불과 시방세계의 화신 부처님과 모든 부처님의 신통한 일들이 나타나고, 또 아름다운 음성을 내어 삼세 부처님과 보살들의 이름을 일컬으며, 그 향수에서는 온갖 보배 불꽃 광명 구름이 항상 나와서 계속하여 끊어지지 아니하거니와, 만일 자세히 말한다면 낱낱 향물 강에 각각 세계해 티끌 수의 장엄이 있느니라."

그 때 보현보살이 이 뜻을 거듭 펴려고 부처님의 위신력을 받들어 시방을 관찰하고 게송으로 말하였다.

깨끗한 향물이 큰 강에 가득
금강이란 보배로 언덕이 되고
보배 가루 바퀴 되어 땅에 폈으니
가지가지 장엄이 모두 훌륭해.

보배 층계 줄을 짓고 묘하게 장엄
둘려 있는 난간들도 모두 화려해
진주로 광〔藏〕이 되고 꽃으로 장식
가지각색 영락 화만 드리웠도다.

향수의 보배 광명 깨끗한 빛깔
마니를 늘 토하여 빨리 흐르니
모든 꽃이 물결 따라 흔들리면서
풍악을 사뢰어서 법문을 연설.

곱게 깔린 전단 가루 앙금이 되고
여러 가지 묘한 보배 소용 도는데
향기 광이 포근하게 그 속에 있어

빛을 내고 향기 풍겨 두루하도다.

강 속에서 묘한 보배 솟아나오고
광명을 함께 놓아 빛이 찬란코
광명의 그림자가 좌대가 되니
꽃 일산과 진주 영락 구족하였네.

마니 속에 부처님 몸 나타나시니
그 광명이 시방세계 널리 비추고
이것이 바퀴 되어 땅을 꾸미며
맑게 비친 향물이 항상 가득해.

마니로 그물 되고 금으로 풍경
향물 강에 두루 덮인 부처님 음성
보리에 나아가는 모든 길이며
보현의 묘한 행을 연설하도다.

언덕 이룬 마니보배 한없이 청정
여래의 근본 서원 음성을 내며
옛날에 부처님들 행하던 일들
그 소리로 연설하여 보게 하도다.

향물 강이 구비구비 흐르는 곳에
보살들이 구름같이 솟아나와서
크고 넓은 세계 국토 골고루 가며

온 시방의 법계까지 가득 차도다.

깨끗한 진주왕이 구름 퍼지듯
간 데마다 향물 강에 두루 덮이고
그 구슬이 부처님의 백호상 같아
부처님들 그림자를 환히 나투네.

그 때 보현보살이 또 대중에게 말하였다.
"여러 불자들이여, 이 향물 강의 사이에는 모두 아름다운 보배로 가지가지 장엄하였으니, 낱낱 강마다 사천하 티끌 수의 모든 보배로 장엄하고 분타리꽃이 두루 가득 하였으며, 각각 사천하 티끌 수의 보배 나무 숲이 있어 차례차례 줄을 지었고, 낱낱 나무에서는 항상 모든 장엄 구름을 내며, 마니보배가 그 사이를 찬란하게 비추고 가지각색 꽃과 향이 처처에 가득 찼으며, 그 나무에서 또 미묘한 음성을 내어 여래들이 모든 겁에서 닦으시던 큰 서원을 연설하고, 또 가지각색 마니보왕을 흩어 땅이 가득 하였으니, 이른바 연꽃 바퀴 마니보왕〔蓮華輪摩尼寶王〕, 향기 불꽃 광명 구름〔香焰光雲〕 마니보왕, 가지가지 장식한〔種種嚴飾〕 마니보왕, 헤아릴 수 없는 장엄한 빛을 나타내는〔現不可思議藏嚴色〕 마니보왕, 햇빛 광명 옷을 갊은〔日光明衣藏〕 마니보왕, 시방에 가득하게 광명 그물 구름을 펼치는〔周遍十方普垂布光網雲〕 마니보왕, 온갖 부처님의 신통변화 나타내는〔現一切諸佛神變〕 마니보왕, 온갖 중생의 업보를 나타내는〔現一切衆生業報海〕 마니보왕이었느니라. 이런 것이 세계해의 티끌 수가 있어 향물 강과 향물 강 사이마다 낱낱이 이러한 장엄을 갖추었느니라."
보현보살이 이 뜻을 거듭 펴려고 부처님의 위신력을 받들어 시방을 관찰하고 게송으로 말하였다.

이 땅이 평탄하고 매우 청정해
진금과 마니로써 함께 꾸몄네.
여러 나무 줄을 짓고 그늘 덮이니
솟은 줄기 벋은 가지 구름 같도다.

가지와 회초리들 보배로 장엄
꽃과 불꽃 바퀴 되어 두루 비치고
마니로 된 과일이 구름 퍼지듯
시방세계 중생들이 보게 하도다.

마니보배 땅에 깔려 가득하였고
모든 꽃과 보배 가루 장엄했으며
마니로 궁전까지 또 지었으니
중생들의 모든 영상 나타나도다.

부처님의 영상인 마니보배왕
땅 위에 널리 흩어 두루하였고
이렇게 찬란하게 시방에 퍼져
낱낱 티끌 속에서 부처님 보네.

묘한 보배 장엄이 잘 널리었고
진주로 된 등과 그물 섞이었는데
곳곳마다 마니 바퀴 모두 있어서
하나하나 부처 신통 나타내도다.

모든 보배 장엄에서 큰 광명 놓고
광명 속에 화신 부처 모두 나타나
간 데마다 두루 다녀 가득하여서
열 가지 힘으로써 널리 말하네.

마니의 보배로 된 분타리 꽃이
온갖 향물 강 속에 가득했는데
여러 꽃이 가지가지 같지 않거든
모두 다 광명 놓아 다하지 않네.

삼세에 여러 가지 모든 장엄들
마니 열매 가운데 나타나지만
그 성품 나도 않고 잡도 못하니
이를 일러 여래의 자재하신 힘

여기 있는 여러 가지 장엄 가운데
여래의 넓고 큰 몸 나타나지만
오지도 아니하고 가는 일 없고
부처님의 원력으로 보게 되도다.

이 땅의 하나하나 티끌 가운데
여러 모든 불자들이 도를 닦으며
수기 받은 오는 세계 제각기 보되
좋아하는 마음대로 모두 다 청정.

그 때에 보현보살이 다시 대중에게 말하였다.

"여러 불자들이여, 모든 부처님·세존의 세계해 장엄은 헤아릴 수 없느니라. 왜냐 하면 이 화장장엄세계해의 온갖 경계는 낱낱이 세계해 티끌 수의 청정한 공덕으로 장엄한 까닭이니라."

그 때 보현보살이 이 뜻을 거듭 펴려고 부처님의 위신력을 받들어 시방을 관찰하고 게송으로 말하였다.

이 세계해 가운데 가는 곳마다
여러 가지 보배로 장엄하였고
내는 불꽃 구름처럼 허공에 퍼져
뚫어 비친 광명이 항상 덮였네.

마니에서 나는 구름 다함 없는데
시방 여래 그림자 거기 나타나
신통과 모든 변화 쉬지 않으니
여러 많은 보살들이 와서 모이네.

마니마다 부처님의 음성을 내니
그 음성 미묘하고 부사의하여
비로자나부처님 행하시던 일
언제나 보배 속에 들고 보도다.

청정하신 비로자나 부처님 세존
그 영상 장엄 속에 나타나시되
화신불을 대중들이 둘러앉았고

온 법계 세계해에 모두 그러네.

여러 화신 부처님들 환술 같아서
오신 곳을 구하여도 찾을 수 없고
부처님의 경계인 위신력으로
모든 세계 가운데 나타나시네.

여래의 자재하고 신통하신 힘
시방의 모든 국토 가득하시니
이러한 세계해의 깨끗한 장엄
모든 일이 보배 속에 나타나도다.

시방의 여러 가지 변화하신 일
모든 것이 거울 속의 그림자 같아
모두 다 부처님의 행하시던 바
신통과 서원으로 생겨나는 일.

누구든지 보현행을 닦기만 하면
보살의 좋은 지혜 들어간 뒤에
자유롭게 여러 세계 티끌 속에서
그 몸에 좋은 세계 나타내리라.

헤아릴 수가 없는 억천 겁 동안
여러 세계 여래들을 친근하면서
그러하게 각처에서 행하던 일을

한 찰나 가운데서 나타내리라.

부처님의 국토는 허공 같아서
남도 없고(無生) 모양 없고 짝도 없으나
중생에게 이익 주려 깨끗이 장엄
원력으로 그 가운데 머무시니라.

보현보살이 다시 대중에게 말하였다.
"여러 불자들이여, 이 가운데 어떠한 세계가 머무는지를 내가 이제 말하리라.
 여러 불자들이여, 이 말할 수 없는 세계의 티끌 수 같은 향수해 가운데 말할 수 없는 세계 티끌 수의 세계종世界種이 있고, 낱낱 세계종에는 말할 수 없는 세계의 티끌 수 같은 세계가 있느니라.
 여러 불자들이여, 저 세계종들이 이 세계해 가운데서 각각으로 의지하여 머물고 각각 형상이 있고 각각 체성體性이 있고 각각 방소方所가 다르고 각각으로 나아가고(趣入) 각각으로 장엄하고 각각으로 나뉘었고(分齊) 각각 열을 짓고(行列) 각각 차별이 없고 각각 힘으로 가지加持하였느니라.
 여러 불자들이여, 이 세계종들이 혹은 큰 연꽃 바다를 의지하여 머물고, 혹은 끝없는 빛깔 보배 꽃 바다를 의지하여 머물고, 혹은 온갖 진주 광(藏)인 보배 영락 바다를 의지하여 머물고, 향수해를 의지하여 머물고, 온갖 꽃 바다를 의지하여 머물고, 마니보배 그물 바다를 의지하여 머물고, 소용 도는 광명 바다를 의지하여 머물고, 보살의 보배로 장엄한 관冠 바다를 의지하여 머물고, 가지가지 중생의 몸 바다를 의지하여 머물고, 혹은 온갖 부처님의 음성을 내는 마니왕 바다를 의지하여 머무나니, 이런 것을 자세히 말하면 세계해의 티끌 수가 있느니라.

　여러 불자들이여, 저 모든 세계종이 혹은 수미산 형상으로 되고, 혹은 강과 내의 형상으로 되고, 회전廻轉하는 형상으로 되고, 소용 도는 물 형상으로 되고, 수레바퀴 형상으로 되고, 단[檀墠]을 모은 형상으로 되고, 나무숲 형상으로 되고, 누각 형상으로 되고, 산과 당기 형상으로 되고, 여러 모난 형상으로 되고, 태胎 속 형상으로 되고, 연꽃 형상으로 되고, 가륵가佉勒迦 형상으로 되고, 중생의 몸 형상으로 되고, 구름 형상으로 되고, 부처님의 잘 생긴 몸매 형상으로 되고, 원만한 광명 형상으로 되고, 가지가지 진주 그물 형상으로 되고, 온갖 문과 창 형상으로 되고, 혹은 모든 장엄거리 형상으로 되었나니, 이런 것을 자세히 말하자면 세계해의 티끌 수가 있느니라.

　여러 불자들이여, 온갖 세계종이 혹은 시방의 마니 구름으로 자체〔體〕가 되고, 혹은 뭇 빛깔 불꽃으로 자체가 되고, 모든 광명으로 자체가 되고, 보배 향 불꽃으로 자체가 되고, 온갖 보배로 장엄한 다라多羅 꽃으로 자체가 되고, 보살의 영상으로 자체가 되고, 부처님의 광명으로 자체가 되고, 부처님의 색신으로 자체가 되고, 한 보배의 광명으로 자체가 되고, 뭇 보배의 광명으로 자체가 되고, 온갖 중생의 복덕 바다 음성으로 자체가 되고, 온갖 중생의 모든 업 바다 음성으로 자체가 되고, 모든 부처님의 경계인 청정한 음성으로 자체가 되고, 온갖 보살의 큰 원력 바다 음성으로 자체가 되고, 모든 부처님의 방편 음성으로 자체가 되고, 온갖 세계의 장엄거리가 이루고 부서지는 음성으로 자체가 되고, 끝없는 부처님 음성으로 자체가 되고, 온갖 부처님의 변화하는 음성으로 자체가 되고, 온갖 중생의 선한 음성으로 자체가 되고, 온갖 부처님의 공덕 바다 청정한 음성으로 자체가 되었나니, 이런 것을 자세히 말하자면 세계해의 티끌 수가 있느니라."

보현보살이 이 뜻을 거듭 펴려고 부처님의 위신력을 받들어 시방을 관찰하고 게송으로 말하였다.

세계종의 견고하고 묘한 장엄은
넓고 크고 청정한 광명장이니
연꽃 보배 바다를 의지도 하고
어떤 것은 향수해에 머물렀도다.

수미산과 성과 나무 단 모은 형상
온갖 가지 세계종이 시방에 가득
가지가지 장엄과 형상이 달라
각각으로 열을 지어 머물렀도다.

어떤 것의 체성은 깨끗한 광명
어떤 것은 연꽃 광과 보배 구름과
불꽃으로 이루어진 세계종들이
깰 수 없는 마니장에 머물러 있네.

등 구름과 불꽃 채색 광명들이며
가지가지 끝없이 청정한 빛깔
음성으로 체성을 삼기도 하니
부처님의 연설하신 부사의한 일

어떤 것은 원력으로 내는 음성과
신통 변화 음성으로 자체도 되고

중생들의 크고 큰 복덕 업이며
부처님의 공덕음功德音도 그러하니라.

세계종의 하나하나 차별한 문은
헤아릴 수도 없고 다함도 없어
이러하게 시방에 두루 가득해
크고 넓은 장엄으로 신통 나투네.

시방에 널려 있는 넓고 큰 세계
모두가 이 세계종 들어왔는데
시방세계 들어옴을 보긴 하지만
실제로는 오도 않고 든 것도 없네.

한 찰종刹種이 온갖 것에 들기도 하고
온갖 찰종 한 찰종에 든다 하지만
본래 체성 조금도 다름 없으며
짝도 없고 한량없이 두루하였네.

모든 세계 국토들의 티끌 속에서
그 가운데 계신 여래 뵈옵게 되니
원력 바다 말씀 소리 천둥 우는 듯
여러 가지 중생들을 조복하시네.

부처님 몸 모든 세계 두루하시고
수가 없는 보살들도 가득히 차서

여래의 자재한 힘 짝할 이 없어
여러 종류 중생들을 교화하도다.

그 때에 보현보살이 다시 대중에게 말하였다.
"여러 불자들이여, 이 말할 수 없는 세계의 티끌 수 향수해가 화장장엄세계해 가운데 있는데, 제석천궁의 진주 그물처럼 분포하여 머물러 있습니다.

여러 불자들이여, 맨 복판에 있는 이 향수해의 이름은 끝없는 묘한 꽃 광명[無邊妙華光]이니, 모든 보살의 형상을 나타내는 마니왕 당기로 바닥이 되었고, 큰 연화가 났으니 이름이 일체향마니왕장엄[一切香摩尼王莊嚴]이며, 한 세계종이 그 위에 있으니 이름은 시방에 두루 비치는 치성한 보배 광명[普照十方熾然寶光明]이니라. 온갖 장엄거리로 체성이 되었으며, 말할 수 없는 부처님 세계 티끌 수의 세계가 그 가운데 퍼져 있느니라.

그 맨 밑에 있는 세계는 이름이 가장 훌륭한 빛이 두루 비침[最勝光徧照]이니, 온갖 금강으로 장엄한 빛이 찬란한 바퀴로 짬을 삼고 여러 보배 마니 꽃을 의지하여 머물며, 그 형상은 마니보배 모양과 같은데 온갖 보배 꽃 장엄 구름이 그 위에 덮이고 한 부처 세계의 티끌 수 세계가 두루 둘러쌌으며, 가지가지로 머물고 가지가지로 장엄하였는데 부처님 명호는 깨끗한 눈 때 여읜 등불[淨眼離垢燈]이니라.

이 위로 부처 세계의 티끌 수 세계를 지나가서 세계가 있으니 이름은 가지가지 향기 연꽃 묘한 장엄[種種香蓮華妙莊嚴]이니라.

온갖 장엄거리로 짬을 삼고 보배 연꽃 그물을 의지하여 머물며, 그 형상은 사자좌와 같은데 온갖 보배 빛 진주 휘장 구름이 그 위에 덮이고 두 부처 세계의 티끌 수 세계가 두루 둘러쌌으며, 부처님 명호는 사자 광명 훌륭하게 비침〔師子光勝照〕이니라.

　이 위로 부처 세계의 티끌 수 세계를 지나가서 세계가 있으니 이름은 온갖 보배 장엄 널리 비치는 광명〔一切寶莊嚴普照光〕이니라. 향기 풍륜으로 짬을 삼고 가지가지 보배 꽃 영락을 의지하여 머물며, 그 형상은 여덟 모인데 묘한 빛 마니 해 바퀴 구름이 그 위에 덮이고, 세 부처 세계의 티끌 수 세계가 두루 둘러쌌으며, 부처님 명호는 깨끗한 지혜 광명 좋은 당기〔淨光智勝幢〕이니라.

　이 위로 부처 세계의 티끌 수 세계를 지나가서 세계가 있으니 이름은 가지가지 광명 꽃 장엄〔種種光明華莊嚴〕이니라. 온갖 보배왕으로 짬을 삼고 뭇 빛깔 금강 시라 당기 바다를 의지하여 머물며, 그 형상은 마니 연꽃 같은데 금강 마니 티끌 수 세계가 두루 둘러쌌으며, 순일하게 청정하고 부처님 명호는 금강 광명의 한량없는 정신력으로 잘 출현함〔金剛光明無量精進力善出現〕이니라.

　이 위로 부처 세계의 티끌 수 세계를 지나가서 세계가 있으니 이름은 묘한 꽃 광명 널리 놓음〔普放妙華光〕이니라. 온갖 보배 방울 장엄 그물로 짬을 삼고, 온갖 숲 장엄 보배 바퀴 그물 바다를 의지하여 머물며, 그 형상은 두루 방정한 듯 하여서 모가 많은데, 범천 음성 마니왕 구름이 그 위에 덮이고, 다섯 부처 세계의 티끌 수 세계가 두루 둘러쌌으며, 부처님 명호는 향기 광명 기쁜 힘 바다〔香光喜力海〕이니라.

　이 위로 부처 세계의 티끌 수 세계를 지나가서 세계가 있으니 이름은 깨끗하고 묘한 광명〔淨妙光明〕이니라. 보배왕 장엄 당기로 짬을 삼고 금강 궁전 바다를 의지하여 머물며, 그 형상은 네모인데 마니 바퀴 상투 휘장 구름이 그 위에 덮이고, 여섯 부처 세계의 티끌 수 세계가 두루 둘러쌌으며, 부처님 명호는 넓은 빛 자재한 당기〔普光自在幢〕이니라.

　이 위로 부처 세계의 티끌 수 세계를 지나가서 세계가 있으니 이름은

여러 가지 꽃 불빛 장엄(衆華焰莊嚴)이니라. 가지각색 꽃 장엄으로 짬을 삼고 온갖 보배 빛 불꽃 바다를 의지하여 머물며, 그 형상은 누각 모양 같은데 온갖 보배 빛깔 옷 진주 난간 구름이 덮이고, 일곱 부처 세계의 티끌 수 세계가 두루 둘러쌌으며, 순일하게 청정하고 부처님 명호는 즐거운 바다 공덕 소문 자재한 빛(歡喜海功德名稱自在光)이니라.

이 위로 부처 세계의 티끌 수 세계를 지나가서 세계가 있으니 이름은 위력 내는 땅(出生威力地)이니라. 온갖 소리 마니왕 장엄으로 짬을 삼고 가지가지 보배 빛 연화좌 허공 바다를 의지하여 머물며, 그 형상은 인다라 그물과 같은데, 끝없는 빛깔 꽃 그물 구름이 그 위에 덮이고 여덟 부처 세계의 티끌 수 세계가 두루 둘러쌌으며, 부처님 명호는 굉장하게 이름난 지혜 바다 당기(廣大名稱智海幢)이니라.

이 위로 부처 세계의 티끌 수 세계를 지나가서 세계가 있으니 이름은 묘한 음성 냄(出妙音聲)이니라. 심왕心王 마니 장엄 바퀴로 짬을 삼고 온갖 묘한 음성 항상 내는 장엄 구름 마니왕 바다를 의지하여 머물며, 그 형상이 범천의 몸매와 같은데 한량없는 보배로 장엄한 사자좌 구름이 그 위에 덮이고, 아홉 부처 세계의 티끌 수 세계가 두루 둘러쌌으며, 부처님 명호는 깨끗한 달 광명을 꺾을 이 없음(淸淨月光明相無能摧伏)이니라.

이 위로 부처 세계의 티끌 수 세계를 지나가서 세계가 있으니 이름은 금강 당기(金剛幢)이니라. 끝없이 장엄한 진주장 보배 영락으로 짬을 삼고 온갖 장엄 보배 사자좌 마니 바다를 의지하여 머물며, 그 형상은 둥근데 열 수미산 티끌 수의 온갖 향 마니 꽃 수미 구름이 그 위에 덮이고 열 부처 세계의 티끌 수 세계가 두루 둘러쌌으며, 순일하게 청정하고 부처님 명호는 온갖 법 바다의 가장 훌륭한 왕(一切法海最勝王)이니라.

이 위로 부처 세계의 티끌 수 세계를 지나가서 세계가 있으니 이름은

제청보 광명을 항상 냄〔恒出現帝靑寶光明〕이니라. 매우 굳어 깰 수 없는 금강 장엄으로 짬을 삼고 가지가지 기이한 꽃 바다를 의지하여 머물며, 그 형상은 반달 모양 같은데 여러 하늘 보배 휘장 구름이 그 위에 덮이고 열한 부처 세계의 티끌 수 세계가 두루 둘러쌌으며 부처님 명호는 한량없는 공덕법〔無量功德法〕이니라.

이 위로 부처 세계의 티끌 수 세계를 지나가서 세계가 있으니 이름은 광명이 찬란하게 비침〔光明照耀〕이니라. 넓은 광명 장엄으로 짬을 삼고 꽃 돌림 향수해를 의지하여 머물며, 그 형상은 꽃 돌림 같은데 각색 옷 구름이 그 위에 덮이고 열두 부처 세계의 티끌 수 세계가 두루 둘러쌌으며 부처님 명호는 제석과 범천을 뛰어남〔超釋梵〕이니라.

이 위로 부처 세계의 티끌 수 세계를 지나가서 세계가 있으니 이름은 사바〔娑婆〕이니라. 금강 장엄으로 짬을 삼고 가지각색 빛 풍륜으로 유지하는 연꽃 그물을 의지하여 머물며, 형상은 둥글어서 허공에 있는 하늘 궁전을 장엄하는 허공 구름이 그 위에 덮이고, 열세 부처 세계의 티끌 수 세계가 두루 둘러쌌으며, 그 부처님은 곧 비로자나 여래·세존이시니라.

이 위로 부처 세계의 티끌 수 세계를 지나가서 세계가 있으니 이름은 고요하고 티끌 여읜 광명〔寂靜離塵光〕이니라. 온갖 보배 장엄으로 짬을 삼고 가지가지 보배 옷 바다를 의지하여 머물며, 그 형상은 집금강신 모양과 같은데, 끝없는 빛깔 금강 구름이 그 위에 덮이고, 열네 부처 세계의 티끌 수 세계가 두루 둘러쌌으며, 부처님 명호는 법계에 두루한 좋은 음성〔衆妙光明燈〕이니라.

이 위로 부처 세계의 티끌 수 세계를 지나가서 세계가 있으니 이름은 여러 가지 묘한 광명 등불〔妙光燈〕이니라. 온갖 장엄한 휘장으로 짬을 삼고 깨끗한 꽃 그물 바다를 의지하여 머물며, 그 형상은 만卍자 모양 같은데 마니 나무 향수해 구름이 그 위에 덮이고, 열다섯 부처 세계의 티끌 수 세계가 두루 둘러쌌으며, 순일하게 청정하고 부처님 명호는 꺾을 수 없는 힘 널리 비치는 당기〔不可摧伏力普照幢〕이니라.

이 위로 부처 세계의 티끌 수 세계를 지나가서 세계가 있으니 이름은 깨끗한 빛 두루 비침〔淸淨光徧照〕이니라. 그지없는 보배 구름 마니왕으로 짬을 삼고 가지가지 향기 불꽃 연꽃 바다를 의지하여 머물며, 그 형상은 거북 껍질 모양 같은데 둥근 마니 바퀴 전단 구름이 그 위에 덮이고 열여섯 부처 세계의 티끌 수 세계가 두루 둘러쌌으며, 부처님 명호는 깨끗한 공덕 눈〔淸淨日功德眼〕이니라.

이 위로 부처 세계의 티끌 수 세계를 지나가서 세계가 있으니 이름은 보배 장엄광〔寶莊嚴藏〕이니라. 온갖 중생 모양인 마니왕으로 짬을 삼고 광명장 마니왕 바다를 의지하여 머물며, 그 형상은 여덟 모인데 온갖 윤위산輪圍山 보배로 장엄한 꽃나무 그물이 그 위에 덮이고 열일곱 부처 세계의 티끌 수 세계가 두루 둘러쌌으며, 부처님 명호는 걸림 없는 지혜의 광명이 시방에 두루 비침〔無礙智光明徧照十方〕이니라.

이 위로 부처 세계의 티끌 수 세계를 지나가서 세계가 있으니 이름은 티끌 여읨〔離塵〕이니라. 온갖 훌륭한 형상 장엄으로 짬을 삼고 여러 묘한 꽃 사자좌 바다를 의지하여 머물며, 형상은 진주 영락 같은데 온갖 보배 향 마니왕 둥근 빛 구름이 그 위에 덮이고, 열여덟 부처 세계의 티끌 수 세계가 두루 둘러쌌으며, 순일하게 청정하고 부처님 명호는 한량없는 방편 가장 훌륭한 당기〔無量方便最勝幢〕이니라.

이 위로 부처 세계의 티끌 수 세계를 지나가서 세계가 있으니 이름은 깨끗한 빛 널리 비침〔淸淨光普照〕이니라. 다함 없는 보배 구름을 내는 마니왕으로 짬을 삼고, 그지없는 빛 향기 불꽃 수미산 바다를 의지하여 머물며, 그 형상이 보배 꽃 돌아 퍼진 것 같은데 그지없는 빛 광명 마니왕 제청 구름이 그 위에 덮이고, 열아홉 부처 세계의 티끌 수 세계가 두루 둘러쌌으며, 부처님 명호는 법계에 두루 비치는 허공 광명(普照法界虛空光)이니라.

이 위로 부처 세계의 티끌 수 세계를 지나가서 세계가 있으니 이름은 묘한 보배 불꽃(妙寶焰)이니라. 넓은 광명 일월보日月寶로 짬을 삼고 온갖 하늘 형상인 마니왕 바다를 의지하여 머물며, 그 형상이 보배 장엄거리 같은데 온갖 보배 옷 당기 구름과 마니 등불 광(藏) 그물이 그 위에 덮이고, 스무 부처 세계의 티끌 수 세계가 두루 둘러쌌으며, 순일하게 청정하고 부처님 명호는 복덕상광명(福德相光明)이니라.

여러 불자들이여, 이 시방에 두루 비치는 치성한 보배 광명 세계종에 이렇게 말할 수 없는 부처 세계의 티끌 수 넓고 큰 세계가 있으니, 각각으로 의지하여 머물며 각각 형상이며, 각각 체성이며 각각 방면이며, 각각 나아가며 각각 장엄하며, 각각 나뉘었으며, 각각 열을 지었으며, 각각 차별이 없으며 각각 힘으로 가지하여 두루 둘러쌌느니라.

이른바 열 부처 세계의 티끌 수 회전하는 형상의 세계, 열 부처 세계의 티끌 수 강과 내의 형상의 세계, 열 부처 세계의 티끌 수 소용 도는 품 형상의 세계, 열 부처 세계의 티끌 수 수레바퀴 형상의 세계, 열 부처 세계의 티끌 수 단을 모은 형상의 세계, 열 부처 세계의 티끌 수 나무숲 형상의 세계, 열 부처 세계의 티끌 수 누각 형상의 세계, 열 부처 세계의 티끌 수 시라尸羅 당기 형상의 세계, 열 부처 세계의 티끌 수 여러 모난 형상의 세계, 열 부처 세계의 티끌 수 태胎 형상의 세계, 열 부처 세계의 티끌 수 연꽃 형상의 세계, 열 부처 세계의 티끌 수 가륵가佉勒迦 형상의 세계, 열 부처 세계의 티끌 수 가지가지 중생 형상의 세계, 열 부처 세계의 티끌 수 부처님 형상의 세계, 열 부처 세계의 티끌 수 원만한 광명 형상의 세계, 열 부처 세계의 티끌 수 구름 형상의 세계,

열 부처 세계의 티끌 수 그물 형상의 세계, 열 부처 세계의 티끌 수 문과 창 형상의 세계이니, 이런 것이 말할 수 없는 부처 세계의 티끌 수가 있느니라.

이 낱낱 세계에는 각각 열 부처 세계의 티끌 수 엄청난 세계가 있어 두루 둘러쌌으며, 이 모든 세계에는 낱낱이 다시 위에서 말한 것 같은 티끌 수 세계가 있어 권속이 되었나니, 이렇게 말하는 온갖 세계는 모두 이 끝없는 묘한 꽃 광명 향수해와 이 향수해를 둘러싼 향물 강 가운데 있느니라."

대방광불화엄경 제9권

제9권

5. 화장세계품 ②

그 때에 보현보살이 다시 대중에게 말하였다.

"여러 불자들이여, 이 끝없는 묘한 꽃 광명 향수해 동쪽에 다음 향수해가 있으니, 이름이 때 여읜 불꽃광〔離垢焰藏〕이요, 큰 연화가 났으니 이름이 일체 향 마니왕의 묘한 장엄〔一切香摩尼王妙莊嚴〕이며, 세계종이 그 위에 있으니 이름은 두루 비치는 세계 돌림〔遍照刹旋〕이니라. 보살행의 사자후 음성으로 체성이 되었으며, 이 가운데 맨 밑에 있는 세계는 이름이 궁전 장엄 당기〔宮殿莊嚴幢〕이니 형상이 네모났고, 온갖 보배 장엄 바다를 의지하여 머물며, 연꽃 광명 그물 구름이 그 위에 덮이고 부처 세계의 티끌 수 세계가 둘러쌌으며, 순일하게 청정하고 부처님 명호는 미간 광명이 널리 비침〔眉間光遍照〕이니라.

이 위로 부처 세계의 티끌 수 세계를 지나가서 세계가 있으니 이름은 덕화장德華藏인데, 그 형상이 둥글고 온갖 보배 꽃술 바다를 의지하여 머물며, 진주 당기 사자좌 구름이 그 위에 덮이고 두 부처 세계의 티끌 수 세계가 둘러쌌으며, 부처님 명호는 온갖 끝없는 법 바다 지혜〔一切無邊法海慧〕이니라.

이 위로 부처 세계의 티끌 수 세계를 지나가서 세계가 있으니 이름은 잘 변화하는 묘한 향 바퀴〔善變化妙香輪〕인데, 형상이 금강 같고, 온갖 보배로 장엄한 방울 그물 바다를 의지하여 머물며, 가지가지 장엄한 둥근 광명 구름이 그 위에 덮이고 세 부처 세계의 티끌 수 세계가 둘러쌌으며, 부처님 명호는 공덕장 광명이 두루 비침〔功德相光明普照〕이니라.

이 위로 부처 세계의 티끌 수 세계를 지나가서 세계가 있으니 이름은 묘한 빛 광명〔妙色光明〕인데 형상이 마니보배 바퀴 같고 끝없는 빛 보배 향수해를 의지하여 머물며, 넓은 광명 진주 누각 구름이 그 위에 덮이고 네 부처 세계의 티끌 수 세계가 둘러쌌으며, 순일하게 청정하고 부처님 명호는 선한 권속으로 출현하여 두루 비침〔善眷屬出興遍照〕이니라.

이 위로 부처 세계의 티끌 수 세계를 지나가서 세계가 있으니 이름은 잘 덮음〔善蓋覆〕인데, 형상이 연꽃 같고 금강 향수해를 의지하여 머물며, 티끌 여읜 광명 향물 구름이 그 위에 덮이고 다섯 부처 세계의 티끌 수 세계가 둘러쌌으며, 부처님 명호는 법에 즐거운 그지없는 지혜〔法喜無盡慧〕니라.

이 위로 부처 세계의 티끌 수 세계를 지나가서 세계가 있으니 이름은 시리꽃 광명 바퀴〔尸利華光輪〕인데 형상이 세모나고 온갖 견고한 보배 장엄 바다를 의지하여 머물며, 보살의 마니 관 광명 구름이 그 위에 덮이고 여섯 부처 세계의 티끌 수 세계가 둘러쌌으며, 부처님 명호는 청정한 넓은 광명 구름〔淸淨普光明雲〕이니라.

이 위로 부처 세계의 티끌 수 세계를 지나가서 세계가 있으니 이름이 보배 연꽃 장엄〔寶蓮華莊嚴〕인데 형상이 반달 같고 온갖 연꽃 장엄 바다를 의지하여 머물며, 온갖 보배 꽃 구름이 그 위에 덮이고 일곱 부처 세계의 티끌 수 세계가 둘러쌌으며, 순일하게 청정하고 부처님 명호는 공덕의 꽃 청정한 눈〔功德華淸淨眼〕이니라.

이 위로 부처 세계의 티끌 수 세계를 지나가서 세계가 있으니 이름은 때 없는 불꽃 장엄〔無垢焰莊嚴〕인데 형상이 보배 등불 행렬 같고 보배 불꽃 광 바다를 의지하여 머물며, 향수를 항상 버리는 가지가지 몸 구름이 그 위에 덮이고 여덟 부처 세계의 티끌 수 세계가 둘러쌌으며, 부처님 명호는 지혜 힘을 이길 이 없음〔慧力無能勝〕이니라.

이 위로 부처 세계의 티끌 수 세계를 지나가서 세계가 있으니 이름은 묘한 범천 음성〔妙梵音〕인데 형성이 만卍자 같고 보배 옷 당기 바다를 의지하여 머물며, 온갖 꽃으로 장엄한 휘장 구름이 그 위에 덮이고 아홉 부처 세계의 티끌 수 세계가 둘러쌌으며, 부처님 명호는 넓고 큰 눈이 공중의 깨끗한 달 같음〔廣大目如空中淨目〕이니라.

이 위로 부처 세계의 티끌 수 세계를 지나가서 세계가 있으니 이름은 티끌 수 음성〔微塵數音聲〕인데, 형상이 인다라 그물과 같고 온갖 보배 물 바다를 의지하여 머물며, 온갖 음악 소리 보배 일산 구름이 그 위에 덮이고 열 부처 세계의 티끌 수 세계가 둘러쌌으며, 순일하게 청정하고 부처님 명호는 금빛 수미 등불〔金色須彌燈〕이니라.

이 위로 부처 세계의 티끌 수 계를 지나가서 세계가 있으니 이름은 보배 빛 장엄〔寶色莊嚴〕인데, 형상은 만卍자 같고 제석 형상의 보배 왕 바다를 의지하여 머물며, 햇빛 광명 꽃 구름이 그 위에 덮이고 열한 부처 세계의 티끌 수 세계가 둘러쌌으며, 부처님 명호는 법계를 훤칠하게 비추는 광명 지혜〔迴照法界光明智〕이니라.

이 위로 부처 세계의 티끌 수 세계를 지나가서 세계가 있으니 이름은 금색 묘한 광명〔金色妙光〕인데, 형상이 넓고 큰 성곽과 같고 온갖 보배 장엄 바다를 의지하여 머물며, 도량 보배 꽃 구름이 그 위에 덮이고 열두 부처 세계의 티끌 수 세계가 둘러쌌으며, 부처님 명호는 보배 등불 널리 비치는 당기〔寶燈普照幢〕이니라.

　이 위로 부처 세계의 티끌 수 세계를 지나가서 세계가 있으니 이름은 두루 비치는 광명 바퀴〔徧照光明輪〕인데, 형상이 꽃 돌림 같고 보배 옷 돌림 바다를 의지하여 머물며, 부처님 음성 보배 왕 누각 구름이 그 위에 덮이고, 열세 부처 세계의 티끌 수 세계가 둘러쌌으며, 순일하게 청정하고 부처님 명호는 연화 불꽃 두루 비침〔蓮華焰徧照〕이니라.

　이 위로 부처 세계의 티끌 수 세계를 지나가서 세계가 있으니 이름은 보배 광 장엄〔寶藏莊嚴〕인데 형상이 사주四洲 세계 같고 보배 영락 수미산을 의지하여 머물며, 보배 불꽃 마니 구름이 그 위에 덮이고 열네 부처 세계에 티끌 수 세계가 둘러쌌으며, 부처님 명호는 그지없는 복으로 핀 꽃〔無盡福開敷華〕이니라.

　이 위로 부처 세계의 티끌 수 세계를 지나가서 세계가 있으니 이름은 거울에 그림자처럼 두루 나타남〔如鏡像普現〕인데, 형상이 아수라의 몸 같은데 금강 연꽃 바다를 의지하여 머물며, 보배 관 그림자 구름이 그 위에 덮이고 열다섯 부처 세계의 티끌 수 세계가 둘러쌌으며, 부처님 명호는 감로 음성〔甘露音〕이니라.

　이 위로 부처 세계의 티끌 수 세계를 지나가서 세계가 있으니 이름은 전단 달〔栴檀月〕인데, 형상이 여덟 모가 났고 금강 전단 보배 바다를 의지하여 머물며, 진주 꽃 마니 구름이 그 위에 덮이고 열여섯 부처 세계의 티끌 수 세계가 둘러쌌으며, 순일하게 청정하고 부처님 명호는 가장 훌륭한 법 짝할 이 없는 지혜〔最勝法無等智〕이니라.

　이 위로 부처 세계의 티끌 수 세계를 지나가서 세계가 있으니 이름은 때 여읜 광명〔離垢光明〕인데, 형상은 향물이 소용돌이 흐르는 것과 같고 끝이 없는 빛 보배 광명 바다를 의지하여 머물며, 묘한 향 광명 구름이 그 위에 덮이고 열일곱 부처 세계의 티끌 수 세계가 둘러쌌으며, 부처님 명호는 허공에 두루 비치는 광명 음성〔徧照虛空光明音〕이니라.

이 위로 부처 세계의 티끌 수 세계를 지나가서 세계가 있으니 이름은 묘한 꽃 장엄〔妙華莊嚴〕인데, 형상은 빙빙 도는 모양 같고 온갖 꽃 바다를 의지하여 머물며, 온갖 음악 소리 마니 구름이 그 위에 덮이고 열여덟 부처 세계의 티끌 수 세계가 둘러쌌으며, 부처님 명호는 훌륭한 광명을 널리 나타냄〔普現勝光明〕이니라.

이 위로 부처 세계의 티끌 수 세계를 지나가서 세계가 있으니 이름은 훌륭한 음성 장엄〔勝音莊嚴〕인데, 형상이 사자좌 같고 금 사자좌 바다를 의지하여 머물며, 여러 연화장 사자좌 구름이 그 위에 덮이고 열아홉 부처 세계의 티끌 수 세계가 둘러 쌌는데, 부처님 명호는 끝없는 공덕 소문 넓은 광명〔無邊功德稱普光明〕이니라.

이 위로 부처 세계의 티끌 수 세계를 지나가서 세계가 있으니 이름은 높고 좋은 등불〔高勝燈〕인데, 형상이 부처 손바닥 같고 보배 옷 향기 당기 바다를 의지하여 머물며, 햇빛 두루 비치는 보배 왕 누각 구름이 그 위에 덮이고 스무 부처 세세의 티끌 수 세계가 둘러쌌으며, 순일하게 청정하고 부처님 명호는 허공을 널리 비추는 등불〔普照虛空燈〕이니라.

여러 불자들이여, 이 때 여읜 불꽃 광〔藏〕 향수해 남쪽에 다음 향수해가 있으니 이름이 그지없는 광명 바퀴〔無盡光明輪〕요, 세계종의 이름은 부처 당기 장엄〔佛幢莊嚴〕으로서 온갖 부처님 공덕 바다 음성으로 체성을 삼았느니라.

이 가운데 맨 밑에 세계가 있으니 이름은 애견화愛見華인데, 형상은 보배 바퀴 같고 마니 나무 속 보배 왕 바다를 의지하여 머물며, 보살의 형상을 화현하는 보배 광 구름이 그 위에 덮이고, 부처 세계의 티끌 수 세계가 둘러쌌으며, 순일하게 청정하고 부처님 명호는 연꽃 빛 환희한 얼굴〔蓮華光歡喜面〕이니라.

　이 위로 부처 티끌 수 세계의 티끌 수 세계를 지나가서 세계가 있으니, 이름은 묘한 음성〔妙音〕이요, 부처님 명호는 수미 보배 등불〔須彌寶燈〕이니라.

　이 위로 부처 세계를 지나가서 세계가 있으니 이름은 뭇 보배로 장엄한 빛〔衆寶莊嚴光〕이요, 부처님 명호는 법계 음성 당기〔法界音聲幢〕니라.

　이 위로 부처 세계의 티끌 수 세계를 지나가서 세계가 있으니 이름은 향장금강〔香藏金剛〕이요, 부처님 명호는 광명 음성〔光明音〕이니라.

　이 위로 부처 세계의 티끌 수 세계를 지나가서 세계가 있으니 이름은 깨끗하고 묘한 음성〔淨妙音〕이요, 부처님 명호는 가장 훌륭한 정진력〔最勝精進力〕이니라.

　이 위로 부처 세계의 티끌 수 세계를 지나가서 세계가 있으니 이름은 보배 연꽃 장엄〔寶蓮華莊嚴〕이요, 부처님 명호는 법성法城 구름 우레 소리〔法城雲雷音〕이니라.

　이 위로 부처 세계의 티끌 수 세계를 지나가서 세계가 있으니 이름은 안락을 줌〔與安樂〕이요, 부처님 명호는 큰 소문난 지혜 등〔大名稱智慧燈〕이니라.

　이 위로 부처 세계의 티끌 수 세계를 지나가서 세계가 있으니 이름은 때 없는 그물〔無垢網〕이요, 부처님 명호는 사자 광명 공덕 바다〔師子光功德海〕이니라.

　이 위로 부처 세계의 티끌 수 세계를 지나가서 세계가 있으니 이름은 꽃 숲 당기〔華林幢〕요, 부처님 명호는 큰 지혜 연꽃 광명〔大智蓮華光〕이니라.

　이 위로 부처 세계의 티끌 수 세계를 지나가서 세계가 있으니 이름은

한량없는 장엄[無量莊嚴]이요, 부처님 명호는 넓은 눈 법계 당기[普眼法界幢]니라.

이 위로 부처 세계의 티끌 수 세계를 지나가서 세계가 있으니 이름은 넓은 빛 보배 장엄[普光寶莊嚴]이요, 부처님 명호는 훌륭한 지혜 큰 장사 물주[勝智大商主]니라.

이 위로 부처 세계의 티끌 수 세계를 지나가서 세계가 있으니 이름은 연꽃 왕[華王]이요, 부처님 명호는 달빛 당기[月光幢]니라.

이 위로 부처 세계의 티끌 수 세계를 지나가서 세계가 있으니 이름은 때 여읜 광[離垢藏]이요, 부처님 명호는 청정한 깨달음[清淨覺]입니다.

이 위로 부처 세계의 티끌 수 세계를 지나가서 세계가 있으니 이름은 보배 광명[寶光明]이요, 부처님 명호는 온갖 지혜 허공 등불[一切智虛空燈]이니라.

이 위로 부처 세계의 티끌 수 세계를 지나가서 세계가 있으니 이름은 보배 영락을 냄[出生寶瓔珞]이요, 부처님 명호는 모든 바라밀 복 바다 광명[諸度福海相光明]이니라.

이 위로 부처 세계의 티끌 수 세계를 지나가서 세계가 있으니 이름은 묘한 바퀴 두루 덮음[妙輪遍覆]이요, 부처님 명호는 온갖 물든 마음을 조복하여 즐겁게 함[調伏一切染著心令歡喜]이니라.

이 위로 부처 세계의 티끌 수 세계를 지나가서 세계가 있으니 이름은 보배 꽃 당기[寶華幢]요, 부처님 명호는 넓은 공덕 소리 큰 소문[廣博功德音大名稱]이니라.

이 위로 부처 세계의 티끌 수 세계를 지나가서 세계가 있으니 이름은 한량없는 장엄[無量莊嚴]이요, 부처님 명호는 평등한 지혜 광명 공덕 바다[平等智光明功德海]이니라.

이 위로 부처 세계의 티끌 수 세계를 지나가서 세계가 있으니 이름은

그지없는 광명 장엄 당기〔無盡光莊嚴幢〕인데, 형상은 연꽃 같고 온갖 보배 그물 바다를 의지하여 머물며, 연꽃 빛 마니 그물이 그 위에 덮이고 스무 부처 세계의 티끌 수 세계가 둘러쌌으며, 순일하게 청정하고 부처님 명호는 법계의 깨끗한 광명〔法界淨光明〕이니라.

여러 불자들이여, 이 그지없는 광명 바퀴 향수해에서 오른쪽으로 돌아서 다음에 향수해가 있으니 이름이 금강 보배 불꽃 빛〔金剛寶焰光〕이요, 세계종의 이름은 부처님 광명 장엄장〔佛光莊嚴藏〕인데, 온갖 여래의 이름을 일컫는 음성으로 체성을 삼았느니라.

이 가운데 맨 밑에 세계가 있으니 이름은 보배 불꽃 연화〔寶焰蓮華〕인데, 형상은 마니 빛 미간 백호상 같고 온갖 보배 빛 물이 소용 도는 바다를 의지하여 머물며, 온갖 장엄한 누각 구름이 그 위에 덮이고 부처 세계의 티끌 수 세계가 둘러쌌으며, 순일하게 청정하고 부처님 명호는 때 없는 보배 광명〔無垢寶光明〕이니라.

이 위로 부처 세계의 티끌 수 세계를 지나가서 세계가 있으니 이름은 광명 불꽃 광〔光焰藏〕이요, 부처님 명호는 걸림 없는 자재한 지혜 광명〔無礙自在智慧光〕이니라.

이 위로 부처 세계의 티끌 수 세계를 지나가서 세계가 있으니 이름은 보배 바퀴 묘한 장엄〔寶輪妙莊嚴〕이요, 부처님 명호는 온갖 보배 광명〔一切寶光明〕이니라.

이 위로 부처 세계의 티끌 수 세계를 지나가서 세계가 있으니 이름은 전단 나무 꽃 당기〔栴檀樹華幢〕요, 부처님 명호는 청정한 지혜 광명〔淸淨智光明〕이니라.

이 위로 부처 세계의 티끌 수 세계를 지나가서 세계가 있으니 이름은 부처님 세계 묘한 장엄〔佛刹妙莊嚴〕이요, 부처님 명호는 넓고 큰 즐거운 음성〔廣大歡喜音〕이니라.

이 위로 부처 세계의 티끌 수 세계를 지나가서 세계가 있으니 이름은 묘한 빛 장엄〔妙光莊嚴〕이요, 부처님 명호는 법계에 자재한 지혜〔法界自在智〕니라.

이 위로 부처 세계의 티끌 수 세계를 지나가서 세계가 있으니 이름은 끝이 없는 모양〔無邊相〕이요, 부처님 명호는 걸림 없는 지혜〔無礙智〕니라.

이 위로 부처 세계의 티끌 수 세계를 지나가서 세계가 있으니 이름은 불꽃 구름 당기〔焰雲幢〕요, 부처님 명호는 물러가지 않는 바퀴 연설함〔演說不退輪〕이니라.

이 위로 부처 세계의 티끌 수 세계를 지나가서 세계가 있으니 이름은 뭇 보배로 장엄한 깨끗한 바퀴〔衆寶莊嚴淸淨輪〕요, 부처님 명호는 때 여윈 연꽃 광명〔離垢華光明〕이니라.

이 위로 부처 세계의 티끌 수 세계를 지나가서 세계가 있으니 이름은 엄청나게 벗어남〔廣大出離〕이요, 부처님 명호는 걸림 없는 지혜 해 눈〔無礙智日眼〕이니라.

이 위로 부처 세계의 티끌 수 세계를 지나가서 세계가 있으니 이름은 묘하게 장엄한 금강 좌대〔妙莊嚴金剛座〕요, 부처님 명호는 법계 지혜의 큰 광명〔法界智大光明〕이니리.

이 위로 부처 세계의 티끌 수 세계를 지나가서 세계가 있으니 이름은 지혜 두루 장엄〔智慧普莊嚴〕이요, 부처님 명호는 지혜 횃불 광명〔智炬光明王〕이니라.

이 위로 부처 세계의 티끌 수 세계를 지나가서 세계가 있으니 이름은 연꽃 못 깊고 묘한 음성〔蓮華池深妙音〕이요, 부처님 명호는 온갖 지혜 널리 비침〔一切智普照〕이니라.

이 위로 부처 세계의 티끌 수 세계를 지나가서 세계가 있으니 이름은 가지각색 빛 광명〔種種色光明〕이요, 부처님 명호는 넓은 빛 연화 왕 구름

〔普光華王雲〕입니다.

　이 위로 부처 세계의 티끌 수 세계를 지나가서 세계가 있으니 이름은 묘한 보배 당기〔妙寶幢〕요, 부처님 명호는 공덕 광명〔功德光〕이니라.

　이 위로 부처 세계의 티끌 수 세계를 지나가서 세계가 있으니 이름은 마니 꽃 백호상 빛〔摩尼華毫相光〕이요, 부처님 명호는 넓은 음성 구름〔普音雲〕이니라.

　이 위로 부처 세계의 티끌 수 세계를 지나가서 세계가 있으니 이름은 깊고 깊은 바다〔甚深海〕요, 부처님 명호는 시방 중생의 님〔十方衆生主〕이니라.

　이 위로 부처 세계의 티끌 수 세계를 지나가서 세계가 있으니 이름은 수미 광명〔須彌光〕이요, 부처님 명호는 법계의 넓은 지혜 음성〔法界普智音〕이니라.

　이 위로 부처 세계의 티끌 수 세계를 지나가서 세계가 있으니 이름은 금련화金蓮華요, 부처님 명호는 복덕장 넓은 광명〔福德藏普光明〕이니라.

　이 위로 부처 세계의 티끌 수 세계를 지나가서 세계가 있으니 이름은 보배 장엄 광〔寶莊嚴藏〕이요, 형상은 만卍자 같은데 온갖 향 마니로 장엄한 나무 바다를 의지하여 머물며, 청정한 광명 구름이 그 위에 덮이고 스무 부처 세계의 티끌 수 세계가 둘러쌌으며, 순일하게 청정하고 부처님 명호는 크게 변화한 광명 그물〔大變化光明綱〕이니라.

　여러 불자들이여, 이 금강 보배 불꽃 빛 향수해에서 오른쪽으로 돌아서 다음에 향수해가 있으니 이름이 제청보장엄帝青寶莊嚴이요, 세계종의 이름은 빛이 시방에 비침〔光明十方〕이니, 온갖 묘한 장엄 연꽃 향기 구름을 의지하여 머물며, 끝이 없는 부처님 음성으로 체성을 삼았느니라.

　여기에서 맨 밑에 세계가 있으니 이름이 시방의 다함 없는 빛 광 바퀴〔十方無盡色藏輪〕요, 형상은 두루 돌아 한량없는 모가 있는데, 끝없는 빛인 온갖 보배 광 바다를 의지하여 머물며, 인다라 그물이 그 위에 덮이고 부처 세계의 티끌 수 세계가 둘러쌌으며, 순일하게 청정하고 부처님 명호는 연꽃 눈 광명이 두루 비침〔蓮華眼光明徧照〕이니라.

이 위로 부처 세계의 티끌 수 세계를 지나가서 세계가 있으니 이름은 깨끗하고 묘한 장엄장〔淨妙莊嚴藏〕이요, 부처님 명호는 위없는 지혜 큰 사자〔無上慧大師子〕니라.

이 위로 부처 세계의 티끌 수 세계를 지나가서 세계가 있으니 이름은 연꽃 내는 좌대〔出現蓮華座〕요, 부처님 명호는 법계에 널리 비치는 광명왕〔徧照法界光明王〕이니라.

이 위로 부처 세계의 티끌 수 세계를 지나가서 세계가 있으니 이름은 보배 당기 음성〔寶幢音〕이요, 부처님 명호는 큰 공덕 넓은 이름〔大功德普名稱〕이니라.

이 위로 부처 세계의 티끌 수 세계를 지나가서 세계가 있으니 이름은 금강 보배 장엄장〔金剛寶莊嚴藏〕이요, 부처님 명호는 연꽃 해 광명〔蓮華日光明〕이니라.

이 위로 부처 세계의 티끌 수 세계를 지나가서 세계가 있으니 이름은 인다라 연꽃 달〔因陀羅華月〕이요, 부처님 명호는 법에 자재한 지혜 당기〔法自在智慧幢〕니라.

이 위로 부처 세계의 티끌 수 세계를 지나가서 세계가 있으니 이름은 묘한 바퀴 광〔妙輪藏〕이요, 부처님 명호는 크게 기쁜 청정한 음성〔大喜清淨音〕이니라.

이 위로 부처 세계의 티끌 수 세계를 지나가서 세계가 있으니 이름은 묘한 음성 광〔妙音藏〕이요, 부처님 명호는 기운 세고 무던한 장사 물주〔大力善商主〕니라.

이 위로 부처 세계의 티끌 수 세계를 지나가서 세계가 있으니 이름은

청정월清淨月이요, 부처님 명호는 수미 광명 지혜 힘〔須彌光智慧力〕이니라.

이 위로 부처 세계의 티끌 수 세계를 지나가서 세계가 있으니 이름은 끝없는 장엄 형상〔無邊莊嚴相〕이요, 부처님 명호는 방편 서원 깨끗한 달빛〔方便願淨月光〕이니라.

이 위로 부처 세계의 티끌 수 세계를 지나가서 세계가 있으니 이름은 묘한 꽃 음성〔妙華音〕이요, 부처님 명호는 법 바다 큰 서원 소리〔法海大願音〕이니라.

이 위로 부처 세계의 티끌 수 세계를 지나가서 세계가 있으니 이름은 온갖 보배 장엄〔一切寶莊嚴〕이요, 부처님 명호는 공덕 보배 장엄 모양〔功德寶光明相〕이니라.

이 위로 부처 세계의 티끌 수 세계를 지나가서 세계가 있으니 이름은 견고한 땅〔堅固地〕이요, 부처님 명호는 고운 음성 가장 좋은 하늘〔美音最勝天〕이니라.

이 위로 부처 세계의 티끌 수 세계를 지나가서 세계가 있으니 이름은 넓은 광명으로 잘 변화함〔普光善化〕이요, 부처님 명호는 큰 정진 고요한 지혜〔大精進寂靜慧〕니라.

이 위로 부처 세계의 티끌 수 세계를 지나가서 세계가 있으니 이름은 잘 수호하는 장엄한 행〔善守護莊嚴行〕이요, 부처님 명호는 보는 이가 환희함〔見者生歡喜〕이니라.

이 위로 부처 세계의 티끌 수 세계를 지나가서 세계가 있으니 이름은 전단 보배 연꽃〔栴檀寶華藏〕이요, 부처님 명호는 깊고 흔들 수 없는 지혜 광명 두루 비침〔甚深不可動智慧光遍照〕이니라.

이 위로 부처 세계의 티끌 수 세계를 지나가서 세계가 있으니 이름은 가지각색 빛깔 바다〔現種種色相海〕요, 부처님 명호는 부사의한 진리의 왕 광명을 놓음〔普放不思議勝義王光明〕이니라.

이 위로 부처 세계의 티끌 수 세계를 지나가서 세계가 있으니 이름은 시방에 화현하는 큰 광명〔現十方大光明〕이요, 부처님 명호는 훌륭한 공덕과 위광威光을 짝할 이 없음〔勝功德威光無與等〕이니라.

이 위로 부처 세계의 티끌 수 세계를 지나가서 세계가 있으니 이름은 수미 구름 당기〔須彌雲幢〕요, 부처님 명호는 매우 깨끗한 광명 눈〔極淨光明眼〕이니라.

이 위로 부처 세계의 티끌 수 세계를 지나가서 세계가 있으니 이름은 연꽃이 두루 비침〔蓮華遍照〕이요, 형상은 둥근데 끝없는 빛 묘한 향 마니 바다를 의지하여 머물며, 온갖 법 장엄 구름이 그 위에 덮이고 스무 부처 세계의 티끌 수 세계가 둘러쌌으며, 순일하게 청정하고 부처님 명호는 해탈 정진하는 해〔解脫精進日〕니라.

여러 불자들이여, 이 제청보 장엄 향수해에서 오른쪽으로 돌아서 다음에 향수해가 있으니 이름이 금강 바퀴로 밑을 장엄함〔金剛輪莊嚴底〕이요, 세계종의 이름은 묘하게 사이사이 섞인 인다라 그물〔妙寶間錯因陀羅網〕이요, 보현의 지혜로 내는 음성으로 체성을 삼았느니라.

이 가운데 맨 밑에 세계가 있으니 이름은 연꽃 그물〔蓮華網〕이요, 형상은 수미산 모양인데 여러 묘한 꽃 산 당기 바다를 의지하여 머물며, 부처 경계 마니왕 제석천 그물 구름이 그 위에 덮이고, 부처 세계의 티끌 수 세계가 둘러쌌으며, 순일하게 청정하고 부처님 명호는 법신 두루 깨달은 지혜〔法身普覺慧〕니라.

이 위로 부처 세계의 티끌 수 세계를 지나가서 세계가 있으니 이름은 그지없는 해 광명〔無盡日光明〕이요 부처님 명호는 가장 좋은 대각 지혜〔最勝大覺慧〕니라.

이 위로 부처 세계의 티끌 수 세계를 지나가서 세계가 있으니 이름은

묘한 광명 널리 놓음〔普放妙光明〕이요, 부처님 명호는 큰 복 구름 다하지 않는 힘〔大福雲無盡力〕이니라.

이 위로 부처 세계의 티끌 수 세계를 지나가서 세계가 있으니 이름은 나무 꽃 당기〔樹華幢〕요, 부처님 명호는 끝없는 지혜 법계 음성〔無邊智法界音〕이니라.

이 위로 부처 세계의 티끌 수 세계를 지나가서 세계가 있으니 이름은 진주 일산〔眞珠蓋〕이요, 부처님 명호는 바라밀사자빈신〔波羅蜜師子頻申〕이니라.

이 위로 부처 세계의 티끌 수 세계를 지나가서 세계가 있으니 이름은 끝없는 음성〔無邊音〕이요, 부처님 명호는 온갖 지혜인 묘각 지혜〔一切智妙覺慧〕니라.

이 위로 부처 세계의 티끌 수 세계를 지나가서 세계가 있으니 이름은 널리 보는 나무 봉우리〔普見樹峯〕요, 부처님 명호는 중생 앞에 널리 나타남〔普現衆生前〕이니라.

이 위로 부처 세계의 티끌 수 세계를 지나가서 세계가 있으니 이름은 사자 제석천 그물 광명〔師子帝網光〕이요, 부처님 명호는 때 없는 해 금빛 광명 불꽃 구름〔無垢日金色焰雲〕이니라.

이 위로 부처 세계의 티끌 수 세계를 지나가서 세계가 있으니 이름은 뭇 보배 사이사이 섞임〔衆寶間錯〕이요, 부처님 명호는 제석천 당기 훌륭한 지혜〔帝幢最勝慧〕니라.

이 위로 부처 세계의 티끌 수 세계를 지나가서 세계가 있으니 이름은 때 없는 광명한 땅〔無垢光明地〕이요, 부처님 명호는 온갖 힘 깨끗한 달〔一切力淸淨月〕이니라.

이 위로 부처 세계의 티끌 수 세계를 지나가서 세계가 있으니 이름은 부처님 공덕 찬탄하는 음성 항상 냄〔恒出歎佛功德音〕이요, 부처님 명호는 허공 같은 넓은 각의 지혜〔如虛空普覺慧〕니라.

　이 위로 부처 세계의 티끌 수 세계를 지나가서 세계가 있으니 이름은 높은 불꽃 광〔高焰藏〕이요, 부처님 명호는 시방에 화현하는 큰 구름 당기〔化現十方大雲幢〕니라.

　이 위로 부처 세계의 티끌 수 세계를 지나가서 세계가 있으니 이름은 빛 장엄 도량〔光嚴道場〕이요, 부처님 명호는 짝할 이 없는 지혜 널리 비침〔無等智徧照〕이니라.

　이 위로 부처 세계의 티끌 수 세계를 지나가서 세계가 있으니 이름은 온갖 보배 내는 장엄〔出生一切寶莊嚴〕이요, 부처님 명호는 중생 널리 제도하는 신통왕〔廣度衆生神通王〕이니라.

　이 위로 부처 세계의 티끌 수 세계를 지나가서 세계가 있으니 이름은 광명 장엄 묘한 궁전〔光嚴妙宮殿〕이요, 부처님 명호는 온갖 뜻 성취한 넓고 큰 지혜〔一切義成廣大慧〕니라.

　이 위로 부처 세계의 티끌 수 세계를 지나가서 세계가 있으니 이름은 티끌 여의어 고요함〔離塵寂靜〕이요, 부처님 명호는 이유 없이 나타나지 않음〔不唐現〕이니라.

　이 위로 부처 세계의 티끌 수 세계를 지나가서 세계가 있으니 이름은 마니 꽃 당기〔摩尼華幢〕요, 부처님 명호는 기쁘고 길상한 음성〔悅意吉祥音〕이니라.

　이 위로 부처 세계의 티끌 수 세계를 지나가서 세계가 있으니 이름은 넓은 구름 광〔普雲藏〕이요, 형상은 누각 모양인데 가지가지 궁전 향수해를 의지하여 머물며, 온갖 보배 등불 구름이 그 위에 덮이고, 스무 부처 세계의 티끌 수 세계가 둘러쌌으며, 순일하게 청정하고 부처님 명호는 가장 훌륭한 각의 신통왕〔最勝覺神通王〕이니라.

　여러 불자들이여, 이 금강 바퀴로 밑을 장엄한 향수해에서 오른쪽으로 돌아서 다음에 향수해가 있으니 이름이 연꽃 인다라 그물〔蓮華因陀羅網〕이요, 세계종의 이름은 시방에 두루 나타내는 그림자〔普現十方影〕이다. 온갖 향마니로 장엄한 연화를 의지하여 머물며, 온갖 부처님 지혜의 광명 음성으로 체성을 삼았느니라.

　이 가운데 맨 밑에 세계가 있으니 이름이 중생 바다 보배 광명〔衆生海寶光明〕이요, 형상은 진주로 된 광〔藏〕과 같은데 온갖 마니 영락 바다 돌림을 의지하여 머물며, 물 광명 마니 구름이 그 위에 덮이고 부처 세계의 티끌 수 세계가 둘러쌌으며, 순일하게 청정하고 부처님 명호는 부사의 공덕 두루 비치는 달〔不思議功德徧照月〕이니라.

　이 위로 부처 세계의 티끌 수 세계를 지나가서 세계가 있으니 이름은 묘한 향 바퀴〔妙香輪〕요, 부처님 명호는 한량없는 힘 당기〔無量力幢〕니라.

　이 위로 부처 세계의 티끌 수 세계를 지나가서 세계가 있으니 이름은 묘한 빛 바퀴〔妙光輪〕요, 부처님 명호는 법계의 빛과 음성 깨달은 지혜〔法界光音覺悟慧〕니라.

　이 위로 부처 세계의 티끌 수 세계를 지나가서 세계가 있으니 이름은 영각 소리 마니 당기〔吼聲摩尼幢〕요, 부처님 명호는 연꽃 빛 늘 드리우는 묘한 팔〔蓮華光恒垂妙臂〕이니라.

　이 위로 부처 세계의 티끌 수 세계를 지나가서 세계가 있으니 이름은 매우 견고한 바퀴〔極堅固輪〕요, 부처님 명호는 물러가지 않는 공덕 바다 광명〔不退轉功德海光明〕이니라.

　이 위로 부처 세계의 티끌 수 세계를 지나가서 세계가 있으니 이름은 뭇 행의 빛 장엄〔衆行光明莊嚴〕이요, 부처님 명호는 온갖 지혜 두루 승한 세존〔一切智普勝尊〕이니라.

　이 위로 부처 세계의 티끌 수 세계를 지나가서 세계가 있으니 이름은 사자좌 두루 비침〔師子座徧照〕이요, 부처님 명호는 사자 광명 한량없는 힘 깨달은 지혜〔師子光無量力覺慧〕이니라.

이 위로 부처 세계의 티끌 수 세계를 지나가서 세계가 있으니 이름은 보배 불꽃 장엄〔寶焰莊嚴〕이요, 부처님 명호는 온갖 법 깨끗한 지혜〔一切法淸淨智〕니라.

이 위로 부처 세계의 티끌 수 세계를 지나가서 세계가 있으니 이름은 한량없는 등불〔無量燈〕이요, 부처님 명호는 근심 없는 모습〔無憂相〕이니라.

이 위로 부처 세계의 티끌 수 세계를 지나가서 세계가 있으니 이름은 부처님 음성 항상 들음〔常聞佛音〕이요, 부처님 명호는 자연히 수승한 위엄 광명〔自然勝威光〕이니라.

이 위로 부처 세계의 티끌 수 세계를 지나가서 세계가 있으니 이름은 청정한 변화〔淸淨變化〕요, 부처님 명호는 금련화광명金蓮華光明이니라.

이 위로 부처 세계의 티끌 수 세계를 지나가서 세계가 있으니 이름은 두루 시방에 들어감〔普入十方〕이요, 부처님 명호는 법계를 관찰하고 빈신하는 지혜〔觀法界頻申慧〕니라.

이 위로 부처 세계의 티끌 수 세계를 지나가서 세계가 있으니 이름은 치성한 불꽃〔熾然焰〕이요, 부처님 명호는 빛난 불꽃 나무 긴나라왕〔光焰樹緊那羅王〕이니라.

이 위로 부처 세계의 티끌 수 세계를 지나가서 세계가 있으니 이름은 향기 빛 두루 비침〔香光遍照〕이요, 부처님 명호는 향기 등불 잘 교화하는 왕〔香燈善化王〕이니라.

이 위로 부처 세계의 티끌 수 세계를 지나가서 세계가 있으니 이름은 한량없는 꽃 무더기 바퀴〔無量華聚輪〕요, 부처님 명호는 널리 나타내는 부처님 공덕〔普現佛功德〕이니라.

이 위로 부처 세계의 티끌 수 세계를 지나가서 세계가 있으니 이름은

여러 가지 묘함이 두루 청정함(衆妙普淸淨)요, 부처님 명호는 온갖 법 평등한 신통왕(一切法平等神通王)이니라.

이 위로 부처 세계의 티끌 수 세계를 지나가서 세계가 있으니 이름은 금빛 바다(金光海)요, 부처님 명호는 시방에 자재한 큰 변화(十方自在大變化)니라.

이 위로 부처 세계의 티끌 수 세계를 지나가서 세계가 있으니 이름은 진주 연꽃 광(眞珠華藏)이요, 부처님 명호는 세계의 보배 광명 불가사의한 지혜(法界寶光明不可思議慧)니라.

이 위로 부처 세계의 티끌 수 세계를 지나가서 세계가 있으니 이름은 제석수미사자좌(帝釋須彌師子座)요, 부처님 명호는 수승한 힘의 빛(勝力光)이니라.

이 위로 부처 세계의 티끌 수 세계를 지나가서 세계가 있으니 이름은 끝없는 보배 두루 비침(無邊寶普照)이요, 형상은 사방형인데 꽃 숲 바다를 의지하여 머물며, 끝없는 빛 마니왕을 널리 내리는 제석천 그물이 그 위에 덮이고, 스무 부처 세계의 티끌 수 세계가 둘러쌌으며, 순일하게 청정하고 부처님 명호는 세간에 두루 비치는 가장 훌륭한 음성(徧照世間最勝音)이니라.

여러 불자들이여, 이 연꽃 인다라 그물 향수해에서 오른쪽으로 돌아서 다음에 향수해가 있으니 이름이 보배 향을 쌓은 광(積集寶香藏)이요, 세계종의 이름은 온갖 위덕 장엄(一切威德莊嚴)이니, 온갖 부처님의 법수레 음성으로 체성을 삼았느니라.

이 위로 부처 세계의 티끌 수 세계를 지나가서 세계가 있으니 이름은 가지가지를 냄(種種出生)이요, 형상은 금강 같은데 가지가지 금강산 당기를 의지하여 머물며, 금강 보배 빛 구름이 그 위에 덮이고 부처님 명호는 연꽃 눈(蓮華眼)이니라.

이 위로 부처 세계의 티끌 수 세계를 지나가서 세계가 있으니 이름은 보기 좋은 음성[喜見音]이요. 부처님 명호는 즐거움을 냄[生喜樂]이니라.

이 위로 부처 세계의 티끌 수 세계를 지나가서 세계가 있으니 이름은 보배 장엄 당기[寶莊嚴幢]요 부처님 명호는 온갖 지혜[一切智]이니라.

이 위로 부처 세계의 티끌 수 세계를 지나가서 세계가 있으니 이름은 다라 꽃 두루 비침[多羅華普照]이요, 부처님 명호는 때 없이 고요하고 묘한 음성[無垢寂妙音]이니라.

이 위로 부처 세계의 티끌 수 세계를 지나가서 세계가 있으니 이름은 변화한 빛[變化光]이요, 부처님 명호는 청정한 허공 지혜 달[淸淨空智慧月]이니라.

이 위로 부처 세계의 티끌 수 세계를 지나가서 세계가 있으니 이름은 뭇 묘한 것 사이사이 섞임[衆妙間錯]이요, 부처님 명호는 복덕 바다를 열어 보이는 자욱한 구름 모습[開示福德海密雲相]이니라.

이 위로 부처 세계의 티끌 수 세계를 지나가서 세계가 있으니 이름은 온갖 장엄거리 묘한 음성[一切莊嚴具妙音聲]이요, 부처님 명호는 환희한 구름[歡喜雲]이니라.

이 위로 부처 세계의 티끌 수 세계를 지나가서 세계가 있으니 이름은 연꽃 못[蓮華池]이요, 부처님 명호는 소문난 당기[名稱幢]이니라.

이 위로 부처 세계의 티끌 수 세계를 지나가서 세계가 있으니 이름은 온갖 보배 장엄[一切寶莊嚴]이요, 부처님 명호는 빈신하면서 관찰하는 눈[頻申觀察眼]이니라.

이 위로 부처 세계의 티끌 수 세계를 지나가서 세계가 있으니 이름은 깨끗하고 묘한 꽃[淨蓮華]이요, 부처님 명호는 다함 없는 금강 지혜[無盡金剛智]니라.

이 위로 부처 세계의 티끌 수 세계를 지나가서 세계가 있으니 이름은

연꽃 장엄성〔蓮華莊嚴城〕이요, 부처님 명호는 일장 눈 넓은 광명〔日藏眼普光明〕이니라.

이 위로 부처 세계의 티끌 수 세계를 지나가서 세계가 있으니 이름은 한량없는 나무 봉우리〔無量樹峯〕요, 부처님 명호는 온갖 법 우레 소리〔一切法雷音〕니라.

이 위로 부처 세계의 티끌 수 세계를 지나가서 세계가 있으니 이름은 햇빛 밝음〔日光明〕이요, 부처님 명호는 한량없는 지혜 열어 보임〔開示無量智〕이니라.

이 위로 부처 세계의 티끌 수 세계를 지나가서 세계가 있으니 이름은 연꽃 잎 의지함〔依止蓮華葉〕이요, 부처님 명호는 온갖 복덕산〔一切福德山〕이니라.

이 위로 부처 세계의 티끌 수 세계를 지나가서 세계가 있으니 이름은 바람으로 널리 유지함〔風普持〕이요, 부처님 명호는 해 비치는 뿌리〔日曜根〕니라.

이 위로 부처 세계의 티끌 수 세계를 지나가서 세계가 있으니 이름은 광명 나타남〔光明顯現〕이요, 부처님 명호는 몸 광명 두루 비침〔光普照〕이니라.

이 위로 부처 세계의 티끌 수 세계를 지나가서 세계가 있으니 이름은 향기 우레 소리 금강 보배 두루 비침〔香雷音金剛寶普照〕이요, 부처님 명호는 가장 좋은 꽃 핀 모습〔最勝華開敷相〕이니라.

이 위로 부처 세계의 티끌 수 세계를 지나가서 세계가 있으니 이름은 제석천 그물 장엄〔帝網莊嚴〕인데, 형상은 난간과 같고 온갖 장엄 바다를 의지하여 머물며, 빛난 불꽃 누각 구름이 그 위에 덮이고 스무 부처 세계의 티끌 수 세계가 둘러쌌으며, 순일하게 청정하고 부처님 명호는 두려움 없음을 나타내는 구름〔示現無畏雲〕이니라.

여러 불자들이여, 보배 향을 쌓은 광 향수해에서 오른쪽으로 돌아서 다음에 향수해가 있으니 이름이 보배 장엄〔寶莊嚴〕이요, 세계종의 이름은 두루 때 없음〔普無垢〕이며, 온갖 티끌 속 부처 세계의 신통 변화하는 음성으로 체성을 삼았느니라.

이 가운데서 맨 밑에 세계가 있으니 이름이 깨끗하고 묘한 평탄함〔淨妙平坦〕인데, 형상은 보배 몸 같고 온갖 보배 빛 바퀴 바다를 의지하여 머물며, 가지가지 전단 마니 진주 구름이 그 위에 덮이고 부처 세계의 티끌 수 세계가 둘러쌌으며, 순일하게 청정하고 부처님 명호는 꺾기 어렵고 짝이 없는 당기〔難摧伏無等幢〕니라.

이 위로 부처 세계의 티끌 수 세계를 지나가서 세계가 있으니 이름은 치성하게 묘한 장엄〔熾然妙莊嚴〕이요, 부처님 명호는 연꽃 지혜 신통왕〔蓮華慧神通王〕이니라.

이 위로 부처 세계의 티끌 수 세계를 지나가서 세계가 있으니 이름은 미묘한 모양의 바퀴 당기〔微妙相輪幢〕요, 부처님 명호는 시방 큰 소문 그지없는 빛〔十方大名稱無盡光〕이니라.

이 위로 부처 세계의 티끌 수 세계를 지나가서 세계가 있으니 이름은 불꽃 왕 마니 묘한 상엄〔焰藏摩尼妙莊嚴〕이요, 부처님 명호는 큰 지혜 보고 듣는 이 기뻐함〔大智慧見聞皆歡喜〕이니라.

이 위로 부처 세계의 티끌 수 세계를 지나가서 세계가 있으니 이름은 묘한 꽃 장엄〔妙華莊嚴〕이요, 부처님 명호는 한량없는 힘 가장 우수한 지혜〔無量力最勝智〕니라.

이 위로 부처 세계의 티끌 수 세계를 지나가서 세계가 있으니 이름은 깨끗한 티끌을 냄〔出生淨微塵〕이요, 부처님 명호는 범천보다 뛰어남〔超勝梵〕이니라.

이 위로 부처 세계의 티끌 수 세계를 지나가서 세계가 있으니 이름은

넓은 광명 변화한 향〔普光明變化香〕이요, 부처님 명호는 향상 금강 큰 세력〔香象金剛大力勢〕이니라.

이 위로 부처 세계의 티끌 수 세계를 지나가서 세계가 있으니 이름은 광명 돌음〔光明旋〕이요, 부처님 명호는 뜻 성취한 좋은 소문〔義成善名稱〕이니라.

이 위로 부처 세계의 티끌 수 세계를 지나가서 세계가 있으니 이름은 보배 영락 바다〔寶瓔珞海〕요, 부처님 명호는 비길 이 없는 광명 두루 비침〔無比光徧照〕이니라.

이 위로 부처 세계의 티끌 수 세계를 지나가서 세계가 있으니 이름은 묘한 꽃 등 당기〔妙華燈幢〕요, 부처님 명호는 필경 공덕 걸림 없는 지혜 등〔究竟功德無礙慧燈〕이니라.

이 위로 부처 세계의 티끌 수 세계를 지나가서 세계가 있으니 이름은 공교로운 장엄〔喜巧莊嚴〕이요, 부처님 명호는 지혜 해 바라밀〔慧日波羅蜜〕이니라.

이 위로 부처 세계의 티끌 수 세계를 지나가서 세계가 있으니 이름은 전단 꽃 넓은 광명〔栴檀華普光明〕이요, 부처님 명호는 끝없는 지혜 법계 음성〔無邊慧法界音〕이니라.

이 위로 부처 세계의 티끌 수 세계를 지나가서 세계가 있으니 이름은 제석천 그물 당기〔帝網幢〕요, 부처님 명호는 등불 빛 멀리 비침〔燈光逈照〕이니라.

이 위로 부처 세계의 티끌 수 세계를 지나가서 세계가 있으니 이름은 깨끗한 꽃 바퀴〔淨華輪〕요, 부처님 명호는 법계의 해 광명〔法界日光明〕이니라.

이 위로 부처 세계의 티끌 수 세계를 지나가서 세계가 있으니 이름은 큰 위험 빛남〔大威耀〕이요, 부처님 명호는 끝없는 공덕 바다 법 수레 음성〔無邊功德海法輪音〕이니라.

 이 위로 부처 세계의 티끌 수 세계를 지나가서 세계가 있으니 이름은 보배 연못에 함께 머무름〔同安住寶蓮華池〕이요, 부처님 명호는 부사의한 지혜를 열어 보임〔開示入不可思議智〕이니라.

 이 위로 부처 세계의 티끌 수 세계를 지나가서 세계가 있으니 이름은 평탄한 땅〔平坦地〕이요, 부처님 명호는 공덕 보배 광명왕〔功德寶光明王〕이니라.

 이 위로 부처 세계의 티끌 수 세계를 지나가서 세계가 있으니 이름은 향 마니 덩어리〔香摩尼聚〕요, 부처님 명호는 다함 없는 복덕 바다 묘한 장엄〔無盡福德海妙莊嚴〕이니라.

 이 위로 부처 세계의 티끌 수 세계를 지나가서 세계가 있으니 이름은 미묘한 광명〔微妙光明〕이요, 부처님 명호는 짝할 이 없는 힘 널리 두루하는 음성〔無等力普徧音〕이니라.

 이 위로 부처 세계의 티끌 수 세계를 지나가서 세계가 있으니 이름은 시방에 두루한 견고한 장엄이 비침〔十方普堅固莊嚴照耀〕인데, 형상은 여덟 모가 나고 심왕心王 마니 바퀴 바다를 의지하여 스무 부처 세계의 티끌 수 세계가 둘리었으며, 순일하게 청정하고 부처님 명호는 넓은 눈 크게 밝은 등불〔普眼大明燈〕이니라.

 여러 불자들이여, 이 보배 장엄 향수해에서 오른쪽으로 돌아서 다음에 향수해가 있으니 이름이 금강 보배 덩어리〔金剛寶聚〕요, 세계종의 이름은 법계행法界行이며, 온갖 보살 지위의 방편 법 음성으로 체성을 삼았느니라.

 이 가운데서 맨 밑에 세계가 있으니 이름은 깨끗한 빛 비침〔淨光照耀〕인데, 형상은 구슬 꿰미 같고 온갖 보배 빛 진주 영락 바다를 의지하여 머물며, 보살의 진주 상투 광명 마니 구름이 그 위에 덮이고 부처 세계의 티끌 수 세계가 둘러쌌으며, 순일하게 청정하고 부처님 명호는 가장 수승한 공덕 빛〔最勝功德光〕이니라.

　이 위로 부처 세계의 티끌 수 세계를 지나가서 세계가 있으니 이름은 묘한 일산〔妙蓋〕이요, 부처님 명호는 법 자재한 지혜〔法自在慧〕니라.

　이 위로 부처 세계의 티끌 수 세계를 지나가서 세계가 있으니 이름은 보배 장엄 사자좌〔寶莊嚴師子座〕요, 부처님 명호는 큰 용의 못〔大龍淵〕이니라.

　이 위로 부처 세계의 티끌 수 세계를 지나가서 세계가 있으니 이름은 금강 좌대를 나타냄〔金剛座〕이요, 부처님 명호는 사자좌의 연꽃 좌대에 오름〔昇師子座蓮華臺〕이니라.

　이 위로 부처 세계의 티끌 수 세계를 지나가서 세계가 있으니 이름은 연꽃 수승한 음성〔蓮華勝音〕이요, 부처님 명호는 지혜 빛 널리 열어 깨침〔智光普開悟〕이니라.

　이 위로 부처 세계의 티끌 수 세계를 지나가서 세계가 있으니 이름은 좋은 관습〔善慣習〕이요, 부처님 명호는 땅을 지니는 묘한 광명왕〔持地妙光王〕이니라.

　이 위로 부처 세계의 티끌 수 세계를 지나가서 세계가 있으니 이름은 즐거운 음성〔喜樂音〕이요, 부처님 명호는 법 등불 왕〔法燈王〕이니라.

　이 위로 부처 세계의 티끌 수 세계를 지나가서 세계가 있으니 이름은 마니장 인다라 그물〔摩尼藏因陀羅網〕이요, 부처님 명호는 공하지 않은 소견〔不空見〕이니라.

　이 위로 부처 세계의 티끌 수 세계를 지나가서 세계가 있으니 이름은 여러 묘한 지장〔衆妙地藏〕이요, 부처님 명호는 불꽃 몸 당기〔焰身幢〕니라.

　이 위로 부처 세계의 티끌 수 세계를 지나가서 세계가 있으니 이름은 금빛 바퀴〔金光輪〕요, 부처님 명호는 중생을 깨끗이 다스리는 행〔淨治衆生

行〕이니라.

　이 위로 부처 세계의 티끌 수 세계를 지나가서 세계가 있으니 이름은 수미산장엄〔須彌山莊嚴〕이요, 부처님 명호는 온갖 공덕 구름 널리 비침〔一切功德雲普照〕이니라.

　이 위로 부처 세계의 티끌 수 세계를 지나가서 세계가 있으니 이름은 여러 나무 형상〔衆樹形〕이요, 부처님 명호는 보배 꽃 모습 깨끗한 달 깨달음〔寶華相淨月覺〕이니라.

　이 위로 부처 세계의 티끌 수 세계를 지나가서 세계가 있으니 이름은 두려움 없음〔無怖畏〕이요, 부처님 명호는 훌륭한 금빛 횃불〔最勝金光炬〕이니라.

　이 위로 부처 세계의 티끌 수 세계를 지나가서 세계가 있으니 이름은 큰 소문 용왕 당기〔大名稱龍王幢〕요, 부처님 명호는 평등한 온갖 법을 관함〔觀等一切法〕이니라.

　이 위로 부처 세계의 티끌 수 세계를 지나가서 세계가 있으니 이름은 마니 빛 나타냄〔示現摩尼色〕이요, 부처님 명호는 변화하는 해〔變化日〕니라.

　이 위로 부처 세계의 티끌 수 세계를 지나가서 세계가 있으니 이름은 빛난 불꽃 등 장엄〔光焰燈莊嚴〕이요, 부처님 명호는 보배 일산 빛 널리 비침〔寶蓋光徧照〕이니라.

　이 위로 부처 세계의 티끌 수 세계를 지나가서 세계가 있으니 이름은 향 광명 구름〔香光雲〕이요, 부처님 명호는 생각하는 지혜〔思惟慧〕니라.

　이 위로 부처 세계의 티끌 수 세계를 지나가서 세계가 있으니 이름은 원수 없음〔無怨讐〕이요, 부처님 명호는 정진하는 좋은 지혜 바다〔精進勝慧海〕니라.

　이 위로 부처 세계의 티끌 수 세계를 지나가서 세계가 있으니 이름은

온갖 장엄거리 광명 당기〔一切莊嚴具光明幢〕요, 부처님 명호는 뜻에 맞는 연화를 널리 나타내는 자재한 왕〔普現悅意蓮華自在王〕이니라.

　이 위로 부처 세계의 티끌 수 세계를 지나가서 세계가 있으니 이름은 백호상 장엄〔毫相莊嚴〕이요, 형상은 반달 같은데 수미산 마니 꽃 바다를 의지하여 머물며, 온갖 장엄 치성한 빛 마니왕 구름이 그 위에 덮이고 스무 부처 세계의 티끌 수 세계가 둘러쌌으며, 순일하게 청정하고 부처님 명호는 청정한 눈〔佛號淸淨眼〕이니라.

　여러 불자들이여, 이 금강 보배덩이 향수해에서 오른쪽으로 돌아서 다음에 향수해가 있으니 이름이 하늘 성의 보배 성가퀴〔天城寶堞〕요, 세계종의 이름은 등불 광명〔燈焰光明〕이며, 온갖 것을 널리 보이는 평등한 법륜 음성으로 체성을 삼았느니라.

　이 가운데 맨 밑에 세계가 있으니 이름은 보배 달빛 불꽃 바퀴요, 형상은 온갖 장엄거리 같은데 온갖 보배 장엄 꽃 바다를 의지하여 머물며, 유리 빛 사자좌 구름이 그 위에 덮이고 부처 세계의 티끌 수 세계가 둘러쌌으며, 순일하게 청정하고 부처님 명호는 일월의 자재한 빛〔日月自在光〕이니라.

　이 위로 부처 세계의 티끌 수 세계를 지나가서 세계가 있으니 이름은 수미 보배 빛〔須彌寶光〕이요, 부처님 명호는 그지없는 법보 당기〔無盡法寶幢〕니라.

　이 위로 부처 세계의 티끌 수 세계를 지나가서 세계가 있으니 이름은 여러 가지 묘한 광명 당기〔衆妙光明華〕요, 부처님 명호는 큰 연꽃 무더기〔大華聚〕이니라.

　이 위로 부처 세계의 티끌 수 세계를 지나가서 세계가 있으니 이름은 마니 광명 꽃〔摩尼光明華〕이요, 부처님 명호는 사람 중에 가장 자재함〔人中最自在〕이니라.

이 위로 부처 세계의 티끌 수 세계를 지나가서 세계가 있으니 이름은 넓은 음성〔普音〕이요, 부처님 명호는 온갖 지혜 두루 비침〔一切智徧照〕이니라.

이 위로 부처 세계의 티끌 수 세계를 지나가서 세계가 있으니 이름은 큰 나무 긴나라 음성〔大樹緊那羅音〕이요, 부처님 명호는 한량없는 복덕 자재한 용〔無量福德自在龍〕이니라.

이 위로 부처 세계의 티끌 수 세계를 지나가서 세계가 있으니 이름은 끝없이 깨끗한 광명〔無邊淨光明〕이요, 부처님 명호는 공덕 보배 꽃 빛〔功德寶華光〕이니라.

이 위로 부처 세계의 티끌 수 세계를 지나가서 세계가 있으니 이름은 가장 훌륭한 음성〔最勝音〕이요, 부처님 명호는 온갖 지혜 장엄〔一切智莊嚴〕이니라.

이 위로 부처 세계의 티끌 수 세계를 지나가서 세계가 있으니 이름은 뭇 보배 사이사이 장식함〔衆寶間飾〕이요, 부처님 명호는 보배 불꽃 수미산〔寶焰須彌山〕이니라.

이 위로 부처 세계의 티끌 수 세계를 지나가서 세계가 있으니 이름은 깨끗한 수미 음성〔淸淨須彌音〕이요, 부처님 명호는 온갖 행 나타내는 광명〔現一切行光明〕이니라.

이 위로 부처 세계의 티끌 수 세계를 지나가서 세계가 있으니 이름은 향물 일산〔香水蓋〕이요, 부처님 명호는 온갖 바라밀 걸림 없는 바다〔一切波羅蜜無礙海〕니라.

이 위로 부처 세계의 티끌 수 세계를 지나가서 세계가 있으니 이름은 사자 연꽃 그물〔師子華網〕이요, 부처님 명호는 보배 불꽃 당기〔寶焰幢〕니라.

이 위로 부처 세계의 티끌 수 세계를 지나가서 세계가 있으니 이름은

금강 묘한 꽃 등불[金剛妙華燈]이요, 부처님 명호는 온갖 큰 서원 빛[一切大賴光]이니라.

이 위로 부처 세계의 티끌 수 세계를 지나가서 세계가 있으니 이름은 온갖 법 광명한 땅[一切法光明池]이요, 부처님 명호는 온갖 법 광대하고 진실한 뜻[一切法廣大眞實義]이니라.

이 위로 부처 세계의 티끌 수 세계를 지나가서 세계가 있으니 이름은 진주 가루 평등한 장엄[眞珠末平坦莊嚴]이요, 부처님 명호는 수승한 지혜 광명 그물[勝慧光明網]이니라.

이 위로 부처 세계의 티끌 수 세계를 지나가서 세계가 있으니 이름은 유리 꽃[瑠璃華]이요, 부처님 명호는 보배 쌓은 당기[寶積幢]니라.

이 위로 부처 세계의 티끌 수 세계를 지나가서 세계가 있으니 이름은 한량없이 묘한 빛 바퀴[無量妙光輪]요, 부처님 명호는 큰 위력 지혜 바다 광[大威力智慧藏]이니라.

이 위로 부처 세계의 티끌 수 세계를 지나가서 세계가 있으니 이름은 시방을 밝게 봄[明見十方]이요, 부처님 명호는 온갖 공덕 깨끗이 닦는 당기[淨修一切德幢]이니라.

이 위로 부처 세계의 티끌 수 세계를 지나가서 세계가 있으니 이름은 사랑스러운 범음성[可愛樂梵音]인데, 형상은 부처 손 같고 보배 빛 그물 바다를 의지하여 머물며, 보살 몸 온갖 장엄 구름이 그 위에 덮이고, 스무 부처 세계의 티끌 수 세계가 둘러쌌으며, 순일하게 청정하고 부처님 명호는 법계에 두루 비치는 걸림 없는 빛[普照法界無礙光]이니라."

대방광불화엄경 제10권

제10권

5. 화장세계품 ③

그 때에 보현보살이 다시 대중에게 말하였다.

"여러 불자들이여, 저 때 여읜 불꽃 광 향수해 동쪽에 다음 향수해가 있으니 이름이 변화하는 미묘한 몸〔變化微妙身〕이요, 이 바다 가운데 세계종이 있으니 이름은 잘 피진 차별한 방위〔善布差別方〕니라.

다음에 향수해가 있으니 이름이 금강 눈 당기〔金剛眼幢〕요, 세계종의 이름은 장엄한 법계 다리〔莊嚴法界橋〕니라.

다음에 향수해가 있으니 이름이 가지가지 연꽃 묘한 장엄〔種種蓮華妙莊嚴〕이요, 세계종의 이름은 시방 변화를 항상 냄〔恒出十方變化〕이니라.

다음에 향수해가 있으니 이름이 사이 없는 보배 왕 바퀴〔無間寶王輪〕요, 세계종의 이름은 보배 연꽃 줄기 자욱한 구름〔寶蓮華莖密雲〕이니라.

다음에 향수해가 있으니 이름이 묘한 향기 불꽃 두루 장엄〔妙香焰普莊嚴〕이요, 세계종의 이름은 비로자나 변화한 행〔毘盧遮那變化行〕이니라.

다음에 향수해가 있으니 이름이 보배 가루 염부 당기〔寶末閻浮幢〕요, 세계종의 이름은 부처님들 호념하는 경계〔諸佛護念境界〕이니라.

다음에 향수해가 있으니 이름이 온갖 빛깔 치성한 광명〔一切色熾然光〕이요, 세계종의 이름은 가장 훌륭한 빛 두루 비침〔最勝光徧照〕이니라.

다음에 향수해가 있으니 이름이 온갖 장엄거리 경계〔一切莊嚴具境界〕요, 세계종의 이름은 보배 불꽃 등불〔寶焰燈〕이니라.

이와 같이 말할 수 없는 티끌 수 향수해가 있는데, 윤위산〔輪圍山〕에 가장 가까운 향수해의 이름은 파려땅〔玻瓈地〕이요, 세계종의 이름은 항상 놓는 광명〔常放光明〕이니, 세계해의 청정한 겁의 성으로 체성을 삼았느니라.

이 가운데서 맨 밑에 있는 세계의 이름은 사랑스러운 깨끗한 빛 당기〔可愛樂淨光幢〕요, 부처 세계의 티끌 수 세계가 둘러쌌으며, 순일하게 청정하고 부처님 명호는 가장 훌륭한 삼매 정진하는 지혜〔最勝三昧精進慧〕니라.

이 위로 열 부처 세계의 티끌 수 세계를 지나가서 금강 당기 세계와 가지런한 세계가 있으니, 이름이 향기 장엄 당기〔香莊嚴幢〕요, 열 부처 세계의 티끌 수 세계가 둘러쌌으며, 순일하게 청정하고 부처님 명호는 장애 없는 법계 등불〔無障礙法界燈〕이니라.

이 위로 세 부처 세계의 티끌 수 세계를 지나가서 사바세계와 가지런한 세계가 있으니 이름이 광명 놓는 광〔放光明藏〕이요, 부처님 명호는 법계에 두루하여 장애 없는 지혜 밝음〔徧法界無障礙慧明〕이니라.

이 위로 일곱 부처 세계의 티끌 수 세계를 지나가서 이 세계종의 맨 위에 세계가 있으니 이름이 가장 훌륭한 몸 향기〔最勝身香〕요, 스무 부처 세계의 티끌 세계가 둘러쌌으며 순일하게 청정하고 부처님 명호는 깨달음 부분의 꽃〔覺分華〕이니라.

여러 불자들이여, 저 그지없는 광명 바퀴 향수해 밖에 다음 향수해가 있으니 이름이 묘한 빛 구족함〔其足妙光〕이요, 세계종의 이름은 두루 때 없음〔徧無垢〕이니라. 다음에 향수해가 있으니 이름이 빛나는 일산〔光耀蓋〕이요, 세계종의 이름은 끝없는 두루 장엄〔無邊普莊嚴〕이니라. 다음에 향수해가 있으니 이름이 묘한 보배 장엄〔妙寶莊嚴〕이요, 세계종의 이름은 향 마니 궤도 형상〔香摩尼軌度形〕이니라. 다음에 향수해가 있으니 이름이 부처님 음성 냄〔出佛音聲〕이요, 세계종의 이름은 잘 건립한 장엄〔善建立莊嚴〕이니라. 다음에 향수해가 있으니 이름이 향 당기 수미장〔香幢須彌藏〕이요, 세계종의 이름은 광명 두루 가득함〔光明徧滿〕이니라. 다음에 향수해가 있으니 이름이 전단의 묘한 광명〔栴檀妙光明〕이요, 세계종의 이름은 꽃 불꽃 바퀴〔華焰輪〕니라. 다음에 향수해가 있으니 이름이 바람 힘으로 유지함〔風力持〕이요, 세계종의 이름은 보배 불꽃 구름 당기〔寶焰雲幢〕니라. 다음에 향수해가 있으니 이름이 제석의 몸 장엄〔帝釋身莊嚴〕이요, 세계종의 이름은 진주 광〔眞珠藏〕이니라. 다음에 향수해가 있으니 이름이 평탄한 엄정〔平坦嚴淨〕이요, 세계종의 이름은 비유리 가루 종종 장엄〔毘瑠璃末種種莊嚴〕이니라.

이와 같이 말할 수 없는 부처 세계의 티끌 수 향수해가 있는데, 윤위산에 가장 가까운 향수해의 이름은 묘한 나무 꽃〔妙樹華〕이요, 세계종의 이름은 여러 방위의 넓고 큰 세계를 냄〔出生諸大廣大刹〕이니, 모든 부처님의 마군을 부수는 음성으로 체성을 삼았느니라.

이 가운데서 맨 밑에 있는 세계의 이름은 불꽃 횃불 당기〔焰炬幢〕요, 부처님 명호는 세간의 공덕 바다〔世間功德海〕니라.

이 위로 열 부처 세계의 티끌 수 세계를 지나가서 금강 당기 세계와 가지런한 세계가 있으니 이름이 보배 냄〔出生寶〕이요, 부처님 명호는 사자 힘 보배 구름〔師子力寶雲〕이니라.

이 위에 사바세계와 가지런한 세계가 있으니 이름이 의복 당기〔衣服幢〕요, 부처님 명호는 온갖 지혜 바다 왕〔一切智海王〕이니라.

이 세계종의 맨 위에 세계가 있으니 이름이 보배 영락 사자 광명〔寶瓔珞師子光明〕이요, 부처님 명호는 잘 변화하는 연꽃 당기〔善變化蓮華幢〕니라.

여러 불자들이여, 저 금강 보배 불꽃 빛 향수해 밖에 다음 향수해가 있으니 이름이 온갖 장엄거리 맑게 꾸민 당기〔一切莊嚴具瑩飾幢〕요, 세계종의 이름은 청정행장엄淸淨行莊嚴이니라. 다음에 향수해가 있으니 이름이 온갖 보배 꽃 빛나는 바다〔一切寶華光耀海〕요, 세계종의 이름은 공덕상장엄功德相莊嚴이니라. 다음에 향수해가 있으니 이름이 연꽃 핀 것〔蓮華開敷〕이요, 세계종의 이름은 보살마니관장엄菩薩摩尼冠莊嚴이니라. 다음에 향수해가 있으니 이름이 묘한 보배 의복〔妙寶衣服〕이요, 세계종의 이름은 깨끗한 진주 바퀴〔淨珠輪〕이니라. 다음에 향수해가 있으니 이름이 사랑스런 꽃 두루 비침〔可愛華徧照〕이요, 세계종의 이름은 백 가지 빛 구름 비침〔百光雲照耀〕이니라. 다음에 향수해가 있으니 이름이 허공에 가득한 큰 광명〔徧虛空大光明〕이요, 세계종의 이름은 보배 빛 두루 비침〔寶光普照〕이니라. 다음에 향수해가 있으니 이름이 묘한 꽃 장엄 당기〔妙華莊嚴幢〕요, 세계종의 이름은 금 달 눈 영락〔金月眼瓔珞〕이니라. 다음에 향수해가 있으니 이름이 진주 향기 바다 광〔眞珠香海藏〕이요, 세계종의 이름은 부처 광명〔佛光明〕이니라. 다음에 향수해가 있으니 이름이 보배 바퀴 광명〔寶輪光明〕이요, 세계종의 이름은 부처님 경계를 잘 화현함〔善化現佛境界光明〕이니라.

이렇게 말할 수 없는 부처 세계의 티끌 수 향수해가 있는데, 윤위산에 가장 가까운 향수해의 이름은 끝없는 바퀴로 밑을 장엄함〔無邊輪莊嚴底〕이요, 세계종의 이름은 한량없는 방위의 차별〔無量方差別〕이니, 온갖 국토의 가지가지 말하는 음성으로 체성을 삼았느니라.

이 가운데서 맨 밑에 있는 세계의 이름은 금강 꽃 일산〔金剛華蓋〕이요, 부처님 명호는 그지없는 모양의 광명 넓은 문 음성〔無盡相光明普門音〕이니라.

이 위로 열 부처 세계의 티끌 수 세계를 지나가서 세계가 있어 금강당기 세계와 가지런하니 이름이 보배 옷 내는 당기〔出生寶衣幢〕요, 부처님 명호는 복덕 구름 큰 위세〔福德雲大威勢〕니라.

이 위에 사바세계와 가지런하게 세계가 있으니 이름이 모든 보배 묘한 장엄〔衆寶具妙莊嚴〕이요, 부처님 명호는 수승한 지혜 바다〔勝慧海〕니라.

이 세계종의 맨 위에 세계가 있으니 이름이 해의 광명 의복 당기〔日光明衣服幢〕요, 부처님 명호는 지혜 해 연꽃 구름〔智日蓮華雲〕이니라.

여러 불자들이여, 저 제청보 장엄 향수해 밖에 다음 향수해가 있으니 이름이 아수라궁전〔阿修羅宮殿〕이요, 세계종의 이름은 향수 빛으로 지니는 바〔香水光所持〕니라. 다음에 향수해가 있으니 이름이 보배 사자 장엄〔寶師子莊嚴〕이요, 세계종의 이름은 시방에 두루 보이는 온갖 보배〔徧示十方一切寶〕니라. 다음에 향수해가 있으니 이름이 궁전 빛 광명 구름〔宮殿色光明雲〕이요, 세계종의 이름은 보배 바퀴 묘한 장엄〔寶輪妙莊嚴〕이니라.

다음에 향수해가 있으니 이름이 큰 연꽃 냄〔出大蓮華〕이요, 세계종의 이름은 묘한 장엄 법계에 두루 비침〔妙莊嚴徧照法界〕입니다. 다음에 향수해가 있으니 이름이 등 불꽃 묘한 눈〔燈焰妙眼〕이요, 세계종의 이름은 시방의 변화를 두루 관찰함〔徧察十方變化〕이니라. 다음에 향수해가 있으니 이름이 부사의 장엄 바퀴〔不思議莊嚴輪〕요, 세계종의 이름은 시방 광명 넓은 소문〔十方光明普名稱〕이니라. 다음에 향수해가 있으니 이름이 보배 쌓아 장엄〔寶積莊嚴〕이요, 세계종의 이름은 등불 빛 비침〔燈光照耀〕입니다. 다음에 향수해가 있으니 이름이 깨끗한 보배 광명〔淸淨寶光明〕이요,

세계종의 이름은 수미산도 장애하지 못하는 바람[須彌無能爲礙風]이니라. 다음에 향수해가 있으니 이름이 보배 옷 난간[寶衣欄楯]이요, 세계종의 이름은 여래 몸 광명[如來身光明]이니라.

　이와 같이 말할 수 없는 부처 세계의 티끌 수 향수해가 있는데 윤위산에 가장 가까운 향수해의 이름은 나무 장엄 당기[樹莊嚴幢]요, 세계종의 이름은 제석천 그물에 편안히 머묾[安住帝網]이니 온갖 보살 지혜의 지위 음성으로 체성을 삼았느니라.

　이 가운데서 맨 밑에 있는 세계의 이름은 묘한 금빛[妙金色]이요, 부처님 명호는 향기 불꽃 수승한 위엄 광명[香焰勝威光]이니라.

　이 위로 열 부처 세계의 티끌 수 세계를 지나가서 금강 당기 세계와 가지런하게 세계가 있으니 이름이 마니 나무 꽃[摩尼樹華]이요, 부처님 명호는 걸림 없이 두루 나타남[無礙普現]이니라.

　이 위에 사바세계와 가지런하게 세계가 있으니 이름이 비유리 묘한 장엄[毘瑠璃妙莊嚴]이요, 부처님 명호는 법에 자재한 견고한 지혜[法自在堅固慧]이니라.

　이 세계종의 맨 위에 세계가 있으니 이름이 범음성 묘한 장엄[梵音妙莊嚴]이요, 부처님 명호는 연꽃 핀 광명왕[蓮華開敷光明]이니라.

　여러 불자들이여, 저 금강 바퀴로 밑을 장엄한 향수해 밖에 다음 향수해가 있으니 이름이 연꽃 화현하는 곳[化現蓮華處]이요, 세계종의 이름은 국토 평정[國土平正]이니라. 다음에 향수해가 있으니 이름이 마니 광명[摩尼光]이며, 세계종의 이름은 법계에 두루하게 미혹 없음[徧法界無迷惑]이니라. 다음에 향수해가 있으니 이름이 여러 묘한 향기 해 마니[衆妙香日摩尼]요, 세계종의 이름은 시방을 두루 나타냄[普現十方]이니라. 다음에 향수해가 있으니 이름이 보배 흐름을 항상 받음[恒納寶流]이요, 세계종의 이름은 넓은 행 부처님 말씀하는 음성[普行佛言音]이니라. 다음에 향수해가 있으니 이름이 끝없이 깊고 묘한 음성〔無邊深妙音〕이요, 세계종의 이름은 끝없는 방위 차별〔無邊方差別〕이니라. 다음에 향수해가 있으니 이름이 견실한 무더기〔堅實積聚〕요, 세계종의 이름은 한량없는 처소 차별〔無量處差別〕이니라. 다음에 향수해가 있으니 이름이 청정한 범음〔清淨梵音〕이요, 세계종의 이름은 두루 청정한 장엄〔普清淨莊嚴〕입니다. 다음에 향수해가 있으니 이름이 전단 난간의 음성 광〔栴檀欄楯音聲藏〕이요, 세계종의 이름은 멀리 솟아난 당기〔逈出幢〕이니라. 다음에 향수해가 있으니 이름이 묘한 향기 보배 왕 광명 장엄〔妙香寶王光莊嚴〕이요, 세계종의 이름은 광명 널리 나타내는 힘〔普現光明力〕이니라.

여러 불자들이여, 저 연꽃 인다라 그물 향수해 밖에 다음 향수해가 있으니 이름이 은 연꽃 묘한 장엄〔銀蓮華妙莊嚴〕이요, 세계종의 이름은 두루한 행〔普徧行〕이니라. 다음에 향수해가 있으니 이름이 비유리 대 촘촘한 불꽃 구름〔毘瑠璃竹密焰雲〕이요, 세계종의 이름은 시방의 음성 널리 냄〔普出十方音〕이니라. 다음에 향수해가 있으니 이름이 시방의 빛난 불꽃 무더기〔十方光焰聚〕요, 세계종의 이름은 항상 변화를 내어 시방에 분포함〔恒出變化分布十方〕이니라. 다음에 향수해가 있으니 이름이 진금을 내는 마니 당기〔出現眞金摩尼幢〕요, 세계종의 이름은 금강 당기 모양〔金剛幢相〕이니라. 다음에 향수해가 있으니 이름이 평등한 큰 장엄〔平等大莊嚴〕이요, 세계종의 이름은 법계에 용맹하게 돎〔法界勇猛旋〕이니라. 다음에 향수해가 있으니 이름이 보배 꽃 떨기 다함 없는 빛〔寶華叢無盡光〕이요, 세계종의 이름은 끝없는 깨끗한 광명〔無邊淨光明〕이니라. 다음에 향수해가 있으니 이름이 묘한 금 당기〔妙金幢〕요, 세계종의 이름은 비밀을 연설하는 곳〔演說微密處〕이니라. 다음에 향수해가 있으니 이름이 빛을 두루 비침〔光影徧照〕이요, 세계종의 이름은 넓은 장엄〔普莊嚴〕이니라. 다음에 향수해가 있으니 이름이 고요한 음성〔寂音〕이요, 세계종의 이름은 앞에 드리움[現前垂布]이니라.

　이와 같이 말할 수 없는 부처 세계의 티끌 수 향수해가 있는데 윤위산에 가장 가까운 향수해의 이름은 촘촘한 불꽃 구름 당기[密焰雲幢]요, 세계종의 이름은 온갖 빛 장엄[一切光莊嚴]이니, 모든 여래의 도량에 모인 대중의 음성으로 체성을 삼았느니라.

　여기에서 맨 밑에 있는 세계의 이름은 깨끗한 눈 장엄[淨眼莊嚴]이요, 부처님 명호는 금강 달이 시방에 두루 비침[金剛月徧照十方]이니라.

　이 위로 열 부처 세계의 티끌 수 세계를 지나가서 금강 당기 세계와 가지런하게 세계가 있으니 이름이 연화덕蓮華德이요 부처님 명호는 큰 정진 잘 깨달은 지혜[大精進善覺慧]니라.

　이 위에 사바세계와 가지런하게 세계가 있으니 이름이 금강 촘촘한 장엄[金剛密莊嚴]이요, 부처님 명호는 사라왕 당기[娑羅王幢]니라.

　이 위로 일곱 부처 세계의 티끌 수 세계를 지나가서 세계가 있으니 이름이 깨끗한 바다 장엄[淨海莊嚴]이요, 부처님 명호는 위덕이 뛰어나서 제복할 이 없음[威德絶倫無能制伏]이니라.

　여러 불자들이여, 저 보배 향을 쌓은 광 향수해 밖에 다음 향수해가 있으니 이름이 온갖 보배 광명 두루 비침[一寶光明徧照]이요, 세계종의 이름은 깨끗한 이름 장엄[無垢稱莊嚴]이니라. 다음에 향수해가 있으니 이름이 여러 보배 꽃 만발[衆寶華開敷]이요, 세계종의 이름은 허공상虛空相이니라. 다음에 향수해가 있으니 이름이 길상한 휘장 두루 비침[吉祥幄徧照]이요, 세계종의 이름은 걸림 없는 빛 두루 장엄[無礙光普莊嚴]이니라. 다음에 향수해가 있으니 이름이 전단나무 꽃[栴檀樹華]이요, 세계종의 이름은 시방에 널리 나타나 돎[普現十方旋]이니라. 다음에 향수해가 있으니 이름이 묘한 빛 보배 냄[出生妙色寶]이요. 세계종의 이름은 수승한 당기 두루 행함[勝幢周徧行]이니라. 다음에 향수해가 있으니 이름이 금강 꽃 널리 냄〔普生金剛華〕이요, 세계종의 이름은 헤아릴 수 없는 장엄 나타냄〔現不思議莊嚴〕이니라. 다음에 향수해가 있으니 이름이 심왕 마니 바퀴 좋은 장식〔心王摩尼輪嚴飾〕이요, 세계종의 이름은 장애 없는 부처의 광명 나타냄〔示現無礙佛光明〕이니라. 다음에 향수해가 있으니 이름이 보배 영락 모아 쌓음〔積集寶瓔珞〕이요, 세계종의 이름은 깨끗이 의심을 덜음〔淨除疑〕이니라. 다음에 향수해가 있으니 이름이 진주 바퀴 두루 장엄〔眞珠輪普莊嚴〕이요, 세계종의 이름은 모든 부처님 서원으로 흐름〔諸佛願所流〕이니라.

이와 같이 말할 수 없는 부처 세계의 티끌 수 향수해가 있는데, 윤위산에 가장 가깝게 있는 향수해의 이름이 염부단 보배 광 바퀴〔閻浮檀寶藏輪〕요, 세계종의 이름은 넓은 음성 당기〔普音幢〕니, 온갖 지혜 문에 들어가는 음성으로 체성을 삼았느니라.

이 가운데서 맨 밑에 있는 세계의 이름이 꽃술 불꽃〔華蘂焰〕이요, 부처님 명호는 정진하는 보시〔精進旋〕니라.

이 위로 열 부처 세계의 티끌 수 세계를 지나가서 금강 당기 세계와 가지런하게 세계가 있으니 이름이 연꽃 광명 당기〔蓮華光明幢〕요, 부처님 명호는 온갖 공덕 가장 수승한 심왕〔一切功德最勝心王〕이니라.

이 위로 세 부처 세계의 티끌 수 세계를 지나가서 사바세계와 가지런하게 세계가 있으니 이름이 십력장엄〔十力莊嚴〕이요, 부처님 명호는 한량없는 공덕을 잘 내는 왕〔善出現無量功德王〕이니라.

이 세계종의 맨 위에 세계가 있으니 이름이 마니 향산 당기〔摩尼香山幢〕요, 부처님 명호는 넓고 큰 좋은 눈으로 깨끗이 의심을 제함〔廣大善眼淨除疑〕이니라.

여러 불자들이여, 저 보배 장엄 향수해 밖에 다음 향수해가 있으니 이름은 수미산 유지하는 광명장〔持須彌光明藏〕이요, 세계종의 이름은 넓고 큰 구름 냄[出生廣大雲]이니라. 다음에 향수해가 있으니 이름이 가지가지 장엄한 큰 위력 경계[種種莊嚴大威力境界]요, 세계종의 이름은 장애 없는 깨끗한 장엄[無礙淨莊嚴]이니라. 다음에 향수해가 있으니 이름이 촘촘하게 편 보배 연꽃[密布寶蓮華]이요, 세계종의 이름은 가장 수승한 등불 장엄[最勝燈莊嚴]이니라. 다음에 향수해가 있으니 이름은 온갖 보배의 장엄을 의지함[依止一切寶莊嚴]이요, 세계종의 이름은 햇빛 광명 그물 광[日光明網藏]이니라. 다음에 향수해가 있으니 이름이 썩 많은 엄정[衆多嚴淨]이요, 세계종의 이름은 보배 꽃 의지한 곳[寶華依處]이니라. 다음에 향수해가 있으니 이름은 극히 총명한 행[極聰慧行]이요, 세계종의 이름은 가장 수승한 형상 장엄[最勝形莊嚴]이니라. 다음에 향수해가 있으니 이름은 묘한 마니 봉우리 유지함[持妙摩尼峰]이요, 세계종의 이름은 널리 깨끗한 허공장[普淨虛空藏]이니라. 다음에 향수가 있으니 이름이 큰 광명 널리 비침[大光徧照]이요, 세계종의 이름은 제청 햇불 광명[帝靑炬光明]이니라. 다음에 향수해가 있으니 이름이 사랑스러운 마니 구슬 가득하여 두루 비침[可愛摩尼珠充滿徧照]이요, 세계종의 이름은 두루 영각하는 소리[普吼聲]니라.

이와 같이 말할 수 없는 부처 세계의 티끌 수 향수해가 있는데, 윤위산에 가장 가까운 향수해의 이름이 제청보를 냄[出帝靑寶]이요, 세계종의 이름은 두루 가득하여 차별 없음[周徧無差別]이니 온갖 보살의 우렁찬 소리로 체성을 삼았느니라.

이 가운데서 맨 밑에 있는 세계의 이름이 묘하고 훌륭한 광[妙勝藏]이요, 부처님 명호는 가장 수승한 공덕 지혜[最勝功德慧]니라.

이 위로 열 부처 세계의 티끌 수 세계를 지나가서 금강 당기 세계와 가지런하게 세계가 있으니 이름이 장엄상莊嚴相이요, 부처님 명호는 뛰어나게 수승한 큰 광명[超勝大光明]이니라.

이 위에 사바세계와 가지런하게 세계가 있으니 이름이 유리 바퀴 넓은 장엄[瑠璃輪普莊嚴]이요, 부처님 명호는 수미등[須彌燈]이니라.

이 세계종의 맨 위에 세계가 있으니 이름이 꽃 당기 바다[華幢海]요, 부처님 명호는 그지없이 변화하는 묘한 지혜 구름[無盡變化妙慧雲]이니라.

여러 불자들이여, 저 금강 보배덩이 향수해 밖에 다음 향수해가 있으니 이름이 잘 꾸민 보배 성가퀴[崇飾寶埤堄]요, 세계종의 이름은 빼어난 보배 당기[秀出寶幢]니라. 다음에 향수해가 있으니 이름이 보배 당기 장엄[寶幢莊嚴]이요, 세계종의 이름은 온갖 광명을 나타냄[現一切光明]이니라. 다음에 향수해가 있으니 이름이 묘한 보배 구름[妙寶雲]이요, 세계종의 이름은 온갖 보배 장엄 광명이 두루 비침[一切寶莊嚴光明徧照]이니라. 다음에 향수해가 있으니 이름이 보배 나무 꽃 장엄[寶樹華莊嚴]이요, 세계종의 이름은 묘한 꽃 사이사이 장식함[妙華間飾]이니라. 다음에 향수해가 있으니 이름이 묘한 보배 옷 장엄[妙寶衣莊嚴]이요, 세계종의 이름은 광명 바다[光明海]니라. 다음에 향수해가 있으니 이름이 보배 나무 봉우리[寶樹峯]요, 세계종의 이름은 보배 불꽃 구름[寶焰雲]이니라. 다음에 향수해가 있으니 이름이 광명을 나타냄[示現光明]이요, 세계종의 이름은 금강에 들어가는 데 걸림에 없음[入金剛無所礙]이니라. 다음에 향수해가 있으니 이름이 연꽃 널리 장엄[蓮華普莊嚴]이요, 세계종의 이름은 끝없는 언덕 바다 못[無邊岸海淵]이니라. 다음에 향수해가 있으니 이름이 묘한 보배 장엄[妙寶莊嚴]이요, 세계종의 이름은 널리 나타내는 국토장[普示現國土藏]이니라.

이와 같이 말할 수 없는 부처 세계의 티끌 수 향수해가 있는데, 윤위산에 가장 가까운 향수해 이름이 깨뜨릴 수 없는 바다[不可壞海]요, 세계종의 이름은 묘한 바퀴 사이사이 섞인 연꽃 도량[妙輪間錯蓮華場]이니, 온갖 부처님 힘에서 나는 소리로 체성을 삼았느니라.

이 가운데서 맨 밑에 있는 세계의 이름이 가장 묘한 향[最妙香]이요, 부처님 명호는 변화가 한량없는 티끌 수 광명[變化無量塵數光]이니라.

이 위로 열 부처 세계의 티끌 수 세계를 지나가서 금강 당기 세계와 가지런하게 세계가 있으니 이름이 부사의하고 차별한 장엄문[不思議差別莊嚴門]이요, 부처님 명호는 한량없는 지혜[無量智]니라.

이 위에 사바세계와 가지런하게 세계가 있으니 이름이 시방의 광명 묘한 연꽃 광명[十方光明妙華藏]이요, 부처님 명호는 사자 눈 빛난 불꽃 구름[師子眼光焰雲]이니라.

이 세계종의 맨 위에 세계가 있으니 이름이 바다 음성[海音聲]이요, 부처님 명호는 수천광염문[水天光焰門]이니라.

여러 불자들이여, 저 하늘 성 보배 성가퀴 향수해 밖에 다음 향수해가 있으니 이름이 불꽃 바퀴 찬란한 빛[焰輪赫變光]이요, 세계종의 이름은 말할 수 없는 종종 장엄[不可說種種莊嚴]이니라. 다음에 향수해가 있으니 이름이 보배 티끌 길[寶塵路]이요, 세계종의 이름은 한량없이 돌음에 두루 들어감[普入無量旋]이니라. 다음에 향수해가 있으니 이름이 온갖 장엄 구족함[具一切莊嚴]이요, 세계종의 이름은 보배 빛 두루 비침[寶光徧照]이니라. 다음에 향수해가 있으니 이름이 뭇 보배 그물 폄[布衆寶網]이요, 세계종의 이름은 깊고 촘촘하게 펴 놓음[安布深密]이니라. 다음에 향수해가 있으니 이름이 묘한 보배 장엄 당기[妙寶莊嚴幢]요, 세계종의 이름은 세계해의 분명한 음성[世界海明了音]이니라. 다음에 향수해가 있으니 이름이 일궁의 청정한 그림자[日宮淸淨影]요, 세계종의 이름은 인다라 그물에 두루 들어감[徧入因陀羅網]이니라. 다음에 향수해가 있으니 이름이 온갖 풍류의 아름다운 소리[一切鼓樂美妙音]요, 세계종의 이름은 원만하고 반듯함[圓滿平正]이니라. 다음에 향수해가 있으니 이름이 가지가지 묘한 장엄〔種種妙莊嚴〕이요, 세계종의 이름은 깨끗하고 촘촘한 광명 불꽃 구름〔淨密光焰雲〕이니라. 다음에 향수해가 있으니 이름이 두루한 보배 불꽃 등〔周徧寶焰燈〕이요, 세계종의 이름은 부처님 근본 서원 따르는 가지가지 형상〔隨佛本願種種形〕이니라.

이러하게 말할 수 없는 부처 세계의 티끌 수 향수해가 있는데, 윤위산에 가장 가까운 향수해 이름이 영락 옷 모아 쌓음〔積集瓔珞衣〕이요, 세계종의 이름은 변화하여 나타낸 묘한 옷〔化現妙衣〕이니, 삼세의 모든 부처님 음성으로 체성을 삼았느니라.

이 가운데서 맨 밑에 향수해가 있으니 이름이 인다라 연꽃 광〔因陀羅華藏〕이요, 세계의 이름은 환희를 발생함〔發生歡喜〕이니 부처 세계의 티끌 수 세계가 둘러쌌으며, 순일하게 청정하고 부처님 명호는 견고하게 깨달은 지혜〔堅悟智〕니라.

이 위로 열 부처 세계의 티끌 수 세계를 지나가서 금강 당기 세계와 가지런하게 세계가 있으니 이름이 보배 그물 장엄〔寶網莊嚴〕이요, 열 부처 세계의 티끌 수 세계가 둘러쌌으며, 순일하게 청정하고 부처님 명호는 한량없이 환희한 빛〔無量歡喜光〕이니라.

이 위로 세 부처 세계의 티끌 수 세계를 지나가서 사바세계와 가지런하게 세계가 있으니 이름이 보배 연꽃 사자좌〔寶蓮華師子座〕요, 열세 부처 세계의 티끌 수 세계가 둘러쌌으며, 부처님 명호는 가장 청정하여 헛되이 듣지 않음〔最淸淨不空聞〕이니라.

이 위로 일곱 부처 세계의 티끌 수 세계를 지나가서 이 세계종의 맨 위에 세계가 있으니 이름이 보배 빛 용 광명〔寶色龍光明〕이요, 스무 부처 세계의 티끌 수 세계가 둘러쌌으며, 순일하게 청정하고 부처님 명호는 법계에 두루 밝게 비침〔徧法界普照明〕이니라.

여러 불자들이여, 이러한 열 불가설 부처 세계의 티끌 수 향수해 가운데 열 불가설 부처 세계의 티끌 수 세계종이 있는데, 모두 온갖 보살 형상을 나타내는 마니왕 당기 장엄 연화를 의지하여 머물며 각각 장엄한 짬이 새〔間〕가 끊어지지 않았으며, 각각 보배 빛 광명을 놓으며 각각 광명 구름이 이 위에 덮였으며, 각각 장엄거리며 각각 겁의 차별이며 각각 부처님이 출현하며 각각 법 바다를 연설하며 각각 중생들이 두루 가득하며 각각 시방에 널리 나아가며 온갖 부처님 신력으로 가지하였느니라.

이 낱낱 세계종 가운데는 온갖 세계들이 가지가지 장엄을 의지하여 머물면서 번갈아 서로 연접하여 세계 그물을 이루었으며, 화장장엄세계해에 가지가지 차별하게 가득히 건립되었느니라."

그 때 보현보살이 이 뜻을 거듭 펴려고 부처님의 위신력을 받들어 게송으로 말하였다.

  화장장엄 세계해가
  법계 같아 차별 없고
  장엄들도 깨끗하게
  허공중에 머물렀네.

  이 세계해 가운데는
  세계종이 불가사의
  하나하나 자재하고
  잡란하지 아니하다.

  화장장엄 세계해에
  세계종이 널려 있어

다른 형상 다른 장엄
가지가지 같지 않네.

부처님들 변화 음성
가지가지 체성 되니
업의 힘을 따라 보네
세계종의 잘 꾸민 일.

수미산성 그물이며
물의 바퀴 둥근 모양
크고 넓은 연꽃 피어
따로따로 둘러쌌네.

산 당기며 누각 형상
빙빙 도는 금강 형상
이러하게 부사의한
크고 넓은 세계종늘,

큰 바다와 진주 불꽃
광명 그물 부사의라
이와 같은 세계종이
연꽃 위에 머물렀네.

하나하나 세계종들
광명 그물 말로 못해

광명 중에 나툰 세계
시방 바다 두루 보네.

일체의 세계종과
꾸며진 장엄구들
그 국토에 모두 있어
다함없이 모두 보네.

세계종이 부사의요
세계들도 가이없어
가지가지 좋고 묘함
큰 신선의 힘이니라.

온 법계 세계종의
세계들도 불가사의
이뤄지고 부서지고
이미 멸한 것도 있어,

숲 가운데 잎새들이
혹은 피고 떨어지듯
세계종의 세계들도
성립되고 부서지고,

비유하면 숲을 따라
과일 각각 다르듯이

세계종을 의지하여
가지가지 중생 살고,

종자들이 다르므로
과일들도 다르듯이
업의 힘이 차별하며
세계 중생 같지 않고,

비유하면 심왕 보배
마음 따라 빛 보나니
중생 마음 깨끗하면
청정 세계 보게 되고,

비유하면 큰 용왕이
구름 내어 허공 덮듯
부처님의 원력으로
모든 국토 생겨나고,

요술쟁이 주문으로
모든 일을 지어내듯
중생들의 업력으로
국토들이 불가사의,

가지각색 그림들을
환장이가 그리듯이

이러하온 온갖 세계
마음 화백〔心畵師〕 그려내고,

중생들의 각각 몸이
마음 따라 차별하듯
이와 같이 종종 세계
업을 따라 생겨 나고,

비유하면 보는 이들
각색 빛깔 다르나니
중생 맘과 행을 따라
세계 봄도 그와 같네.

일체의 세계짬에
두루 핀 연꽃 그물
가지가지 모양으로
장엄마다 다 깨끗해.

저기 있는 연꽃 그물
세계들이 머무는 곳
가지가지 장엄한 일
가지가지 중생 사네.

어떤 세계 가운데는
평탄찮고 험악하니

중생들의 번뇌 많아
저러하게 보이는 것,

물들거나 깨끗도 한
한량없는 세계들은
중생들의 마음 따라
보살 힘이 유지한 것,

어떤 세계 가운데는
물들거나 청정하니
업력으로 생기어서
보살들이 교화하고,

어떤 세계 광명 놓아
보배로써 되었거든
가지가지 묘한 장식
부처님이 청정케 해.

하나하나 세계종에
겁 불〔劫火〕 타서 부사의라
보기에는 나쁘지만
그런 곳이 항상 견고,

중생들의 업을 따라
많은 세계 생겨 나서

풍륜이나 수륜들을
의지하여 머무르네.

온 세계가 이러하게
보는 것이 다르지만
실지로는 나도 않고
멸하지도 아니하네.

낱낱 마음 생각에서
많은 세계 생겨나되
부처님의 신력으로
깨끗함을 모두 보네.

어떤 세계 진흙이니
그 체질이 매우 굳고
빛이 없어 캄캄하니
악업 중생 모여 살고,

어떤 세계 금강이나
물이 들고 근심 많고
낙은 적고 고통 많아
박복한 이 사는 데며,

어떤 세계 철로 되고
어떤 세계 구리로 돼

돌이 많고 험악하니
죄 지은 이 가득하다.

세계 중에 지옥 있고
중생 고통 구원 못해
늘 캄캄한 가운데서
불꽃 바다 매양 타고,

어떤 데는 축생 있어
모든 형상 누추하니
제가 지은 악업으로
갖은 고통 항상 받고,

어떤 데는 염라 세계
기갈이 막심하며
불꽃 산에 올라가서
중한 고통 갖추 받네.

그런 중에 어떤 세계
칠보로써 되었는데
가지가지 궁전들이
정업淨業으로 이루었네.

모든 세계 네가 보라,
인간이나 천상들은

정업으로 이룬 과보
때 따라서 쾌락 받네.

낱낱 털의 구멍마다
부사의한 억만 세계
가지각색 좋은 장엄
착박한 일 전혀 없고,

중생들의 업력으로
모든 세계 한량없고
그 가운데 집착 생겨
고와 낙이 같지 않고,

어떤 세계 보배로 돼
많은 광명 늘 놓는데
금강 보배 묘한 연꽃
좋은 장엄 때가 없고,

광명으로 체성 되고
빛 바퀴에 머무르니
황금 빛과 전단 향기
불꽃 구름 늘 비치고,

월륜月輪으로 된 세계에
향기 옷이 두루 퍼져

한 송이의 연꽃 안에
보살들이 충만하고,

어떤 세계 보배로 돼
깨끗한 빛 때 없으니
제석천의 진주 그물
광명 항상 비치는 듯,

어떤 세계 향기로나
금강화로 체성 되니
마니 광명 영상들이
보기에도 깨끗하고,

셀 수 없는 많은 세계
꽃 둘레로 이뤘으니
화신불이 가득하고
모든 보살 광명 놓네.

청정하온 어떤 세계
간 데마다 꽃나무라
묘한 가지 도량 덮고
마니 구름 그늘 지고,

어떤 세계 광명 비쳐
금강화로 성취하고

어떤 것은 부처 음성
많은 그물 끝이 없고,

어떤 세계 보살처럼
마니보배 관을 쓰고
어떤 세계 좌대 형상
광명으로 생겨나고,

어떤 세계 전단 가루
혹은 미간 광명이며
부처님의 빛난 음성
묘한 세계 이루었고,

어떤 세계 청정하여
한 빛으로 장엄하고
어떤 세계 많은 장엄
가지가지 기묘하며,

어떤 세계 열 국토의
묘한 물상 잘 꾸미고
어떤 것은 천 국토의
일체로써 장식하며,

일억 세계 물건으로
한 국토를 장엄하니

여러 모양 같지 않아
영상같이 나타나고.

불가설의 국토 것을
한 세계에 장엄하니
좋은 광명 각각 놓아
여래 원력 생겼으며,

어떤 세계 국토들은
원력으로 깨끗하게 해
여러 가지 장엄 중에
세계 바다 널리 보고,

보현의 원을 닦아
청정 국토 얻었으며
시방세계 장엄들이
이 가운데 나타나네.

불자들아, 네가 보라.
세계종의 위신으로
오는 세상 모든 국토
꿈과 같이 모두 보고,

온 시방의 모든 세계
지난 세상 국토들을

한 세계의 가운데서
영상처럼 화현하며,

삼세의 부처님과
한량없는 국토들을
한 세계해 가운데서
모든 것을 볼 수 있고,

부처님들 신력으로
티끌 속에 나툰 국토
가지가지 밝게 봄이
영상처럼 진실찮네.

어떤 데는 많은 세계
그 형상이 바다 같고
수미산과 같기도 해
온 세계가 불가사의,

어떤 세계 잘 있는데
제석천궁 그물 같고
나무 숲도 같은 것이
그 가운데 부처 가득,

보배 바퀴 형상 같고
어떤 것은 연꽃 같고

여덟 모나고 모든 장식
고루고루 청정하다.

어떤 세계 상좌床座 같고
세모나고 성곽 같고
가륵가의 모양 같고
범천왕의 몸도 같다.

하느님의 상투 같고
혹은 반달 모양 같고
마니산과 같은 것도
해와 같은 것도 있네.

어떤 세계 모양새는
향물 바다 돌 듯하고
어떤 것은 광명 바퀴
부처님이 장엄한 것.

바퀴 그물 같은 것도
단 모은 것 같은 것도
부처님의 백호상도
눈과 육계 같기도 해,

어떤 세계 부처님 손
어떤 것은 금강저金剛杵요

불꽃 산도 비슷한데
보살 되어 두루 가득,

혹은 사자 모습 같고
바다 조개 같기도 해
한량없는 모든 모양
자체 성품 각각 차별,

한 세계종 가운데도
세계 모양 다 다른데
부처님의 원력으로
편안하게 머무르네.

어떤 세계 한 겁〔一劫〕이라
열 겁 동안 머무르며
혹은 백 겁 혹은 천 겁
세계 티끌 겁도 있네.

한 겁에도 어떤 세계
생겨 나고 없어지고
한량없고 셀 수 없어
헤아릴 수 없기도 해,

어떤 세계 부처 있고
어떤 데는 부처 없고

어떤 데는 한 부처님
혹은 한량없는 부처,

부처님이 안 계신 덴
다른 세계 부처님이
변화하여 오시어서
모든 불사佛事 지으시되,

도솔천서 내려오고
태에 들고 탄생하여
마군 항복 정각正覺 이뤄
무상법륜 굴리시며,

중생들의 마음 따라
가지가지 모양 뵈고
묘한 법륜 연설하여
근성 욕망 응하시네.

낱낱 부처 세계 중에
한 부처님 출현하사
억천만 년 지내면서
위없는 법 연설하되,

법기法器 아닌 중생들은
부처님을 못 뵈어도

즐기는 맘 있는 이는
어디서나 보느니라.

낱낱 세계 가운데는
부처님들 각각 출현
온갖 세계 부처님이
몇 억인지 알 수 없네.

이 가운데 부처님들
한량없는 신통 변화
온 법계에 가득하여
중생 바다 조복하네.

어떤 세계 광명 없어
캄캄하여 두렴 많고
칼 끝으로 찌르는 듯
보는 이도 코가 시고,

어떤 세계 하늘 광명
어떤 데는 궁전 광명
혹은 일월 광명 있어
세계 그물 부사의라.

어떤 세계 자기 광명
나무들도 빛을 내어

고통 번뇌 없는 것은
중생들의 복력이요,

어떤 세계 산의 광명
어떤 데는 마니 광명
등불 빛도 비치는 건
중생들의 업력이라.

혹은 부처 광명으로
보살들이 가득하고
어떤 데는 연꽃 광명
찬란한 빛 매우 좋고,

어떤 세계 꽃 광명과
향수 광명 비치기도
도향塗香 소향燒香 비치나니
청정하온 원력이라.

어떤 것은 구름 광명
마니 조개 광명이며
부처님의 신통 광명
즐거운 말 연설하며,

보배 광명 비치기도
금강 불꽃 비치기도

청정 음성 멀리 퍼져
간 데마다 고통 없네.

어떤 것은 마니 광명
장엄거리 광명이며
혹은 도량 광명으로
모인 대중 비추도다.

부처님이 광명 놓아
화신불이 충만하고
그 광명이 널리 비쳐
온 법계에 두루하네.

어떤 세계 무서운데
부르짖는 고통 소리
처참하기 짝이 없어
듣는 이가 공포하고.

지옥이나 축생이나
염마라들 있는 곳과
그와 같은 나쁜 세계
고통 소리 항상 나네.

어떤 국토 가운데는
기쁜 소리 항상 나며

교화함을 잘 받나니
정업淨業으로 얻느니라.

어떤 국토 가운데는
제석 음성 늘 듣거나
범천왕의 좋은 음성
세상 임금 말씀 듣네.

어떤 세계 국토에는
구름에서 묘한 소리
보배 바다 마니 나무
풍악 소리 가득하며

부처님과 광명 속에
법문 교화 그지없고
보살들의 묘한 음성
시빙세계 늘 들리며

헤아릴 수 없는 세계
운전하는 법륜 소리
원력 바다 나는 소리
수행하는 묘한 음성,

삼세의 부처님들
여러 세계 나시어서

명호들이 구족하고
좋은 음성 그지없고,

어떤 세계 가운데는
부처님의 신력 음성
지바라밀〔地度〕 사무량심
이런 법을 연설하고,

보현보살 서원으로
온 세계 묘한 음성
법문 소리 진동하여
시간으로 다함없네.

청정 국토 부처님이
자재하신 음성 내니
시방 법계 중생들이
못 듣는 이 하나 없네.

대방광불화엄경 제11권

제11권

6. 비로자나품 毘盧遮那品

그 때에 보현보살이 다시 대중에게 말하였다.

"여러 불자들이여, 지나간 옛적 세계의 티끌 수 겁을 지나고 또 그 곱을 지나서, 세계해가 있었으니 이름이 넓은 문 깨끗한 광명〔普門淨光明〕이요, 이 세계해 가운데 한 세계기 있으니 이름이 수승한 음성〔勝音〕이니라. 마니 꽃 그물 바다를 의지하여 머물고 수미산 티끌 수 세계로 권속을 삼았으며, 형상이 아주 둥글었느니라. 그 땅에는 한량없는 장엄이 갖추어 있고 3백 겹으로 모든 보배 나무 윤위산이 둘러쌌으며, 온갖 보배 구름이 그 위에 덮이고 청정하여 때가 없는 광명이 비치었으며, 성중이나 궁전이 수미산 같고 의복과 음식이 생각하는 대로 이르니, 그 겁의 이름은 종종장엄種種莊嚴이니라.

여러 불자들이여, 저 수승한 음성 세계에 향수해가 있으니 이름이 청정광명淸淨光明이요, 그 향수해에 큰 연꽃이 있고 수미산이 우뚝 솟았으니 이름이 불꽃 두루 장엄 당기〔華焰普莊嚴幢〕며, 열 가지 보배 난간이 두루 둘러쌌느니라. 그 산상에 큰 숲이 있으니 이름은 마니 꽃 가지 바퀴〔摩尼華枝輪〕요, 한량없는 화려한 누각과 한량없는 보배 누각이 주위에 벌여 있고, 한량없는 묘한 향 당기와 한량없는 보배 산 당기가 훤칠하게 장엄하였으며, 한량없는 보배 분다리꽃이 곳곳에 피었고 한량없는 향 마니 연꽃 그물이 두루 드리웠으며, 풍악 소리가 화창하고 향기 구름이 비친 것이 각각 한량이 없어 끝까지 기억할 수 없었느니라. 백만 나유타 성들이 두루 둘려 있고 여러 중생들이 그 안에 살고 있었느니라.

여러 불자들이여, 이 숲 동쪽에 큰 도성이 있는데 이름이 불꽃 광명〔焰光明〕이니, 세간의 임금이 도읍하였고 백만억 나유타 성이 둘러쌌으며, 깨끗하고 묘한 보배로 이루어졌고 너비와 길이가 각각 7천 유순이며, 칠보로 덧성〔廓〕이 되고 문루 망대가 높고 장엄하고 7보 해자에 향수가 가득하였느니라. 우발라꽃・파두마꽃・구물두꽃・분다리꽃 들이 모두 보배로 되어 곳곳마다 널려 있어 장엄하게 장식하였느니라. 보배로 된 다라 나무가 일곱 겹으로 둘러싸이고 궁전과 누각이 화려하게 장엄하였는데, 가지각색 묘한 그물이 위에 둘리었고 향을 바르고 꽃을 흩어 그 속이 찬란하며, 백만억 나유타 문을 보배로 장엄하고 낱낱 문 앞에는 49개의 보배 시라〔尸羅〕당기가 차례로 줄을 지었으며, 다시 백만억 숲 동산이 두루 둘러쌌는데, 그 가운데는 가지각색 향과 마니수 향이 두루 퍼져 풍기며 온갖 새들이 화평하게 노래하여 듣는 이를 즐겁게 하였느니라.

이 도성 안에 사는 사람들은 모두 업보로써 신족통神足通을 이루어서 허공으로 왕래하기를 천상 사람과 같이하며 마음으로 하고자 하는 것은 생각대로 모두 이르러 왔느니라.

이 도성의 다음 남쪽에 하늘 성이 있으니 이름이 나무 꽃 장엄〔樹華莊嚴〕이요, 그 다음 오른쪽으로 돌아서 큰 용의 성이 있으니 이름이 구경究竟이요, 다음에 야차성이 있으니 이름이 금강의 훌륭한 당기〔金剛勝妙幢〕이요, 다음에 건달바성이 있으니 이름이 묘한 궁전〔妙宮〕이요, 다음에 아수라성이 있으니 이름이 보배 바퀴〔寶輪〕요, 다음에 가루라성이 있으니 이름이 묘한 보배 장엄〔妙寶莊嚴〕,[1] 다음에 긴나라성이 있으니 이름이 유희쾌락遊戲快樂이요, 다음에 마후라가성이 있으니 이름이 금강 당기〔金剛幢〕요, 다음에 범천왕성이 있으니 이름이 가지가지 묘한 장엄〔種種妙莊嚴〕이다. 이런 것이 백만억 나유타가 되는데, 이 낱낱 성마다 백만억 나유타 누각들이 함께 둘러쌌으며, 낱낱이 모두 한량없는 장엄이 있었느니라.

여러 불자들이여, 이 마니 꽃 가지 바퀴 숲 가운데 한 도량이 있으니 이름이 보배 꽃 두루 비침〔寶華徧照〕인데, 여러 훌륭한 보배들이 퍼져 있어 장엄하고 마니 꽃 바퀴가 가득히 만발하였으며, 향기 등을 켜니 뭇 보배 빛을 갖추었고 불꽃 구름이 가득히 덮이고 광명 그물이 널리 비치며, 모든 장엄에서는 묘한 보배가 항상 나오고 온갖 음악 중에 청아한 음성을 사뢰며, 마니보배왕에서는 보살의 몸을 나타내고 가지가지 묘한 꽃이 시방에 두루하였느니라.

그 도량 앞에 큰 바다가 있으니 이름이 향 마니금강〔香摩尼金剛〕이요, 큰 연꽃이 났으니 이름이 꽃술 불꽃 바퀴〔華蘂焰輪〕며 그 연꽃이 엄청나서 백억 유순이요, 줄기와 잎과 꽃술과 좌대가 모두 묘한 보배로 되었는데 열 불가설 백천억 나유타 연꽃들이 함께 둘러쌌으며 항상 광명을

---

[1] 신수대장경에 의거하면 이하의 "다음에"부터 "금강 당기요"까지는 고려대장경에는 없으나 명명본에는 실려 있다.

놓고 묘한 음성을 내어 시방에 두루 퍼졌느니라.

여러 불자들이여, 저 수승한 음성 세계의 최초 겁 동안에 열 수미산 티끌 수 여래가 세상에 출현하였는데, 그 첫 부처님 명호는 일체공덕산수미승운一切功德山須彌勝雲이었느니라.

여러 불자들이여, 마땅히 알아라. 저 부처님이 출현하시려는 때 1백 년 전에 이 마니 꽃 가지 바퀴 숲 가운데 온갖 장엄이 두루 퍼져 청정하였으니, 이른바 부사의한 보배 불꽃 구름을 내고 부처님 공덕을 찬탄하는 소리를 내고 무수한 부처님 음성을 연설하며, 빛을 내고 그물을 펴서 시방을 덮으며, 궁전과 누각이 서로서로 비추며 보배 꽃 광명이 공중에 모여 구름을 이루며, 다시 묘한 음성을 내어 온갖 중생들의 전세前世에 행하던 광대한 선근善根을 말하고, 삼세의 여러 부처님 명호를 말하고, 보살들이 수행하던 서원과 끝까지 이르는 도를 말하고, 모든 여래의 묘한 법바퀴를 굴리던 가지가지를 말씀하셨느니라. 이렇게 장엄한 모양을 나타내어 여래께서 장차 세상에 출현할 것을 보였느니라.

그 세계의 모든 왕들이 이러한 모양을 보고는 선근이 성숙하여 부처님을 뵈오려고 모두 도량에 모여 왔습니다.

그 때에 일체공덕산수미승운부처님이 그 도량의 큰 연꽃 속에 홀연히 출현하시니, 그 몸은 두루 퍼짐이 참된 법계와 같아서 온갖 부처 세계에 모두 출생함을 보이며, 온갖 도량마다 모두 나아가되 끝없는 묘한 빛깔이 구족하게 청정하여 온갖 세계에서 그 빛을 뺏을 이 없으며, 모든 보배 몸매를 갖춰 낱낱이 분별하여 온갖 궁전에 그 영상을 나타내어 온갖 중생이 모두 눈으로 볼 수 있으며, 끝없는 화신 부처님이 그 몸에서 나오니 가지각색 빛깔이 세계에 가득하였느니라.

이 청정광명 향수해의 빛난 불꽃 두루 장엄 수미산 꼭대기에 있는 마니 꽃 가지 바퀴 큰 숲 가운데 몸을 나타내어 자리에 앉은 것처럼, 수승한 음성 세계에 있는 68천억 수미산 꼭대기에서도 몸을 나타내어 앉으셨느니라.

그 때에 저 부처님이 미간에서 큰 광명을 놓으시니 그 광명 이름은 온갖 선근을 발기하는 소리〔發起一切善根音〕요, 열 부처 세계의 티끌 수 광명으로 권속을 삼아 시방의 온갖 국토에 가득하였느니라. 만일 어떤 중생이나 조복할 만한 이가 있거든 그 광명이 비치어서 스스로 깨닫게 되며, 모든 번뇌를 쉬고 덮인 그물을 찢으며, 장애의 산을 부수고 때와 흐린 것을 깨끗하게 하며, 큰 신심과 이해를 내고 수승한 선근을 내며, 온갖 재난과 두려움을 여의고 몸과 마음의 괴로움을 멸하며, 부처님 뵈올 마음을 일으켜 온갖 지혜에 나아가게 되느니라.

이 때에 모든 세간 임금과 그 권속들이 한량없는 백천인데 부처님의 광명으로 깨닫게 되었으므로 모두 부처님 계신 데 나아가 머리를 조아려 예배하였느니라.

여러 불자들이여, 저 불꽃 광명 대성 가운데 왕이 있으니 이름이 기쁘게 보는 선한 지혜〔善見善慧〕이니라. 백만억 나유타 성을 통솔하였고, 부인과 채녀가 3만 7천인데 복길상이 으뜸이 되고, 왕자가 5백인데 대위광大威光이 으뜸이 되고, 대위광 태자에게도 십천十千 부인이 있는데, 묘견妙見이 으뜸이 되었느니라.

그 때 대위광 태자가 부처님의 광명을 보고 예전에 닦은 선근의 힘으로 즉시 열 가지 법문을 증득하였으니, 무엇이 열인가. 이른바 온갖 부처님의 공덕륜功德輪삼매를 증득하고, 온갖 부처님 법의 보문 다라니를 증득하고, 넓고 큰 방편장 반야바라밀을 증득하고, 온갖 중생을 조복하는 대장엄 대자大慈를 증득하고, 넓은 구름 소리 대비大悲를 증득하고, 끝없는 공덕과 가장 승한 마음을 내는 대희大喜를 증득하고, 넓고 큰 방편의 평등한 광인 큰 신통을 증득하고, 믿고 이해하는 힘을 증장하는 대원을 증득하고, 온갖 지혜의 광명에 두루 들어가는 변재문을 증득하였느니라.

그 때 대위광 태자가 이러한 법의 광명을 얻고는 부처님의 위신력을 받들어 대중을 두루 살펴보고 게송으로 말하였느니라.

> 세존께서 도량에 앉아 계시니
> 깨끗하고 맑으신 크나큰 광명
> 비유컨댄 일천 해가 동시에 떠서
> 온 허공을 두루두루 비침과 같네.
>
> 한량없는 억천 년 오랜 세월에
> 어쩌다가 대도사가 나타나거늘
> 부처님이 세상에 출현하시니
> 모든 중생 받들어 우러르더라.
>
> 부처님의 저 광명 네가 보느냐,
> 화현하신 부처님 부사의하여
> 천상 인간 수없는 궁전 가운데
> 고요하게 삼매에 들어 계시다.
>
> 부처님의 그 신통 네가 보느냐,
> 털구멍서 불꽃 같은 구름이 나와
> 온 세상을 환하게 비추시나니
> 빛나는 저 광명이 다하지 않네.

부처님의 신체를 네가 보아라,
광명 그물 위없이 맑고 깨끗해
뭇 중생의 형상을 나타내어서
시방의 온 세계에 두루 차시다.

미묘하신 그 음성 세간에 가득
듣는 중생 누구나 기뻐하는 건
중생들의 여러 가지 말을 따라서
부처님의 공덕을 찬탄함이라.

세존의 밝은 광명 비치는 곳에
중생들이 모두 다 안락하나니
있던 고통 씻은 듯 소멸하여서
한량없이 즐거운 마음을 내네.

저 많은 보살들의 대중을 보라,
시방에서 모여 와 한데 있으며
찬란한 마니 구름 모두 놓아서
눈앞에서 부처님을 찬탄하도다.

도량에서 아름다운 소리를 내니
그 음성 매우 깊고 또한 묘하여
중생의 모든 고통 능히 멸하니
이것은 부처님의 신통하신 힘.

> 일체 중생 모두 다 공경하면서
> 엄청나게 즐거운 마음을 내고
> 하나하나 세존의 앞에 나아가
> 한결같이 법왕을 우러러보네.

여러 불자들이여, 대위광 태자가 이런 게송을 말할 적에 그 음성이 부처님의 신력으로 수승한 음성 세계에 두루 퍼졌느니라. 그 때 기쁘게 보는 선한 지혜 왕이 이 게송을 듣고 크게 환희하여 권속들을 관찰하고 게송으로 말하였느니라.

> 너희들은 지체 말고
> 모든 왕과 왕자들과
> 대신이며 수령방백守令方伯
> 모두 불러 모아 놓고,
>
> 온 성 안에 영을 내려
> 큰 북을 빨리 치는
> 백성들을 소집하여
> 부처님을 가서 뵙자.
>
> 네 길의 거리마다
> 보배 방울 흔들면서
> 처자 권속 함께 가서
> 부처님을 뵈옵고자,

간 데마다 도성 안을
깨끗하게 쓸어 놓고
좋은 당기 높이 세워
마니 구슬 장엄하고

보배 휘장 비단 그물
온갖 풍류 구름처럼
허공 중에 구비하고
곳곳마다 가득하네.

거리마다 깨끗한데,
고운 의복 비내리고
보배 수레 빨리 몰아
부처님을 뵈러 가세.

사람마다 제 힘대로
장엄거리 비내리니
구름같이 널리 퍼져
허공 중에 두루 가득,

향기 불꽃 연꽃 일산
반월 보배 영락이며
수없는 묘한 옷을
너희들은 비내려라.

수미산과 향수해에
훌륭할사 마니 바퀴
전단향을 비내려서
허공 중에 가득하게,

보배 꽃과 영락으로
깨끗하게 장엄하고
마니보배 등불 켜서
하늘 중천 두둥 떴네.

이것 갖고 기쁜 마음
부처님께 나아가서
처자들과 권속까지
세존 뵈러 함께 가세.

이 때 기쁘게 보는 선한 지혜왕[善見善慧王]이 3만 7천의 부인과 채녀들과 함께하였으니 복길상이 으뜸이요, 5백 태자들과 함께하였으니 대위광이 으뜸이요, 6만 대신과 함께하였으니 지혜 힘이 으뜸이었느니라. 이러한 77백천억 나유타 대중의 호위를 받으면서 불꽃 광명 도성〔大城〕에서 나올 적에 왕의 신력으로 모든 대중들이 허공중에 떠서 공중에 가득한 공양거리를 가지고 부처님 계신 데 이르러 부처님 발에 정례하고 한 곁에 물러가 앉았느니라.

또 묘한 꽃 도성 잘 변화하는 당기 천왕[妙華城善化幢天王]은 10억 나유타 권속과 함께하고, 구경대성究竟大城의 깨끗한 빛 용왕은 25억 권속과 함께하고, 금강의 훌륭한 당기 도성의 용맹한 야차왕은 77억 권속과 함께하고, 때 없는 도성의 기쁘게 보는 건달바왕은 97억 권속과 함께하고, 묘한 바퀴 도성의 깨끗한 빛으로 생각하는 아수라왕은 58억 권속과 함께하고, 묘한 장엄 도성의 십력행 가루라왕은 99천 권속과 함께하고, 유희 쾌락 도성의 금강덕 긴나라왕은 18억 권속과 함께하고, 금강 당기 도성의 보배 이름 당기 마후라가왕은 3억 백천 나유타 권속과 함께하고, 깨끗하고 묘한 장엄 도성의 가장 승한 범천왕은 18억 권속과 함께하여 이러한 백만억 나유타 큰 도성 가운데 있는 여러 왕과 권속들이 모두 함께 일체공덕산수미승운여래 계신 곳에 가서 부처님 발에 정례하고 한 곁에 물러가 앉았느니라.

 때에 그 여래께서 모든 중생을 조복하기 위하여 대중이 모인 도량에서 보집일체삼세불자재법수다라普集一切三世佛自在法修多羅를 말씀하시니 세계의 티끌 수 수다라로 권속이 되었으며, 중생들의 마음을 따라 모두 이익을 얻게 하였느니라.

 이 때 대위광보살이 이 법을 듣고 즉시에 일체공덕산수미승운부처님께서 지난 세상에 모으신 법 바다 광명을 얻었으니, 이른바 일체 법취法聚 평등삼매의 지혜 광명이며, 일체법이 최초의 보리심 가운데 모두 들이가 머무는 시혜 광명이며, 시방 법계의 넓은 광명장 청정한 눈 지혜 광명이며, 일체 불법의 큰 원력 바다를 관찰하는 지혜 광명이며, 끝없는 공덕 바다에 들어가는 청정행 지혜 광명이며, 물러가지 않는 큰 힘의 빠른 광으로 향하여 나아가는 지혜 광명이며, 법계 가운데서 한량없이 변화하는 힘으로 벗어나는 바퀴의 지혜 광명이며, 한량없는 공덕이 원만한 바다에 결정코 들어가는 지혜 광명이며, 일체 부처님의 결정한 지혜(解)로 장엄하고 성취한 바다를 분명하게 아는 지혜 광명이며, 법계의 그지없는 부처님이 일체 중생의 앞에 나타나는 신통 바다를 분명하게 아는 지혜 광명이며, 온갖 부처님의 힘과 두려움 없는 법을 잘 아는 지혜 광명을 얻었느니라.

　그 때 대위광보살은 이와 같이 한량없는 지혜 광명을 얻고 부처님의 위신력을 받들어 게송으로 말하였느니라.

　　부처님의 미묘한 법 내가 듣잡고
　　지혜의 밝은 광명 얻었으므로
　　이것으로 세존의 지난 세월에
　　행하시던 온갖 것을 분명히 보네.

　　여러 세계 온갖 곳에 나시던 일과
　　이름과 신체들의 모든 차별과
　　부처님께 가지가지 공양하던 일
　　이런 것을 내 눈으로 모두 다 보네.

　　지난 옛날 부처님 계시는 곳에
　　공경하여 모든 여래 두루 섬기며
　　한량없는 겁 동안 행을 닦아서
　　수없는 세계해를 깨끗이 장엄,

　　이 몸을 버리어서 보시한 것이
　　얼마던가, 엄청나서 끝이 없는데
　　가장 승한 모든 행을 닦고 닦아서
　　수없는 세계해를 깨끗이 장엄,

　　귀와 코와 머리와 손과 발이며

그 밖에 궁전까지 모든 재산을
버리어 보시하기 한량이 없어
수없는 세계해를 깨끗이 장엄.

온 세계 하나하나 모든 국토에
생각할 수가 없는 억천 겁 동안
보리의 바른 행을 닦아 익혀서
수없는 세계해를 깨끗이 장엄.

보현보살 서원의 큰 힘으로써
그지없는 부처님 바다 가운데
한량없는 보리행 닦아 행하여
수없는 세계해를 깨끗이 장엄.

비유컨대 태양의 빛으로 인해
도리어 둥근 해를 보는 것같이
나 역시 부처님의 지혜 빛으로
부처님의 행하던 길을 봅니다.

내가 보니 부처님 세계 바다의
깨끗하고 찬란하고 밝은 저 광명
고요하게 증득한 보리의 도가
온 법계에 골고루 두루하였네.

오는 세상 나 역시 세존과 같이

세계해를 모두 다 깨끗이하고
　　부처님의 부사의한 위신력으로
　　위없는 보리행을 닦아 익히리.

　여러 불자들이여, 그 때 대위광보살이 일체공덕수미승운부처님을 뵈옵고 받들어 섬기고 공양한 연고로 여래의 처소에서 마음으로 깨닫고, 모든 세간을 위하여 여래께서 옛날에 행하신 일을 나타내 보이며, 보살들의 옛날에 행하던 방편을 나타내 보이며, 일체 부처님의 공덕 바다를 나타내 보이며, 온갖 법계에 들어가는 청정한 지혜를 나타내 보이며, 일체의 도량에서 성불하는 자재한 힘을 나타내 보이며, 부처님 힘과 두려움 없고 차별 없는 지혜를 나타내 보이며, 널리 나타나는 여래의 몸을 나타내 보이며, 부사의한 부처님의 신통 변화를 나타내 보이며, 한량없이 청정한 불국토 장엄함을 나타내 보이며, 보현보살이 소유한 행과 원을 나타내 보이어 수미산 티끌 수의 중생들로 하여금 보리심을 내게 하고 불세계 티끌 수의 중생들로 하여금 여래의 청정한 국토를 성취하게 하였느니라.
　그 때 일체공덕산수미승운부처님이 대위광보살을 위하여 게송으로 말씀하셨느니라.

　　착하도다, 대위광의
　　복덕 많고 넓은 소문
　　중생들께 이익 주려
　　보리도에 나아가네.

　　지혜 광명 네가 얻어

온 법계에 가득하고
복덕 지혜 넓고 크니
깊은 지혜 얻으리다.

한 세계에 행을 닦아
무량 겁을 지내면서
네가 나를 본 것같이
그런 지혜 얻으리라.

용렬한 행 닦는 이는
이 방편을 모르지만
큰 정진을 얻은 이야
세계해를 장엄하리.

낱낱 티끌 가운데서
무량 겁을 수행하면
부처님의 많은 세계
장엄할 수 있으리라.

낱낱 중생 위하여서
무량 겁을 헤매어도
게으리지 아니하면
대도사를 이루오리.

낱낱 부처 공양하며

오는 세월 끝나도록
피로한 줄 모르고야
위 없는 도 성취하리.

삼세의 부처님들
네 소원을 채우리니
모든 부처 회상에서
편안하게 머물리라.

한량없는 일체 여래
그 서원도 그지없어
큰 지혜를 통달하면
이 방편을 아느니라.

네가 나를 공양하고
큰 위력을 얻었으니
티끌 수의 중생들을
보리도에 행하도록,

보현행을 수행하는
이름 높은 보살들이
부처 세계 장엄하려
온 법계에 가득하네.

여러 불자들이여, 그대들은 마땅히 알지어다. 저 대장엄겁 가운데 항하의 모래 수 소겁이 있으니 사람들의 수명은 2소겁인데, 저 일체공덕수미승운부처님의 수명은 56억 세니라. 그 부처님이 열반하신 뒤에 부처님이 출현하였으니, 이름이 바라밀선안장엄왕波羅蜜善眼莊嚴王이며 역시 저 마니 꽃 가지 바퀴 큰 숲 가운데서 정각을 이루었느니라.

그 때 대위광 동자는 그 여래께서 등정각等正覺을 이루어 신통한 힘을 나타내심을 보고 곧 염불삼매를 얻으니 이름이 끝없는 바다 광 문〔無邊海藏門〕이요, 다라니를 얻었으니 이름이 큰 지혜의 힘인 법 못〔大智力法淵〕이요, 대자大慈를 얻었으니 이름이 중생을 널리 따라 조복하여 해탈케 함〔普隨衆生調伏度脫〕이요, 대희大喜를 얻었으니 이름이 일체 부처님의 공덕 바다 위신력 광〔一切佛功德海威力藏〕이요, 대사大捨를 얻었으니 이름이 법의 성품과 허공이 평등하게 청정함〔法性虛空平等淸淨〕이요, 반야바라밀을 얻었으니 이름이 제 성품이 때를 여읜 법계의 청정한 몸〔自性離垢法界淸淨身〕이요, 신통을 얻었으니 이름이 걸림 없는 광명이 널리 따라 나타남〔無礙光普隨現〕이요, 변재를 얻었으니 이름이 때 없는 못에 잘 들어감〔善入離垢淵〕이요, 지혜 빛을 얻었으니 이름이 일체 불법의 청정한 광〔一切佛法淸淨藏〕이니라. 이러한 십천十千 법문을 모두 통달하였느니라.

그 때 대위광 동자가 부처님의 위신력을 받들고 모든 권속을 위하여 게송으로 말하였느니라.

> 헤아릴 수가 없는 억겁 동안에
> 대도사를 한 번도 못 만나더니
> 이 세계 중생들이 이익이 많아
> 둘째 번 부처님을 이제 뵈옵네.
>
> 부처님 몸 큰 광명을 널리 놓시니

색상色相이 끝없고 하도 깨끗해
구름처럼 온 세계에 가득하여서
간 데마다 부처 공덕 칭찬하도다.

광명이 비치는데 모두 즐겁고
중생의 괴로움을 모두 멸하며
공경하고 자비심을 내게 하나니
이것이 부처님의 자재한 작용.

알 수 없게 변화하는 구름을 내고
한량없는 빛난 광명 그물을 놓아
시방세계 여러 나라 가득하나니
이것은 부처님의 신통이로다.

털구멍 구멍마다 빛 구름 내니
허공에 두루 가득 큰소리 내며
간 데마다 어두운 곳 두루 비추어
지옥의 모든 고통 모두 멸하네.

여래의 묘한 음성 시방에 가득
온갖 종류 말소리를 모두 내어서
중생들의 선근 힘을 따르게 하니
이것은 대도사의 신통과 변화.

한량없고 그지없는 많은 대중들

부처님이 그 가운데 출현하여서
끊임없이 묘한 법륜 굴리시면서
여러 종류 중생들을 조복하시네.

부처님의 신통이 끝이 없어서
여러 가지 세계에 출현하시며
선서善逝의 걸림 없는 이러한 지혜
중생들에 이익 주려 정각 이뤘네.

너희들은 환희한 마음을 내어
뛰놀고 즐겨하고 존중하여라.
나와 함께 부처님 계신 데 가자
한 번 뵈면 모든 고통 소멸하리라.

보리로 회향하는 마음을 내고
중생들을 가엾이 생각하여서
보현의 큰 서원에 함께 머물자
법왕의 자재함을 얻게 되리라.

여러 불자들이여, 대위광 태자가 이 게송을 말할 때에 부처님의 신력으로 그 소리가 걸림이 없었으며, 모든 세계가 다 들었고 한량없는 중생들이 보리심을 내었느니라.

그 때 대위광 태자는 그 부모와 권속들과 한량없는 백천억 나유타 중생들이 앞뒤로 호위하였는데, 보배 일산은 구름처럼 허공에 두루 덮여 바라밀선안장엄왕波羅蜜善眼莊嚴王여래께 나아가니, 그 부처님이 법계체

성청정장엄法界體性淸淨莊嚴수다라를 말씀하셨는데, 세계해의 티끌 수 수다라가 권속이 되었느니라.

그 대중들이 이 경을 듣고 청정한 지혜를 얻었으니 이름은 일체에 들어가는 깨끗한 방편〔入一切淨方便〕이요, 지위를 얻으니 이름은 때 없는 광명〔離垢光明〕이요, 바라밀 바퀴를 얻으니 이름은 일체 세간의 좋아하는 장엄을 보임〔示現一切世間愛樂莊嚴〕이요, 늘리는 수행 바퀴를 얻으니 이름은 일체 세계에 들어가는 그지없는 광명의 청정한 소견〔普入一切刹土無邊光明淸淨見〕이요, 나아가는 수행 바퀴를 얻으니 이름은 때 없는 복덕 구름 광명 당기〔離垢福德雲光明幢〕요, 따라 증득하는 바퀴를 얻으니 이름은 온갖 법 바다의 광대한 광명〔一切法海廣大光明〕이요, 점점 깊게 나아가는 행을 얻으니 이름은 큰 지혜 장엄〔大智莊嚴〕이요, 관정灌頂하는 지혜 바다를 얻으니 이름은 공용이 없이 끝까지 닦는 묘한 소견〔無功用修極妙見〕이요, 현저하게 아는 큰 광명을 얻으니 이름은 여래 공덕 바다의 빛 두루 비침〔如來功德海相光影徧照〕이요, 원력願力을 내는 청정한 지혜를 얻으니 이름은 무량한 원력을 믿고 이해하는 광〔無量願力信解藏〕이었느니라.

그 때 저 부처님이 대위광보살을 위하여 게송으로 말씀하셨느니라.

　　잘하도다, 공덕과 지혜의 바다
　　마음 내고 큰 보리로 나아가나니
　　너는 장차 부사의한 부처 이루고
　　중생의 의지할 곳 크게 되리라.

　　너는 이미 지혜 바다 크게 내어서
　　여러 가지 법문을 모두 아나니

미묘하고 부사의한 방편으로써
부처님의 행한 경계 들어가리라.

부처님의 공덕 구름 이미 보았고
그지없는 지혜에 들어갔으니
여러 가지 바라밀과 방편 바다에
큰 소문 가진 이가 만족하리라.

모든 방편 다라니문 이미 얻었고
다함 없는 변재도 갖추었으며
가지가지 행과 원을 닦아 익히니
짝이 없는 큰 지혜를 장차 이루리.

여러 가지 서원 바다 이미 내었고
삼매의 바다에도 들어갔으니
너는 장차 가지가지 큰 신통들과
부사의한 부처 법을 갖추게 되리.

부사의한 법계를 끝까지 알고
넓고 크고 깊은 마음 청정했으니
시방세계 부처님과 모든 세계의
때 없이 장엄함을 두루 보리라.

너는 이미 보리행과 지난 옛날의
본사本事와 방편 바다 들어갔으니

내가 그 때 깨끗하게 닦아 행하던
그런 일을 네가 모두 깨달으리라.

나는 일찍 한량없는 낱낱 세계에
부처님께 가지가지 공양하였고
그러한 수행으로 얻은 과보를
너희들도 그런 장엄 모두 보았네.

엄청나게 오랜 세월 그지없거든
그와 같은 세계에서 행을 닦으며
견고하게 세운 서원 부사의하니
여래의 이런 신력 너도 얻으리.

부처님께 공양하기 남김 없었고
국토를 장엄하여 모두 깨끗해
많은 겁에 묘한 행을 다 닦았으니
부처님의 큰 공덕을 너도 이루네.

여러 불자들이여, 바라밀선안장엄왕波羅蜜善眼莊嚴王여래께서 열반에 드시고, 기쁘게 보는 선한 지혜 왕〔善見善慧王〕도 세상을 떠나매 대위광 大威光 동자가 전륜왕의 자리를 받았느니라.

저 마니 꽃 가지 바퀴 큰 숲 가운데 세 번째 여래가 세상에 출현하시니 이름이 최승공덕해〔最勝功德解〕였다. 그 때 대위광 전륜성왕이 그 여래께서 성불하는 모양을 보고 권속과 사병四兵과 도성과 마을의 모든 인민과 더불어 칠보를 가지고 그 부처님 계신 데 가서 온갖 향 마니로 장엄한 큰 누각을 부처님께 받들어 올렸느니라.

　그 때 그 여래는 그 숲 속에서 보살보안광명행수다라菩薩普眼光明行修多羅를 말씀하시니 세계의 티끌 수 수다라로 권속이 되었느니라.

　그 때 대위광보살이 이 법을 듣고 삼매를 얻었으니 이름이 대복덕보광명大福德普光明이며, 이 삼매를 얻었으므로 일체 보살과 일체 중생의 과거·현재·미래의 복과 복 아닌 바다를 모두 분명하게 알았느니라.

　때에 그 부처님이 대위광보살을 위하여 게송으로 말씀하셨느니라.

　　잘하도다, 복덕 많은 대위광이여,
　　그대들이 내 처소에 이르러 와서
　　여러 종류 중생들을 가엾이 여겨
　　승한 보리 큰 서원을 발하였도다.

　　고통 받는 중생들을 네가 위하여
　　자비심을 내어서 해탈케 하며
　　혼미한 중생들의 의지가 되니
　　이를 일러 보살의 방편행이라.

　　만일에 어떤 보살 굳은 맘으로
　　좋은 행을 닦아서 게으름 없이
　　가장 높고 훌륭하고 걸림이 없는
　　이러한 묘한 지혜 저가 얻으리.

　　복덕의 광명이요 복덕 당기요
　　복덕의 처소고 복덕 바다인

보현보살 소유한 크신 원력에
대위광 보리살타 능히 들리라.

그대가 이와 같은 서원으로써
부사의한 부처 바다 들어갔으니
끝없는 부처님의 복덕 바다를
너의 묘한 지혜로 능히 보리라.

그대가 시방세계 국토 가운데
한량없는 부처님을 모두 보나니
저 부처님 지난 옛날 수행의 바다
이러한 온갖 것을 네가 보리라.

어떤 이가 이 방편에 머물렀으면
결정코 지혜 땅에 들어가리니
이것은 부처님을 따라서 배움
마땅히 온갖 지혜 성취하오리.

그대가 한량없는 세계해에서
티끌같이 많은 겁에 행을 닦나니
그지없는 여래들 수행의 바다
모두 다 배우고서 성불하리라.

네가 지금 보는 대로 저 시방 속에
수없는 세계해가 깨끗이 장엄

네 세계의 장엄함도 그러하리니
그지없는 원 세운 이 얻을 바니라.

이 도량에 모여 있는 많은 대중들
네 서원을 한번 듣고 기쁨을 내어
보현의 큰 법문에 다 들어가고
회향하는 마음 내어 보리에 가네.

그지없는 세계의 낱낱 국토에
모두 가서 수행하기 여러 천만 겁
여러 가지 원력으로 보현보살의
온갖 행을 모두 다 원만하도다.

여러 불자들이여, 저 마니 꽃 가지 바퀴 큰 숲 가운데 다시 부처님이 출현하시니 이름이 명칭보문연화안당名稱普聞蓮華眼幢이었느니라. 그 때 대위광 보살이 여기서 목숨을 마치고 수미산 위의 고요한 보배 궁전 하늘 성 가운데 태어나 대천왕이 되었으니 이름이 때 여읜 복덕 당기[離垢福德幢]였는데, 여러 하늘 무리들과 함께 부처님 계신 데 나아가 보배 꽃 구름을 내려서 공양하였느니라. 때에 여래께서 넓고 큰 방편의 넓은 문으로 널리 비치는 수다라를 말씀하였는데 세계해의 티끌 수 수다라로 권속이 되었느니라.

그 때 천왕의 무리들이 이 경을 듣고 삼매를 얻었으니 이름이 넓은 문 환희한 장[普門歡喜藏]인데, 이 삼매의 힘으로 일체법의 실상 바다에 들어갔었느니라. 이런 이익을 얻고는 도량에서 나와 본 곳[本處]으로 돌아갔느니라."

대방광불화엄경 제12권

제12권

7. 여래명호품如來名號品

그 때 세존께서 마갈제국摩竭提國 야란야법 보리도량〔阿蘭若法菩提場〕에 계시면서 처음 정각을 이루시고 보광명전普光明殿에서 연화장 사자좌에 앉으시었다.

묘히게 깨달음이 원만하시니 두 가지 행법이 영원히 끊어졌고 모양 없는 법을 통달하여 부처님 머무시는 데 머물러 부처님과 평등하였으며, 장애 없는 곳에 이르러 운전할 수 없는 법을 굴리며, 행하심에 장애가 없고 헤아릴 수 없는 법을 세우며 삼세를 두루 보셨다.

열 부처 세계 티끌 수 보살들과 함께 계시었으니, 모두 일생보처로서 다른 지방으로부터 와서 모인 이들이었다. 모든 중생계와 법계와 세계와 열반계와 모든 업의 과보와 마음으로 행하는 차례와 온갖 글과 뜻과 세간과 출세간과 하염 있음과 하염없음과 과거와 현재와 미래를 모두 잘 관찰하는 이들이었다.

때에 모든 보살들이 이런 생각을 하였다.

'만일 세존께서 우리들을 불쌍히 여기사 좋아함을 따라서, 부처님 세계와 부처님의 머무심과 부처님 세계의 장엄과 부처님 법의 성품과 부처님 세계의 청정함과 부처님이 말씀하신 법과 부처님 세계의 자체 성품과 부처님의 위덕과 부처님 세계의 성취함과 부처님의 큰 보리를 열어 보이시며, 시방세계의 부처님 세존께서 일체 보살을 성취하기 위하여, 여래의 종성種性이 끊어지지 않게 하려고, 일체 중생을 구호하려고, 중생들로 하여금 일체 번뇌를 끊게 하려고, 일체 행을 분명히 알려고, 모든 법을 연설하려고, 일체 더러움을 깨끗이 하려고, 일체 의심 그물을 영원히 끊으려고, 일체 희망을 뽑으려고, 일체 애착하는 곳을 멸하려고, 모든 보살의 10주住와 10행行과 10회향廻向과 10장藏과 10지地와 10원願과 10정定과 10통通과 10정頂을 말씀하시고, 또 여래의 지위〔地〕와 여래의 경계와 여래의 신력과 여래의 행하심과 여래의 힘과 여래의 두려움 없음과 여래의 삼매와 여래의 신통과 여래의 자재함과 여래의 걸림 없음과 여래의 눈과 여래의 귀와 여래의 코와 여래의 혀와 여래의 몸과 여래의 뜻과 여래의 변재와 여래의 지혜와 여래의 가장 승한 원을 말씀하심과 같이, 원컨대 부처님 세존께서도 우리들을 위하여 말씀하옵소서.'

그 때 세존께서 여러 보살들의 생각을 아시고 각각 그 종류를 따라서 신통을 나타내셨다.

신통을 나타내시어 동방으로 열 부처 세계의 티끌 수 세계를 지나가서 한 세계가 있으니 이름이 금색金色이요, 부처님 명호는 부동지不動地며, 그 세계에 한 보살이 있으니 이름이 문수사리文殊師利였다. 열 부처 세계의 티끌 수 보살들과 함께 부처님 계신 데 나아가서 예배하고, 즉시 동쪽에서 연화장 사자좌를 변화하여 만들고 결가부좌結跏趺坐하였다.

남방으로 열 부처 세계의 티끌 수 세계를 지나가서 한 세계가 있으니 이름이 묘색妙色이요, 부처님 명호는 무애지無礙智며, 그 세계에 한 보살이 있으니 이름이 각수覺首였다. 열 부처 세계의 티끌 수 보살들과 함께 부처님 계신 데 나아가서 예배하고, 즉시 남쪽에서 연화장 사자좌를 변화하여 만들고 결가부좌하였다.

서방으로 열 부처 세계의 티끌 수 세계를 지나가서 한 세계가 있으니 이름이 연화색蓮華色이요, 부처님 명호는 멸암지滅暗智며, 거기 한 보살이 있으니 이름이 재수財首였다. 열 부처 세계의 티끌 수 보살들과 함께 부처님 계신 데 나아가서 예배하고, 즉시 서쪽에서 연화장 사자좌를 변화하여 만들고 결가부좌하였다.

북방으로 열 부처 세계의 티끌 수 세계를 지나가서 한 세계가 있으니 이름이 첨복화색簷蔔華色이요, 부처님 명호는 위의지威儀智며, 거기 한 보살이 있으니 이름이 보수寶首였다. 열 부처 세계의 티끌 수 보살들과 함께 부처님 계신 데 나아가서 예배하고, 북쪽에서 연화장 사자좌를 변화하여 만들고 결가부좌하였다.

동북방으로 열 부처 세계의 티끌 수 세계를 지나가서 한 세계가 있으니 이름이 우발라화색優鉢羅華色이요, 부처님 명호는 명상지明相智며, 거기 한 보살이 있으니 이름이 공덕수功德首였다. 열부터 세계의 티끌 수 보살들과 함께 부처님 계신 데 나아가 예배하고, 즉시 동북쪽에서 연화장 사자좌를 변화하여 만들고 결가부좌하였다.

동남방으로 열 세계의 티끌 수 세계를 지나가서 한 세계가 있으니 이름이 금색金色이요, 부처님 명호는 구경지究竟智며, 거기 한 보살이 있으니 이름이 목수目首였다. 열 부처 세계의 티끌 수 보살들과 함께 부처님 계신 데 나아가서 예배하고, 즉시 동남쪽에서 연화장 사자좌를 변화하여 만들고 결가부좌하였다.

서남방으로 열 부처 세계의 티끌 수 세계를 지나가서 한 세계가 있으니 이름이 보색寶色이요, 부처님 명호는 최승지最勝智며, 거기 한 보살이 있으니 이름이 정진수精進首였다. 열 부처 세계의 티끌 수 보살들과 함께 부처님 계신 데 나아가서 예배하고, 즉시 서남쪽에서 연화장 사자좌를 변화하여 만들고 결가부좌하였다.

서북방으로 열 부처 세계의 티끌 수 세계를 지나가서 한 세계가 있으니 이름이 금강색金剛色이요, 부처님 명호는 자재지自在智며, 거기 한 보살이 있으니 이름이 법수法首였다. 열 부처 세계의 티끌 수 보살들과 함께 부처님 계신 데 나아가서 예배하고 즉시 서북쪽에서 연화장 사자좌를 변화하여 만들고 결가부좌하였다.

하방으로 열 부처 세계의 티끌 수 세계를 지나가서 한 세계가 있으니 이름이 파려색玻瓈色이요, 부처님 명호는 범지梵智며, 거기 한 보살이 있으니 이름이 지수智首였다. 열 부처 세계의 티끌 수 보살들과 함께 부처님 계신 데 나아가서 예배하고, 아랫쪽에서 연화장 사자좌를 변화하여 만들고 결가부좌하였다.

상방으로 열 부처 세계의 티끌 수 세계를 지나가서 한 세계가 있으니 이름이 평등색平等色이요, 부처님 명호는 관찰지觀察智며, 거기 한 보살이 있으니 이름이 현수賢首였다. 열 부처 세계의 티끌 수 보살들과 함께 부처님 계신 데 나아가서 예배하고, 즉시 윗쪽에서 연화장 사자좌를 변화하여 만들고 결가부좌하였다.

그 때 문수사리보살마하살이 부처님의 위신력을 받들어 모든 보살 대중을 두루 관찰하고 이렇게 말하였다.

"이 보살들이 매우 희유하도다. 여러 불자들이여, 부처님의 국토는 헤아릴 수 없으며, 부처님의 머무심과 부처님 세계의 장엄과 부처님 법의 성품과 부처님 세계의 청정함과 부처님의 설법과 부처님의 출현함과 부처님 세계의 성취함과 부처님의 아뇩다라삼먁삼보리阿耨多羅三藐三菩提도 헤아릴 수 없습니다.

무슨 까닭인가. 불자들이여, 시방세계 부처님들이 여러 중생의 좋아함과 욕망이 같지 아니함을 아시고 알맞게 법을 말씀하여 조복하며, 이리하여 법계와 허공계까지도 같습니다.

여러 불자들이여, 여래가 이 사바세계의 모든 사천하에서 가지가지 몸과 가지가지 이름과 가지가지 모양과 가지가지 길고 짧음과 가지가지 수명과 가지가지 처소와 가지가지 근根들과 가지가지 나는 곳과 가지가지 말씀함과 가지가지 관찰함으로써 여러 중생들로 하여금 제각기 알고 보게 합니다.

여러 불자들이여, 여래가 이 사천하에서 혹은 일체의성一切義成이라 이름하고, 원만월圓滿月이라 이름하고, 사자후師子吼라 이름하고, 석가모니釋迦牟尼라 이름하고, 제7선第七仙이라 이름하고, 비로자나毘盧遮那라 이름하고, 구담씨瞿曇氏라 이름하고, 대사문大沙門이라 이름하고, 최승最勝이라 이름하고, 도사導師라 이름하나니, 이러한 이름이 그 수효가 십천이라 중생들로 하여금 제각기 알고 보게 합니다.

여러 불자들이여, 이 사천하의 동방에 다음 세계가 있으니 이름이 선호善護인데, 여래가 거기에서 혹 금강金剛이라 이름하고 혹 자재自在라 이름하고 지혜라 이름하고 난승難勝이라 이름하고 운왕雲王이라 이름하고, 무쟁無諍이라 이름하고 능위주能爲主라 이름하고, 심환희心歡喜라 이름하고 무여등無與等이라 이름하고, 혹 단언론斷言論이라 이름하나니, 이러한 이름이 그 수효가 십천이라 중생들로 하여금 제각기 알고 보게 합니다.

여러 불자들이여, 이 사천하의 남방에 다음 세계가 있으니 이름이 난인難忍인데, 여래가 거기에서 혹 제석帝釋이라 이름하고 보칭寶稱이라 이름하고 이구離垢라 이름하고 실어實語라 이름하고 능조복能調伏이라 이름하고 구족회具足喜라 이름하고 대명칭大名稱이라 이름하고 능이익能利益이라 이름하고 무변無邊이라 이름하고 최승最勝이라 이름하나니, 이러한 이름이 그 수효가 십천이라 중생들로 하여금 제각기 알고 보게 합니다.

여러 불자들이여, 이 사천하의 서방에 다음 세계가 있으니 이름이 친혜親慧인데, 여래가 거기에서 혹 수천水天이라 이름하고 희견喜見이라 이름하고, 최승왕最勝王이라 이름하고 조복천調伏天이라 이름하고 진실혜眞實慧라 이름하고 도구경到究竟이라 이름하고, 환희歡喜라 이름하고 법혜法慧라 이름하고, 소작이판所作已辦이라 이름하고 선주善住라 이름하나니, 이러한 이름이 그 수효가 십천이라 중생들로 하여금 제각기 알고 보게 합니다.

여러 불자들이여, 이 사천하의 북방에 다음 세계가 있으니 이름이 사자師子인데, 여래가 거기에서 혹 대모니大牟尼라 이름하고 고행苦行이라 이름하고 세소존世所尊이라 이름하고 최승전最勝田이라 이름하고 일체지一切智라 이름하고 선의善意라 이름하고 청정淸淨이라 이름하고 예라발나堅羅跋那라 이름하고 최상시最上施라 이름하고 고행득苦行得이라 이름하나니, 이러한 이름이 그 수효가 십천이라 중생들로 하여금 제각기 알고 보게 합니다.

여러 불자들이여, 이 사천하의 동북방에 다음 세계가 있으니 이름이 묘관찰妙觀察인데, 여래가 거기에서 혹 조복마調伏魔라 이름하고 성취成就라 이름하고, 식멸息滅이라 이름하고 현천賢天이라 이름하고, 이탐離貪이라 이름하고 승혜勝慧라 이름하고, 심평등心平等이라 이름하고 무능승無能勝이라 이름하고 지혜음智慧音이라 이름하고 난출현難出現이라 이름하나니, 이러한 이름이 그 수효가 십천이라 중생들로 하여금 제각기 알고 보게 합니다.

여러 불자들이여, 이 사천하의 동남방에 다음 세계가 있으니 이름이 희락喜樂인데, 여래가 거기에서 혹 극위엄極威嚴이라 이름하고 광염취光焰聚라 이름하고, 변지徧知라 이름하고, 비밀이라 이름하고 해탈이라 이름하고 성안주性安住라 이름하고 여법행如法行이라 이름하고 정안왕淨眼王이라 이름하고, 대용건大勇健이라 이름하고 정진력精進力이라 이름하나니, 이러한 이름이 십천이라 중생들로 하여금 제각기 알고 보게 합니다.

여러 불자들이여, 이 사천하의 서남방에 다음 세계가 있으니 이름이 심견뇌甚堅牢인데, 여래가 거기에서 혹 안주安住라 이름하고 지왕智王이라 이름하고, 원만圓滿이라 이름하고 부동不動이라 이름하고, 묘안妙眼이라 이름하고 정왕頂王이라 이름하고, 자재음自在音이라 이름하고 일체시一切施라 이름하고 지중선持衆仙이라 이름하고 승수미勝須彌라 이름하나니, 이러한 이름이 그 수효가 십천이라 중생들로 하여금 제각기 알고 보게 합니다.

여러 불자들이여, 이 사천하의 서북방에 다음 세계가 있으니 이름이 묘지妙地인데, 여래가 거기에서 혹 보변普徧이라 이름하고 광염光焰이라 이름하고, 마니계摩尼髻라 이름하고 가억념可憶念이라 이름하고 무상의無上義라 이름하고 상희락常喜樂이라 이름하고, 성청정性淸淨이라 이름하고 원만광圓滿光이라 이름하고 수비修臂라 이름하고 혹 주본住本이라 이름하나니, 이러한 이름이 그 수효가 십천이라 중생들로 하여금 제각기 알고 보게 합니다.

여러 불자들이여, 이 사천하의 하방에 다음 세계가 있으니 이름이 염혜焰慧인데, 여래가 거기에서 집선근集善根이라 이름하고 사자상師子相이라 이름하고, 맹리혜猛利慧라 이름하고 금색염金色焰이라 이름하고, 일체지식一體知識이라 이름하고 구경음究竟音이라 이름하고, 작이익作利益이라 이름하고 도구경到究竟이라 이름하고, 진실천眞實天이라 이름하고 보변승선徧勝이 이름하나니, 이러한 이름이 그 수효가 십천이라 중생들로 하여금 제각기 알고 보게 합니다.

여러 불자들이여, 이 사천하의 상방에 다음 세계가 있으니 이름이 지지持地인데, 여래가 거기에서 혹 유지혜有智慧라 이름하고 청정면淸淨面이라 이름하고 각혜覺慧라 이름하고 상수上首라 이름하고, 행장엄行莊嚴이라 이름하고 발환희發歡喜라 이름하고, 의성만意成滿이라 이름하고 여성화如盛火라 이름하고, 지계持戒라 이름하고 일도一道라 이름하나니, 이러한 이름이 그 수효가 십천이라 중생들로 하여금 제각기 알고 보게 합니다.

여러 불자들이여, 이 사바세계에 백억 사천하가 있으며, 여래가 그 가운데서 백억만의 갖가지 명호를 두어서 중생들로 하여금 제각기 알고 보게 합니다.

여러 불자들이여, 이 사바세계의 동방에 다음 세계가 있으니 이름이 밀훈密訓인데, 여래가 거기에서 혹 평등이라 이름하고 수승殊勝이라 이름하고, 안위安慰라 이름하고 개효의開曉意라 이름하고, 문혜聞慧라 이름하고 진실이라 이름하고 득자재得自在라 이름하고 최승신最勝身이라 이름하고 대용맹大勇猛이라 이름하고 무등지無等智라 이름하나니, 이러한 백억만의 갖가지 명호가 있어 중생들로 하여금 제각기 알고 보게 합니다.

여러 불자들이여, 이 사바세계의 남방에 다음 세계가 있으니 이름이 풍일豐溢인데, 여래가 거기에서 혹 본성本性이라 이름하고 근의勤意라 이름하고,[1] 무상존無上尊이라 이름하고 대지거大智炬라 이름하고, 무소의無

---

1 신수대장경에 의거하면 이하의 "무상존無上尊"부터 "천중천天中天이라 이름하고" 까지는 고려대장경에는 없으나 원元·명明 본에는 실려 있다.

所依라 이름하고 광명장光明藏이라 이름하고 지혜장智慧藏이라 이름하고, 복덕장福德藏이라 이름하고 천중천天中天이라 이름하고, 대자재大自在라 이름하나니, 이러한 백억만의 갖가지 명호가 있어 중생들로 하여금 제각기 알고 보게 합니다.

여러 불자들이여, 이 사바세계의 서방에 다음 세계가 있으니 이름이 이구리離垢인데, 여래가 거기에서 혹 의성意成이라 이름하고 지도知道라 이름하고, 안주본安住本이라 이름하고 능해박能解縛이라 이름하고, 통달의通達義라 이름하고 요분별樂分別이라 이름하고, 최승견最勝見이라 이름하고 조복행調伏行이라 이름하고 중고행衆苦行이라 이름하고 구족력具足力이라 이름하나니 이러한 백억만의 갖가지 명호가 있어 중생들로 하여금 제각기 알고 보게 합니다.

여러 불자들이여, 이 사바세계의 북방에 다음 세계가 있으니 이름이 풍락豊樂인데, 여래가 거기에서 혹 첨복화색簷蔔華色이라 이름하고 일장日藏이라 이름하고, 선주善住라 이름하고 현신통現神通이라 이름하고, 성초매性超邁라 이름하고 혜일慧日이라 이름하고, 무애無礙라 이름하고 여월현如月現이라 이름하고, 신질풍迅疾風이라 이름하고 청정신淸淨身이라 이름하나니, 이러한 백억만의 갖가지 명호가 있어 중생들로 하여금 제각기 알고 보게 합니다.

여러 불자들이여, 이 사바세계의 동북방에 다음 세계가 있으니 이름이 섭취攝取인데, 여래가 거기에서 혹 영리고永離苦라 이름하고 보해탈普解脫이라 이름하고, 대복장大伏藏이라 이름하고 해탈지解脫智라 이름하고, 과거장過去藏이라 이름하고 보광명寶光明이라 이름하고, 이세간離世間이라 이름하고 무애지無礙地라 이름하고, 정신장淨信藏이라 이름하고 심부동心不動이라 이름하나니, 이러한 백억만의 갖가지 명호가 있어 중생들로 하여금 제각기 알고 보게 합니다.

여러 불자들이여, 이 사바세계의 동남방에 다음 세계가 있으니 이름이 요익饒益인데, 여래가 거기서 혹 현광명現光明이라 이름하고 진지盡智라 이름하고, 미음美音이라 이름하고 승근勝根이라 이름하고, 장엄개莊嚴蓋라 이름하고 정진근精進根이라 이름하고, 도분별피안到分別彼岸이라 이름하고 승정勝定이라 이름하고 간언사簡言辭라 이름하고 지혜해智慧海라 이름하나니, 이러한 백억만의 갖가지 명호가 있어 중생들로 하여금 제각기 알고 보게 합니다.

여러 불자들이여, 이 사바세계의 서남방에 다음 세계가 있으니 이름이 선소鮮少인데, 여래가 거기에서 혹 모니주牟尼主라 이름하고 구중보具衆寶라 이름하고 세해탈世解脫이라 하고 변지근徧知根이라 이름하고, 승언사勝言辭라 이름하고 명료견明了見이라 이름하고, 근자재根自在라 이름하고 대선사大仙師라 이름하고, 개도업開導業이라 이름하고 금강사자金剛師子라 이름하나니, 이러한 백억만의 갖가지 명호가 있어 중생들로 하여금 제각기 알고 보게 합니다.

여러 불자들이여, 이 사바세계의 서북방에 다음 세계가 있으니 이름이 환희歡喜인데, 여래가 거기에서 혹 묘화취妙華聚라 이름하고 전단개栴檀蓋라 이름하고, 연화장蓮華藏이라 이름하고 초월제법超越諸法이라 이름하고 법보法寶라 이름하고 부출생復出生이라 이름하고 정묘개淨妙蓋라 이름하고, 광대안廣大眼이라 이름하고 유선법有善法이라 이름하고, 전념법專念法이라 이름하고 망장網藏이라 이름하나니, 이러한 백억만의 갖가지 명호가 있어 중생들로 하여금 제각기 알고 보게 합니다.

여러 불자들이여, 이 사바세계의 하방에 다음 세계가 있으니 이름이 관약關閱인데, 여래가 거기에서 혹 발기염發起燄이라 이름하고 조복독調伏毒이라 이름하고 제석궁帝釋弓이라 이름하고 무상소無常所라 이름하고, 각오본覺悟本이라 이름하고 단증장斷增長이라 이름하고, 대속질大速疾이라 이름하고 상요시常樂施라 이름하고, 분별도分別道라 이름하고 최복당催伏幢이라 이름하나니, 이러한 백억만의 갖가지 명호가 있어 중생들로 하여금 제각기 알고 보게 합니다.

여러 불자들이여, 이 사바세계의 상방에 다음 세계가 있으니 이름이 진음振音인데, 여래가 거기에서 혹 용맹당勇猛幢이라 이름하고 무량보無量寶라 이름하고, 요대시樂大施라 이름하고 천광天光이라 이름하고, 길흥吉興이라 이름하고 초경계超境界라 이름하고, 일체주一切主라 이름하고 불퇴륜不退輪이라 이름하고, 이중악離衆惡이라 이름하고 일체지一切智라 이름하나니, 이러한 백억만의 갖가지 명호가 있어 중생들로 하여금 제각기 알고 보게 합니다.

여러 불자들이여, 사바세계에서 동방의 백천억 수없고 한량없고 가없고 같을 이 없고 셀 수 없고 일컬을 수 없고 생각할 수 없고 헤아릴 수 없고 말할 수 없는 온 법계 허공계에 있는 모든 세계 가운데 여래의 명호가 가지가지로 같지 않은 것처럼 남방·서방·북방과 네 간방과 상방과 하방도 역시 이와 같습니다.

세존께서 옛날 보살로 계실 때에 가지가지 언론과 가지가지 말씀과, 가지가지 음성과 가지가지 입과 가지가지 과보와 가지가지 처소와, 가지가지 방편과 가지가지 근根과, 가지가지 믿고 이해함과 가지가지 지위로써 성숙함과 같이, 또한 중생들로 하여금 이렇게 알고 보게 하기 위하여 법을 말씀하십니다."

8. 사성제품四聖諦品

그 때에 문수사리보살마하살이 여러 보살에게 말하였다.

"여러 불자들이여, 고苦라는 성제聖諦를 이 사바세계에서 혹은 죄라 하고 혹은 핍박이라 하고 변해 달라짐이라 하고 반연攀緣이라 하고 모임[聚]이라 하고 가시라 하고 뿌리를 의지함이라 하고 허망하게 속임이라 하고 창질 자리[癰瘡處]라 하고 혹은 바보의 행동이라 합니다.

여러 불자들이여, 고의 집集이라는 성제를 이 사바세계에서 혹은 속박이라 하고 망그러짐이라 하고 애착하는 뜻이라 하고 망령된 생각이라 하고 가서 들어감이라 하고 결정이라 하고 그물이라 하고 희롱거리라 하고 따라다님이라 하고 혹은 전도한 뿌리[顚倒根]라 합니다.

여러 불자들이여, 고가 멸滅하는 성제를 이 사바세계에서 혹은 다툼이 없음이라 하고 티끌을 여읨이라 하고 고요함이라 하고 모양 없음이라 하고 없어지지 않음이라 하고 제 성품이 없다 하고 장애가 없다 하고 멸滅이라 하고 자체가 진실함이라 하고 혹은 제 성품에 머문다 합니다.

여러 불자들이여, 고가 멸하는 도道라는 성제를 이 사바세계에서 혹은 일승一乘이라 하고 고요한 데 나아간다 하고 인도함이라 하고 끝까지 분별이 없음이라 하고 평등이라 하고 짐을 벗는다 하고 나아갈 데 없다 하고 성인의 뜻을 따름이라 하고 신선의 행이라 하고 혹은 십장十藏이라 합니다.

여러 불자들이여, 이 사바세계에서 사성제를 말하는데 이러한 사백억 십천 가지 이름이 있나니, 중생들의 마음을 따라 모두 조복하게 합니다.

여러 불자들이여, 이 사바세계에서 고의 성제라 말하는 것을 저 밀훈密訓세계에서는 경영하여 구하는 뿌리라 하고 혹은 벗어나지 못함이라 하고 속박의 근본이라 하고 아니할 것을 하는 것이라 하고 널리 투쟁함이라 하고 분석하는 데 힘이 없다 하고 의지를 지음이라 하고 지극한 고통이라 하고 조급하게 움직인다 하고 혹은 형상 있는 물건이라 합니다.

　여러 불자들이여, 고의 집이라는 성제를 저 밀훈세계에서는 생사를 따름이라 하고 혹은 물듦이라 하고 타는 것이라 하고 헤매는 것이라 하고 썩는 뿌리라 하고 유有를 계속한다 하고 나쁜 행이라 하고 애착이라 하고 병의 근원이라 하고 혹은 분수分數라 합니다.

　여러 불자들이여, 고가 멸하는 성제라는 것을 저 밀훈세계에서는 첫째 이치라 하고 혹은 뛰어남이라 하고 찬탄할 일이라 하고 편안함이라 하고 잘 들어갔다 하고 조복이라 하고 일분一分이라 하고 죄가 없다 하고 탐욕을 여의었다 하고 혹은 결정이라 합니다.

　여러 불자들이여, 고가 멸하는 도라는 성제를 저 밀훈세계에서는 맹장猛將이라 하고 혹은 올라가는 행이라 하고 뛰어남이라 하고 방편이 있음이라 하고 평등한 눈이라 하고 가를 여읨이라 하고 깨달음이라 하고 포섭하여 가짐이라 하고 가장 승한 눈이라 하고 혹은 방위를 봄이라 합니다.

　여러 불자들이여, 밀훈세계에서 사성제를 말하는데 이러한 사백억 십천 가지 이름이 있나니, 중생들의 마음을 따라 모두 조복케 합니다.

　여러 불자들이여, 이 사바세계에서 고의 성제라 하는 것을 저 최승最勝세계에서는 두려움이라 하고 혹은 분단分段이라 하고 미워할 것이라 하고 받들어 섬김을 요구[要須] 한다 하고 변하여 달라짐이라 하고 원수를 불러옴이라 하고 속여 빼앗음이라 하고 함께하기 어렵다 하고 허망한 분별이라 하고 혹은 세력이 있다 합니다.

　여러 불자들이여, 고의 집이라는 성제를 저 최승세계에서는 망그러짐이라 하고 혹은 어리석음의 근본이라 하고 큰 원수라 하고 잘드는 칼이라 하고 없어지는 맛이라 하고 원수를 대함이라 하고 내 것 아니라 하고 나쁜 길잡이라 하고 더욱 캄캄함이라 하고 혹은 좋은 이익을 파괴한다 합니다.

　여러 불자들이여, 고가 멸하는 성제라는 것을 저 최승세계에서는 큰 이치라 하고 혹은 이익함이라 하고 이치 중의 이치라 하고 한량없다 하고 마땅히 볼 것이라 하고 분별을 여의었다 하고 최상의 조복이라 하고 항상 평등하다 하고 함께 머물 만하다 하고 혹은 하염없다고 합니다.

　여러 불자들이여, 고가 멸하는 도라는 성제를 저 최승세계에서는 능히 타는 것〔能燒然〕이라 하고 혹은 최상품이라 하고 결정이라 하고 깨뜨릴 수 없다 하고 깊은 방편이라 하고 벗어남이라 하고 용렬하지 않다 하고 통달이라 하고 해탈의 성품이라 하고 혹은 능히 제도함이라 합니다.

　여러 불자들이여, 최승세계에서 사성제를 말하는데 이러한 사백억 십천 가지 이름이 있나니, 중생들의 마음을 따라 모두 조복하게 합니다.

　여러 불자들이여, 이 사바세계에서 고라는 성제를 저 이구離垢세계에서는 뉘우침이라 하고 혹은 의지해 기다림〔資待〕이라 하고 점점 굴러감이라 하고 머무는 성이라 하고 한 맛〔一味〕이라 하고 잘못된 법이라 하고 있는 집이라 하고 허망하게 집착하는 곳이라 하고 허망한 소견이라 하고 혹은 수효가 없다 합니다.

　여러 불자들이여, 고의 집이라는 성제를 저 이구세계에서는 실물이 없다 하고 혹은 말만 있다고 결백하지 않다 하고 내는 땅〔生地〕이라 하고 물듦이라 하고 비천하다 하고 증장增長이라 하고 무거운 짐이라 하고 능히 낸다 하고 혹은 거칠다 합니다.

　여러 불자들이여, 고가 멸한다는 성제를 저 이구세계에서는 무등등無等等이라 하고 혹은 모두 없앰이라 하고 때를 여읜다 하고 가장 훌륭한 근본이라 하고 맞춤이라 하고 기다릴 것 없다 하고 번뇌를 멸한다 하고 최상이라 하고 필경이라 하고 혹은 도장을 깨뜨림(破印)이라 합니다.

여러 불자들이여, 고가 멸하는 도라는 성제를 저 이구세계에서는 굳은 물건이라 하고 혹은 방편의 분分이라 하고 해탈할 근본이라 하고 본 성품의 진실이라 하고 훼방할 수 없다 하고 가장 청정하다 하고 모든 유의 가(有邊)라고 하고 붙어 있음이 온전하다(受寄全) 하고 짓는 일이 끝남이라 하고 혹은 깨끗한 분별이라 합니다.

여러 불자들이여, 이구세계에서 사성제를 말하는데 이러한 사백억 십천 가지 이름이 있나니, 중생들의 마음을 따라 모두 조복하게 합니다.

여러 불자들이여, 이 사바세계에서 고라는 성제를 저 풍일豊溢세계에서는 사랑에 물드는 곳이라 하고 혹은 험난한 근본이라 하고 모든 유의 분(有分)이라 하고 모아 이루었다 하고 차별의 근본이라 하고 증장이라 하고 생명이라 하고 장애라 하고 칼과 검의 근본이라 하고 혹은 수數로 이룬 것이라 합니다.

여러 불자들이여, 고의 집이라는 성제를 저 풍일세계에서는 미운 것이리 하고 혹은 이름이라 하고 다함이 없다 하고 나누인 수(分數)라 하고 사랑할 수 없다 하고 씹는다 하고 거친 물건이라 하고 애착이라 하고 그릇이라 하고 혹은 동動한다 합니다.

여러 불자들이여, 고가 멸하는 성제를 저 풍일세계에서는 상속이 끊어졌다(相續斷) 하고 혹은 열어 나타낸다 하고 글자가 없다 하고 닦을 것 없다 하고 볼 것 없다 하고 지을 것 없다 하고 적멸이라 하고 이미 타버렸다 하고 큰 짐을 벗었다 하고 혹은 이미 제除해버렸다 합니다.

여러 불자들이여, 고가 멸하는 도라는 성제를 저 풍일세계에서는 적멸한 행이라 하고 혹은 뛰어난 행이라 하고 부지런히 닦아 증득한다 하고 편안히 간다 하고 한량없는 수명이라 하고 잘 안다 하고 끝까지 가는 길이라 하고 닦기 어렵다 하고 저 언덕에 이르렀다 하고 혹은 이길이 없다 합니다.

여러 불자들이여, 풍일세계에서 사성제를 말하는데 이러한 사백억 십천 가지 이름이 있어 중생들의 마음을 따라 모두 조복하게 합니다.

여러 불자들이여, 이 사바세계에서 고의 성제라 하는 것을 저 섭취攝取세계에서는 능히 겁탈한다 하고 혹은 좋은 벗 아니라 하고 두려움이 많다 하고 가지가지 희론戱論이라 하고 지옥의 성품이라 하고 진실한 뜻 아니라 하고 탐욕의 짐이라 하고 깊은 뿌리라 하고 마음을 따라 구른다 하고 혹은 근본이 공空하다 합니다.

여러 불자들이여, 고의 집이라는 성제를 저 섭취세계에서는 탐착이라 하고 혹은 악을 마련한다 하고 나쁜 허물이라 하고 빠르다 하고 능히 움킨다 하고 생각한다 하고 과보가 있다 하고 말할 것 없다 하고 가질 것 없다 하고 혹은 흘러 옮긴다〔流轉〕합니다.

여러 불자들이여, 고가 멸하는 성제를 저 섭취세계에서는 물러가지 않는다 하고 혹은 말을 여의었다 하고 모양이 없다 하고 즐거운 것이라 하고 견고하다 하고 썩 묘하다 하고 어리석음을 여의었다〔離癡〕하고 멸하여 다했다 하고 악을 멀리한다 하고 혹은 벗어난다 합니다.

여러 불자들이여, 고가 멸하는 도라는 성제를 저 섭취세계에서는 말을 떠났다 하고 혹은 다툼이 없다 하고 가르쳐 지도한다 하고 잘하는 회향이라 하고 매우 공교롭다 하고 차별한 방편이라 하고 허공 같다 하고 고요한 행이라 하고 승한 지혜라 하고 혹은 이치를 능히 안다 합니다.

여러 불자들이여, 섭취세계에서 사성제를 말하는데 이러한 사백억 십천 가지 이름이 있나니 중생들의 마음을 따라 모두 조복하게 합니다.

　여러 불자들이여, 이 사바세계에서 고의 성제라 함을 저 요익饒益세계에서는 무거운 짐이라 하고 혹은 견고하지 않다 하고 도둑 같다 하고 늙고 죽음이라 하고 욕애로 이루었다 하고 헤맨다〔流轉〕하고 피로하다 하고 나쁜 형상이라 하고 생장한다〔生長〕하고 혹은 잘 드는 칼이라 합니다.

　여러 불자들이여, 고의 집이라는 성제를 저 요익세계에서는 썩는다 하고 혹은 흐리다 하고 물러간다 하고 무력하다 하고 잃었다 하고 어기다〔乖違〕하고 화합하지 않는다 하고 지은 것이라 하고 가진 것이라 하고 혹은 의욕이라 합니다.

　여러 불자들이여, 고가 멸하는 성제라 함을 저 요익세계에서는 옥에서 나왔다 하고, 혹은 진실하다 하고 어려운 것을 떠났다 하고 덮어 보호한다 하고 악을 떠났다 하고 수순隨順이라 하고 근본이라 하고 인을 버렸다〔捨因〕하고 무위無爲라 하고 혹은 상속이 없다 합니다.

　여러 불자들이여, 고가 멸하는 도라는 성제를 저 요익세계에서는 있는 것 없는 데 도달한다〔達無所有〕하고 혹은 온갖 인印이라 하고 삼매장三昧藏이라 하고 광명을 얻는다 하고 물러나지 않는 법이라 하고 유를 다함〔有盡〕이라 하고 넓고 큰 길이라 하고 능히 조복한다 하고 편안함이라 하고 혹은 흘러다니지 않는 근본이라 합니다.

　여러 불자들이여, 요익세계에서 사성제를 말하는데 이러한 사백억 십천 가지 이름이 있나니, 중생들의 마음을 따라 모두 조복하게 합니다.

　여러 불자들이여, 이 사바세계에서 고의 성제라 하는 것을 저 선소鮮少세계에서는 위험한 욕락이라 하고 혹은 속박하는 곳이라 하고 삿된 행이라 하고 수受를 따른다 하고 수치가 없다 하고 탐욕의 근본이라 하고 항하의 흐름이라 하고 항상 파괴한다 하고 횃불의 성품이라 하고 혹은 걱정이 많다 합니다.

　여러 불자들이여, 고의 집이라는 성제를 저 선소세계에서는 넓은 땅이라 하고 혹은 능히 나아간다 하고 지혜를 멀리한다 하고 환난을 남겨 둔다 하고 두려움이라 하고 방일放逸이라 하고 거두어 가짐이라 하고 집착하는 곳이라 하고 집 주인이라 하고 혹은 속박이 연함〔連縛〕이라 합니다.

　여러 불자들이여, 고가 멸하는 성제라 함을 저 선소세계에서는 충만하다 하고 혹은 죽지 않는다 하고 내가 없다 하고 제 성품이 없다 하고 분별이 끊겼다 하고 안락하게 머문다 하고 한량이 없다 하고 헤매는 일을 끊는다 하고 행이 끊어진 데라 하고 혹은 둘이 아니라 합니다.

　여러 불자들이여, 고가 멸하는 도라는 성제를 저 선소세계에서는 큰 광명이라 하고 혹은 연설하는 바다라 하고 간택하는 뜻이라 하고 화합하는 법이라 하고 집착을 여의었다 하고 상속을 끊었다 하고 넓고 큰 길이라 하고 평등한 일이라 하고 깨끗한 방편이라 하고 혹은 가장 나은 소견이라 합니다.

　여러 불자들이여, 선소세계에서 사성제를 말하는데 이러한 사백억 십천 가지 이름이 있나니, 중생들의 마음을 따라 모두 조복하게 합니다.

　여러 불자들이여, 이 사바세계에서 고의 성제라 함을 저 환희歡喜세계에서는 헤매는 것이라 하고 혹은 내는 것〔出生〕이라 하고 물듦이라 하고 무거운 짐이라 하고 차별이라 하고 속이 험하다 하고 모임이라 하고 나쁜 집이라 하고 혹은 고뇌의 성품이라 합니다.

　여러 불자들이여, 고의 집이라는 성제를 저 환희세계에서는 땅이라 하고 혹은 방편이라 하고 제 때가 아니라〔非時〕하고 진실하지 않은 법이라 하고 밑이 없다 하고 거두어 가짐이라 하고 계율을 떠났다 하고 번뇌의 법이라 하고 좁은 소견이라 하고 혹은 때 덩이〔垢聚〕라 합니다.

　여러 불자들이여, 고가 멸하는 성제를 저 환희세계에서는 의지를 깨뜨린다〔破依止〕 하고 혹은 방일하지 않다〔不放逸〕 하고 진실이라 하고 평등이라 하고 매우 깨끗하다 하고 병이 없다 하고 굽지 않는다〔無曲〕 하고 모양이 없다 하고 자재라 하고 혹은 나는 일이 없다〔無生〕 합니다.

　여러 불자들이여, 고가 멸하는 도라는 성제를 저 환희세계에서는 좋은 세계에 들어간다 하고 혹은 집集을 끊는다 하고 동류〔等類〕를 뛰어난다 하고 광대한 성품이라 하고 분별이 다한다 하고 신력의 도라 하고 여러 방편이라 하고 생각을 바로하는 행이라 하고 항상 고요한 길이라 하고 혹은 해탈을 포섭한다 합니다.

　여러 불자들이여, 환희세계에서 사성제를 말하는데 이러한 사백억 십천 가지 이름이 있나니, 중생들의 마음을 따라 모두 조복하게 합니다.

　여러 불자들이여, 이 사바세계에서 고의 성제라 하는 것을 저 관약〔關龠〕세계에서는 썩는 모양이라 하고 혹은 날그릇 같다 하고 내가 이룬 것〔我所成〕이라 하고 여러 살래의 몸〔諸趣身〕이라 하고 자주 헤맨다 하고 모든 악의 문이라 하고 성품의 고통이라 하고 버릴 것이라 하고 맛이 없다 하고 혹은 오고 가는 것이라 합니다.

　여러 불자들이여, 고의 집이라는 성제를 저 관약세계에서는 행이라 하고 혹은 분한 독〔憤毒〕이라 하고 화합이라 하고 수의 한 가지〔受支〕라 하고 내 마음이라 하고 잡된 독이라 하고 빈 이름이라 하고 어김이라 하고 뜨거운 번뇌라 하고 혹은 놀람이라 합니다.

　여러 불자들이여, 고가 멸하는 성제를 저 관약세계에서는 쌓인 것이 없다 하고 혹은 얻을 수 없다 하고 묘한 약이라 하고 혹은 깨뜨릴 수 없다 하고 집착이 없다 하고 한량이 없다 하고 넓고 크다 하고 깨달음 분(覺分)이라 하고 물듦을 여의었다 하고 혹은 장애가 없다 합니다.

　여러 불자들이여, 고가 멸하는 도라는 성제를 저 관약세계에서는 편안한 행이라 하고 혹은 욕심을 여의었다 하고 끝까지 진실하다 하고 이치에 들어간다 하고 성품의 끝간데라 하고 깨끗이 나타난다 하고 생각을 거둔다 하고 해탈에 나아간다 하고 구제라 하고 혹은 승한 행이라 합니다.

　여러 불자들이여, 관약세계에서 사성제를 말하는데 이러한 사백억 십천 가지 이름이 있나니, 중생들의 마음을 따라 모두 조복하게 합니다.

　여러 불자들이여, 이 사바세계에서 고의 성제라 하는 것을 저 진음振音세계에서는 허물을 숨긴다 하고 혹은 세간이라 하고 의지한 데(所依)라 하고 오만이라 하고 물들게 하는 성품이라 하고 빨리 흐른다 하고 즐겁지 않다 하고 덮어 감춘다 하고 빨리 멸한다 하고 혹은 조복하기 어렵다 합니다.

　여러 불자들이여, 고의 집이라는 성제를 저 진음세계에서는 모름지기 제어할 것(須制伏)이라 하며 혹은 마음의 나아감이라 하며 능히 결박한다 하며 생각을 따라 일어난다 하며 나중까지 이른다 하며 함께 화합한다 하며 분별이라 하며 문門이라 하며 동動한다 하며 혹은 숨겨 덮는다 합니다.

　여러 불자들이여, 고가 멸하는 성제를 저 진음세계에서는 의지할 데가 없다 하며 혹은 취할 수 없다 하며 도에 돌아간다 하며 다툼을 여의었다 하며 작다 하며 크다 하며 매우 깨끗하다 하며 다함이 없다 하며 넓다 하며 혹은 같을 이 없는 값이라 합니다.

　여러 불자들이여, 고가 멸하는 도라 하는 성제를 진음세계에서는 관찰이라 하며 혹은 대적을 부순다 하며 잘 아는 인印이라 하며 능히 성품에 들어간다 하며 대적할 수 없다 하며 무한한 뜻이라 하며 능히 지혜에 들어간다 하며 화합하는 길이라 하며 항상 동動하지 않는다 하며 혹은 특수한 이치라 합니다.

　여러 불자들이여, 진음세계에서는 사성제를 말하는데 이러한 사백억 십천 가지 이름이 있나니, 중생들의 마음을 따라 모두 조복하게 합니다.

　여러 불자들이여, 이 사바세계에서 사성제를 말하는데 사백억 십천 가지 이름이 있는 것처럼, 동방의 백천억 수없고 한량없고 끝없고 같을 이 없고 셀 수 없고 일컬을 수 없고 생각할 수 없고 헤아릴 수 없고 말할 수 없는 온 법계 허공계에 있는 세계의 낱낱 세계에서 사성제를 말하는 것이 또한 제각기 사백억 십천 가지 이름이 있나니, 중생들의 마음을 따라 모두 조복케 하며, 동방에서와 같이 남방·서방·북방과 네 간방과 상방 하방에도 또한 그와 같습니다.

　여러 불자들이여, 사바세계에 위에서 말한 것 같은 시방의 세계가 있는 것처럼, 저 일체 세계에도 또한 각각 이와 같은 시방세계가 있어, 낱낱 세계에서 고의 성제를 말하는데 백억만 가지 이름이 있고, 집의 성제와 멸의 성제와 도의 성제에도 각각 백억만 가지 이름이 있나니, 모두 중생들의 마음에 좋아함을 따라서 그로 하여금 조복하게 합니다."

대방광불화엄경 제13권

제13권

9. 광명각품光明覺品

 그 때 세존께서 두 발바닥으로 백억 광명을 놓아서 이 삼천대천세계를 비추니, 백억 염부제閻浮提와 백억 불바제弗婆提와 백억 구야니瞿耶尼와 백억 울단월鬱單越과 백억 큰 바다와 백억 윤위산輪圍山과 백억 보살의 내어남과 백어 보살의 출가힘과 백억 여래의 정각을 이룸과 백억 여래의 법바퀴를 굴림과 백억 여래의 열반에 드시는 것과 백억 수미산왕須彌山王과 백억 사천왕천四天王天과 백억 삼십삼천三十三天과 백억 야마천夜摩天과 백억 도솔천兜率天과 백억 화락천化樂天과 백억 타화자재천他化自在天과 백억 범중천梵衆天과 백억 광음천光音天과 백억 변정천徧淨天과 백억 광과천廣果天과 백억 색구경천色究竟天과 그 가운데 있는 것들이 모두 다 분명하게 나타났다.
 이 곳에서 부처님 세존이 연화장 사자좌에 앉으셨는데 열 부처 세계 티끌 수 보살들이 함께 둘러싸고 계신 것처럼 그 백억 염부제의 백억 여래께서도 역시 그와 같이 앉으시었고, 다 부처님의 신통력으로 시방에 각각 큰 보살이 있고 낱낱 보살이 각각 열 부처 세계 티끌 수 보살들과 함께 부처님 계신 데 나아갔다.

그 이름은 문수사리文殊師利보살·각수覺首보살·재수財首보살·보수寶首보살·공덕수功德首보살·목수目首보살·정진수精進首보살·법수法首보살·지수智首보살·현수賢首보살 들이다. 이 보살들이 떠나온 국토는 금색金色 세계·묘색妙色 세계·연화색蓮華色 세계·첨복화색簷蔔華色 세계·우발라화색優鉢羅華色 세계·금색金色세계·보색寶色 세계·금강색金剛色 세계·파려색玻瓈色 세계·평등색平等色 세계였으며, 이 보살들이 각각 부처님 계신 데서 범행을 깨끗이 닦았으니 부동지불不動智佛·무애지불無礙智佛·해탈지불解脫智佛·위의지불威儀智佛·명상지불明相智佛·구경지불究竟智佛·최승지불最勝智佛·자재지불自在智佛·범지불梵智佛·관찰지불觀察智佛이었다.

그 때 온갖 곳에 있는 문수사리보살들이 각각 부처님 계신 데서 동시에 소리를 내어 이런 게송으로 말하였다.

어떤 이가 정각 보되
해탈하여 누漏가 없고
세간 집착 안한다고
도안道眼 증득 아니니라.

여래께선 체體와 모양
없는 줄을 다 아시니
닦아 익혀 깨달아야
이는 빨리 부처 되리.

이 세계를 보면서도
그 마음이 동치 않고
부처에도 그렇다면
수승 지혜 이루리라.

부처에도 법보에도
그 마음이 평등하여
두 생각이 안 생기면
부사의한 지위 얻네.

부처님과 제 몸 보고
평등하게 머무르면
머무름도 듦〔入〕도 없어
못 만날 이 대하리라.

색음 수음 차별 없고
상想과 행行과 식識도 그래
이러하게 알게 되면
큰 모니가 되오리라.

세간법과 출세간을
한꺼번에 초월하고
모든 법을 능히 알면
큰 광명을 성취하네.

누구거나 일체지에
회향하는 마음 내되
나는(生) 마음 없을진댄
큰 명칭名稱을 얻으리라.

중생이란 나도(生) 않고
무너짐도 없는 것이
이런 지혜 얻게 되면
무상도無上道를 이루리라.

하나에서 무량無量 알고
무량에서 하나 알아
서로 남(生)을 알게 되면
두려움이 없게 되리.

 이 때 광명이 이 세계를 지나서 동방으로 열 부처 세계에 두루 비치 었으니 남·서·북방과 네 간방과 상방·하방도 또한 그러하였다. 그 낱낱 세계에 모두 백억 염부제와 내지 백억 색구경천色究竟天이 있으며, 그 가운데 있는 것들이 모두 분명하게 나타났다.
 이곳에서 부처님 세존이 연화장 사자좌에 앉으셨는데 열 세계 티끌 수 보살들이 함께 둘러싸고 계신 것처럼, 저 낱낱 세계에도 각각 백억 염부제에 백억 여래가 계시어서 이와 같이 앉으셨다.
 다 부처님의 신통력으로 시방에 각각 큰 보살이 있고 낱낱 보살이 각각 열 부처 세계 티끌 수 보살들과 함께 부처님 계신 데 나아갔으니, 그 큰 보살은 문수사리 등이요, 그 떠나온 국토는 금색세계들이요 본래 섬기던 부처님은 부동지여래들이었다.
 그 때 온갖 곳에 있는 문수사리보살 등이 각각 부처님 계신 데서 동시에 소리를 내어 이런 게송으로 말하였다.

 중생들이 지혜 없어
 사랑 가시〔愛刺〕 찔리울새
 그들 위해 도 구하니
 부처님 법 이렇다네.

 모든 법을 두루 보아
 두 가지 끝 다 버리며
 도를 이뤄 퇴전 않고
 짝이 없는 법륜 굴러

 부사의한 오랜 겁에
 정진하여 행을 닦아
 보는 중생 제도하니
 큰 선인의 힘이라네.

 마군들을 항복받아
 용맹하기 제일이요
 광명 속에 설법하니
 자비하신 연고니라.

 저런 지혜 마음으로

번뇌장煩惱障을 깨뜨리고
한 생각에 모두 보니
부처님의 신력일세.

바른 법의 북을 치고
시방세계 깨우쳐서
보리도에 향케 하니
자재하신 힘이니라.

무변 경계〔無邊境〕 깨지 않고
억만 세계 다니어도
아무 데고 집착 없어
부처님의 자재로다.

부처님들 허공마냥
항상하고 청정커늘
생각하고 환희하니
모든 서원 구족하네.

하나하나 지옥마다
무량겁을 보내면서
중생들을 제도하려
이런 고통 참으시네.

몸과 목숨 아끼잖고

부처님 법 두호하되
나(我)가 없고 맘 편하니
여래의 도 얻으리라.

그 때 광명이 열 세계를 지나가서 동방으로 백 세계에 두루 비치었으며 남·서·북방과 네 간방과 상방 하방도 역시 그러하였다. 저 모든 세계에 모두 백억 염부제와 내지 백억 색구경천이 있으며, 그 가운데 있는 것들이 모두 분명하게 나타났다.

저 낱낱 염부제 가운데 여래께서 연화장 사자좌에 앉아 계셨는데, 열 부처 세계 티끌 수 보살들이 함께 둘러싸고 있었으며, 모두 부처님의 신통력으로 시방에 각각 큰 보살이 있고, 낱낱 보살이 제각기 열 부처 세계 티끌 수 보살들과 함께 부처님 계신 데 나아갔으니, 그 큰 보살들이 본래 섬기던 부처님은 부동지여래들이었다.

이 때 온갖 곳에 있는 문수사리보살 등이 각각 부처님 계신 데서 동시에 소리를 내어 이런 게송으로 말하였다.

부처님은 모든 법이 요술임 알아
통달하여 밝히심 장애가 없고
마음이 깨끗하여 애착 여의사
수많은 중생들을 조복하시다.

혹은 보니 첨으로 태어날 적에
묘한 빛이 금산과 같으시거든
나중 받는 이 몸에 머물러 있어
영원히 사람 중의 달이 되시다.

혹은 보니 일곱 걸음 걸으실 적에
한량없는 공덕을 모두 갖추고
생각이나 지혜나 다 공교하여
사자처럼 장부 걸음 걸으시도다.

혹은 보니 검푸르고 빛난 눈으로
시방세계 모든 것을 관찰하시되
어떤 때는 빙그레 웃으시는 건
중생들의 용맹을 따르시는 일.

혹은 보니 사자후 외치실 적에
짝할 이 없을 만큼 특수하신 몸
맨 나중 태어남을 보이시면서
하는 말씀 모두 다 진실하도다.

혹은 보니 있던 집 떠나시어서
온갖 가지 속박을 해탈하시고
부처님의 수행을 닦아 행하면
항상하고 고요한 적멸寂滅을 보네.

혹은 보니 도량에 앉으시어서
온갖 법을 깨달아 알으시고서
공덕의 저 언덕에 도달하시니
어리석은 번뇌가 모두 다했네.

혹은 보니 뛰어난 대장부로서
어여삐 여기는 맘 구족하시고
미묘한 법 바퀴를 운전하여서
한량없는 중생들 제도하시네.

혹은 보니 사자후 외치실 적에
위덕과 빛난 광명 특수하시며
일체의 세간에서 뛰어나시니
신통과 크신 힘은 짝할 이 없네.

혹은 보니 마음이 고요하시되
세간의 밝은 등불 없어지는 듯
가지가지 신통을 나타내심은
열 가지 힘으로써 그러하도다.

 그 때 광명이 백 세계를 지나가서 동방으로 천 세계에 두루 비치었으며 남·서·북방과 네 간방과 상방 하방도 역시 그러하였다. 저 낱낱 세계에 모두 백억 염부제와 내지 백억 색구경천이 있으며, 그 가운데 있는 것들이 다 분명하게 나타났다.
 저 낱낱 염부제 가운데 모두 여래께서 연화장 사자좌에 앉으셨는데 열 세계 티끌 수의 보살들이 함께 둘러싸고 있었으며, 모두 부처님의 신통력으로 시방에 각각 큰 보살이 있고 낱낱 보살이 제각기 열 부처 세계 티끌 수 보살들과 함께 부처님 계신 데 나아갔으니, 그 큰 보살은 문수사리 등이요, 그 떠나온 국토는 금색세계들이요, 본래 섬기던 부처님은 부동지여래들이었다.

그 때 온갖 곳에 있는 문수사리보살 등이 각각 부처님 계신 데서 동시에 소리를 내어 이런 게송으로 말하였다.

부처님은 깊은 법을
통달하기 짝없는데
중생들이 모르므로
차례차례 열어 뵈네.

나(我)란 성품 있지 않고
내 것들도 공적커늘
어찌하여 여래께서
그의 몸이 있으신고.

해탈이나 밝은 행은
수도 없고 짝도 없어
이 세간의 인因과 양量이
그 허물을 못 찾나니,

부처님은 오온五蘊법도
계界도 처處도 아니어서
셈(數法)으로는 성립 못해
사람 중의 사자라네.

성품 본래 공적空寂하고
안과 밖을 모두 해탈

온갖 망상妄想 떠났으니
짝 없는 법 이러니라.

자체 성품 동動하잖고
나와 거래去來 다 없지만
세간 중생 깨쳐 주며
한량없이 조복하네.

적멸寂滅법을 관찰하니
한 모양에 둘 없으며
마음 증감 없지마는
신통력이 한량없네.

중생들의 업業과 과보
인연행因緣行을 안 짓지만
걸림 없음 아시나니
선서善逝의 법 이러하다.

가지가지 모든 중생
시방세계 헤매거늘
여래 분별 않지마는
제도하심 그지없네.

부처님의 금색신金色身은
유有 아니며 유에 두루

중생들의 마음 따라
적멸한 법 말하시네.

그 때 광명이 천 세계를 지나가서 동방으로 십천 세계에 두루 비치었으며, 남·서·북방과 네 간방과 상방 하방도 역시 그러하였다. 저 낱낱 세계에 모두 백억 염부제와 내지 백억 색구경천이 있으며, 그 가운데 있는 것들이 다 분명하게 나타났다.

저 낱낱 염부제 가운데 모두 여래께서 연화장 사자좌에 앉으셨는데, 열 부처 세계 티끌 수 보살들이 함께 둘러싸고 있으며, 모두 부처님의 신통력으로 시방에 각각 큰 보살이 있고, 낱낱 보살이 제각기 열 부처 세계 티끌 수 보살들과 함께 부처님 계신 데 나아갔으니, 그 큰 보살은 문수사리 등이요, 그 떠나온 국토는 금색세계들이요 본래 섬기던 부처님은 부동지여래들이었다.

그 때 온갖 곳에 있는 문수사리보살 등이 각각 부처님 계신 데서 동시에 소리를 내어 이런 게송으로 말하였다.

대비심大悲心을 일으키고
모든 중생 구호하여
인人·천天에서 나게 하니
이런 업을 지어야 하네.

부처님을 항상 믿어
물러나지 않는 마음
여래에게 친근하니
이런 업을 지어야 하네.

부처 공덕 좋아하는
그 믿음이 퇴전退轉 않고
청량 지혜 머무나니
이런 업을 지어야 하네.

앉고 눕고 다닐 적에
부처 공덕 생각하여
밤낮으로 안 잊나니
이런 업을 지어야 하네.

그지없는 세 세상에
부처 공덕 항상 배워
게으른 줄 모르나니
이런 업을 지어야 하네.

몸의 실상 관찰하니
온갖 것이 고요하여
나[我]도 없고 내 것 없어
이런 업을 지어야 하네.

중생 마음 같이 보고
여러 분별 생기잖아
참 경계에 들어가니
이런 업을 지어야네.

끝이 없는 세계 들어
온 바닷물 다 마시니
신통하신 지혜의 힘
이런 업을 지어야 하네.

모든 국토 생각하니
색과 비색非色뿐이로다.
온갖 것을 다 아나니
이런 업을 지어야 하네.

시방 세계 많은 티끌
한 티끌이 한 부처님
그 수효를 다 아나니
이런 업을 지어야 하네.

그 때 광명이 십천 세계를 지나가서 동방으로 백천 세계에 두루 비치었으며, 남·서·북방과 네 간방과 상방 하방도 역시 그러하였다. 저 낱낱 세계에 모두 백억 염부제와 내지 백억 색구경천이 있으며, 그 가운데 있는 것들이 다 분명하게 나타났다.

저 낱낱 염부제 가운데 모두 여래께서 연화장 사자좌에 앉으셨는데 열 부처 세계 티끌 수 보살들이 함께 둘러싸고 있었으며, 모두 부처님의 신통력으로 시방에 각각 큰 보살이 있고 낱낱 보살이 제각기 열 부처 세계 티끌 수 보살들과 함께 부처님 계신 데 나아갔으니, 그 큰 보살은 문수사리 등이요 그 떠나온 국토는 금색세계들이요. 본래 섬기던 부처님은 부동지여래들이었다.

그 때 온갖 곳에 있는 문수사리보살 등이 각각 부처님 계신 데서 동시에 소리를 내어 이런 게송으로 말하였다.

위덕이나 모습이나 종족으로써
사람 중의 조어사調御師를 본다고 하면
이것은 병난 눈이 잘못 봄이니
가장 좋고 훌륭한 법 그는 모르네.

여래의 빛과 모양 모든 상호相好를
온 세간의 중생들이 측량 못하니
억 나유타 겁을 두고 생각하여도
빛과 상호 위덕이 끝이 없나니.

여래 몸은 색상色相으로 된 것 아니매
형상 없고 적멸한 법이건마는
모든 색상 모든 위의 갖추어 있어
세간에서 마음대로 보게 되더라.

부처님 법 미묘하여 요량 못하며
여러 가지 말로써도 미칠 수 없어
화합和合도 불화합도 모두 아니니
그 성품이 적멸하여 형상이 없네.

부처님 몸 남이 없고 희론戲論 뛰어나
오온의 차별법이 모두 아니라

자재한 힘 얻고서야 보게 되나니
가는 곳에 두렴 없어 말론 못하네.

몸과 마음 한결같이 평등하여서
안으로나 밖으로나 모두 다 해탈
오랜 세월 정념正念에 머물러 있어
집착도 없으시고 속박도 없네.

마음이 깨끗하고 밝은 사람은
간 데마다 조금도 물들지 않고
지혜 눈이 두루하지 않은 데 없어
넓고 크게 중생들을 이익 주리라.

한 몸으로 한량없는 몸이 되다가
한량없는 몸이 다시 한 몸 되나니
모든 세간 모든 일을 분명히 알고
온 세상에 온갖 형상 나타내도다.

이 몸은 어느 곳에 온 데도 없고
쌓이고 모여 된 것 아니지마는
중생들이 분별심을 내는 연고로
가지가지 부처님을 보게 되나니.

마음으로 세간을 분별하지만
이 마음도 본래부터 있지 않은 일

여래께선 이런 법을 환히 아나니
이러해야 부처님을 보게 되리라.

그 때 광명이 백천 세계를 지나가서 동방으로 백만 세계에 두루 비치었으며, 남·서·북방과 네 간방과 상방 하방도 역시 그러하였다. 저 낱낱 세계에 모두 백억 염부제와 내지 백억 색구경천이 있으며, 그 가운데 있는 것들이 다 분명하게 나타났다.

저 낱낱 염부제 가운데 모두 여래께서 연화장 사자좌에 앉으셨는데, 열 부처 세계 티끌 수 보살들이 함께 둘러싸고 있었으며, 모두 부처님의 신통력으로 시방에 각각 큰 보살이 있고 낱낱 보살이 제각기 열 부처 세계 티끌 수 보살들과 함께 부처님 계신 데 나아갔으니, 그 큰 보살은 문수사리 등이요 그 떠나온 국토는 금색세계 들이요, 본래 섬기던 부처님은 부동지여래 들이었다.

그 때 온갖 곳에 있는 문수사리보살 등이 각각 부처님 계신 데서 동시에 소리를 내어 이런 게송으로 말하였다.

여래는 가장 제일 자재하신 이
의지한 데가 없이 세상을 초월
일체의 모든 공덕 구족하시어
삼계의 중생들을 제도하시네.

집착도 없으시고 물들지 않고
생각도 없으시며 의지도 없어
자체 성품 헤아릴 수가 없지만
보는 이는 모두가 칭찬하도다.

밝은 광명 두루두루 청정하시고
티끌의 모든 번뇌 제멸하여서
두 끝을 여의시고 동하잖나니
이것을 부처님의 지혜라 하네.

누구라도 여래를 뵈옵게 될 제
몸으로나 마음에 분별 여의면
그 자리서 여러 가지 법에 대하여
영원히 모든 의심 뛰어나리라.

시방의 모든 세간 돌아다니며
간 데마다 법 바퀴 굴리더라도
자성도 없거니와 굴릴 것 없어
도사께서 방편으로 말씀하는 것.

모든 법에 의심과 의혹이 없고
여러 가지 희론을 영원히 끊어
분별하는 마음을 내지 않으면
부처님의 보리를 생각하는 것.

여러 가지 차별법을 분명히 알아
말에도 문자에도 집착 않으면
하나도 많은 것도 없어지리니
이를 일러 불교를 따름이라네.

여럿 중에 하나란 성품이 없고
하나에도 여럿이 또 없어서
이렇게 두 가지를 모두 버리면
부처님의 공덕에 두루 들리라.

중생이나 중생이 사는 국토나
온갖 것이 모두 다 적멸하여서
의지한 데도 없고 분별 없으면
부처님의 보리에 능히 들리라.

중생이나 중생이 사는 국토를
하나이다 다르다 할 수 없나니
이렇듯이 분명히 관찰한다면
부처님의 법과 뜻을 안다 하리라.

그 때 광명이 백만 세계를 지나가서 동방으로 1억 세계에 두루 비치었으며, 남·서·북방과 네 간방과 상방 하방도 역시 그러하였다. 저 낱낱 세계에 모두 백억 염부제와 내지 백억 색구경천이 있으며, 그 가운데 있는 것들이 다 분명하게 나타났다.

저 낱낱 염부제 가운데 각각 여래께서 연화장 사자좌에 앉으셨는데, 열 부처 세계 티끌 수 보살들이 함께 둘러싸고 있었으며, 모두 부처님의 신통력으로 시방에 각각 큰 보살이 있고 낱낱 보살이 제각기 열 부처 세계 티끌 수 보살들과 함께 부처님 계신 데 나아갔으니, 그 큰 보살은 문수사리 등이요, 그 떠나 온 국토는 금색세계 들이요, 본래 섬기던 부처님은 부동지여래 들이었다.

그 때 온갖 곳에 있는 문수사리보살 등이 각각 부처님 계신 데서 동시에 소리를 내어 이런 게송으로 말하였다.

    같을 이 없는 지혜 끝없는 법문
    생사 바다 뛰어나 저 언덕 가고
    수량이며 광명이 짝이 없으니
    공덕을 갖춘 이의 방편이니라.

    있는 바 모든 불법 분명히 알고
    삼세를 항상 보아 싫음 없으며
    경계를 반연하되 분별 없으니
    불가사의한 이의 방편이니라.

    중생을 늘 보아도 중생이 없고
    모든 갈래 두루 보나 갈래 없으며
    선정에 머물러도 집착 않으니
    걸림 없는 지혜의 방편이니라.

    온갖 법을 공교하게 통달하였고
    정념正念으로 열반도를 항상 닦으며
    해탈을 좋아하고 불평 없으니
    적멸을 증證한 이의 방편이니라.

    보리도에 향하도록 능히 권하며
    법계와 일체지一切智에 들어간 뒤에

중생들을 교화하여 진리에 듦은
불심에 머문 이의 방편이니라.

부처님이 설한 법문 따라 들었고
크고 넓은 지혜가 걸림이 없어
온갖 곳에 다니는 일 모두 이르니
자재하게 닦은 이의 방편이니라.

열반에 늘 있어도 허공과 같고
마음대로 나타나서 두루하는 일
모양이 없는 데서 모양 삼나니
이르기 어려운 데 이른 이 방편

낮과 밤과 날과 달 해와 많은 겁
세계가 생겨나고 없어지는 일
이런 것을 기억하여 모두 아나니
시간 지혜 얻은 이의 방편이니라.

일체 중생 생겨나고 멸하는 일과
색과 비색非色, 생각 있고 생각 없는 데
이 세상에 있는 이름 모두 아나니
부사의에 머문 이의 방편이니라.

지난 세상 지금 세상 오는 세상에
여러 가지 말씀들을 능히 다 알고

삼세가 평등함도 분명히 아니
　　비길 데 없는 이의 방편이니라.

　그 때 광명이 1억 세계를 지나가서 동방으로 십억 세계에 두루 비치었으며, 남·서·북방과 네 간방과 상방 하방도 역시 그러하였다. 저 낱낱 세계에 모두 백억 염부제와 내지 백억 색구경천이 있으며, 그 가운데 있는 것들이 다 분명하게 나타났다.

　저 낱낱 염부제 가운데 모두 여래께서 연화장 사자좌에 앉아 계셨는데, 열 부처 세계 티끌 수 보살들이 함께 둘러싸고 있었으며, 모두 부처님의 신통력으로 시방에 각각 큰 보살이 있고, 낱낱 보살이 제각기 열 부처 세계 티끌 수 보살들과 함께 부처님 계신 데 나아갔으니, 그 큰 보살은 문수사리 등이요, 떠나온 국토는 금색세계 들이요 본래 섬기던 부처님은 부동지여래 들이었다.

　그 때 온갖 곳에 있는 문수사리보살 등이 각각 부처님 계신 데서 동시에 소리를 내어 이런 게송으로 말하였다.

　　엄청난 고행들을 닦아 익히고
　　밤 낮으로 정근하여 싫음이 없어
　　천제闡提들고 제도하는 사자후로써
　　모든 중생 교화함이 그의 행이라.

　　중생들이 애욕 바다 헤매이면서
　　무명 그물 덮이어서 근심하거늘
　　어지신 이 용맹하게 끊어 버리니
　　서원도 그러함이 그의 행이라.

세상 사람 방일하고 오욕에 집착
옳게 분별 못하여서 고통받거늘
부처님 법 받들면서 마음 거두어
그를 제도하려 함이 그의 행이라.

중생들이 나에 집착 생사에 드니
끝간데를 구하려도 할 수 없거늘
여래를 섬기어서 묘한 법 얻고
그를 위해 설명함이 그의 행이라.

중생들 의지 없고 병에 얽히어
나쁜 갈래 헤매면서 삼독을 내니
맹렬한 큰 불길에 항상 타거늘
진심으로 제도함이 그의 행이라.

중생이 아득하여 바른 길 잃고
삿된 길로 캄캄한 집 들어가거늘
그를 위해 정법 등불 높이 들어서
영원하게 밝혀줌이 그의 행이라.

중생들이 생사 바다 빠져 들어가
근심 걱정 끝이 없어 있지 못할 데
그를 위해 큰 법배를 마련하여서
모두 다 제도함이 그의 행이라.

중생이 무지하여 근본 못 보고
미혹하여 험한 길로 달아나거늘
부처님이 자비로 법 다리 놓아
정념으로 가게 함이 그의 행이라.

중생들이 험난한 길 걸어가면서
늙고 병나 죽는 고통 그지없거늘
한량없는 모든 방편 고루 닦아서
그를 제도하려 함이 그의 행이라.

법을 듣고 믿어 알아 의심 없으며
공적한 성품 알고 놀라지 않아
여섯 갈래 태어나며 시방 국토에
많은 중생 교화함이 그의 행이라.

그 때 광명이 십억 세계를 지나가서 동방으로 백억 세계·천억 세계·백천억 세계·나유타억 세계·백 나유타억 세계·천 나유타억 세계·백천 나유타억 세계, 이와 같이 수없고 한량없고 그지없고 짝이 없고 셀 수 없고 일컬을 수 없고 생각할 수 없고 요량할 수 없고 말할 수 없는 온 법계 허공계에 있는 세계에 두루 비치었으며, 남·서·북방과 네 간방과 상방 하방도 역시 그러하였다. 저 낱낱 세계에 모두 백억 염부제와 내지 백억 색구경천이 있으며, 그 가운데 모두 여래께서 연화장 사자좌에 앉으셨는데, 열 부처 세계 티끌 수 보살들이 함께 둘러싸고 있었으며, 모두 부처님의 신통력으로 시방에 각각 큰 보살이 있고 낱낱 보살이 제각기 열 부처 세계 티끌 수 보살들과 함께 부처님 계신 데 나아갔으니, 그 큰 보살은 문수사리 등이요, 떠나온 국토는 금색세계 들이요 본래 섬기던 부처님은 부동지여래 들이었다.

그 때 온갖 곳에 있는 문수사리보살 등이 각각 부처님 계신 데서 동시에 소리를 내어 이런 게송으로 말하였다.

    한 생각에 무량겁을 모두 다 보니
    가도 않고 오도 않고 있지도 않아
    이러하게 삼세 일을 분명히 아니
    모든 방편 뛰어나서 십력 이루네.

    시방세계 짝이 없는 훌륭한 이름
    모든 장난 여의어 항상 기쁘며
    온갖 세계 가운데 두루 나아가
    이와 같은 법문을 널리 펴도다.

    중생을 이익하려 부처님 공양
    뜻한 내 비슷한 과보를 얻고
    온갖 법을 모두 다 따라 알아서
    시방세계 가득히 신력 나투네.

    공양하고 욕을 참아 뜻이 화평코
    깊은 선정 들어가 법성을 보며
    중생들을 권하여 보리심 내니
    이리하여 위없는 과 빨리 이루네.

시방에 법 구하여 다름이 없고
공덕을 닦고 닦아 만족케 하여
있고 없는 두 모양 모두 멸하면
이런 사람 참으로 부처 보리라.

시방의 여러 세계 두루 다니며
이치와 이익 얻는 법을 말하되
실제에 머물러서 동動치 않으면
이 사람의 공덕은 부처와 같네.

여래가 운전하는 묘한 법 수레
모두가 보리도에 나아가는 일
이를 듣고 법의 성품 깨닫는다면
이 사람은 언제나 부처님 보리.

십력도 아니 보면 요술과 같고
보아도 못 보는 건 장님의 단청
모양 따라 분별하면 부처 못 보니
집착을 여의고야 보게 되리라.

중생이 업을 따라 갖가지 차별
시방과 안과 밖을 다 못 보나니
시방세계 걸림 없는 부처님 몸을
죄다 보지 못함도 그러하니라.

허공에 한량없이 많은 세계들
가고 옴이 없지만 시방에 가득
생겨나고 없어짐이 의지 없나니
널려 있는 부처 몸도 그러하니라.

10. 보살문명품菩薩問明品

그 때 문수사리보살이 각수覺首보살에게 물었다.
"불자여, 마음의 성품은 하나인데 어찌하여 가지가지 차별한 것을 보나이까?

이른바 선한 갈래에도 가고 나쁜 갈래에도 가며, 여러 근이 원만하기도 하고 모자라기도 하며, 태어나는 것이 같기도 하고 다르기도 하며, 단정하기도 하고 누추하기도 하며, 고통을 받고 낙을 받는 것이 같지 않나이까?

업은 마음을 알지 못하고 마음은 업을 알지 못하며, 수受는 과보를 알지 못하고 과보는 수를 알지 못하며, 마음은 수를 알지 못하고 수는 마음을 알지 못하며, 인因은 연緣을 알지 못하고 연은 인을 알지 못하며 지혜는 경계를 알지 못하고 경계는 지혜를 알지 못하나이까?"

각수보살은 게송으로 대답하였다.

당신이 이런 뜻을 지금 물으니
중생들을 알게 하기 위함이로다.
그 성품과 꼭 같이 대답하리니
당신이여, 자세히 들으시오.

모든 법은 작용이 없는 것이며
그 자체의 성품도 또한 없는 것
그러므로 저러한 온갖 것들이
각각 서로 알지를 못한다네.

이를테면 강 가운데 흐르는 물이
빠르게 흐르면서 경주하지만
제각기 서로서로 알지 못하니
여러 가지 법들로 그러하니라.

또 말하면 크나큰 불무더기에
맹렬한 불길들이 함께 일지만
제각기 서로서로 알지 못하니
여러 가지 법들도 그러하니라.

또 말하면 바람이 오래 불 적에
물건에 닿는 대로 흔들지마는
제각기 서로서로 알지 못하니
여러 가지 법들도 그러하니라.

또 마치 여러 종류 땅덩이들이
차례차례 의지해 머물지마는
제각기 서로서로 알지 못하니
여러 가지 법들도 그러하니라.

눈과 귀와 코거나 혀와 몸이나
마음과 뜻과 정情과 모든 근根들이
이런 것이 언제나 흘러 굴지만
그래도 굴리는 이 없는 것이라.

법의 성품 본래는 나지 않지만
나타내 보이므로 나는 것이니
거기는 나타내는 자체도 없고
나타낸 물건들도 없는 바니라.

눈과 귀와 코거나 혀와 몸이나
마음과 뜻과 정과 모든 근들이
일체가 공하여서 성품 없지만
망심妄心으로 분별하매 있는 것이니

실제의 이치대로 관찰해 보면
온갖 것이 모두 다 성품 없나니
법의 눈은 헤아릴 수가 없는 것
이렇게 보는 것은 잘못 아니라.

진실커나 진실치 아니하거나
허망한 것 허망치 아니한 것과
세간의 일이거나 출세간들이
모두가 가명으로 하는 말씀뿐.

문수사리보살이 재수財首보살에게 물었다.

"불자여, 일체 중생이 중생이 아니거늘 어찌하여 여래께서 그 때를 따르고 그 명을 따르고 그 몸을 따르고 그 행을 따르고 그 알음알이를 따르고 그 언론을 따르고 그 좋아함을 따르고 그 방편을 따르고 그 생각함을 따르고 그 관찰함을 따라서, 이러한 중생들 가운데 그 몸을 나타내어 교화하고 조복하나이까?"

재수보살이 게송으로 대답하였다.

이것은 적멸함을 좋아하면서
많이 들은 이들의 경계거니와
내 이제 당신 위해 말을 하리니
어진 이여, 자세히 잘 들으시오.

분별하여 이 몸을 관찰하시라
이 가운데 무엇을 나(我)라 하리요.
만일 능히 이렇게 이해한다면
나랄 것 있고 없음 통달하리라.

이 몸은 거짓으로 되어 있는 것
머물러 있는 곳도 방소方所 없나니
진실하게 이 몸을 분명히 안 인
이 속에 집착하지 아니하리라.

이 몸을 분명하게 관찰한 이는
온갖 것을 모두 다 밝게 보리니

모든 법이 허망한 줄 알게 되어서
마음 내어 분별하지 아니하리라.

수명壽命은 어찌하여 일어났으며
무엇으로 인하여 멸해지는가
불 돌리는 바퀴와 흡사하여서
처음이나 나중을 알지 못하리.

지혜가 있는 이는 온갖 법들이
무상한 것인 줄을 관찰하리니
모든 법이 공하고 나가 없어서
영원히 온갖 모양 떠났느니라.

모든 과보 업을 따라 나는 것이니
진실치 아니함이 꿈과 같아서
언제나 잠깐잠깐 멸해지는 것
지나간 것과 같이 앞도 그러해.

세간에서 보는 바 모든 법들이
마음으로 주재(主)가 되는 것이라
소견 따라 모든 모양 취하게 되면
전도하여 실제와 같지 않으리.

세간에서 언론으로 따지는 것은
온갖 것이 모두 다 분별뿐이니

이 가운데 본래부터 한 법이라도
법성法性에 들어가지 못하느니라.

반연하고(能緣) 반연할 바(所緣) 그런 힘으로
가지가지 모든 법이 생기거니와
곧 멸하고 잠깐도 못 머무나니
찰나찰나 모두 다 그러하니라.

문수사리보살이 보수寶首보살에게 물었다.
"불자여, 온갖 중생들이 다 같이 사대를 가졌으므로 나(我)도 없고 내 것(我所)도 없거늘, 어찌하여 괴로움을 받고 즐거움을 받으며 단정하기도 하고 누추하기도 하며 안이 좋고 밖이 좋으며 적게 받고 많이 받으며, 그 생의 보(現報)를 받기도 하고 후생의 보(後報)를 받기도 하나이까. 그러나 법계 가운데는 아름다운 것도 없고 모진 것도 없나이다."
때에 보수보살이 게송으로 대답하였다.

그네들의 행하는 업을 따라서
그와 같은 과보가 생기거니와
짓는 이도 짓는 업도 없는 것이니
이것은 부처님이 하신 말이다.

비유컨댄 깨끗하고 밝은 거울이
앞에 와서 대하는 바탕을 따라
그림자 나타냄이 같지 않나니
모든 업의 성품도 그러하니라.

또 마치 밭에 심은 여러 씨앗이
제각기 서로 알지 못하지마는
자연히 움과 싹을 내는 것이니
모든 업의 성품도 그러하니라.

또 마치 공교로운 요술쟁이가
사방으로 통하는 길거리에서
여러 가지 빛과 모양 나타내나니
모든 업의 성품도 그러하니라.

기관으로 만든 허수아비가
여러 가지 소리를 능히 내지만
나도 없고 나 아님도 없는 것이니
모든 업의 성품도 그러하니라.

또 마치 뭇 새들의 많은 종류가
모두 다 알 속에서 나왔지마는
소리들은 제각기 같지 않나니
모든 업의 성품도 그러하니라.

비유하면 태 속에 크는 아기가
모든 근이 차례로 이룩되지만
그 신체 오는 데가 없는 것이니
모든 업의 성품도 그러하니라.

또 마치 지옥 안에 있는 중생들
가지가지 고통 받는 모든 일들이
어디서부터 온 데 없는 것이니
모든 업의 성품도 그러하니라.

비유하여 말하면 전륜성왕이
일곱 가지 보배를 성취하지만
온 데를 구하여도 찾지 못하니
모든 업의 성품으로 그러하니라.

또 마치 온 시방의 여러 세계를
큰 불이 일어나서 타게 되지만
이 불이 좇아온 데 없는 것이니
모든 업의 성품도 그러하니라.

이 때에 문수사리보살이 덕수德首보살에게 물었다.

"불자여, 여래가 깨달은 것은 오직 한 가지 법이온데, 어찌하여 한량없는 법을 말하며 한량없는 세계를 나타내며 한량없는 중생을 교화하며 한량없는 음성을 연설하며 한량없는 증생을 교화하며 한량없는 음성을 연설하며 한량없는 몸을 보이며 한량없는 마음을 알며 한량없는 신통을 나타내며 한량없는 세계를 두루 진동하며 한량없는 훌륭한 장엄을 나타내며 끝없는 여러 가지 경계를 나타내어 보이나이까. 그러나 법의 성품 가운데는 이러한 차별한 모양을 찾아볼 수 없나이다."

때에 덕수보살은 게송으로 대답하였다.

불자여, 지금 묻는 그러한 뜻은
매우 깊어 알기가 어렵거니와
지혜 있는 사람이 이것을 알고
부처님의 공덕을 항상 즐기네.

비유하면 땅의 성품 하나이거늘
중생들이 따로따로 머무르지만
땅으론 같고 다른 생각 없나니
부처님의 모든 법 그러하니라.

또 마치 불의 성품 한가지로서
여러 가지 물건을 능히 태우나
불꽃은 모든 차별 없는 것이니
부처님의 모든 법도 그러하니라.

또 마치 큰 바닷물 하나이거늘
파노는 천만 가지 다르지마는
물의 성품 가지가지 차별 없나니
부처님의 모든 법도 그러하니라.

또 마치 바람 성품 한가지로서
여러 가지 바람을 능히 불지만
바람은 같고 다른 생각 없나니
부처님의 모든 법도 그러하니라.

또 마치 큰 구름 우레 소리에
온갖 곳에 두루두루 비 내리지만
빗방울은 차별이 없는 것이니
부처님의 모든 법도 그러하니라.

또 마치 땅덩이는 하나로서
가지가지 움과 싹 능히 내지만
땅 자체는 차별이 있지 않나니
부처님의 모든 법도 그러하니라.

마치 해에 구름이 가리지 않아
두루두루 온 시방에 비치지마는
광명은 다른 성품 없는 것이니
부처님의 모든 법도 그러하니라.

또 마치 허공 중에 떠 있는 달을
세간에서 못 보는 데가 없지만
밝은 달은 그 곳에 가지 않나니
부처님의 모든 법도 그러하니라.

또 마치 대범천의 임금께서는
삼천세계 가득 차게 응하지마는
그의 몸 다른 차별 없는 것이니
부처님의 모든 법도 그러하니라.

이 때에 문수사리보살이 목수目首보살에게 물었다.

"불자여, 여래의 복밭은 평등하여 다름이 없거늘, 어찌하여 중생들의 보시한 과보가 같지 않음을 보나이까. 이른바 가지가지 빛 가지가지 형상 가지가지 집 가지가지 근 가지가지 재물 가지가지 주인 가지가지 권속 가지가지 벼슬 지위 가지가지 공덕 가지가지 지혜이니다. 그러나 부처님은 그러한 것에 마음이 평등하여 다른 생각이 없나이다."

목수보살이 게송으로 대답하였다.

비유컨댄 땅덩이는 하나인데도
씨앗 따라 제각기 싹이 나지만
저기에 원수거나 친함 없나니
부처님의 복밭도 그러하니라.

또는 마치 물 맛은 한결같지만
그릇 따라 차별이 있는 것이니
부처님의 복밭도 그와 같아서
중생의 마음 따라 다르느니라.

또 마치 공교로운 요술쟁이가
여러 사람 기쁘게 하는 것 같이
부처님의 복밭도 그와 같아서
중생들을 공경하고 기쁘게 하네.

또 마치 재주 있고 지혜론 임금
대중으로 하여금 기쁘게 하듯

부처님의 복밭도 그와 같아서
여러 사람 모두 다 안락케 하네.

또 마치 깨끗하고 밝은 거울이
빛을 따라 그림자 나타내나니
부처님의 복밭도 그와 같아서
마음 따라 모든 과보 얻게 하도다.

비유하여 말하면 아가다약이
온갖 독을 넉넉히 다 고치나니
부처님의 복밭도 그와 같아서
번뇌의 모든 근심 멸하느니라.

비유하여 말하면 해가 뜰 적에
온 세간에 환하게 비추이나니
부처님의 복밭도 그와 같아서
여러 가지 캄캄함을 없애느니라.

또 마치 깨끗하온 저 보름달이
넓은 땅에 골고루 비추이나니
부처님의 복밭도 그와 같아서
온갖 곳에 모두 다 평등하니라.

또 마치 바람이란 거센 폭풍이
넓은 땅에 골고루 진동하나니

부처님의 복밭도 그와 같아서
삼유三有의 중생들을 동動하느니라.

또 마치 큰 불길이 일어나서는
일체의 물건들을 능히 태우니
부처님의 복밭도 그와 같아서
일체의 유위有爲법을 태우느니라.

문수사리보살이 근수勤首보살에게 물었다.
"불자여, 부처님의 교법教法은 하나이온데 중생들이 보고 어찌하여 즉시에 모두 다 온갖 번뇌의 속박을 끊고 벗어나지 못하나이까. 그러나 색온色蘊·수온受蘊·상온想蘊·행온行蘊·식온識蘊과 욕계欲界·색계色界·무색계無色界와 무명·탐애는 차별이 없사오니, 이것은 부처님의 교법이 여러 중생에게 이익이 있거나 혹은 이익이 없는 것입니다."
때에 근수보살이 게송으로 대답하였다.

불사여, 자세하게 들어보시오.
내 이제 사실대로 대답하리라.
어떤 이는 빠르게 해탈을 얻고
어떤 이는 벗어나기 어려운 이치.

만일에 한량없는 모든 허물을
끊어서 없애기를 구하려거든
마땅히 부처님의 법 가운데서
언제나 용맹하게 정진하시오.

비유하면 불씨가 적은 데다가
쏘시개도 젖으면 잘 꺼지나니
부처님의 가르친 법 가운데서
게으른 사람들도 그러하니라.

또 마치 나무 비벼 불을 구할 제
불이 나지 않아서 자주 쉰다면
불 기운도 따라서 없어지나니
게으른 사람들도 그러하니라.

또 마치 어떤 사람 일주日珠를 들고
깃으로써 햇빛을 받지 않으면
불이라곤 마침내 얻지 못하니
게으른 사람들도 그러하니라.

또 마치 밝은 해가 비치울 때에
어린아이 제 눈을 가리우고서
보이지 않는다고 말을 하나니
게으른 사람들도 그러하니라.

또 마치 어떤 사람 손과 발 없이
억새풀로 만든 화살을 쏘아
땅덩이를 깨뜨리려 하는 것처럼
게으른 사람들도 그러하니라.

또 마치 한 터럭의 끝을 가지고
큰 바다 많은 물을 찍어 내면서
모두 다 말리우려 하는 것처럼
게으른 사람들도 그러하니라.

비유컨대 겁화劫火가 일어날 적에
적은 물을 끼얹어 끄려 하나니
부처님 가르치신 법 가운데서
게으른 사람들도 그러하니라.

또 마치 어떤 이가 허공을 보고
단정히 앉아 있고 일지 않으며
어디서나 오른다고 말을 하나니
게으른 사람들도 그러하니라.

그 때 문수사리보살이 법수法首보살에게 물었다.
"불자여, 부처님의 말씀처럼 어떤 중생이 바른 법을 받아 지니면 모두 온갖 번뇌를 끊을 수 있다면, 무슨 연고로 바른 법을 받아 지니고도 끊지 못하여, 따르는[隨] 탐욕·따르는 진심·따르는 어리석음·따르는 아만·따르는 감춤·따르는 분심忿心·따르는 한탄·따르는 질투 따르는 아낌·따르는 속임 따르는 아첨의 세력에 지배되어 여의려는 마음이 없으며, 바른 법을 능히 받아 지니면서도 무슨 연고로 마음 속에 다시 번뇌를 일으키나이까?"
법수보살이 게송으로 대답하였다.

불자여, 자세하게 잘 들으시오.
당신이 물은 것이 사실이오니
다만 많이 들었단 것만으로는
여래의 법 가운데 들지 못하리.

어떤 사람 물 속에 표류하면서
빠질까 겁내다가 목말라 죽듯이
불법을 수행하지 아니하면서
많이 듣는 것 역시 그러하니라.

어떤 사람 맛난 음식 베풀어 놓고
스스로 굶으면서 먹지 않듯이
불법을 수행하지 아니하면서
많이 듣는 것 역시 그러하니라.

어떤 사람 약방문을 잘 알면서도
자기 병은 고치지 못하는 것처럼
불법을 수행하지 아니하면서
많이 듣는 것 역시 그러하니라.

어떤 사람 남의 재물 많이 세어도
자기 몫은 돈 한푼 없는 것처럼
불법을 수행하지 아니하면서
많이 듣는 것 역시 그러하니라.

비유컨대 왕궁에 태어난 이가
배 고프고 치움을 받는 것처럼
불법을 수행하지 아니하면서
많이 듣는 것 역시 그러하니라.

귀머거리가 음악을 연주하는데
다른 사람 즐겨도 저는 못 듣듯
불법을 수행하지 아니하면서
많이 듣는 것 역시 그러하니라.

소경이 모든 물상 그려내어서
다른 이 보이지만 저는 못 보듯
불법을 수행하지 아니하면서
많이 듣는 것 역시 그러하니라.

말하자면 바다의 뱃사공들이
흔히는 바다에서 죽게 되는 것처럼
불법을 수행하지 아니하면서
많이 듣는 것 역시 그러하니라.

어떤 사람 네거리에 앉았으면서
여러 가지 좋은 일 말을 하지만
자기 속엔 진실한 공덕 없나니
수행하지 않음 역시 그러하니라.

그 때 문수사리보살이 지수智首보살에게 물었다.

"불자여, 불법 가운데는 지혜가 으뜸이온데, 여래께서 무슨 연고로 중생을 위하여 보시를 찬탄하고 혹은 계행을 찬탄하고 인욕을 찬탄하고 정진을 찬탄하고 선정을 찬탄하고 지혜를 찬탄하고, 또 사랑하고 〔慈〕 슬피 여기고〔悲〕 기뻐하고〔喜〕 버리는 것〔捨〕을 찬탄하오며, 마침내 한 법만으로 뛰어남을 얻어서 아뇩다라삼먁삼보리를 성취할 수 없음이 오니까?"

지수보살은 게송으로 대답하였다.

불자여, 매우매우 희유합니다.
중생들의 마음을 능히 아시네,
어지신 이 물은 바 뜻과 같나니
잘 들으라, 내 이제 말하오리다.

지나간 세상이나 오는 세상과
지금 세상 계시는 도사들께서
한 가지 법만으로 보리의 도를
얻는다고 말한 이가 없사옵니다.

부처님이 중생의 마음과 성품
제각기 다른 것을 모두 아시고
그들을 제도할 수 있음을 따라
이러하게 법문을 말씀하셨네.

인색하면 보시를 찬탄하시고

금계禁戒를 깨뜨리면 계행 말하고
성 잘 내면 인욕을 칭찬하시고
게으른 인 정진하라 말씀하시네.

믿음이 산란하면 선정 말하고
우치하면 지혜를 찬탄하시며
악한 이에겐 인자함을 말씀하시고
남 해하면 대비를 찬탄하였네.

걱정 있는 이에겐 기쁨을 칭찬
마음이 굽는 이겐 버리라 하여
이러하게 차례로 닦아 나아가면
부처님의 모든 법 갖추게 되리.

비유컨대 집 터를 먼저 닦고야
좋은 집을 지을 수 있는 것처럼
보시와 계행들도 그러하여서
보살의 모든 행의 근본이니라.

또 말하면 성곽을 쌓아 세움은
모든 백성 보호하려 하는 것이니
인욕이나 정진도 그와 같아서
보살들을 보호하기 위함이니라.

비유하면 큰 위력 있는 임금을

온 천하가 우러러 받듦과 같이
선정이나 지혜도 그러하여서
보살들의 의지할 곳이 되나니.

비유해 말하자면 전륜성왕이
백성에게 여러 가지 낙을 주나니
자·비·희·사 사등심四等心도 그와 같아서
보살에게 즐거움 주는 것이다.

그 때 문수사리보살이 현수賢首보살에게 물었다.
"불자여, 부처님·세존께서는 오직 한 가지 길로 뛰어남을 얻으셨는데, 어찌하여 지금 보건댄 모든 부처님 국토에 있는 여러 가지 일이 제각기 같지 않나이까?

이른바 세계와 중생들과 설법과 조복함과 수명과 광명과 신통과 대중의 모임과 가르치는 의식과 불법의 머물러 있음이 각각 차별이 있사오며, 온갖 불법을 구족하지 않고서 아뇩다라삼먁삼보리를 성취하는 이가 없나이까?"

때에 현수보살이 게송으로 대답하였다.

문수시여, 모든 법이 항상 그러해
법왕께선 홀로 한 법뿐이니
일체에 장애함이 없는 사람들
한 길로 생사에서 뛰어나니라.

수없는 부처님들 가지신 몸도

오직 다만 하나의 법신뿐이며
마음도 하나이고 지혜도 하나
두려움이 없음과 힘도 그러해.

애당초 보리도에 이르려 할 때
가졌던 회향심廻向心과 같이 하므로
이러한 세계들과 대중 모임과
법문을 연설하게 되는 것이며

일체의 부처님들 여러 세계를
장엄함이 모두 다 원만하건만
중생들의 수행이 다름을 따라
이렇게 보는 것이 같지 않도다.

부처님의 세계와 부처님 몸과
대중의 모인 것과 말씀하시는
이러한 부처님의 모든 법들을
중생들이 아무도 보지 못하네.

그 마음 벌써부터 깨끗하였고
모든 소원 모두 다 구족하여서
이렇게 밝게 아는 사람이라야
이것을 이에 능히 보게 되리라.

중생들의 마음에 즐거워함과

업 지어 과보 받는 힘을 따라서
이렇게 차별함을 보게 되나니
이것은 부처님의 위신력이요.

부처님의 세계는 차별이 없고
미워함이 없으며 사랑 없건만
홀로 중생들의 마음을 따라
이와 같이 소견이 다른 것이라.

이러므로 온 시방의 세계에 대해
보는 일이 제각기 다른 것이매
이것은 한량없는 크신 선인인
부처님의 허물이 아니니라.

그러므로 온 시방의 모든 세계에
교화를 받을 만한 모든 사람은
사람 중의 영웅을 항상 보나니
부처님의 모든 법 이러하니라.

그 때 여러 보살들이 문수사리보살에게 말하였다.
 "불자시여, 우리들의 아는 것을 각각 말하였으니, 원컨대 어지신 이여, 기묘한 변재로 여래께서 소유하신 경계를 말씀하소서. 어떤 것이 부처님의 경계며 어떤 것이 부처님 경계의 인因이며 어떤 것이 부처님 경계로 제도함[度]이며 어떤 것이 부처님 경계로 들어감[入]이며 어떤 것이 부처님 경계의 지혜[智]며 어떤 것이 부처님 경계의 법法이며 어떤 것이 부처님 경계의 말씀〔說〕이며 어떤 것이 부처님 경계의 알음〔知〕이며 어떤 것이 부처님 경계의 증득함〔證〕이며 어떤 것이 부처님 경계의 나타남〔現〕이며 어떤 것이 부처님 경계의 넓음〔廣〕이니까?"

 때에 문수사리보살이 게송으로 대답하였다.

   여래의 깊고 깊은 저런 경계는
   그 분량이 허공과 평등하여서
   일체의 중생들이 들어가지만
   실로는 들어갈 데 없는 것이라.

   여래의 깊고 깊은 그런 경계의
   생긴 바 훌륭하고 묘한 원인은
   억겁을 두고 두고 항상 말해도
   그것을 다할 수가 없는 것이며,

   그네들의 마음과 지혜를 따라
   인도하며 모두 다 이익케 하되
   이러하게 중생을 제도하는 일
   이것을 부처님의 경계라 하네.

   여러 가지 세간들과 모든 국토에
   일체를 다 따라서 들어가지만
   지혜 몸은 색상色相이 있지 않아서
   저들의 볼 수 있는 것이 아니며,

부처님의 지혜가 자재하여서
삼세에 다녀도 걸림 없나니
이와 같이 부처님의 지혜 경계는
평등하여 허공과 같은 것이라.

법계거나 여러 가지 중생계거나
필경 보면 차별이 없는 것이니
이렇게 온갖 것을 분명히 앎
이것을 부처님의 경계라지요.

갖가지 모든 세계 넓은 가운데
널리 있는 가지각색 모든 음성을
부처님의 지혜로 모두 알지만
그래도 분별함이 없는 것이며,

식識으로 알 수 있는 것도 아니오,
믿음으로 알 경계도 또한 아니니
그 성품 본래부터 청정하여서
이런 것을 중생에게 열어 보이네.

업과 과보 아니고 번뇌 아니며
물건도 없거니와 있는 곳 없고
비치는 일도 없고 행도 없어서
평등하게 세간에 행하느니라.

갖가지 중생들의 모든 마음이
과거 미래 현재에 두루 있거늘
그것을 부처님은 한 생각 동안
온갖 것을 분명히 통달하시네.

대방광불화엄경 제14권

제14권

11. 정행품淨行品

그 때 지수智首보살이 문수사리보살에게 물었다.

"불자시여, 보살이 어떻게 허물이 없는 몸〔身〕과 말〔語〕과 뜻〔意〕의 업을 얻으며, 어떻게 해롭히지 않는 몸과 말과 뜻의 업을 얻으며, 어떻게 해롭히지 않는 몸과 말과 뜻의 업을 얻으며, 어떻게 훼방할 수 없는 몸과 말과 뜻의 업을 얻으며, 어떻게 깨뜨리지 못할 몸과 말과 뜻의 업을 얻으며, 어떻게 물러가지 않는 몸과 말과 뜻의 업을 얻으며, 어떻게 동요할 수 없는 몸과 말과 뜻의 업을 얻으며, 어떻게 수승한 몸과 말과 뜻의 업을 얻으며, 어떻게 청정한 몸과 말과 뜻의 업을 얻으며, 어떻게 물들지 않는 몸과 말과 뜻의 업을 얻으며, 어떻게 지혜가 길잡이가 되는 몸과 말과 뜻의 업을 얻나이까?

또 어떻게 태어나는 곳이 구족하고 종족이 구족하고, 가문이 구족하고 형색빛이 구족하고, 모양이 구족하고 생각이 구족하고, 지혜가 구족하고 행이 구족하고, 두려움 없음이 구족하고 깨달음이 구족함을 얻으며, 어떻게 수승한 지혜와 제일가는 지혜와, 가장 높은 지혜와 가장 승한 지혜와 한량없는 지혜와 수없는 지혜와, 헤아릴 수 없는 지혜와 같을 이 없는 지혜와, 측량할 수 없는 지혜와 말할 수 없는 지혜를 얻으며, 어떻게 인因의 힘, 욕구의힘, 방편의 힘, 연緣의 힘, 반연할 바[所緣]의 힘, 근根의 힘, 관찰하는 힘, 사마타奢摩他의 힘, 비발사나毘鉢舍那의 힘, 생각하는 힘을 얻으며, 어떻게 온蘊의 선교善巧와 계界의 선교와 처處의 선교와 연기의 선교와, 욕계의 선교와 색계의 선교와 무색계의 선교와, 과거의 선교와 미래의 선교와 현재의 선교를 얻나이까?

어떻게 기억하는 깨달음의 분[念覺分]과 법을 가리는 깨달음의 분[擇法覺分]과, 정진하는 깨달음의 분[精進覺分]과 기뻐하는 깨달음의 분[喜覺分]과, 홀가분한 깨달음의 분[猗覺分]과 선정한 깨달음의 분[定覺分]과, 버리는 깨달음의 분[捨覺分]과 공하고 모양이 없고 소원이 없는 깨달음의 분[1]을 잘 닦아 익히며, 어떻게 단檀바라밀과 시尸바라밀과 찬제羼提바라밀과 비리야毘梨耶바라밀과 선나禪那바라밀과 반야般若바라밀을 원만하여 아울러 인자함[慈]과 가엾이 여김[悲]과 기쁨[喜]과 버림[捨]을 원만하나이까?

어떻게 합당한 곳[處]인지 합당한 곳 아닌지를 아는 지혜의 힘과, 과거·미래·현재의 업과 보를 아는 지혜의 힘과, 근기가 승하고 용렬함을 아는 지혜의 힘과, 갖가지 경계를 아는 지혜의 힘과, 갖가지 알음알이를 아는 지혜의 힘과, 온갖 이르러 갈 곳을 아는 지혜의 힘과, 선정·삼매·해탈의 물들고 깨끗함을 아는 지혜의 힘과, 지난 세상의 일

---

1 공空·무상無相·무원無願의 삼삼매三三昧를 말하고 있다. 고려대장경 원문에는 '깨달음의 분[覺分]'이라는 단어가 없다.

을 아는 지혜의 힘과, 장애가 없는 천안天眼을 아는 지혜의 힘과, 모든 습기를 끊는 지혜의 힘을 얻나이까?

어떻게 천왕·용왕·야차왕·건달바왕·아수라왕·긴나라왕·마후라가왕·인왕·범왕들이 호위하고 공경하고 공양함을 얻으며, 어떻게 일체 중생의 의지가 되고 구호가 되고 귀의할 데가 되고 나아갈 데가 되고 횃불이 되고 밝음이 되고 비춤이 되고 인도자가 되고 승한 인도자가 되고 두루 인도하는 이가 되오며, 어떻게 일체 중생 중에 제일이 되며 큼이 되며, 승함이 되며 가장 승함이 되며, 묘함이 되며 지극히 묘함이 되며, 위가 되며 위가 없음이 되며, 같을 이 없음이 되며 같을 이 없으면서 같을 이가 되나이까?"

이 때 문수사리보살이 지수보살에게 말하였다.

"불자여, 당신은 지금 많이 이익하게 하고 많이 안락하게 하고, 세상을 불쌍히 여기고, 천인을 이익하게 하고, 즐겁게 하려고 이러한 이치를 묻나이다.

불자여, 만일 보살이 마음을 잘 쓰면 온갖 승하고 묘한 공덕을 얻어서 모든 부처님의 법에 마음이 걸리지 않으며, 과거·미래·현재의 여러 부처님의 도에 머물며, 중생을 따라 머물러 항상 여의지 아니하며, 모든 법의 모양과 같이 다 통달하며, 온갖 나쁜 것을 끊고 모든 선한 것을 구족하며, 당연히 보현普賢과 같이 색상色像이 제일이며, 온갖 행과 소원을 모두 구족하며, 일체 법에 자재하지 못함이 없어서 중생의 제이第二 도사가 됩니다.

불자여, 어떻게 마음을 써야 일체의 수승하고 묘한 공덕을 얻는가. 불자여.

보살이 집에 있을 때에는

마땅히 원하기를 모든 중생이
집의 성품이 공함을 알고
그 핍박을 면하여지이다.

부모를 효성으로 섬길 때에는
마땅히 원하기를 모든 중생이
부처님을 잘 섬기어서
온갖 것을 보호하고 봉양하여지이다.

처자와 모여 있을 때에는
마땅히 원하기를 모든 중생이
원수거나 친한 이나 평등하여
탐착을 길이 떠나지이다.

오욕락을 얻을 때에는
마땅히 원하기를 모든 중생이
욕심의 화살을 빼어 버리고
끝까지 안락하여지이다.

즐거운 놀이에 모일 때에는
마땅히 원하기를 모든 중생이
법으로써 스스로 즐기고
놀이는 참이 아님을 알아지이다.

궁실宮室에 있을 때에는

마땅히 원하기를 모든 중생이
성인의 지위에 들어가서
더러운 탐욕을 영원히 없애지이다.

영락을 걸칠 때에는
마땅히 원하기를 모든 중생이
거짓 단장을 모두 버리고
진실한 곳에 이르러지이다.

누각에 오를 때에는
마땅히 원하기를 모든 중생이
법 누각에 올라 가서
온갖 것을 철저하게 보아지이다.

보시하는 일이 있을 때에는
마땅히 원하기를 모든 중생이
온갖 것을 능히 버리고
마음에 애착이 없어지이다.

여러 대중이 모일 때에는
마땅히 원하기를 모든 중생이
여러 가지 뭉친〔聚〕 법을 버리고
온갖 지혜를 이루어지이다.

액난을 만날 때에는

마땅히 원하기를 모든 중생이
마음대로 자재하게 되어
어디 가든 장애가 없어지이다.

있던 집을 버릴 때에는
마땅히 원하기를 모든 중생이
출가하여 장애가 없어지고
마음의 해탈을 얻어지이다.

절에 들어갈 때에는
마땅히 원하기를 모든 중생이
어기거나 다툼이 없는
가지가지 법을 연설하여지이다.

대소大小의 스승께 나아갈 때에는
마땅히 원하기를 모든 중생이
스승을 잘 섬기어서
선한 법을 익히고 행하여지이다.

출가하기를 구할 때에는
마땅히 원하기를 모든 중생이
물러가지 않는 법을 얻어서
마음에 장애가 없어지이다.

세속 옷을 벗을 때에는

마땅히 원하기를 모든 중생이
선근을 부지런히 닦아서
모든 죄의 멍에를 버려지이다.

머리털과 수염을 깎을 때에는
마땅히 원하기를 모든 중생이
번뇌를 영원히 여의고
필경에 적멸하여지이다.

가사를 입을 때에는
마땅히 원하기를 모든 중생이
마음이 물들지 않고
큰 신선의 도를 갖추어지이다.

바로 출가할 때에는
마땅히 원하기를 모든 중생이
부처님과 같이 출가하여서
온갖 중생을 구호하여지이다.

스스로 부처님께 귀의할 때에는
마땅히 원하기를 모든 중생이
부처님 종성을 이으려고
위없는 뜻을 내어지이다.

스스로 법에 귀의할 때에는

마땅히 원하기를 모든 중생이
경법의 장〔經藏〕에 깊이 들어가
지혜가 바다와 같아지이다.

스스로 승보에 귀의할 때에는
마땅히 원하기를 모든 중생이
대중을 통솔하고 다스리어
온갖 것에 장애가 없어지이다.

계율을 받아 배울 때에는
마땅히 원하기를 모든 중생이
계행을 잘 배워서
나쁜 일을 짓지 말아지이다.

아사리의 가르침을 받을 때에는
마땅히 원하기를 모든 중생이
온갖 위의를 갖추어서
행하는 일이 다 진실하여지이다.

화상의 가르침을 받을 때에는
마땅히 원하기를 모든 중생이
생멸이 없는 지혜에 들어가
의지할 데 없는 곳에 이르러지이다.

구족계具足戒를 받을 때에는

마땅히 원하기를 모든 중생이
모든 방편을 구족하여
가장 승한 법을 얻어지이다.

승당에 들어갈 때에는
마땅히 원하기를 모든 중생이
위없는 당에 올라가서
편히 머물러 동요하지 말아지이다.

평상 깔고 앉을 때에는
마땅히 원하기를 모든 중생이
선한 법을 널리 펴서
진실한 모양을 보아지이다.

몸을 바로하고 단정히 앉을 때에는
마땅히 원하기를 모든 중생이
보리좌菩提座에 앉아서
마음에 집착이 없어지이다.

결가부좌하고 앉을 때에는
마땅히 원하기를 모든 중생이
선근이 견고하여
흔들리지 않는 자리〔不動地〕를 얻어지이다.

선정을 닦을 때에는

마땅히 원하기를 모든 중생이
정력定力으로 마음을 조복하여
필경까지 남음이 없어지이다.

관법〔觀〕을 닦을 때에는
마땅히 원하기를 모든 중생이
실상의 이치를 보고
어기거나 다툼이 영원히 없어지이다.

가부좌를 그만 둘 때에는
마땅히 원하기를 모든 중생이
모든 변천하는 법이
흩어져 없어짐을 관찰하여지이다.

발을 내려 놓고 앉을 때에는
마땅히 원하기를 모든 중생이
믿음에 해탈을 얻고
편안히 머물러 동요하지 말아지이다.

발을 들 때에는
마땅히 원하기를 모든 중생이
생사의 바다에서 뛰어나
모든 선한 법을 갖추어지이다.

아랫옷을 입을 때에는

마땅히 원하기를 모든 중생이
모든 선근善根을 입고
부끄러움을 구족하여지이다.

옷을 정돈하고 띠를 맬 때에는
마땅히 원하기를 모든 중생이
선근을 살피고 단속하여
흩어지거나 잃어지지 말아지이다.

윗옷을 입을 때에는
마땅히 원하기를 모든 중생이
수승한 선근을 얻어서
법의 저언덕에 이르러지이다.

승가리를 수할 때에는
마땅히 원하기를 모든 중생이
첫 자리〔第一位〕에 들어가
동요하지 않는 법을 얻어지이다.

손에 양칫대〔楊枝〕를 잡을 때에는
마땅히 원하기를 모든 중생이
모두 묘한 법을 얻어서
끝까지 청정하여지이다.

양칫대를 씹을 때에는

마땅히 원하기를 모든 중생이
그 마음이 곱고 깨끗하여
모든 번뇌를 씹어지이다.

대소변을 볼 때에는
마땅히 원하기를 모든 중생이
탐심·진심·치심을 버리고
모든 죄를 덜어지이다.

일을 마치고 물에 나아갈 때에는
마땅히 원하기를 모든 중생이
출세하는 법 가운데
빨리 가게 하여지이다.

몸의 더러운 것을 씻을 때에는
마땅히 원하기를 모든 중생이
깨끗하고 부드러워
끝까지 때가 없어지이다.

물로 손을 씻을 때에는
마땅히 원하기를 모든 중생이
깨끗한 손을 얻어가지고
부처님 법을 받아지이다.

물로 낯을 씻을 때에는

마땅히 원하기를 모든 중생이
청정한 법문을 얻고
영원히 때가 없어지이다.

손에 석장을 들 때에는
마땅히 원하기를 모든 중생이
크게 보시하는 모임을 베풀고
실상과 같은 도를 보여지이다.

발우를 들 때에는
마땅히 원하기를 모든 중생이
법기法器를 성취하여
하늘과 사람의 공양을 받아지이다.

발 들고 길을 갈 때에는
마땅히 원하기를 모든 중생이
부처님의 행하시던 데로 나아가
의지가 없는 곳에 들어가지이다.

길에 있을 때에는
마땅히 원하기를 모든 중생이
부처님 도를 행하여
나머지 없는 법에 향해지이다.

길을 걸어갈 때에는

마땅히 원하기를 모든 중생이
깨끗한 법계法界를 밟아서
마음에 장애가 없어지이다.

올라가는 길을 볼 때에는
마땅히 원하기를 모든 중생이
영원히 삼계에서 뛰어나
마음에 겁약怯弱함이 없어지이다.

내려가는 길을 볼 때에는
마땅히 원하기를 모든 중생이
마음이 겸손하고 하심하여
부처님의 선근을 길러지이다.

삐뚤어진 길을 볼 때에는
마땅히 원하기를 모든 중생이
바르지 못한 길을 버리고
나쁜 소견을 영원히 덜어지이다.

곧은 길을 볼 때에는
마땅히 원하기를 모든 중생이
마음이 곧고 발라서
아첨하고 속임이 없어지이다.

티끌이 많은 길을 볼 때에는

마땅히 원하기를 모든 중생이
티끌을 멀리 여의고
청정한 법을 얻어지이다.

먼지가 없는 길을 볼 때에는
마땅히 원하기를 모든 중생이
크게 불쌍히 여김을 행하여
마음이 윤택하여지이다.

험한 길을 볼 때에는
마땅히 원하기를 모든 중생이
바른 법계法界에 머물러서
죄와 장난(難)이 없어지이다.

대중이 모인 데를 볼 때에는
마땅히 원하기를 모든 중생이
깊고 깊은 법을 말하여서
일체가 화합하여지이다.

큰 기둥을 볼 때에는
마땅히 원하기를 모든 중생이
나(我)라는 다투는 마음을 여의고
분한 원한이 없어지이다.

우거진 숲을 볼 때에는

마땅히 원하기를 모든 중생을
하늘과 사람들이
모두 공경하고 예배하여지이다.

높은 산을 볼 때에는
마땅히 원하기를 모든 중생이
선근이 뛰어나서
그 위에 이를 이가 없어지이다.

가시 있는 나무를 볼 때에는
마땅히 원하기를 모든 중생이
세 가지 독한 가시를
빨리 끊어 버려지이다.

나뭇잎이 무성함을 볼 때에는
마땅히 원하기를 모든 중생이
선정과 해탈로써
그늘지고 가리워지이다.

꽃이 피는 것을 볼 때에는
마땅히 원하기를 모든 중생이
신통과 여러 법이
꽃 피듯 하여지이다.

꽃 핀 나무를 볼 때에는

마땅히 원하기를 모든 중생이
여러 상호가 꽃과 같아서
삼십이상이 구족하여지이다.

열매 맺은 것을 볼 때에는
마땅히 원하기를 모든 중생이
가장 승한 법을 얻어서
보리의 도를 증득하여지이다.

큰 강을 볼 때에는
마땅히 원하기를 모든 중생이
법의 흐름에 참예하여
부처님 지혜 바다에 들어지이다.

큰 늪을 볼 때에는
마땅히 원하기를 모든 중생이
부처님들의 한결같은 법을
빨리 깨달아지이다.

연못을 볼 때에는
마땅히 원하기를 모든 중생이
말솜씨가 두루 구족하여
미묘하게 연설하여지이다.

물 긷는 우물을 볼 때에는

마땅히 원하기를 모든 중생이
변재를 구족하여
온갖 법을 연설하여지이다.

솟아 오르는 샘을 볼 때에는
마땅히 원하기를 모든 중생이
방편이 증장하고
선근이 다함없어지이다.

다리 놓인 길을 볼 때에는
마땅히 원하기를 모든 중생이
온갖 사람 제도하기
다리와 같아지이다.

흘러가는 물을 볼 때에는
마땅히 원하기를 모든 중생이
선한 의욕을 얻어서
의혹의 때를 씻어지이다.

원두밭 매는 것을 볼 때에는
마땅히 원하기를 모든 중생이
오욕의 원두밭에서
애욕의 풀을 뽑아지이다.

시름 잊는 숲〔無憂林〕을 볼 때에는

마땅히 원하기를 모든 중생이
탐욕과 애정을 멀리 여의고
근심과 걱정을 내지 말아지이다.

동산이나 공원을 볼 때에는
마땅히 원하기를 모든 중생이
여러 행을 부지런히 닦아
부처님 보리에 나아가지이다.

찬란하게 장엄한 사람을 볼 때에는
마땅히 원하기를 모든 중생이
삼십이상 대장부의 몸매로
장엄하게 단장해지이다.

단장하지 않은 사람을 볼 때에는
마땅히 원하기를 모든 중생이
여러 가지 장식을 버리고
두타의 행을 갖추어지이다.

즐거움에 애착한 사람을 볼 때에는
마땅히 원하기를 모든 중생이
법을 스스로 즐겨하여
환희하고 사랑하여 버리지 말아지이다.

즐거함이 없는 사람을 볼 때에는

마땅히 원하기를 모든 중생이
하염없는 일 가운데
즐겨하는 마음이 없어지이다.

환락하는 사람을 볼 때에는
마땅히 원하기를 모든 중생이
항상 안락을 얻어서
부처님께 공양하기 좋아하여지이다.

괴로워하는 사람을 볼 때에는
마땅히 원하기를 모든 중생이
근본지根本智를 얻어
모든 고통을 멸해지이다.

무병한 사람을 볼 때에는
마땅히 원하기를 모든 중생이
진실한 지혜에 들어가
병과 시끄러움이 영원히 없어지이다.

병난 사람을 볼 때에는
마땅히 원하기를 모든 중생이
이 몸이 공적함을 알고
어기거나 다투는 법을 여의어지이다.

단정한 사람을 볼 때에는

마땅히 원하기를 모든 중생이
부처님과 보살에게
깨끗한 믿음을 항상 내어지이다.

누추한 사람을 볼 때에는
마땅히 원하기를 모든 중생이
착하지 못한 일에는
즐거함을 내지 말아지이다.

은혜 갚는 사람을 볼 때에는
마땅히 원하기를 모든 중생이
부처님과 보살에게
은덕 갚은 줄을 알아지이다.

배은하는 사람을 볼 때에는
마땅히 원하기를 모든 중생이
나쁜 짓이 있는 사람에게
앙갚음을 하지 말아지이다.

스님네를 볼 때에는
마땅히 원하기를 모든 중생이
조화롭고 유순하고 고요하여
끝까지 제일이 되어지이다.

바라문을 볼 때에는

마땅히 원하기를 모든 중생이
영원히 범행을 지니어서
온갖 나쁜 일을 여의어지이다.

고행하는 사람을 볼 때에는
마땅히 원하기를 모든 중생이
고행함을 의지하여
끝나는 곳〔究竟處〕에 이르러지이다.

조행操行이 좋은 사람을 볼 때에는
마땅히 원하기를 모든 중생이
절개와 행실을 굳게 가지어
부처님 도를 버리지 말아지이다.

갑주甲冑를 갖춘 사람을 볼 때에는
마땅히 원하기를 모든 중생이
선행의 갑주를 항상 입고
스승 없는 법에 나아가지이다.

갑주가 없는 사람을 볼 때에는
마땅히 원하기를 모든 중생이
착하지 못한 온갖 업을
영원히 여의어지이다.

논란하는 사람을 볼 때에는

마땅히 원하기를 모든 중생이
여러 가지 논란들을
모두 다 꺾어 굴복하여지이다.

정당하게 사는〔正命〕 사람을 볼 때에는
마땅히 원하기를 모든 중생이
깨끗한 목숨을 얻어 가지고
거짓 위의를 차리지 말아지이다.

임금을 볼 때에는
마땅히 원하기를 모든 중생이
법왕이 되어서
바른 법을 항상 연설하여지이다.

왕자들을 볼 때에는
마땅히 원하기를 모든 중생이
법으로부터 화생하여
부처님의 아들이 되어지이다.

장자를 볼 때에는
마땅히 원하기를 모든 중생이
온갖 일을 밝게 판단하고
나쁜 법을 행하지 말아지이다.

대관〔大臣〕들을 볼 때에는

마땅히 원하기를 모든 중생이
바른 생각을 항상 가지고
모든 선한 일을 행하여지이다.

성城과 곽廓을 볼 때에는
마땅히 원하기를 모든 중생이
견고한 몸을 얻어서
마음이 굴복하지 말아지이다.

나라의 수도를 볼 때에는
마땅히 원하기를 모든 중생이
공덕과 함께 모이어서
마음이 항상 즐거워지이다.

숲속에 있음을 볼 때에는
마땅히 원하기를 모든 중생이
하늘이나 세상 사람들의
찬탄하고 앙모함이 되어지이다.

마을에 들어가 걸식할 때에는
마땅히 원하기를 모든 중생이
깊은 법계에 들어가
마음에 걸림이 없어지이다.

남의 문전에 이를 때에는

마땅히 원하기를 모든 중생이
온갖 불법의 문에
들어가게 하여지이다.

그의 집에 들어갔을 때에는
마땅히 원하기를 모든 중생이
부처님의 법에 들어가
삼세가 평등하여지이다.

버리지 못하는 이를 볼 때에는
마땅히 원하기를 모든 중생이
수승한 공덕의 법을
항상 버리지 말아지이다.

능히 버리는 이를 볼 때에는
마땅히 원하기를 모든 중생이
세 나쁜 갈래의 고통을
길이길이 여의어지이다.

발우가 빈 것을 볼 때에는
마땅히 원하기를 모든 중생이
마음이 청정하여서
텅 비고 번뇌가 없어지이다.

발우가 가득함을 볼 때에는

마땅히 원하기를 모든 중생이
일체의 선한 법을
구족하게 이루어지이다.

공경을 받을 때에는
마땅히 원하기를 모든 중생이
온갖 부처님 법을
공경하여 닦아지이다.

공경을 받지 못할 때에는
마땅히 원하기를 모든 중생이
온갖 선하지 못한 법을
행하지 말아지이다.

부끄러워하는 이를 볼 때에는
마땅히 원하기를 모든 중생이
부끄러워하는 행을 갖추어
여러 근을 감추고 보호하여지이다.

부끄럼이 없는 이를 볼 때에는
마땅히 원하기를 모든 중생이
부끄러워하는 행을 갖추어
여러 근을 감추고 보호하여지이다.

부끄럼이 없는 이를 볼 때에는

마땅히 원하기를 모든 중생이
수치한 줄 모름을 버리고
자비한 도에 머물러지이다.

아름다운 음식을 만났을 때에는
마땅히 원하기를 모든 중생이
소원이 만족하여
부러워하는 마음이 없어지이다.

좋지 못한 음식을 만났을 때에는
마땅히 원하기를 모든 중생이
여러 삼매의 맛을
얻지 못한 이가 없어지이다.

보드라운 음식을 만났을 때에는
마땅히 원하기를 모든 중생이
대비大悲로 훈습하여서
마음이 유연하여지이다.

껄끄러운 음식을 만났을 때에는
마땅히 원하기를 모든 중생이
마음에 물듦이 없어
세상의 탐애를 끊어지이다.

밥을 먹을 때에는

마땅히 원하기를 모든 중생이
선정의 기쁨으로 밥을 삼아
법에 즐거움이 가득하여지이다.

음식의 맛을 받을 때에는
마땅히 원하기를 모든 중생이
부처님의 상품 맛을 얻어
감로가 만족하여지이다.

밥을 먹고 났을 때에는
마땅히 원하기를 모든 중생이
할 일을 모두 마치고
부처님의 법을 갖추어지이다.

법문을 말할 때에는
마땅히 원하기를 모든 중생이
다함 없는 변재를 얻어
법의 요체를 널리 펴지이다.

집안에서 나갈 때에는
마땅히 원하기를 모든 중생이
부처님 지혜에 깊이 들어가
삼계에서 영원히 뛰어나지이다.

물에 들어갈 때에는

마땅히 원하기를 모든 중생이
온갖 지혜에 들어가서
삼세가 평등함을 알아지이다.

목욕을 할 때에는
마땅히 원하기를 모든 중생이
몸과 마음에 때가 없고
안팎이 빛나고 깨끗하여지이다.

여름이 한창 더울 때에는
마땅히 원하기를 모든 중생이
여러 번뇌를 모두 여의고
온갖 것이 다 없어지이다.

더위가 물러가고 서늘할 때에는
마땅히 원하기를 모든 중생이
위없는 법을 증득하여
필경까지 서늘하여지이다.

경을 읽을 때에는
마땅히 원하기를 모든 중생이
부처님의 말씀을 따라
모두 기억하고 잊지 말아지이다.

부처님을 뵈옵게 될 때에는

마땅히 원하기를 모든 중생이
장애 없는 눈을 얻어
일체 부처님을 뵈어지이다.

부처님을 자세히 뵈올 때에는
마땅히 원하기를 모든 중생이
모두 보현보살과 같아서
단정하고 엄숙하여지이다.

부처님 탑을 볼 때에는
마땅히 원하기를 모든 중생이
존중하기 탑과 같아서
하늘과 사람들의 공양을 받아지이다.

공경하는 마음으로 탑을 뵈올 때에는
마땅히 원하기를 모든 중생을
여러 하늘과 세간 사람들이
한 가지로 첨앙하여지이다.

탑에 정례할 때에는
마땅히 원하기를 모든 중생을
온갖 하늘이나 사람들이
정수리를 보지 못하여지이다.

탑을 오른쪽으로 돌 때에는

마땅히 원하기를 모든 중생이
행하는 일이 거스르지 않고
온갖 지혜를 이루어지이다.

탑을 세 번 돌 때에는
마땅히 원하기를 모든 중생이
부처님 도를 부지런히 구하여
게으른 마음이 없어지이다.

부처님 공덕을 찬탄할 때에는
마땅히 원하기를 모든 중생이
모든 덕이 구족하여
그지없이 칭찬하여지이다.

부처님의 상호를 찬탄할 때에는
마땅히 원하기를 모든 중생이
부처님 몸을 성취하여
형상 없는 법을 증득하여지이다.

발을 씻을 때에는
마땅히 원하기를 모든 중생이
신족통을 구족하여
다니는 데 걸림이 없어지이다.

누워서 잘 때에는

마땅히 원하기를 모든 중생이
신체가 안락하고
마음이 흔들리지 말아지이다.

잠을 처음 깰 때에는
마땅히 원하기를 모든 중생이
온갖 지혜 깨닫고서
시방을 두루 살펴지이다.

불자여, 만일 보살이 이렇게 마음을 쓰면 온갖 수승하고 묘한 공덕을 얻을 것이며, 모든 세간의 하늘이나 마군이나 범천이나 사문이나 바라문이나 건달바 아수라들과 일체 성문과 연각들이 능히 동요하지 못할 것입니다."

12. 현수품賢首品 ①

이 때에 문수사리보살이 흐리지 않고 청정한 행의 큰 공덕을 말하고 나서, 보리심의 공덕을 보이려고 게송으로 현수賢首보살에게 물었다.

내 이제 보살들을 모두 위하여
부처님의 청정한 행을 말하였으니
바라건대 당신도 이 회중에서
수행하던 좋은 공덕 말씀하소서.

그 때 현수보살이 게송으로 대답하였다.

훌륭하오, 당신이여 자세 들으오.
그 공덕은 헤아릴 수가 없지만
내가 이제 조금만 말하려 하니
큰 바다에 물 한 방울 만이나 할까.

어떤 보살 처음으로 마음을 내어
부처님이 보리를 증證하려 하면
그 공덕은 끝없고 한이 없어서
칭량할 수도 없고 짝이 없는데,

하물며 한량없고 끝없는 세월
십지十地를 구족하게 닦은 공덕은
시방의 수가 없는 여래들께서
한꺼번에 일컬어도 다하지 못해,

이렇게 끝이 없는 크신 공덕을
그 가운데 조금만 말할 것이니
비유하면 새 발로 밟은 허공과
큰 땅에서 한 티끌 같다고 할까.

보살이 발심하여 보리 구함은
인이 없고 연 없는 것이 아니니
불보·법보·승보에 신심을 내고

그러므로 넓고 큰 맘 내었느니라.

오욕이나 왕의 권세 부귀한 것과
나만 좋고 큰 명예를 구함 아니고
중생들의 고통을 아주 없애고
세상에 이익 주려 발심했으며,

어느 때나 중생들을 즐겁게 하고
국토를 장엄하고 부처님 공양
바른 법 받아 갖고 지혜 닦아서
보리를 증證하려고 발심했으며,

믿고 아는 깊은 마음 늘 청정하고
부처님께 공경하고 존중하오며
교법이나 스님께도 또한 그렇게
정성껏 공양하려 발심했으며,

부처님과 부처님 법 깊이 믿으며
불자들의 행하는 도리도 믿고
위없는 큰 보리를 믿음으로써
보살이 처음으로 발심하였소.

신심은 도의 근본 공덕의 어미
일체의 선한 법을 길러내오며
의심의 그물 끊고 애정 벗어나

열반의 위없는 도 열어 보이네.

신심은 때가 없어 마음이 깨끗
교만을 멸제하고 공경의 근본
법 광[法藏]의 첫째가 재물도 되며
청정한 손이 되어 모든 행 받네.

신심은 보시 잘해 인색치 않고
신심은 환희하게 불법에 들고
신심은 지혜 공덕 증장케 하며
신심은 여래 지위 이르게 하네.

신심은 모든 근을 밝고 이롭게
믿는 힘 견고하여 부술 이 없고
믿음은 번뇌 근본 아주 멸하며
신심은 부처 공덕 향하게 하네.

믿는 마음 경계에 집착치 않고
장난[難]을 멀리 떠나 어려움 없고
신심은 마[魔]의 길을 능히 뛰어나
위없는 해탈도를 보여 주도다.

믿음은 썩지 않는 공덕의 종자
믿음은 보리수를 생장케 하며
믿음은 승한 지혜 증장케 하고

믿음은 온갖 부처 나타내도다.

그러므로 행하는 차례 말하면
즐겨 믿음 좋지만 얻기 어려워
비유하면 일체의 세간 가운데
뜻 따르는 보배 구슬 있음과 같네.

만일 항상 부처님을 믿어 받들면
계행 갖고 배울 곳을 능히 닦으며
계행 갖고 배울 곳을 능히 닦으면
바로 능히 모든 공덕 구족하리라.

계행은 보리 근본 열어 내는 것
배움이란 부지런히 공덕 닦나니
계행과 배우는 일 항상 행하면
일체의 여래께서 칭찬하리라.

만일 항상 부처님을 믿어 받들면
바로 능히 큰 공양을 지어 모으고
만일 능히 큰 공양을 지어 모으면
부처님을 믿는 마음 부사의하며,

만일 항상 소중한 법 믿어 받들면
부처님 법을 듣고 싫음이 없고
부처님 법을 듣고 싫음 없으면

높은 법을 믿는 마음 부사의하며,

만일 항상 스님들을 믿어 받들면
바로 능히 믿는 마음 퇴전치 않고
만일 능히 믿는 마음 퇴전 않으면
그 사람의 믿는 힘을 동할 수 없네.

만일 능히 믿는 힘을 동치 못하면
모든 근의 밝은 이익 얻게 되겠고
모든 근의 밝은 이익 얻게 된다면
바로 능히 악지식을 멀리 여의리.

만일 능히 악지식을 멀리 여의면
바로 능히 선지식을 친근케 되고
만일 능히 선지식을 친근케 되면
바로 능히 큰 선근을 익혀 닦으리.

만일 능히 큰 선근을 익혀 닦으면
그는 큰 인因의 힘을 성취케 되고
만일 큰 인의 힘을 성취한다면
수승하고 결정한 지해知解 얻으리.

수승하고 결정한 지해 얻으면
바로 모든 부처님의 호념할 바요
만일 모든 부처님의 호념 얻으면

바로 능히 보리심을 일으키리라.

만일 능히 보리심을 일으키면
바로 능히 부처 공덕 닦아 익히고
만일 능히 부처 공덕 닦아 익히면
바로 능히 여래 집에 태어나리라.

만일 능히 여래 집에 태어난다면
바로 곧 좋은 방편 닦아 행하고
만일 능히 좋은 방편 닦아 행하면
믿고 좋아하는 마음 청정해지리.

만일 좋아하는 마음 청정해지면
바로 가장 승한 마음 증장하겠고
만일 가장 승한 마음 증장한다면
바로 항상 바라밀을 닦아 익히리.

만일 항상 바라밀을 닦아 익히면
바로 능히 마하연을 구족케 되고
만일 능히 마하연을 구족한다면
여법如法하게 부처님께 공양하리라.

여법하게 부처님께 공양을 하면
염불하는 그 마음이 동하지 않고
만일 염불하는 마음 동치 않으면

한량없는 부처님 보게 되오리.

한량없는 부처님을 만일 보면
여래의 몸 항상 계심 능히 보오며
여래의 몸 항상 계심 능히 본다면
영멸永滅하지 않는 법을 능히 알리라.

영멸하지 않는 법을 능히 알면
걸림 없는 변재를 얻게 되오며
걸림 없는 변재를 만일 얻으면
그지없는 법문을 연설하리라.

그지없는 법문을 연설하면
인자하게 중생들을 능히 건지고
인자하게 중생들을 만일 건지면
바로 능히 대비심이 견고하리라.

만일 능히 대비심이 견고하다면
바로 능히 깊은 법을 애락愛樂케 되고
만일 능히 깊은 법을 애락한다면
하염 있는 허물을 여의게 되리.

하염 있는 허물을 만일 여의면
교만하고 방일함을 능히 여의고
교만하고 방일함을 만일 여의면

일체의 중생까지 이익 주리라.

일체의 중생까지 이익 준다면
생사 중에 있어도 피로치 않고
생사에 있으면서 피로찮으면
용맹하고 건장하여 이길 이 없네.

용맹하고 건장하여 못 이긴다면
바로 능히 큰 신통을 발기할 게고
만일 능히 큰 신통을 발기한다면
일체 중생 모든 행을 능히 알리라.

일체 중생 모든 행을 만일 안다면
바로 능히 모든 중생 성취할 게고
만일 능히 모든 중생 성취한다면
중생을 거둬 주는 지혜 얻으리.

중생을 거둬 주는 지혜 얻으면
능히 사섭법四攝法을 모두 이루고
능히 사섭법을 모두 이루면
중생에게 제한 없는 이익 주리라.

중생에게 제한 없는 이익 준다면
가장 승한 지혜 방편 구족할 게고
가장 승한 지혜 방편 구족한다면

용맹하게 무상도에 머물게 되리.

용맹하게 무상도에 머물게 되면
바로 능히 마군의 힘 꺾어 버리고
만일 능히 마군의 힘 꺾어 버리면
네 가지 마의 경계 뛰어나리라.

네 가지 마의 경계 뛰어난다면
물러가지 않는 곳에 이르게 되고
물러가지 않는 곳에 이른다 하면
생멸 없는 깊은 법인法忍 얻게 되오리.

생멸 없는 깊은 법인 얻게 된다면
부처님의 수기授記를 받게 될 게고
부처님의 수기를 받게 된다면
모든 부처 그 앞에 나타나리라.

모든 부처 그 앞에 나타난다면
신통의 깊고 묘한 작용을 알고
신통의 깊고 묘한 작용을 알면
부처님이 억념憶念하는 바가 되리라.

부처님이 억념하는 바가 된다면
부처님의 공덕으로 스스로 장엄
부처님의 공덕으로 장엄한다면

묘한 복의 단정한 몸을 얻으리.

묘한 복의 단정한 몸을 얻으면
이 몸이 찬란하기 금산과 같고
빛나고 찬란하기 금산 같으면
삼십이상 몸매로써 장엄하리라.

삼십이상 몸매로써 장엄한다면
여든 가지 좋은 모양 잘 생겨지고
여든 가지 좋은 모양 잘 생겨지면
이 몸의 빛난 광명 한량없으리.

이 몸의 빛난 광명 한량없으면
부사의한 빛으로써 장엄할 게고
부사의한 빛으로써 장엄한다면
그 빛에서 연꽃을 내게 되리라.

그 빛에서 연꽃을 내게 된다면
무량불이 그 꽃 위에 앉으시어서
시방세계 나타나지 않는 데 없어
모든 중생 능히 다 조복하리라.

만일 능히 모든 중생 조복한다면
한량없는 신통의 힘 나타낼 게고,
한량없는 신통의 힘 나타내면

부사의한 국토에 머물게 되고,
부사의한 법문을 연설하여서
부사의한 중생을 기쁘게 하리.

부사의한 법문을 연설하여서
부사의한 중생을 기쁘게 하면
바로 능히 지혜와 말솜씨로써
중생의 마음 따라 교화하리라.

만일 능히 지혜와 말솜씨로써
중생의 마음 따라 교화한다면
바로 능히 지혜가 앞을 인도해
몸과 말과 뜻의 업業 허물 없으리.

만일 능히 지혜가 앞을 인도해
몸과 말과 뜻의 업 허물 없으면
바로 그의 원력이 자재하여져
모든 갈래 따라서 몸을 나투리.

만일 그의 원력이 자재하여져
모든 갈래 따라서 몸을 나투면
바로 능히 대중에게 설법할 때에
종류 따라 내는 음성 부사의하리.

만일 능히 대중에게 설법할 때에

종류 따라 내는 음성 부사의하면
바로 온갖 중생들의 갖가지 마음
한 생각에 모두 알고 남김 없으리.

만일 여러 중생들의 갖가지 마음
한 생각에 모두 알고 남김 없으면
번뇌의 일어난 데 없음을 알고
생사에 길이길이 안 빠지리라.

번뇌의 일어난 데 없음을 알고
생사에 길이길이 안 빠진다면
바로 능히 공덕의 법성신法性身 얻어
법력으로 세상에 나타나리라.

만일 능히 공덕의 법성신 얻어
법력으로 세상에 나타난다면
열 가지 자재함과 십지十地를 얻어
십바라밀 좋은 해탈 닦아 행하리.

열 가지 자재함과 십지를 얻어
십바라밀 좋은 해탈 닦아 행하면
바로 능히 관정하는 큰 신통 얻어
가장 승한 삼매에 머물게 되리.

만일 능히 관정하는 큰 신통 얻어

가장 승한 삼매에 머문다 하면
시방의 부처님들 계신 곳에서
관정하는 의식 받고 위位에 오르리.

시방의 부처님들 계신 곳에서
관정하는 의식 받고 위에 오르면
시방세계 부처님 당신 손으로
감로수로 관정함을 받게 되리라.

시방세계 부처님 당신 손으로
감로수로 관정함을 받게 된다면
곧 몸이 허공처럼 두루 가득해
움직임 없이도 시방에 충만하리라.

만일 몸이 허공처럼 두루 가득해
움직임 없이도 시방에 충만하다면
그 사람의 행하는 일 같을 이 없어
하늘이나 세상 사람 알지 못하리.

보살이 부지런히 대비행 닦아
일체 중생 건지려 함 뜻과 같나니
보고 듣고 배우거나 공양한다면
모두 다 안락함을 얻게 되리라.

저 모든 보살들의 위신력으로

법 눈이 온전하고 결함이 없어
열 가지 선한 행과 여러 가지 길
위없이 좋은 보배 다 나타내네.

비유컨댄 큰 바다의 금강덩어리
그 힘으로 모든 보배 생겨나지만
줄거나 늘지 않고 다함도 없어
보살의 공덕더미 또한 그러네.

어떤 국토 부처님 안 계시거든
거기에 나타나선 정각 이루고
어떤 국토 불법을 알지 못하면
거기서는 묘한 법을 연설하시며,

분별도 없으시고 공용功用 없으나
한 생각에 시방세계 두루하나니
달 빛이 안 비친 데 없는 것같이
한량없는 방편으로 중생을 교화.

시방의 여러 세계 국토 중에서
불도를 이루시고 법륜 굴리며
열반에 들어가고 다비한 뒤에
사리까지 분포함을 나타내시네.

혹은 성문 혹은 연각 나타내시고

성불하고 장엄함도 나타내시며
이러하게 삼승 교법 선양하면서
모든 중생 제도하기 한량없는 겁.

혹은 동남 동녀 모양 내기도 하고
하늘이나 용왕이나 아수라들과
내지 마후라가 모양을 보이시어서
그들의 욕망 따라 다 나타내네.

중생의 형상들이 각각 다르고
행동이나 음성도 한량없거든
이와 같이 온갖 것을 나타내나니
해인삼매 위신의 힘이러니라.

부사의한 모든 세계 장엄하시고
그 가운데 일체 여래 공양하시며
끝없는 큰 광명을 널리 놓으니
중생을 제도함도 제한이 없네.

지혜가 자재하여 부사의하고
설법하는 말씀도 걸림이 없어
보시·지계·인욕·정진·선정과
지혜와 방편이며 신통까지도
이러한 온갖 것에 자재하시니
부처님의 화엄삼매 힘이시니라.

한 티끌 가운데서 삼매에 들어
온갖 티끌 많은 선정 성취하시나
그 티끌 더하는 것 전혀 아니나
한 티끌에 많은 세계 나타내시네.

저 한 티끌 속에 있는 많은 세계들
어떤 데는 부처 있고 혹은 없으며
더러운 세계들과 깨끗한 세계
어떤 세계 넓고 크고 혹은 좁으며,

어떤 것은 이룩되고 혹은 무너져
바로 있는 세계와 삐뚤어진 세계
넓은 들에 아지랑이 같기도 하고
제석천의 인다라망 같기도 하네.

한 티끌 가운데서 나타내듯이
일체 티끌 속에도 그와 같나니
큰 소문 널리 퍼진 모든 성인의
삼매와 해탈 신통 힘이러니라.

일체의 부처님께 공양하려면
삼매에 들어가서 신통 내어라.
한 손으로 삼천 세계 두루하여서
모든 세계 부처님께 공양하리라.

시방세계 피어 있는 썩 좋은 꽃과
가루향·바르는 향과 값진 보배들
이런 것이 손에서 절로 나와서
보리수의 높은 이께 공양하도다.

값진 보배 옷과 여러 묘한 향
보배 당기 번과 일산 대단히 좋고
순금으로 만든 꽃과 보배 휘장이
손바닥서 비내리지 않는 것 없네.

시방세계에 있는 묘한 것들과
가장 높은 부처님께 받들 만한 것
손바닥 가운데서 흘러 나와서
보리 나무 앞에서 여래께 공양.

시방세계에 있는 온갖 풍악과
종과 북과 거문고 하나뿐 아냐
화평하고 아담한 미묘한 음악
모두 다 손에서 흘러 나오네.

시방세계에 있는 온갖 찬송讚頌이
여래의 참된 공덕 찬탄하나니
이와 같은 가지가지 묘한 말들이
손바닥 가운데서 연출되도다.

보살의 오른손에 광명 놓으니
광명 속 허공에서 향수가 내려
시방의 불국토에 널리 뿌리니
일체 세간 등불에 공양하리라.

광명을 또 놓아서 묘하게 장엄
한량없는 보배 연꽃 지어서 내니
그 꽃 모양 모두 다 아름다워라.
이것으로 부처님께 공양하리라.

광명을 또 놓아서 꽃 장엄하니
가지가지 꽃 모아서 휘장 만들고
시방의 온 국토에 널리 흩어서
수많은 대덕존大德尊께 공양하리라.

광명을 또 놓아서 향 장엄하니
가지가지 향 모아서 휘장 만들고
시방의 온 국토에 널리 흩어서
수많은 대덕존께 공양하리라.

광명을 또 놓아서 가루향 장엄
각색 가루향 모아 휘장 만들고
시방의 온 국토에 널리 흩어서
수많은 대덕존께 공양하리라.

광명을 또 놓아서 옷 장엄하니
가지가지 옷 모아서 휘장 만들고
시방의 온 국토에 널리 흩어서
수많은 대덕존께 공양하리라.

광명을 또 놓아서 보배를 장엄
가지가지 보배 모아 휘장 만들고
시방의 온 국토에 널리 흩어서
수많은 대덕존께 공양하리라.

광명을 또 놓아서 연꽃을 장엄
가지가지 연꽃 모아 휘장 만들고
시방의 온 국토에 널리 흩어서
수많은 대덕존께 공양하리라.

광명을 또 놓아서 영락을 장엄
가지가지 영락 모아 휘장 만들고
시방의 온 국토에 널리 흩어서
수많은 대덕존께 공양하리라.

광명을 또 놓아서 당기를 장엄
그 당기 현란하여 여러 가지 빛
한량없는 온갖 것이 모두 훌륭해
이것으로 모든 불토 장엄하리라.

가지가지 보배로 일산을 장엄
아름다운 비단 깃발 드리워 있고
마니 풍경에서 나는 부처님 음성
그것으로 여래께 공양하리라.

손이 내는 부사의한 공양거리로
이러하게 한 부처님 공양하거든
모든 부처 계신 곳도 다 그러하니
여러 보살 삼매의 신통력이라.

보살이 삼매중에 머물러 있어
자재하게 중생들을 섭수할 적에
모두 다 수행하는 공덕법으로
한량없는 방편문 열어 인도해.

어떤 것은 여래께 공양하는 문
헤아릴 수가 없는 보시의 문과
두타로써 계행을 가지는 문과
동요하지 아니하고 욕을 참는 문.

어떤 것은 고행으로 정진하는 문
고요하게 선정을 닦는 문이며
결정하게 밝히 아는 지혜의 문과
어떤 것은 행하는 바 방편문이라.

범천이 머무르는〔梵住〕 신통의 문과
네 가지로 섭수〔四攝〕하여 이익 주는 문
복덕과 지혜로써 장엄하는 문
어떤 것은 인연으로 해탈하는 문.

혹은 오근 오력의 정도문〔正道門〕이며
혹은 성문 제자들의 해탈문이며
혹은 여러 독각들의 청정문이며
혹은 대승 보살들의 자재문이라.

무상하고 여러 가지 괴로운 문과
나〔我〕가 없고 오래 삶이 없는 문이며
부정不淨히 여겨 탐욕을 여의는 문과
멸하여 없어지는 삼매문〔滅盡三昧門〕으로,

중생들의 여러 가지 병을 따라서
모두 다 법약法藥으로 치료도 하고
중생들이 좋아하는 마음을 따라
여러 가지 방편으로 만족케 하며,

중생들의 행동이 다름을 따라
공교한 방편으로 성취케 하니
이와 같은 삼매의 신통한 모양
하늘이나 사람들이 측량 못하네.

묘한 삼매 있으니 이름이 수락(隨樂)
보살이 여기 있어 두루 살피고
적당하게 보이면서 중생 건지어
환희한 마음으로 따르게 하네.

어느 때에 흉년 들고 재난 있을 때
세상의 즐거운 일 모두 주어서
그들의 욕망 따라 만족케 하며
중생들을 위하여 이익을 짓고

어떤 때는 맛있는 좋은 음식과
보배 옷과 좋은 단장 묘한 물건과
임금의 지위까지 모두 버리어
주는 것 즐기는 이 교화 따르게.

삼십이상 팔십종호 장엄한 몸에
훌륭한 의복이며 보배 영락과
화만으로 단장하고 향을 풍기며
위의를 갖추어서 중생 건지네.

온 세상이 좋아하고 숭상하는 바
모양새와 얼굴이며 좋은 의복을
마땅하게 나타내어 마음 맞추어
빛깔을 즐기는 이 도를 따르게,

가릉빈가 아름답고 화평한 소리
구기라 온갖 새의 미묘한 음성
가지가지 범음을 다 구족하여
그들의 마음 따라 법을 말하네.

팔만 사천 깊고 묘한 법문으로써
부처님이 중생을 제도하나니
보살도 그와 같은 차별법으로
마땅함을 따라서 교화하도다.

중생의 고와 낙과 좋고 나쁜 일
세간에서 지어내는 여러 가지 법
그들이 하는 일과 같이 하여서
이것으로 여러 중생 널리 건지네.

온 세상의 여러 가지 근심과 걱정
끝없이 깊고 많기 바다 같거든
그 일을 같이하며 모두 참으며
중생에 이익 주고 안락케 하네.

어떤 이가 벗어나는 법을 몰라서
풍진 세상 해탈함을 찾지 않거든
보살이 땅과 재물 모두 버리고
출가하여 고요함을 항상 즐기네.

집이란 건 탐욕 애정 얽히는 처소
중생들 이런 데서 벗어나게끔
출가하여 해탈함을 보일지언정
모든 욕락 조금도 받지 않으며,

보살이 십종행十種行을 행해 보이고
큰 어른의 온갖 법도 모두 행하여
성인들의 모든 행을 다하는 것은
중생에게 이익 주기 위함이니라.

어떤 중생 수명이 한없이 길고
번뇌는 미세하여 낙樂인 줄 알면
보살이 그 가운데 자재하여서
늙고 병나 죽는 근심 짐짓 받으며,

혹은 탐욕 진심과 어리석어서
번뇌의 맹렬한 불 항상 성하면
보살이 늙고 병나 죽음을 보여
중생들을 모두 다 조복케 하네.

여래의 열 가지 힘 두렵지 않음
열여덟 가지 함께하지 않는 법이며
갖고 있는 한량없이 많은 공덕을
모두 다 나타내어 중생 건지며,

마음 알고 가르치고 신통 변화는
이것이 부처님의 자재한 공용功用
저 모든 보살들이 일부러 보여
중생들을 모두 다 조복케 하네.

보살이 가지가지 방편문으로
세상 법을 따라서 중생 건지나
연꽃에 물이 묻지 아니하듯이
이렇게 세간에서 믿게 하시네.

맑은 생각 깊은 재주 글도 뛰어나
춤과 노래 말 잘하여 모두 즐기니
일체 세간 가지가지 많은 기술을
요술쟁이 못하는 일 하나 없듯이.

혹은 장자 도성 안의 주인도 되고
상점 주인 장사치의 지도도 되고
한 나라의 임금이나 대신도 되고
혹은 의원[良醫] 말 잘하는 논사도 되며

쓸쓸한 벌판에선 큰 나무 되고
값 나가는 좋은 약의 고방[寶藏]도 되고
여의주로 찾는 것을 따라 나오고
바른 도로 중생에게 모두 보이네.

이 세계가 처음으로 이룩하면서
중생의 살림살이 못 갖추거든
보살이 솜씨 좋은 공장이 되어
그들에게 가지가지 업을 보이며,

중생을 괴롭히는 물건 안 짓고
세상에 이익되는 일을 말하며
주술이나 약풀이며 여러 언론들
이러한 모든 것을 능히 말하네.

온 세상 선인들의 수승한 행을
하늘이나 사람들이 우러르나니
이와 같이 어려운 고행하는 법
보살이 때를 따라 능히 짓도다.

외도에 출가하는 사람도 되고
숲 속에서 부지런히 고행도 하고
의복을 입지 않은 맨 몸도 되어
저러한 무리에게 스승이 되며,

가지가지 사명邪命으로 살기도 하고
그른 법을 행하면서 옳다고 하고
범지들의 모든 위의 나타내어서
저러한 무리에서 상수上首가 되며,

다섯 군데 지지면서 해 따라 돌고
소와 개와 사슴 계행 갖기도 하며
떨어진 옷을 입고 불을 섬기니
그런 이를 교화하려 스승이 되네.

혹은 하늘 사당에 가 뵈기도 하고
어떤 때는 항하수에 들어도 가고
풀뿌리 과일 먹어 부러 행하며
거기에서 더 좋은 법 생각하더라.

쭈그리고 앉거나 한 발 들거나
가시덤불 매운 재에 눕기도 하고
공이 위에 누워서 벗어나려 해
그러한 무리에서 스승 되려네.

이와 같은 종류의 모든 외도들
그 뜻을 살펴보고 일을 같이 해
고행을 세상에선 참지 못하나
그들이 한 번 보고 조복케 하네.

중생이 미혹하여 삿된 교 믿고
나쁜 소견에 빠져 고통 받거늘
방편으로 묘한 법을 말씀하여서
모두 다 진실한 법 알게 하는데,

변경邊境의 주문으로 사제四諦 말하고
공교한 비밀 말로 사제 말하고
어떤 때는 곧은 말로 사제 말하고
하늘의 비밀한 말로 사제 말하며,

분별하는 문자로 사제 말하고
결정한 이치대로 사제 말하고
남의 말 깨뜨리어 사제 말하고
남이 변동 못하게 사제 말하며

팔부신중의 말로 사제 말하고
혹은 온갖 말로써 사제 말하며
저들의 알 수 있는 말을 따라서
사제법을 말하여 해탈케 하네.

부처님이 말해 두신 온갖 법문을
이렇게 말하여서 모두 다하니
말을 아는 그 경계가 부사의로다.
이를 일러 설법하는 삼매라 하네.

■ 이 운 허

운허 스님은 1892년 평북 정주에서 태어나 한학을 공부하였고, 1921년 강원도 회양 봉일사에서 경송은천(慶松銀千) 선사를 은사로 출가하였다. 금강산 유점사·동래 범어사·개운사 강원을 거치면서 대교과를 마치고, 1936년 봉선사 홍법강원(弘法講院)에서 강사가 된 후 동학사·통도사·해인사 등에서 강사를 역임하였다. 1952년 광동중·고등학교를 설립했고, 1961년 우리나라 최초로 『불교사전』을 간행하였으며, 1964년 동국역경원을 설립하여 원장에 취임하였고, 『능엄경』을 비롯하여 『화엄경』·『열반경』·『유마경』·『금강경』 등 여러 경전을 번역하여 '한글대장경'이라는 이름으로 간행하였다. 1980년 음력 10월10일 세수 89세로 봉선사에서 입적하였다.

대방광불화엄경 1

2006년 2월 28일 초판 1쇄 발행
2022년 6월 30일 초판 5쇄 발행

지은이 이운허
펴낸이 박기련
펴낸곳 동국역경원

출판등록 제1964-000001호
주소 04626 서울시 중구 퇴계로36길2 신관1층 105호
전화 02-2264-4714
팩스 02-2268-7851
Homepage http://dgpress.dongguk.edu
E-mail abook@jeongjincorp.com
인쇄처 네오프린텍(주)

ISBN 978-89-5590-412-3
ISBN 978-89-5590-411-6(전5권)

값 30,000원

이 책의 무단 전재나 복제 행위는 저작권법 제98조에 따라 처벌받게 됩니다.